이기적인 사회

THE SELFISH SOCIETY
Copyright © Sue Gerhardt 2010
All rights reserved

Korean translation copyright © 2011
By DASAN BOOKS
Korean translation rights arranged with Rogers, Coleridge & White Ltd.
Through EYA(Eric Yang Agency)

이 책의 한국어판 저작권은 EYA(Eric Yang Agency)를 통해
Rogers, Coleridge & White Ltd.와 독점계약한 '㈜다산북스'에 있습니다.
저작권법에 의하여 한국 내에서 보호를 받는 저작물이므로
무단전재와 무단복제를 금합니다.

우리는 어떻게 사람이 아닌 돈을 사랑하게 되었나?

이기적인 사회

수 거하트 지음 | 김미정 옮김

다산초당

우리 아이들과 그들의 세대에게 이 책을 바칩니다.

그리고 로스 피어스 Ros Peers(1951~2000)와의

소중한 기억을 간직하며.

감사의 말

여러 친구들과 동료들의 도움이 있었기에 이 책에 기재한 다양한 이슈를 생각할 수 있었다.

레슬리 스클레어Leslie Sklair, 폴 거하트Paul Gerhardt, 존 에드긴턴John Edginton, 피오나 덕스베리Fiona Duxbury, 마샤 스위지Martha Sweezy는 이 책을 계획할 당시 책의 윤곽을 잡을 수 있도록 도와주었고, 나의 에이전트인 샘 코프랜드Sam Copeland는 모든 절차를 하나하나 밟아가며 나를 올바른 방향으로 인도해주었다.

특히 귀한 시간을 할애하여 전체 원고를 읽고 세심한 의견을 제공해준 친구들과 동료들에게 깊은 감사를 전한다. 애덤 스위프트Adam Swift, 마이크 크로스Mike Crosse, 해리 헨드릭Harry Hendrick, 제인 헨리크스Jane Henriques, 리오 보이스Leo Boyes, 다이애나 굿맨Diana Goodman, 이들은 내 생각을 명확히 세우는 데 큰 도움을 주었다.

또한 앤드루 웨스트Andrew West, 폴 거하트, 줄리아 쉐이Julia Shay, 제니퍼 브라우너Jennifer Browner, 스튜어트 밀링Stuart Mealing에게서는 유용한 정보를 얻을 수 있었다.

편집자들에게도 고마운 마음을 전하고 싶다. 우선 마이크 존스

Mike Jones는 이번 프로젝트에서 훌륭한 판단력을 보여주었고 적절한 지원을 제공해주었다. 또한 빅토리아 밀러Victoria Millar는 창의적인 공헌을 했을뿐더러 내 주장에 담긴 미묘한 차이를 모두 이해하느라 누구보다도 수고해주었다. 또한 편집에 여러 모로 도움을 준 로리 스카프Rory Scarfe와 칼 프렌치Karl French에게 깊은 감사를 전한다.

옥스퍼드의 서머타운 공립도서관에 재직하는 로즈 테일러Roz Taylor와 그 밖의 직원들은 수년이 넘는 기간 동안 내가 영국 도서관에서 각종 책과 자료를 찾을 수 있도록 도와주었는데, 이 자료들은 나의 연구과정에 어마어마한 도움이 되었다. 모두에게 고마움을 전한다.

이 책을 쓰는 몇 년 동안, 그 내용을 임상실습에 활용하여 영아정신협회Association of Infant Mental Health, AIMH와 연계하여 작업하는 과정에서 긍정적 자극을 많이 받았고, 특히 본 협회의 지지 그룹에 속한 나의 동료들 사라 스튜어트-브라운Sarah Stewart-Brown, 클라이브 도먼Clive Dorman, 페넬로페 리치Penelope Leach, 아만다 존스Amanda Jones에게 고마운 마음을 전한다. 올리버 제임스Oliver James 또한 나와 생각이 매우 비슷해서 많은 격려와 자극이 된 친구다. 또한 팀 케서Tim Kasser, 빌 맥키븐Bill McKibben, 프레드 프레빅Fred Previc은 고맙게도 내가 던지는 갖가지 질문에 요긴한 답변을 주었다.

더불어 지난 십여 년 동안 옥스퍼드 부모 영아 프로젝트Oxford Parent Infant Project, OXPIP의 여러 동료들과 지속적인 대화를 나눌 수 있었는데, 이 시간은 무척이나 즐거웠다. 그들과 나눈 대화는 내가 나의 일 속에서 풍성한 삶을 살 수 있도록 도와주었다. 또한 특별히 고마움을 표해야 할 사람들이 있는데, 바로 OXPIP에서 만난 클라이언트들 그리고 내가 개인적으로 만났던 클라이언트들이다. 그중에서도 자신의 경험을 이 책에 담을 수 있도록 허락해준 이들에게 고마움을 전한다.

 내게 활력을 주고 기분전환을 할 수 있도록 도와주었으며 이 책을 계획하는 오랜 기간 동안 내가 현실에 발을 딛고 서 있을 수 있도록 도와준 친애하는 로리Laurie와 제스Jesse에게도 감사한다. 또한 옥스퍼드 명상 그룹Oxford Mindfulness Group과 내가 계속 심리치료사로 일할 수 있도록 도와준 동료 명상가들에게도 감사한다. 무엇보다도, 이 책이 나오기까지 나를 세심하게 챙겨준 나의 친구들 진 녹스Jean Knox, 크리스 슁글러Chris Shingler, 제인 헨리크스Jane Henriques, 도로 마덴Doro Marden, 레슬리 스클레어Leslie Sklair, 몰리 케니언-존스Mollie Kenyon-Jones, 실리아 프라이Celia Fry, 캐리 테일러Karey Taylor, 조애나 데니슨Joanna Dennison, 앤Anne과 랍 번스Rob Burns, 조애나 터커Joanna Tucker, 피오나 덕스베리Fiona Duxbury에게 고마움을 전한다. 그리고 마거릿 랜데일Margaret Landale에게 특별한 감사를 표한다.

일러두기
1. 본문에 등장하는 책제목 중 국내에 번역 출간된 도서는 한국어판 제목과 영문원제를 병기하였고, 출간되지 않은 도서는 원제를 그대로 번역한 제목과 영문원제를 병기하였다.
2. 주석(Note)은 각 장의 뒤에 각각 첨부하였다. 참고자료와 인용문구의 출처를 확인할 수 있다.
3. 문장 부호는 다음의 기준에 맞춰 사용하였다.
 『』: 단행본
 「」: 신문, 잡지, 정기간행물, 보고서
 ' ': 위 사항의 개별항목, 또는 논문
 《》: 영화, 방송 프로그램

차례

감사의 말 7

1부
문제 규명하기

들어가며 15

1장 | 현재 상황 37

2부
양육의 영향

2장 | 감정 학습 77

3장 | 이기적인 아기 129

4장 | 자본주의의 이기심 165

5장 | 공감은 왜 그토록 어려운가? 217

6장 | 가족의 재력 263

3부
공적인 영역에서 일어나는 정서발달

7장 | 더 이상 영웅은 없다 309

8장 | 우리는 이미 자본주의를 겪었다 353

9장 | 변화의 과정 397

10장 | 이기심 없는 사회를 위한 도덕적 탈바꿈 431

찾아보기 486

참고문헌 허가 승인 499

| 1부 |

문제 규명하기

들어가며

책을 쓸 때, 사람들은 보통 자기 경험의 일부를 책의 소재나 캐릭터에 투영하곤 한다. 미국의 베스트셀러 소설가이자 이기심·자기만족 분야의 철학자인 아인 랜드Ayn Rand의 개인적 이야기를 살펴보면 랜드의 삶에 벌어진 중요한 사건들이 그녀의 생각과 저술을 어떤 길로 이끌어왔는지 알 수 있다. 러시아에서 어린 시절을 보낸 랜드는, 혁명적 공산주의자들이 아버지의 약국을 몰수하는 장면을 목격한 후로 평생 국가 권력에 맹렬히 반대하게 되었다. 이후 젊은이로 성장한 후에는 진취성과 독립정신을 발휘해 혼자 힘으로 소비에트 연방을 탈출하였다. 이러한 경험을 바탕으로 그녀는 평생 타인, 혹은 국가에 의존하는 것에 반대하는 1인 캠페인을 벌이게 된다. 그녀는 지금껏 자신이 해왔던 것을 우리 모두가 해야 한다고 주장했는데, 그것은 바로 '스스로를 돌보는 일'이었다. 랜드의 관점에서 이기심은 하나의 미덕이다. 랜드는 여러 공식석상에서 자신의 생각을 사람들에게 널리 권했고, 그럴 때 그녀는 시원시원하고 냉정하지만 날카롭고 어두운 눈빛, 근심스러운 인상을 지닌 심각한 여성으로 보였다. 랜드는 사람들이 스스로의 감정에 이끌리는 것을 '부도덕하다.'고 맹렬히 주장하면서, 그것은 합리적인 행동에 상치된다고 보았다.

한편, 나의 '캠페인'도 내가 겪은 다양한 경험이 바탕이 되어 생겨났다. 아인 랜드보다는 평화로운 어린 시절을 보냈지만, 나는 여러 면에서 정서적으로 방치되고 있다는 느낌을 자주 겪었다. 그 결과, 다른 사람들의 돌봄에 의지하지 말아야겠다는 생각을 하게 되었다. 살아남기 위해 비록 나의 지적 능력을 스스로 활용하기는 했지만, 나의 어린 시절은 내가 그렇게 절박하게 획득해야만 했던 합리적 행동양식이나 자기만족적 사고방식보다 내가 미처 경험하지 못한 감정의 이해가 진정 중요한 것이라는 확신을 남겨놓았다. 랜드가 종속감과 의존감에 민감해진 것처럼 정서적 유대의 부족에 민감해진 나는 현재 우리 사회에서 울타리 '저 밖에' 존재한다는 것이 어떤 의미인가 하는 것을 매우 중요하게 인식하고 있다. 여러 면에서 봤을 때 이 책은 랜드의 선택과는 정반대 방향, 즉 대중들에게 소속감과 의존감의 즐거움을 그대로 누려야 한다고 알리려는 나의 시도라고 볼 수 있다. 도덕의 중심이자 우리 정치·문화의 한가운데에 자리한 것은 합리적 행동이 아니라 오히려 감정이라는 것이 나의 주장이다.

어떤 일이나 사물의 상태를 바라보는 나의 관점은 심리치료사로서의 직업적 경험을 통해 한층 더 탄탄한 틀을 갖추었다. 12년이 넘도록 나는 '관계형' 심리치료사로 일해왔는데, 나는 자기 자신에 대한 감각이 실제 사람들과의 관계라는 바탕 위에서 생겨난다고 생각했고 그 생각에 입각해 치료에 임했다. 다른 여러 관계 심리치료사들의 견해처럼 나도 성인들이 현재 겪는 개인적 어려움을 이해하려면 최근 몇 년간의 두뇌발달뿐 아니라 그들 생애의 초기 애착관계를 파악하는 것이 매우 중요하다고 생각한다. 하지만 나는 여기서 더 나아가 이러한 지식 대부분이 사회 전체에도 폭넓게 적용된다고 믿게 되었다. 또한 이 지식은 우리의 도덕적 가치가 어떻게 형성되는지 설명해주고, 아이들을 건설적이고 협동적인 사회 구성원으로 기르는 데 진정 중요한 것이 무엇인지 가르쳐준다. 그럼으로써 일반적으로 행해지는 사회적 관습까지도 이해할 수 있게 해준다.

내가 개인적으로 만나 치료를 진행했던 클라이언트들, 그리고 사회 서비스·보건 서비스와 같은 공공단체의 의뢰로 만났던 클라이언트들은 갖가지 배경을 지닌 각계각층의 사람들이었는데, 나는 그들과의 작업을 통해 양육이 긍정적·부정적 측면에서 우리 사회를 조성하는 데 얼마나 큰 역할을 하는지 깨닫게 되었다. 타인을 돌보고 타인에게 관심을 갖는 능력은 개인의 도덕적 결점이나 의지박약을 유발하는 생애초기 발달기능의 정도에 따라 다르게 나타난다는 나의 확신도 더욱 탄탄해졌다. 이것은 죄 많은 혹은 비합리적인 '인간본성'에 의존하여 설명하던 이전의 도덕론에서 벗어나는 설명이다. 대신 이 책에서는 도덕을 설명하는 보다 발달론적인 관점을 제시한다. 발달심리학과 신경과학의 현대 연구를 살펴보면 원죄라는 낡은 관점과는 다른 이야기를 볼 수 있다. 이는 대중들이 꼭 들어야 할 이야기인데, 그것이 단순히 사회가 어떻게 돌아가는지 이해하도록 도와주기 때문만은 아니다. 이 연구는 자기만족적인 자세로 살아가는 사람들로 가득 찬 아인 랜드의 세계관과는 대조적으로, 우리가 오히려 상호의존적인 세상 속에 살고 있고 서로 관계를 맺는 방식에 의해 도덕적 가치가 형성되며 이는 유년기와 같은 이른 시기에 이미 시작된다는 점을 명백히 하고 있다.

수년 전 런던의 타비스톡 클리닉Tavistock Clinic과 함께 초기 아동기 관찰 연구를 하면서 나는 아기들의 정신발달에 관해 처음으로 자세히 알게 되었다. 나는 이미 두 아이의 엄마였지만, 2년 넘게 매주 아기들을 관찰하면서 아기의 발달과정을 좀 더 객관적으로 볼 수 있었다. 그리고 이에 자극을 받아 아기들 두뇌 속에서 벌어지는 초기 경험의 효과에 더욱 관심을 갖고 여러 신경생물학 서적을 읽는 데 빠져들었다. 책을 읽는 동안 나는 마치 매혹적인 보물이 숨겨진 알라딘의 동굴에 들어온 것 같았고, 인간의 뇌가 완벽한 고립 속에서 따로 작동하는 기계가 아니라 우리가 속한 환경에 반응하면서 그 환경 속에서 일어날 일을 예측하는 데 유용하도록 설계된 신경체계라는 사실도 알게 되었다. 두뇌는 경험을 통해 꼴을 갖추며, 우리 두뇌의 신경생물학적인 특성은 아기였을 때 우리가 받았던 돌봄과 관심의 질에 따라 서로 다르게 형성된다. 특히, 초기 두뇌발달은 매우 급속히 진행되어 이때 우리가 평생 쉬지 않고 사용할 다양한 생화학적 체계와 신경통로가 수립된다.

이러한 관점은 유전자가 행동을 결정짓는 막강한 주체라는 잘 알려진 개념과는 대조적이다. 물론 눈동자 색깔, 기본적인 기질, 다양한 정신적·신체적 건강상태 등을 결정할 유전적 조성을 가지고 태어나는 것은 사실이지만, 중요한 것은 사회적 행동과 관련된 유전자들이 스스로 활성여부를 결정할 수 없고(최근 후생설 연구들을 통해 알려진 것처럼) 환경에 의해 그 활성이 결정된다는 사실을 이해하는 것이다. 심지어 유전자의 중요성을 열렬히 지지했던 정신과의사 마이클 러터 경Sir Michael Rutter도, 유전자가 '심리적 특성이나 정신장애'를 결정하지는 않는다는 사실을 인정했다.[1] 그는 무척 복잡한 분석을 내놓았는데, 여기서 그가 주장한 바는 유전자들이 환경과 복잡한 상호작용을 통해 자신의 역할을 수행한다는 것이다. 하지만 여전히 우리의 두뇌는 경험을 통해 생성된 신경통로 아래 놓여 있다. 이를 통해, 양육뿐 아니라 우리가 살고 있는 이 사회와 문화 또한 우리의 심리발달과 두뇌구조에 영향을 끼칠 수 있다는 가능성을 생각해볼 수 있다.

『사랑이 중요한 이유: 사랑은 어떻게 아기의 두뇌를 형성하는가? Why Love Matters: how affection shapes a baby's brain』을 썼을 때, 내가 목표한 바는 한 개인의 정서적 안녕과 정신건강, 그리고 바람직한 인격을 형성하는 데 유년시절이 얼마나 중요한지에 관해 내가 배웠던 것을 설명하는 것이었다. 그리고 생애초기에 받았던 돌봄의 질과 이후의 삶 속에서 나타나는 우울증, 성격장애, 반사회적 행동의 발생 사이의 관계에 대해 설명하였다. 이 이슈들은 부모 그리고 유아 심리치료사로서 가족들이 아기들과 유대관계를 형성하도록 도왔던 나의 경험을 반영할 뿐만 아니라, 인간관계의 어려움이나 꽃피우지 못한 자신의 가능성, 파괴적인 행동 혹은 자기 파괴적인 행동으로 힘든 시간을 겪은 사람들과 함께 작업하는 나에게 특별한 의미로 다가왔다. 부모들과 정책입안자들이 초기 자녀양육이 얼마나 중요하고 의미 있는지 더욱 깊이 인식하도록 만드는 것이 내 목표였고, 이로써 개인의 더 깊은 고통과 바람직하지 못한 정서발달을 예방하고자 하였다.

이때부터 나는 이러한 유년기의 경험이 단순히 개인에게만 국한된 이슈가 아니라 이 사회에도 중요한 주제라는 생각에 더욱 몰두하게 되었다. 특히, 현재의 경제위기 속에서 여러 윤리적 기준에 관한 다양한 가정에 의문을 품기 시작했고, 그러면서 유아들과 우리가 만들어낸 이 세상의 모습 사이에 존재하는 관계를 이해하는 것이 중요하다고 믿게 되었다. 그래서 이 책에서는 좀 더 그물을 넓게 펼쳐서, 초기의 육아방식이 사회의 가치를 반영하고 그 가치에 영향을 받는 동시에, 그 가치를 결정짓는 데 어떤 역할을 하는지 알아보고자 한다.

누군가의 초기발달 이력을 이해하는 것은 곧 그 사람을 이해하는 데 핵심이 된다. 나는 이 책에서, 이와 비슷한 발달적 관점을 좀 더 넓은 사회의 그림 속에 적용하고 싶었다. 그래서 사회적·역사적 변천을 이해하고 좀 더 공감적인 사회를 이루는 데 문제가 되는 것이 무엇인지 찾는 데 심리학이 어떻게 도움을 줄 수 있을지 그 방법을 찾고 싶었다. 이 책은 그러한 나의 탐구를 기록한 것으로, 나는 다양한 방법을 동원하여 초기 정서발달과 두뇌발달에 관해 내가 아는 것들을 역사·경제·정치·사회 인류학 분야에 적용해보았다. 나의 목적은 이렇게 다양한 관점들을 한데 엮어서, 특정 분야의 전문가들이 심혈을 기울여 내놓는 세밀한 분석이 아니라 오히려 폭넓은 연구를 통한 하나의 포괄적인 견해를 제시하는 것이었다. 자본주의나 다양한 문화 속에서 자녀양육이 어떠한 양태를 띠는지 살펴보며 다른 길을 모색하긴 했지만, 나의 목적은 언제나 그렇듯 학술적인 것이 아니다. 나는 이러한 자료들이 현재의 우리 모습에 관해 무엇을 말해줄 수 있는지에 초점을 맞추었다.

현재 서구문화는 공감적이고 정서적으로 민감한 사회라는 나의 관점보다는 아인 랜드가 바라보는 이기적이고 자기충족적인 개인들로 이루어진 사회에 훨씬 더 가깝다. 결국 대부분의 사람들은 우리 모두가 남보다 자기 이익을 앞세우는 것이 '사실'이라고 믿으며, 이러한 믿음은 사람들이 경제체계로서 산업자본주의를 수용하고 있다는 것을 정확히 보여준다. 하지만 인간 동기의 '자기중심적' 관점을 제시했던 18세기 이론가들은 현재 우리가 알고 있는 정보를 얻을 수 없었다. 특히 그간 심리적 지식은 위대하리만큼 엄청난 발전을 이루었는데 당시로서는 결코 알 수 없는 정보였을 것이다. 그 이론가들은 합리성에 기초한 계몽주의적 사고를 바탕으로 생각하였고, 무의식 과정이나 집단행동·정서발달과 같은 현대적 인식에 관한 충분한 지식이 없었다. 이러한 오래된 사고형태는 대개 사람들이 합리적인 주장에 반응하며 논리나 의지력으로 자기 행동을 바꿀 수 있다는 가정에 토대를 둔다. 하지만 우리는 사람들 사이에 널리 퍼진 이러한 믿음이 거짓이라는 사실을 경험을 통해 재차 확인해왔다. 한 예로, 2005년에는 보다 나은 성교육과 피임 정보를 제공하는 정부 차원의 캠페인에도 불구하고 십대 임신이 늘어났던 적이 있다. 그 당시 영국의 아동부 장관이었던 베벌리 휴스Beverley Hughes가 했던 논평은 그가 얼마나 당황했었는지를 여실히 보여준다. "우리는 난관에 봉착했습니다. 무슨 이유에서인지 사람들은 행동의 결과까지 생각하지는 않는 것 같습니다."[2] 여기서 우리는 십대 임신이 십대 소녀들의 합리성 결여와 연관되어 있다는 사실을 알 수 있다. 사랑받고 싶어하는 그들의 욕구 혹은 다른 기회를 상실한 삶 속에서 의미를 찾고자 하는

들어가며 21

그들의 바람은 사회에서 그리 중요하게 고려되지 않았다. 우리의 경제적·정치적 사고는 여전히 이러한 낡은 신념체계에 묶여 있기 때문에, 우리는 우리 행동을 실제로 좌지우지하는 핵심요소가 무엇인지 대체로 알지 못한다. 특히, 우리의 정서적 행동을 결정짓는 데 있어서 생애초기의 경험이 얼마나 중요한 부분을 담당하는지, 그리고 의사결정 과정에서 감정이나 암묵적 신념 등과 같은 내면의 삶이 얼마나 중요한 역할을 하는지 등을 알지 못한다.

실제로, '도덕 가치'는 우리가 아이들과 함께 이치를 하나하나 따질 때 드러나는 그런 의식적 생각과는 거리가 멀 때가 많다. 물론 그것이 육아에서 중요한 부분이기는 하지만 우리의 도덕적 가치는 우리가 매일 접하는 관계 속에서 안고 살아가는 무의식적 가정과 훨씬 더 깊은 관련이 있다. 물론 이러한 것들을 명확히 보기란 쉽지 않다. 이를 위해서는 언어로 표현되는 지식영역을 벗어나 보이지 않는 정서경험의 영역으로 들어가서, 우리를 안내하고 우리 행동을 유발하는 보다 신비롭고 눈에 보이지 않는 현실영역을 탐험해야 한다.

이러한 무의식적 메시지와 관습의 대부분을 전수하는 주체가 대개 부모들이긴 하지만, 우리의 도덕적 행동이 이기적이든 그렇지 않든 단순히 개인의 부모가 지닌 가치가 모든 것을 결정한다고 논할 수는 없다. 부모 자신도 그들이 속한 사회 속에서 맺는 여러 관계에서 엄청난 영향을 받기 때문이다. 그들은 부지불식간에 젖어든 문화를 자녀들에게 전달한다. 그리고 자신이 태어날 가족을 선택할 수 없는 것처럼, 부모도 자신이 속한 사회를 선택할 수 없다. 그들은 단지 의식하지 못한 채 그 사회에 반응하고 그 사회의 규준에 맞게 적응할 뿐이다. 당신 주변의 모든 이들이 이기적으로 행동하는데 그들과 다르게 행동하기란 어려울 것이다. 각 사회 혹은 문화는 그 속에서 어떤 일이 벌어지는 방식이나 모습을 통해 갖가지 근본적인 신념이나 태도를 사람들에게 전달하는 하나의 거대한 가족이다.

이러한 '사회적 무의식'은 대체로 현재의 권력구조 속에서 일어나는데, 이 권력구조는 우리가 인식하지 못하는 사이 우리의 가치와 기대를 조성한다. 자원의 할당과 통제와 같은 여러 사회적 구조와 관행에 관해 논의하거나 질문을 던지기란 여간해서 쉽지 않은 일인데, 이는 그것이 필수불가결한 것으로 보이기 때문이다. 우리는 그것을 일종의 주어진 '현실'로 경험하며, 우리가 함께 만들어낸 사회적 맥락으로 생각하지 않는다. 서구에서 '현실'이란 물질과 기술적 진보에 초점을 맞춘 문화로서 존재해왔다. 그래서 우리는 여러 면에서 생산성 증대와 성장에 쏟는 우리의 관심에 인간관계가 종속될 것이라는 점을 당연시한다. 이러한 태도는 우리 속에 너무도 깊이 배어들어서, 물질적 안녕을 정서적 안녕보다 우선시해야 된다는 근본적 가정을 인식하기조차 어렵게 되었다.

심지어 우리의 사회적 현실을 정의 내리는 가장 막강한 힘을 가진 사람들조차 이 사실을 다 인식하는 것은 아니다. 산업자본주의의 초기 개척자들은 그들의 경제체계와 그 체계의 '자기중심성'이 인간관계에 미칠 잠재적 영향을 예상하지 못했다. 그들은 단순히 자신들이 뿜어내는 창의적인 에너지, 그리고 더 나은 물질적 혜택에 대한 잠재력에 흥분했고, 자신들이 맺어온 인간관계는 예전 모습 그대로 유지될 것이라고 당연시했다. 초기 자본주의 철학가인 애덤 스미스Adam Smith는 사람들이 서로에게 자연스러운 '연민'을 가졌으며 이를 의심하고 물어볼 필요도 없다고 가정할 수 있던 시대에 살던 사람이다. 그가 말한 것처럼, '가장 지독한 무법자'조차 타인의 행복에서 기쁨을 찾을 뿐 아니라 그들의 비참한 상태를 느낄 수 있었다.[3] 그는 비즈니스 거래에서 이기심에 따라 움직이는 '호모 이코노미쿠스homo economicus'이라는 자신의 개념이 전체 인간의 본성을 대변하는 데까지 이르러, 많은 사람들이 이기적인 삶의 방식만이 유일한 삶의 방식이라고 확신하게 되리라는 것을 상상조차 할 수 없었을 것이다.

이기심이 불가피하다는 이러한 개념은 2세기가 넘도록 사람들 사이에서 득세를 했다. 하지만 최근의 경제위기가 벌어지기 전부터 차츰 그 생각들이 낡고 녹슨 것으로 보이기 시작했다. 물질주의와 자기중심적 가치가 우리 삶의 전 영역을 장악하게 되면서 이런 생각에 문제가 있다는 사실에 더 많은 사람들이 동의하게 된 것이다. 이러한 변화를 내가 눈치 챈 것은 몇 년 전 영국의 시사 정치 잡지인 「뉴 스테이츠먼New Statesmen」의 칼럼니스트이자 학자인 마틴 자크Martin Jacques가 쓴 오피니언 기사를 읽었을 때였다. 그는 가족, 공동체, 돌봄의 쓸쓸한 쇠퇴를 보며 유감스럽다고 했다. 자크의 말에 따르면, 우리는 '이기적인 시대' 속에 살고 있다. 그는 '자기라는 신조가 시장의 복음과 얽히고설켜서 우리들 삶의 촘촘한 구성을 헝클어버렸다.'고 말했다. 그의 주장은 다음과 같다. '우리의 사회적 세계는 본질상 계약을 따르는 시장의 리듬과 거울처럼 똑같은 특성을 보이기에 이르렀다. 반면, 우리가 평생 관계를 맺는 사실상의 유일한 단위인 가족은 그 어느 때보다도 무력한 단위가 되었다. 확대가족은 점점 더 찾아보기 힘들어졌고 핵가족은 더욱더 작아지고 수명도 짧아져서 결혼한 부부의 거의 절반이 이혼으로 끝을 맺고, 부모들 대부분은 자신의 미취학 아동들과 점점 더 적은 시간을 함께 보낸다.'4 나는 자크의 주장을 대체로 인정한다. 하지만 그는 좀 더 전통적인 형태의 가족으로 돌아가자는 암묵적인 주장 외에 이러한 현상을 무엇으로 대체할 것인지에 관해 합당한 견해를 거의 제공하지 못했다. 그가 내린 결론은 절망적이고 회의적이다. '어떠한 방법을 강구하든 정책을 내놓는 이들은 이렇게 말할 게 뻔하다. 할 수 있는 일이 별로 없다.'라는 식이다.

우리가 '분열된 사회' 속에 살고 있다는 말은 이제 너무도 익숙하다. 2008년에 영국의 보수당 당수인 데이비드 캐머런^{David Cameron}은 영국을 묘사하며 칼의 범죄, 가난, 허약한 건강상태, 가족의 해체, 실업 등의 특성을 이야기했다. 그는 또한 영국 사회를 '풍기 문란한 사회'라고 부르면서, '아이들이 자신이 원하는 것은 그게 무엇이든지 할 수 있다고 생각하면서 아무 제한도 없이 자란다.'고 지적했다. 그는 이 문제를 훈육의 문제로 보면서, '책임감, 사회적 가치, 자기절제, 타인에 대한 배려, 일시적 만족을 참고 인내하는 만족의 유보 등과 같은 가치가 몇 십 년 동안 침식되어왔다.'며 한탄했다.5 그의 관점에서, 이와 같은 현상은 사람들이 충분한 선택권을 가지고 스스로 자신의 행동에 책임을 져야 한다는 사실을 깨닫는 대신 자신을 약물중독, 비만, 가족분열 등의 '피해자'로 보는 국가적 문화의 결과였다. 그의 발언이 있고 나서 얼마 후에 1,832명의 성인들을 대상으로 대표 설문조사를 벌인 결과,

어마어마한 수의 사람들이 그의 의견에 동의했다.[6]

　캐머런은 각자의 정치적 신조와 관계없이 사람들이 자신을 둘러싼 세상 속에서 발견할 수 있는 무엇인가를 규명했다. 그것은 자녀양육에 관한 무관심, 그리고 장기적 안녕을 위한 책임감 결여였다. 하지만 마틴 자크와 데이비드 캐머런은 모두 이러한 문제들을 개인적 훈육이나 헌신의 부족이라는 관점에서 진단하였다. 사실 이는 절반의 이야기밖에 들려주지 못한다. 도대체 사람들은 왜 이렇게 행동할까? 그 이유가 더 중요하다. 사람들이 훈육이나 헌신 면에서 부족한 모습을 보인다면 이는 단순히 그들이 약하거나 이기적이어서가 아니라, 그들이 타인과의 관계에서 서로를 돌볼 수 있도록 도와주지 않는 사회 속에서 성장하고 살고 있기 때문이다. 문제의 핵심은 우리가 정서적으로 허약해진 문화, 사회적 유대를 갉아먹는 개인주의와 소비주의를 수십 년간 추구해왔으며 그 결과물 속에 살고 있다는 것이다. 이런 정서적 황폐화는 사회적 저울의 양쪽 끝에서 보면 굉장히 달라 보일 수 있다. 이는 극심한 빈곤 속에 사는 사회경제적 집단이 폭력적인 범죄의 늪에 빠지는 결과를 낳을 수도 있고, 혜택을 누리는 부유한 집단에게는 과도한 소비 혹은 사기성 금융거래를 조장할 수 있다. 어떠한 경우든 나는 물질주의와 사회적 분열이 타인을 고려하지 않는 가치체계의 정점에 있다고 본다. 이것은 개개인에서부터 우세한 사회적 정책에 이르기까지 모든 수준에서 그 모습을 드러낸다.

　최근 신종 인플루엔자가 한참 확산되던 시기에 기분전환 겸 헤어스타일을 바꾸려고 미용실을 찾은 한 여성의 이야기를 접했다. 그녀는 몸이 별로 좋지 않다는 걸 느꼈으면서도 미용실에 갔고,

여러 사람이 있는 곳에서 코를 훌쩍였다. 그 여성이 미용실을 나가자 다른 손님들은 서로를 바라보며 눈썹을 찌푸리면서 "어쩌면 저렇게 이기적일 수가 있을까?"라며 수군거렸다. 물론 때때로 우리 모두가 이처럼 행동한다. 내가 생각하는 이기심이란 이 예화와 관련이 있다. 나는 앞으로 이기심을 '타인의 필요와 관심을 고려하지 않고 자신의 유익을 추구하려는 것'이라고 정의할 것이다. 한 개인으로서 타인의 필요와 관심을 생각할 수 있는 능력은, 우리의 정서적 성숙도뿐만 아니라 각자의 마음 상태나 현재 상황이 어떠한가에 달려 있다. 나는 다른 사람 못지않게 나 역시도 이기적인 경향이 꽤나 높다고 생각한다. 그런데 왜 우리는 이기심을 죄책감을 느끼게 하는 개개인의 비밀로 치부하고 사회적 이슈로는 생각하지 않는 걸까? 이기심은 단순히 개인적인 소양의 부족에서만 비롯되지 않는다. 이기적인 사회 또한 이와 동일한 역할을 한다. 이 사회는 집단의 관심사나 사회적 집단의 모든 필요를 대가로 치르면서 개인주의, 탐욕, 물질주의를 지지한다. 내가 보기에 이 모든 이슈들은 서로 밀접한 관계를 맺고 있으며, 이 책에서 이기심의 특성으로 계속 논의될 것이다. 왜냐하면 그 모든 것은 타인의 필요와 타인의 의견을 존중하지 않는 특성과 관계되기 때문이다.

우리 시대가 '이기적인 시대'라는 자크의 관점을 인정하긴 하지만, 자크와 캐머런이 제안하듯이 앞으로 우리가 추구해야 할 방향이 과연 전통적인 가족의 강화인가 하는 점에는 의구심이 생긴다. 사람들이 자발적으로 새로운 도덕적 가치를 적용해서 '보다 나은' 사람이 되겠다고 노력한다고 될 일이라고도 생각지 않는다. 과거로부터 전해오는 익숙한 도덕적 지침을 따르는 대신, 우선 이기심이 어떻게, 왜 일어나는지에 대한 철저한 이해를 얻을 수 있는 보다 유용한 출발점이 필요하다고 본다. 역사, 신경과학, 사회학, 심리학 등의 다양한 분야에 널리 존재하는 현재의 지식을 총동원하여 사회적 맥락과 가족의 맥락을 두루 살펴봄으로써, 우리는 어딘가 새로운 지점에 다다를 수 있을지도 모른다.

마틴 자크와 달리 나는 충분히 긍정적인 전망도 있다고 생각한다. 최근에 이룬 주요한 과학적 발전을 통해 우리는 개인과 사회로서 우리가 어떻게 발전해가는지 이해할 수 있게 되었다. 심지어 신경과학적 지식은 보다 넓은 문화가 어떻게 우리의 사고뿐만 아니라 뇌 구조와 기능에까지 영향을 끼치는지도 설명할 수 있게 되었다. 산업자본주의는 의도치 않은 부작용을 초래했는데, 산업자본주의가 우리의 도덕적 태도뿐만 아니라 우리의 두뇌형태에도 결정적인 영향을 끼쳤다는 것을 말해주는 증거는 어마어마하게 많다. 전前 미 정부 리서치 과학자였던 프레드 프레빅Fred Previc은 이와 같이 말했다. "인간의 활동이 세계의 기후를 극적으로 변화시키지는 못할 거라고 생각한 시절이 있었던 것처럼, 현대 사회와 생활양식이 광범위하고 심각한 신경화학적 불균형을 초래하며 이와 관련된 두뇌기능의 손실을 가져올 것이라는 것도 한때는 가당치 않다고 여겨졌다."[7]

더 이상 정부에 소속되어 연구를 수행하지 않기 때문에 좀 더 자신의 생각을 자유롭게 말할 수 있게 된 프레빅에 따르면, 우리가 서구사회 속에 널리 나타나도록 방치했던 스트레스와 경쟁으로 점철된 환경은 두뇌발달의 특정 측면을 새롭게 조성해왔다. 그는 압박을 주는 생활방식이 뇌 신경전달물질의 행동을 변화시킨다고 주장하였다. 이 신경전달물질은 서로 다른 뇌 영역의 연결을 돕는 생화학적 윤활유 역할을 한다. 스트레스를 받으면 사람을 차분하게 만드는 신경전달물질인 세로토닌serotonin이 고갈되어 바닥 수준으로 떨어지는 반면 사람에게 동기를 부여하는 신경전달물질인 도파민dopamine 수준은 올라가서 더욱 '능동적인 대처'를 하게끔 만든다. 결국 사람들은 그로써 충동적이고 아집을 부리는 행동을 하게 된다. 프레빅은 이러한 효과의 많은 부분이 이미 태어나기도 전인 다음 세대에 전달된다고 믿는다. 어머니들이 스트레스에 눌려 사는 사회 속에서, 아기들 뇌의 생화학적 측면은 자궁 속에서, 혹은 이후의 섬세한 생후 발달과정에서 영향을 받게 되어 있다. 어머니가 스트레스를 받으면 받을수록 그 아기의 뇌는 스트레스에 더욱더 민감해질 수 있다.[8]

경쟁적이고, 정서적으로 지지받지 못하는 환경 속에 살면서 우리가 스스로에게 초래하는 피해를 설명하고 바람직하지 못한 관계가 우리의 신체와 두뇌에 어떤 효과를 끼치는지를 입증하는 역할이 과학자들의 몫이라면, 더욱 친절하고 협동적인 사회를 이루는 데 유용한 새로운 사고방식을 보여주는 것은 철학자들의 몫일 것이다. 미래를 바라보면서, 나는 정치인들이 아니라 새로운 '돌봄의 윤리'를 위해 다양한 아이디어를 제시하는 페미니스트적인 사상가들로부터 영감을 얻을 수 있었다.[9] 그들의 비전은 타인을 돌보는 감성적인 이상향에서가 아니라, 과연 돌봄이라는 것이 현실적으로 무엇을 의미하는지 철저하게 분석함으로써 얻어진 것이다. 그들은 돌봄이란 일련의 원칙이나 느낌이 아닌 실질적인 활동이라고 강조한다. 우리 모두는 이런저런 방식으로 서로 돌봄을 주고받는다. 그러므로 돌봄은 모든 인간이 관계된 활동이다. 물론 돌봄은 우리가 타인과 어떻게 관계를 맺고 얼마나 그들에게 주의를 기울이는지와 깊이 관련되지만, 단순한 개인적 감정에 기초하는 것이 아니라 "우리의 '세상'을 유지하고 지속시키며 개선하기 위해서 행하는 모든 것들을 포함한다. 이로써 우리가 그 세상 속에서 되도록 만족스럽게 살 수 있도록 말이다."[10] 꽤 현실적인 생각 아닌가.

그렇다고 모든 사람의 필요를 충족시키기가 쉽다는 말은 아니다. 뉴욕시립대City University of New York의 정치과학·여성학 교수인 조앤 트론토Joan Tronto는 '불가피하게도 충족시킬 수 있는 것 이상의 더 많은 돌봄이 필요할 것이다.'라는 현실적인 인식을 보이고 있다.[11] 그렇다면 과연 어떤 필요를 우선시해야 하는가? 어려운 문제가 아닐 수 없다. 트론토에 따르면, 이러한 난제들은 집단적인 정치 논의를 통해 결정되어야지 추상적인 개인의 권리와 이상적 윤리를 보편화시키는 '거짓된 안보'에 의존해서는 안 된다. 후자의 관점은 17세기 계몽주의에서 비롯된 것인데, 그 어떤 시기에라도 이와 같은 관점은 현실적으로 불평등한 사회권력과 사람들의 다양한 돌봄에의 욕구를 고려하지 못했다. 대신, 트론토는 실제적인 사람들에게 주목하는 좀 더 실용적인 윤리를 옹호하는데, 실제적인 사람들이란 구체적인 자기 삶을 살면서 우리가 우리 자신의 필요를 중시하는 것만큼 그들 자신의 필요를 중요하게 다루려고 노력하는 사람들이다.

이러한 면에서 볼 때, '돌봄의 윤리'는 영국의 정신분석가이자

학자인 피터 포나기 Peter Fonagy가 주창한 '정신화 mentalisation'라는 유력한 개념과 밀접한 관련이 있다.[12] 이 개념은 원만한 인간관계가 어떻게 작용하는지 이해하는 데 유용하기 때문에 심리치료사들 사이에서 많은 지지를 얻고 있다. 기본적으로 정신화란 타인도 나와 마찬가지로 자기 행동에 동기를 부여하는 정신과 느낌을 가지고 있다는 사실을 이해하는 능력, 그리고 타인이 나와는 굉장히 다른 경험을 할 수도 있다는 사실을 이해하는 능력과 관계된다. 이 능력은 한 개인이 자기 경험에 대해 얼마나 열린 마음을 가지고 있느냐에 따라 큰 차이를 보인다. 자기 자신의 감정을 인정하고 이를 충분히 경험하지 못한 사람이 타인의 감정을 열린 자세로 바라보고 그들의 관점을 존중하기란 어렵기 때문이다. 여러 면에서, 돌봄의 윤리를 이룰 수 있느냐 그렇지 않느냐는 '정신화'를 실천할 수 있는 사람들의 능력에 달려 있다.

실제적인 돌봄과 정신화에 기초한 새로운 정치의 개발은 시급한 과제이다. 우리는 현재 점차 약해지는 서구경제, 황폐해지는 기후변화와 같은 상당히 까다로운 문제들에 직면해 있다. 이러한 문제들을 해결하려면 전 지구적인 협동과 선견지명이 요구된다. 하지만 최근 몇 십 년간, 우리는 이러한 과제를 대하면서 성숙과 지혜를 발휘하는 대신 더욱 자기도취적인 집단정신으로 후퇴하여 우리가 원하는 것은 무엇이든 대가 없이도 얻을 수 있다고 자신했다. 우리 시대에 서구 산업자본주의는 쇠퇴 국면에 이르러, 이전보다 타인에 대해 정서적으로 더욱 무관심해지도록 많은 사람들을 부추기는 지경에 이르렀다.

사탕 가게에 들어가 여기저기 제멋대로 돌아다니는 아이들처럼, 우리들은 손에 닿는 모든 것을 탐욕스럽게 추구하면서 우리 행동이 불러올 진정한 대가가 무엇인지 까맣게 잊어버렸다. 우리는 우리의 행동이 지구상에서 가장 가난하고 무력한 이들, 우리의 아이들, 그리고 환경에 불러올 영향에 대해 부주의하고 무관심했다. 이제 거의 모든 사람들이 알다시피, 우리의 산업활동은 물, 공기, 토양에 해를 입히고 열대우림을 파괴했으며 지구의 기온을 위험한 수준까지 끌어올렸다. 이를 증명할 증거는 산더미처럼 쌓여 있다. 그런데도 우리들은 마냥 어린아이처럼 이러한 결과에 대한 책임을 함께 감당하는 데 줄곧 실패해왔으며, 자본가들의 게임에 끼어보지도 못한 이들에게서 불공평하게 이득을 취하고 그들의 고통, 영양부족, 질병을 무시한 결과에 대해서도 아무런 책임을 지지 못하고 있다.

많은 사람들이 우리 사회가 좀 더 친절한 사회로 발돋움하기를 바라지만, 과연 그 사회를 어떻게 이룰지에 관한 아이디어를 가진 사람은 드물다. 과학이 기술적·물질적 발전을 지속해서 당면한 현실적 문제를 해결할 수 있도록 도와준다면 좋겠지만, 우리가 안고 있는 문제들 대부분이 관계의 영역 속에 놓여 있다는 사실을 깨닫는 것도 과학의 발전만큼이나 중요하다. 우리는 국제적 빈곤을 바로잡기 위해 무엇이 필요한지에 대해서는 알 수도 있다. 그러나 정서적으로 야기된 갈등을 해결하는 방식에 관해서는 이해가 부족하다. 지금 우리의 과제는 심리학과 신경과학이 제공하는 과학적 지식, 그리고 사람들의 정서가 공적 영역에서 발달되고 발현되는 방식에 관한 정보를 행동에 통합시키는 일이다. 오직 이 방법을 실현했을 때에만 올바른 해결책을 얻을 수 있는 기회가 생길 것이다.

실제로 좀 더 친절한 사회를 바란다면 타인에게 관심을 가질 준비가 된 이들이 필요하다. 결국 초기 자녀양육의 문화를 논할 수밖에 없는데 바로 이 시기에 타인의 필요를 정신화하고 그에 반응하는 능력이 자라나기 때문이다. 하지만 매우 교양 있는 서구사회도 이러한 이슈에 대해서는 여전히 상대적으로 인식이 부족하고 이를 본격적으로 다루기를 불편해하는 것이 사실이다. 양육을 둘러싼 주제를 거론할 때, 정치적으로 좌편에 서 있는 이들은 감정에 관해 이야기하기보다는 아동빈곤이나 고용정책과 같은 좀 더 중립적인 주제에 초점을 맞추기를 선호하며, 정치적으로 우편에 서 있는 이들은 사회의 정서적 균형을 회복하기 위해 전통가족으로 돌아가자고 주장하는 경향이 있다. 내가 봤을 때, 양편의 주장 모두 조금은 시대에 뒤떨어지고 고무적이지 않은 접근인 것 같다. 현재 정책들이 매우 어린 아기들의 어머니들을 노동현장으로 몰아넣고 있다는 데에는 나도 우려를 표하는 바이지만, 기존의 오래된 전통적 노동분화를 부활시키는 것이 과연 누군가에게 도움이 될 수 있을까 의구심이 든다. 가족생활의 가치를 인정하는 것은 기쁜 일이나, 나는 바람직한 정서발달을 뒷받침하는 새로운 방법을 찾아내는 데에 더 큰 관심이 있다.

이 책은 이러한 현대적 문제를 담고 있다. 또한 고용과 자녀양육을 위한 보다 나은 정책을 개발할 필요를 논하기는 하지만, 중심은 어디까지나 최신의 심리학적 지식을 사회적·정치적 사고와 정책입안에 통합할 수 있는 방법에 있다. 심리치료사로서 나는 정서발달의 역할을 정치적 측면에서 더 깊이 이해해야 하고, 일반적인 정치행동이 인간관계의 다른 형태와 분리된 것이 아니라 그와 동일한 정서적 역학관계에 영향을 받는다는 사실을 이해해야 한다고 주장한다. 예를 들어, 지도자의 위치에 선 공인들이 행동하는 방식은 그들이 신봉하는 정책뿐만 아니라 그들 자신의 유아기 시절에 습득한 도덕적 틀에 영향을 받는다는 사실을 말이다. 또한 가족생활은 단순한 사적 영역이 아니라, 공적인 정서적·도덕적 문화를 다음 세대에 전달하고 유지시키는 데 핵심역할을 하는 중요한 영역이라는 사실도 명확히 밝히고 싶다. 부모들은 자신들이 인식하든 그렇지 않든, 현재의 문화적 가치를 재생산하고 특정한 생활양식을 보존하기 위해 자녀들의 삶의 모습을 조성한다. 결국 유아기가 문화 전달의 축이 된다. 이기심의 불식은 단순히 개인이 발달하며 성취해야 할 문제가 아니다. 오히려 문화적으로 성취해야 할 문제다. 이 책에서 묻고자 하는 바는 바로 이것이다. 사회적·정치적 문화를 바꾸는 데 발달적 사고를 활용할 수 있을까?

Notes

1. 마이클 러터, 『유전자와 행동 Genes and Behaviour』(Oxford, Blackwell Publishing, 2006)
2. 2005년 5월 26일자 「가디언 Guardian」에 실린 베벌리 휴스의 '십대 출산에 관해 부모들에게 고함 Appeal to parents on teenage births'
3. 애덤 스미스, 『도덕감성론 The Theory of Moral Sentiments』(Edinburgh, Kincaid and Bell, 1759)
4. 2005년 5월 26일자 「가디언」에 실린, 마틴 자크의 '친밀의 소멸 The death of intimacy'
5. 2008년 7월 7일에 영국 글래스고 이스트 Glasgow East의 보궐선거 때 데이비드 캐머런의 연설. www.telegraph.co.uk
6. 2008년 7월 13일자 「선데이 타임스 Sunday Times」에 실린 영국의 조사회사 유가브 YouGov의 설문조사 '윤리 소년 Ethics Boy'의 결과
7. 프레드 프레빅, 『인류의 진화와 역사 속에서 도파민으로 활성화되는 정신 The Dopaminergic Mind in Human Evolution and History』(Cambridge University Press, 2009)
8. 본 연구의 유용한 개관자료는 도나 코치 Donna Coch, 제럴딘 도슨 Geraldine Dawson, 커트 피셔 Kurt Fischer의 『인간 행동, 학습, 그리고 발달하는 뇌 Human Behavior, Learning and the Developing Brain』(개정판, New York, Guilford Press, 2007)에 실린 엠마 애덤 Emma Adam, 보니 클림스 더건 Bonnie Klimes-Dougan, 메건 거너 Megan Gunnar의 '유아, 어린이, 청소년들의 스트레스에 대한 부신피질 반응의 사회적 규제 Social regulation of the adrenocortical response to stress in infants, children and adolescents'에서 찾을 수 있다. 더불어 『발달 정신생물학 Developmental Psychobiology』(50쇄, 2008,

pp.588-599)에 실린 위스머 프라이스^A.Wismer Fries 등의 '어린이들에게서 나타나는 초기 사회적 박탈에 따르는 신경 내분비선의 통제장애^Neuroendocrine dysregulation following early social deprivation in children'도 참고하라.
9. 특히, 피오나 로빈슨^Fiona Robinson의 『세계화하는 돌봄^Globalising Care』(Boulder, CO, Westview Press, 1999), 셀마 세븐휴이즌^Selma Sevenhuijsen의 『시민권과 돌봄의 윤리^Citizenship and the Ethics of Care』(London, Taylor and Francis, 1998), 조앤 트론토의 『도덕적 경계^Moral Boundaries』(New York, Routledge, 1993)에서 영감을 받았다.
10. 조앤 트론토의 『도덕적 경계』
11. 위와 동일
12. 「애착과 인간발달^Attachment and Human Development」(7:3, 2005, pp.269-281)에 실린 애리타 슬레이드^Arietta Slade의 '양육을 반영하는 기능: 머리말^Parental reflective functioning: an introduction'에 유용한 요약문이 실려 있다.

THE SELFISH SOCIETY

1장

현재 상황

그때가 되면, 사람들은 말하리라,
우리들은 우리의 의미도, 당신의 의미도 모두 놓쳐버렸다고.
우리는 그저 나쁜인 우리 자신을 발견했으며
모든 것은 어리석고 이해할 수도 없고 끔찍하게 변했다고.
우리는 저마다 자신만의 삶을 살려고 노력했다고 말하리라.
그렇지, 그것만이 우리가 눈으로 확인한 유일한 삶이었지.

그러나 위대한 역사의 어두운 새들이 소리를 지르며 돌진해왔지.
우리 인생의 풍화 속으로.
그들은 어딘가 다른 곳을 향했지만 그들의 부리와 날개 끝은
해안을 따라, 안개 속을 헤치고 나아가
나를 외치며 서 있는 우리에게로 날아왔지.

에이드리언 리치Adrienne Rich의 시 '그때에In those years'

우리는 생활양식의 주요한 변화가 불가피한 시대에 살고 있다. 비록 풀어야 할 긴급한 과제가 있는 것은 사실이지만, 개인적으로 나는 우리를 짓누르던 무거운 짐이 조금씩 사라지고 있다고 느낀다. 적어도 지난 30년간 우리를 꼼짝없이 옭아매 숨 막히게 했던 가치들이 이제는 도마 위에 올랐고, 많은 사람들이 신선한 기운과 새로운 시작을 갈망하고 있다. '탐욕은 바람직한 것이다.'라고 장난치듯 말하는 사람도 드물뿐더러, 사회가 계속 소수의 이익만을 위해 돌아가야 한다는 가정도 점점 더 설 자리를 잃고 있다. 그런데 우리는 과연 변화를 이룰 수 있을까? 우리는 지금 새로운 행동방식을 취해야 하는 바로 그 지점에 왔으면서도 선뜻 움직이지 못하는 상태에 놓여 있다. 과연 이 변화가 가능할지 의심스러워하기 때문이다.

우리가 직면한 여러 난제들 가운데 하나는, 어떻게 하면 보다 윤리적인 생활방식을 가질 수 있을까 하는 것이다. 이 일이 쉽지 않은 이유는 현재 우리의 문화가 이러한 계획을 거의 지원하지 않기 때문이다. 오늘날 많은 이들은 사람들이 예전보다 더 이기적이지 않을 것이며 역사 속 그 어느 때보다 타인을 더 생각하고 배려할 것이라 믿는다. 하지만 최근 몇 십 년 동안 우리는 이기심을 버리려고 열심히 노력하던 것을 그만두자고 서로 부추겨왔다. 사실, 신보수주의neo-conservatism를 등에 업고 활개를 친 이러한 문화는 이기심을 적극적으로 장려했다. 이 문화는 사적 소유와 이득을 환영했고, 전체 사회에 대한 고려는 잊어버렸다. 도움이 필요한 이들을 위한 공공주택이 고갈되는데도 사람들은 빈민을 위한 서민주택을 사들이려는 충동을 보였다. 선망의 대상인 유명 인사들의 문화는 새로운 욕구를 조장했다. 사람들은 완벽한 신체, 완벽한 장식, 눈부신 재력을 열망하면서 사회의 나머지 구성원들의 생활수준은 고려하지 않았다. 현대윤리는 '네 스스로 얻을 수 있는 것은 모두 취하라, 최고의 것을 구하라.'라는 주장 안에 사로잡혀버렸다.

하지만 그렇다고 우리가 우리 자신의 이기심을 편안하게 여긴다는 말은 아니다. 여러 면에서 우리는 끊임없이 자신의 소망과 필요, 그리고 다른 사람들의 소망과 필요 사이의 경계를 찾느라 여념이 없다. 그러나 이기심이 득세를 하고 있는 것이 엄연한 현실이기도 하다. 타인을 생각하지 않고 자기만의 이익을 추구하다가 타인에게 해를 입힌 이야기가 오늘날 뉴스의 대부분을 차지한다. 최근 공인들의 부패 폭로가 줄기차게 쏟아져 나오고 있지만 우리는 여전히 누군가 공금을 횡령했다거나 대중에게 거짓말을 했다는 이야기를 들으면 충격을 받는다. 월요일부터 일요일까지 우리는 언제라도 일간지를 통해 위법행위와 관련된 끔찍한 이야기를 볼 수 있다. 최근에만 해도 장애가 있는 십대 청소년을 또래

패거리가 공격했던 이야기도 있었고, 전 부인을 혼내주기 위해 자기 자식들을 죽인 아버지의 이야기도 있었으며, 외국에 독성 폐기물을 버린 대기업의 이야기도 있었다. 우리가 이기적인 사회 속에 살고 있다는 데 이의를 제기할 사람이 누가 있겠는가?

대부분의 사람들이 너나할 것 없이 나쁜 행동을 한 적이 있다는 것은 이기심과 관련된 우리의 죄책감을 누그러뜨린다. 우리의 유전자는 '인정사정없이 이기적'이므로 이기적 행동을 이해할 수 있다고 말한 과학자 리처드 도킨스Richard Dawkins의 말은 우리에게 어느 정도 위안을 준다.[1] 그는 그렇다고 우리가 유전자의 성향에 복종할 필요는 없다고 말하면서 극단적인 주장은 피했지만, 실제로 우리가 유전자의 성향을 거슬러 반대로 행동할 확률은 적다. 분명 우리는 천하고 약삭빠른 피조물로서, 본질상 자기 자신을 앞세우며 타인에게 더 낮은 가치를 부여한다.

그러나 다른 면에서 보면 우리는 그렇게 냉정한 존재가 아니다. 우리 뇌의 가장 오래된 부분은 파충류의 뇌처럼 생존기계와 같은 역할을 하지만, 인간은 급격히 확대된 뇌 영역을 지니고 있으며 이로써 전혀 다른 존재가 될 가능성을 안고 있다. 우리의 파충류 뇌reptile brain는 습관에 따라 좌지우지되는 경직된 뇌로서 지배하느냐 지배당하느냐 하는 매우 기초적인 사회적 인식만을 할 수 있지만, 우리는 우리 뇌의 포유류적인 부분에 파충류 뇌와는 전혀 다른 새로운 가능성의 영역을 얻었다. 바로 이 영역이 돌봄과 협동을 위한 사회적 본능을 우리에게 허락했고, 동시에 타인과 놀고 함께 존재하는 것을 기뻐하는 생화학적 반응도 보이게 되었다. 인간은 이후 뇌의 수준을 더욱 고차원적으로 발달시켜왔는데, 이로써 우리는 우리의 감정과 사회적 관계를 고려하고 이에 관해 타인과 소통할 수 있는 능력을 갖추어 보다 나은 융통성과 사회적응력을 발휘할 수 있게 되었다.

이렇게 뇌의 서로 다른 부분이 연결되어 있다는 사실을 당연시해서는 안 된다. 자신의 서로 다른 측면을 통합시키기란 쉬운 일이 아니다. 개인의 생존을 위한 기본적인 충동과, 복잡한 인간사회 속에서 생존하기 위해 사회적 관계를 유지하는 좀 더 복잡한 능력 사이에는 언제나 균형 잡힌 행동이 존재하기 마련이다. 그런데 그 균형이 저절로 찾아지는 것이 아니라는 점이 중요하다. 정신분석적 사고가 명확히 보여주듯, 우리는 늘 잡다한 동기와 애매모호한 감정을 가지고 살아가고 있다. 우리는 '둘 다/그리고'의 존재이지 '둘 중 하나/혹은'의 존재가 아닌 것이다. 특히, 사회적 존재인 우리는 끊임없이 자신과 타인을 마음속에 함께 담고자 노력해야 한다.

집단적 가치와 개인주의적 가치

곡예와도 같은 이 까다로운 행동은 우리가 살고 있는 문화적 맥락에 엄청난 영향을 받는다. 이기심을 부추기는 문화를 만들어내면 그 문화가 성행할 것이다. 반대로 우리 문화가 타인에 대한 배려를 장려한다면 그 문화가 융성할 것이다. 한 예로, 제2차 세계대전 동안 사람들은 생존이라는 공동의 목적을 위해 서로 협동하는 자신들의 능력을 재발견했다. 물론 모든 사람이 협동적인 행동을 한 것은 아니었고 갈등도 여전했지만, 많은 사람들은 무엇인가

선의지를 느꼈으며 대륙의 한 소녀인 팻 파커Pat Parker가 경험한 것처럼 '최악의 시기'를 살았지만 '최고의 시기'를 경험했노라고 증언했다.2 영국 시인인 루이스 맥니스Louis MacNeice는 당시 은행휴일Bank Holiday(잉글랜드·웨일스·북아일랜드·스코틀랜드에 있는 모든 은행의 휴일—옮긴이)의 다채로운 분위기를 느끼며 지하철을 타고 플랫폼을 지나치고 있었는데, 그곳에 폭탄을 맞지 않으려고 피신해 있던 사람들이 있었다. 그의 묘사에 따르면, 사람들은 샌드위치를 손에 들고 오물오물 먹고 나서는 그대로 지하철의 따가운 불빛 아래 누더기 옷을 입은 채로 잠들었다고 한다. "누군가 내게 그러더군요. 이것이야말로 진정한 도시의 배후이며 원시 공동생활의 부활이라고 말이지요……"3 많은 사람들에게 이것은 마치 '모두가 한자리에 같이 있는' 듯한 느낌을 주었고, 이는 사람들이 공동의 목표를 위해 함께 일하도록 동기를 불어넣었다. 확실히, 사회적 목표가 확실히 규명되면 그 목표는 개인의 영화를 추구할 때처럼 사람들이 열심히 행동하도록 영감을 줄 수 있다.

무엇이 정상적인 행동이고 무엇이 비정상적인 행동인지 결정하는 것은 사회적 맥락이다. 집단정신은 전시에만 일종의 에피소드처럼 이따금씩 드러났으며, 우리가 살아가는 고도의 자본주의 사회에서는 가끔 아주 짧게만 그 모습을 다시 보이곤 할 뿐이다. 19세기 초에 산업자본주의가 일어나고부터 지금까지 대체로, 단결과 협동과 같은 집단가치는 권력을 쥔 사람들에게 환영받지 못했다. 집단가치는 20세기 후반까지 사회주의자들이나 노동조합운동에 의해서만 간신히 그 명맥을 유지해왔을 뿐이다. 하지만 결국 그러한 가치들은 커져가는 번영, 그리고 무엇보다도 물질적 안정을 추구하는 문화 때문에 침식을 당했고 이러한 경향은 부가 확대되면서 중산층으로부터 아래쪽으로 점점 퍼져나갔다. 이 새로운 문화는 미국 시인 에이드리언 리치가 1991년에 지은 시 '그때에'에서 표현한 것처럼, '우리'를 대가로 '나'를 발전시켰다.

자본주의를 두둔하는 사람들은 언제나 이기심이 부를 창조하는 동력이므로 환영받아 마땅하다고 주장해왔다. 대량생산이 물질적인 행복의 수준을 증진시키고 전체 인구에 생필품을 공급하는 데 엄청난 성공을 거두면서 이러한 관점은 지지를 받았다. 또한 보다 부유한 사회에서는 과학적·의학적 지식의 엄청난 진보를 위해 투자할 수 있는 여력도 생겨났다. 이러한 유익은 무척이나 인상적이었기 때문에 그와 함께 인간에게 일어나는 여러 피해들은 정당화되었다. 노골적인 이기심이 과연 타당한가를 묻기가 매우 어려워졌고, 사람들은 사회를 위한 보다 윤리적인 기반을 요구하는 데 깊은 무력감을 느끼게 되었다. 편협한 이기적 관심이 수많은 이들의 삶의 질을 높여주는 경제동력의 주체가 되는데, 어떻게 우리가 사람들에게 책임감을 가지고 이기심을 버리고 타인을 이해하라고 요구할 수 있겠는가? 이 때문에 우리는 곤경에 빠졌다. 대다수 종교에서는 공통적으로 '선한' 존재가 되고자 하는 갈망을 권하지만, 이는 획득하고 소비하는 '현실'과의 연결고리를 잃어버린 뭔가 추상적이고 고상한 목표가 되어버렸다. 그래서 도덕은 기운 빠지는 시시한 것, 임의로 선택할 수 있는 추가적인 것이 된 반면, 이기적인 목표는 온힘을 다해 추구해야 할 것이 되었다.

오늘날 캔터베리 대주교Archbishop of Canterbury와 같은 종교 지도자들은 선에 대한 그들의 비전을 강하게 주장하면서, 선이란 사람들이 도덕적 가치를 회복하도록 영감을 불어넣는 것이라고 말한다. 유네스코UNESCO와 같은 세속적인 단체들조차 도덕적 모범을 보이려고 시도해왔는데, 이로써 사회적 책임감의 가치를 불러일으키고 널리 팽배한 개인주의적 정서에서 비롯된 '인간의 권리'에 맞춰진 초점을 거스르고자 하였다. 그들은 인간의 권리 대신에 인간 책임선언Declaration of Human Responsibilities[4]을 제안함으로써 도덕적 기준에 대한 합의를 합리적 틀 안에서 이루고자 했다. 목표만 합의되면 마치 사회적 조화를 이룰 수 있을 것처럼 말이다. 이러한 노력이 문화적 전망을 바꾸는 데 일조할지는 모른다. 그러나 더 깊은 문제의 뿌리를 밝혀내지는 못한다. 우선 그들은 너무나 광범위하게 퍼져 있는 경제적 권력을 인정하지 않는다. 현재 이 권력은 우리가 늘 뚜렷하게 보지는 못하지만 어렴풋이 느끼고 있는 미묘한 사회적 관행을 모두 결정한다. 모든 사람이 깨끗한 물과 적절한 위생 상태를 누릴 수 있도록 하기 위해 쓰는 돈보다 애완동물 먹이·담배·아이스크림에 쓰이는 돈이 더 많으며,[5] 국제적 협력과 평화를 위한 예산이 국제 군사예산의 불과 1.5퍼센트에 불과한 세상 속에서,[6] 개인들이 새롭고 더 나은 행동을 쉽게 받아들일 거라 기대하는 것은 무리일 것이다. 사람들은 아이스크림을 원할 때, 그들의 선택이 반영되는 집단의 우선순위에 대해 인식하지 못한다.

둘째, 합리주의자들의 접근은 사회적 가치가 의식적인 심사숙고를 통해 결정되는 것이 아니라 대개는 무의식적인 수준에서 우리가 서로 맺고 있는 관계를 통해 전달된다는 사실을 제대로 보지 못한다. 결국, 사람들은 왜 비윤리적으로 행동하는가? 고결함과 진리를 추구하면서도 인간답고 비폭력적으로 행동하지 못하는 이유는 무엇인가? 인간책임선언이 바라는 그대로 말이다. 무슨 선언을 하나 제안한다고 해서 사람들이 이전과 다르게 행동할 것인가? 그렇지 않다. 여러 갈등상황에 비폭력적으로 대처하고 자기 스스로를 인식하며 언행일치를 유지하는 능력은 모두 사람 안에서 나온다. 이러한 속성은 진정한 도덕의 발달을 반영하는 것이며, 여러 학대상황을 겪고 충격을 받은 사람들이 노력한다고 해서 쉽게 만들어지는 것이 아니다.

초기 유년시절의 영향은 특히나 더 강력하다. 돌봄과 관심을 부족하게 받았거나 적대행위의 대상이 되었던 어린이들이 이기적이지 않고 배려 깊은 사람으로 성장하려면 어려움이 많을 수밖에 없다. 하지만 안타깝게도 우리의 경험, 특히 생애초기의 경험이 우리의 가치 그리고 타인과의 관계에 가장 강력한 영향을 끼친다는 사실조차 아직까지 우리 문화의 일부가 되지 못했다. 어린이들이 곧 내일의 어른들이므로 우리가 그들을 어떻게 기르느냐가 무척 중요하다는 것은 너무나 오랫동안 잘 알려진 사실이지만, 사회적 관점에서 봤을 때 우리는 여전히 초기 유년시절의 영향에 대해 충분히 심각하게 고려하고 있지 않다. 특히나 언어 전 단계pre-verbal stage에서 가치가 형성된다는 사실은 다른 사실보다도 더 인정을 받지 못하고 있다. 아기들은 어차피 '이해하지도 못하고', '나중에 기억하지도 못할 것'이기 때문에 자신들의 행동이 아기들에게 별 영향을 주지 않을 거라고 생각하는 이들이 아직 너무도 많다.

언어 전 단계의 경험이 어떤 중요한 특성을 지니는지는 여전히 비교적 새로운 지식으로 여겨진다. 이 지식을 이끈 것은 정신분석학자 존 보울비John Bowlby이다. 강력하고 영향력 있는 그의 '애착이론attachment theory'은 이미 1950년대와 1960년대부터 수많은 심리연구를 이끌었다. 보울비는 당대의 모든 정신분석학 전문인들 사이에서 당당하게 일어나, 한 아이가 실제로 경험한 초기 애착 경험은 그의 건강한 정서발달의 열쇠라고 주장했다. 한때 논란의 여지가 있던 그의 이 주장은 이제 발달심리학이나 심리치료의 발달적 접근에서는 당연한 것으로 받아들여지고 있다.[7] 보울비의 이론적 기초 위에서 이루어진 연구는 한 인간의 발달과 우리 행동의 심리적 근원을 더 깊이 이해하는 데 도움이 되었다. 개인의 형성 과정에 관해 알면 알수록 사회적이고 도덕적인 발달은 무의식적인 학습과정에 의해 크게 좌우되는데, 이 과정이 유아기에 일어난다는 점이 더욱 분명해진다. 물질주의적인 혹은 이기적인 사람이 되는 심리적 요인을 이해하고 싶다면, 우리가 아기들을 어떻게 돌보는지 그리고 그 돌봄이 아기들에게 어떤 가치를 전달하는지를 살펴보아야 할 것이다.

태어나면서부터 구찌Gucci 티셔츠를 손에 넣겠다는 열렬한 욕망을 가진 아기는 없다. 그의 부모나 혹은 그 티셔츠 제조업자들은 그것이 자신의 꿈을 이뤄줄 것이라 생각할지도 모르지만 말이다. 아기 침대에 있는 테디 베어 인형의 개수도 아이의 행복에 전혀 영향을 주지 않는다. 오히려 생후 몇 개월 동안 타인에게 의존하는 정서적인 경험이야말로 그의 이후 행동과 신념에 매우 강력한 영향을 끼친다. 아기들은 사회적으로 규정된 방식에 따라 자신들의 욕구를 전달하는 방법을 매우 빠르게 배운다.

이 분야 전문가의 한 사람으로서 나는 오랫동안 다양한 사람들과 유아기의 중요성에 대해 이야기해왔다. 그 사람들 중에는 부모도 있고 변호사, 전기 기술자, 예술가도 있었다. 그들의 배경과 관계없이, 언어 전 단계에서 맺는 인간관계의 중요성이나 그들이 아기에게 부지불식간에 전달하고 있는 강력한 문화적 메시지가 무엇인지 인식하고 있는 사람을 찾기란 여간 힘든 일이 아니었다. 비록 우리가 매우 부유해져서 생애초기의 심리적 발달과 뇌 발달에 관한 값비싼 실험연구―이를테면 애착이론의 통찰을 공고히 해줄 연구―에 투자할 여력은 생겨났는지 모르지만, 우리는 이 어마어마한 양의 지식을 실제로 활용하지 못하고 있다. 전 세계에서 가장 부유한 나라에서도 이러한 정보가 아직 대다수 국민들에게까지 닿지는 못했다. 코넬대학Cornell University의 인류학 교수인 메레디스 스몰Meredith Small은 다음과 같이 언급했는데, 이 말은 지금의 현실을 잘 반영하고 있다. "건강한 유아발달을 위한 애착관계의 중요성에 관한 연구는 서구에서 나왔는데, 정작 서구인들만이 이 연구를 실행에 옮기지 않는다는 것은 정말 아이러니한 일이다."[8]

자본주의의 덫

심리학적 발견은 성적 충족감을 준다는 허망한 약속을 하는 광고를 통해 소비자를 조종하고 우리의 소비를 늘리는 데 이용된 경우가 더 많다. 달리 말해서 인간 역사의 현 시점에 존재하는 다른 수많은 것들처럼 심리학도 물질적 쾌락과 위안에 종속되어온 것이다. 우리는 지난 세기 전기, 전자통신, 건강관리, 엔터테인먼트,

신속한 수송, 가내 편의 등 놀라운 기술진보가 가져다준 안락함과 즐거움에 매료되었다. 하지만 소비자로서의 소양은 우리의 심리적 성숙도나 이해도와 아직 조화를 이루지 못하고 있다.

편의성 자체만 봐도 그렇다. 기술은 우리 생활을 즐겁게 해주고 놀랄 만큼 안락하게 해주었지만, 어느 면에서든 우리가 더욱 인간답게 살 수 있게 도와주었다거나 우리의 인간관계를 강화시켜주지는 못했다. 몇 가지 예만 들어보자. 식기세척기, DVD플레이어 혹은 아이팟 같은 편의성 기기들도 그것이 나오기까지는 복잡한 사회적 조직과 정교한 기술을 요구하지만, 그 생산과정에 사용자들인 우리의 능동적인 참여를 요구하지는 않는다. 정신적인 측면에서 볼 때, 그 기기들을 조작하려면 즉각적이고 일시적인 쾌락을 추구하고 고통스러운 경험을 피하는 데 사용하는 뇌의 가장 기초적인 프로그램만 사용하면 될 뿐이다. 신경학적으로 이는 우리의 가장 '이기적인' 본능이다.

하지만 최근에는 점차 물질적 가치뿐 아니라 관계의 가치에도 많은 관심이 쏠리고 있다. 이러한 변화가 뭔가 타인을 위한 염려와 책임에서 비롯된 것이라고 믿고 싶지만, 여러 증거들은 이것이 단지 자기 자신에 대한 관심을 표현하는 새로운 형태일 가능성이 높다는 것을 보여준다. 부유한 국가의 사람들은 자본주의가 그 광고들의 약속을 그대로 다 이루어주고 물질적 위안뿐만 아니라 행복까지도 제공해주기를 기대한다. 우리는 다양한 관계에서 오는 진정한 만족을 동경한다. 하지만 부유해질수록 더욱 분명해지는 사실은, 자본주의가 이러한 종류의 충족감을 결코 가져다주지 않으며 우리들은 늘어나는 심리적 질병을 안고 더 큰 불만족과 집착을 느끼게 된다는 것이다. 심리학자 대니얼 카너먼$^{Daniel\ Kahneman}$이 주축이 되어 이루어진 최근 몇몇 연구에 따르면, 가장 부유한 소비국가에 사는 사람들은 늘어난 재력에도 불구하고 지난 50년이 넘도록 더 큰 행복이나 충족감을 느끼지 못했다고 한다. 카너먼은 '행동경제학'이라는 이론으로 노벨경제학상을 수상했는데, 이 이론에서 그는 '소득과 전반적인 삶의 만족도 사이의 관계는 미약하다.'는 것을 증명했다.[9] 그의 연구에 따르면, 진정 행복해지길 원한다면 더 많은 소득을 벌어들이고 더 많은 물품을 사들이는 대신 좀 더 많이 자고 좀 더 많은 시간을 친구들과 함께 보내야 할 것이다.

아직 덜 개발된 경제국가의 사람들이 여전히 갈망하는 성적 자유, 손쉬운 신용카드의 사용, 노동력을 줄여주는 기기들, 언제든지 즐길 수 있는 개인적인 오락 등 그 모든 즉각적인 만족을 손에 모두 쥐고서도 우리는 그만큼 더 행복해지지 않았다. 이제 우울증은 세계적으로 가장 흔한 질병 가운데 하나로 분류된 상태이다. 런던정경대$^{London\ School\ of\ Economics}$의 경제학자인 리처드 레이어드$^{Richard\ Layard}$는 이렇게 말했다. "사실 우울증은 우리의 소득이 늘어나면서 더욱 증가했다."[10] 또한 미국의 여러 통계자료에 따르면 한 해 동안 정신장애로 고생하는 사람들이 인구의 1/4이 넘는다.[11]

이는 충격적일 만큼 높은 수치다. 하지만 이것이 객관적인 변화인지, 아니면 불행한 감정과 같은 일상생활의 사소한 문제를 모두 정신적 '질병'의 단면으로 보는 의학적·치료적 문화 속에서 사람들의 인식이 변한 탓인지에 대해서는 의문을 가져볼 만하다. 정신과의사 데릭 서머필드$^{Derek\ Summerfield}$, 사회학자 프랭크 퓨레디$^{Frank\ Furedi}$, 그리고 그 밖에 아이디어연구소$^{the\ Institute\ of\ Ideas}$에 속한 여러 사람들은, 이처럼 모든 문제에 (병명과 같은) 꼬리표를 붙이는 행위는 인간의 자연적 대처능력을 훼손한다고 주장해왔다. 서머필드는 세계보건기구에서 우울증을 가리켜 20년 안에 심혈관질환 다음으로 세계에서 가장 흔한 소모성질환이 될 세계적 유행 질환이라고 밝힌 것에 분노했다. 그는 이러한 명명이 '심각한 왜곡'이라며 수백만의 사람들의 시선을 가난, 인권부족처럼 자신들을 비참한 삶으로 몰아넣는 요인에서 엉뚱한 곳으로 돌리게 만들 수도 있다고 말했다.[12]

저개발국가에서 가장 기초적인 삶의 필요조차도 아직 적절히 충족시키지 못하며 고통당하는 사람들에게 가난은 비참한 삶의 원인이지만, 부유한 나라들에서 가난이라는 단어는 상대적인 의미를 지니는 개념이다. 미국에서 가난한 사람이란 차도 있고 에어컨도 있는 사람을 가리킨다. 실제로 부유한 국가에서 가난은 극심한 기아, 질병, 혹은 거주지 부족과 같은 물리적 상태와는 거리가 멀다. 오히려 심리적인 절망상태와 더 많이 연관되어 있다. 실업, 범죄, 목적의 부재로 희망이 꺾인 최악의 사회에서 살면서 느끼는 절망을 결코 얕게 보는 것은 아니다. 하지만 영국에서 8천 명의 어린이들을 대상으로 벌인 대규모 연구에서 얻은 증거에 따르면, 한 어린이의 정신적·신체적 건강을 결정짓는 주요요소는 사회경제적 환경이 아니라고 한다. 그보다 더 중요한 것은 그 어린이의 부모의 정신적 건강, 그리고 그들이 가지고 있는 부모로서의 유능함이다.[13] 가난이―물론 가난이 삶을 제한하고 불행을 안겨주기는 하지만―정신질환의 유일한 원인은 아니다. 우울증과 심리적 질병은 훨씬 잘사는 사람들에게도 영향을 끼칠 때가 많다. 약한 정신건강은 자아감을 저해하는 감정과 인간관계를 잘 유지하는 능력을 손상시키는 생애초기 경험에 기인하는 경우가 매우 많다. 부유한 나라에서는 자신을 남과 비교하는 경향, 또는 남과 비교하며 더 높은 자신의 사회적 지위나 물질적인 부를 통해 행복과 만족을 찾는 경향 때문에 정신건강에 해를 입기도 한다.

서구사회에 사는 사람들은 이러한 끊임없는 노력과 불만족의 순환 속에서 헤어 나오지 못하고, 텔레비전이나 인터넷에서 보는 더욱 정교한 소비행태를 따라가려고 부단히 애쓴다. 물질적인 재화와 서비스를 축적하려는 이러한 욕구는 중독적인 속성이 있는 것으로 보인다. 이는 매우 강력한 욕망이기 때문에 '이만하면 됐다.'고 우리에게 알려줄 내적 메커니즘이 없다. 우리는 그저 원하고 또 원하며, 특히 다른 모든 사람들보다 조금 더 소유하길 바란다. 이는 자연스러운 현상으로, 인간 뇌의 도파민 보상체계에도 일부 원인이 있다. 이 체계는 늘 가졌던 기존의 것보다 예상치 못했던 획득에 더 능동적으로 반응한다(본래 이 체계는 우리가 새로운 경험에 적응하도록 돕기 위해서 설계된 체계이다). 하지만 경제체계는 이러한 인간의 경향을 교묘히 이용하여, 자극적인 새로운 욕구 속에서 즐거움을 찾게 하고 신상품 개발을 위한 추진력을 만들어낸다. 사실 우리가 각자 가진 것에 만족한다면 자본주의에는 전혀 도움이 되지 않을 것이다.

뭔가 부자연스러운 것이 있다면 우리가 행하고 있는 수많은 행동 속에 나타나는 중독의 속성이다. 우리 조상들이 유일하게 꿈꾸던 물질적 위안과 물리적 안전을 지금 원 없이 누리고 있는데도, 우리는 마치 뭔가 충족되지 못한 것처럼 느끼고 최대한 남과 경쟁해야 하는 것처럼 행동하기를 멈추지 않는다. 상대적인 물질적 풍요는 누리고 있지만 사실상 정서적 풍요는 누리지 못하기 때문에 이렇게 행동하는 것이 아닌가 하는 생각이 든다. 많은 사람들은 분명히 진정으로 중요한 것을 충분히 얻지 못하고 있다. 정서적 안정이 부족하기 때문에 물질 속에서 안정을 추구하는 것이다.

미국의 한 교양대학liberal arts college의 교수인 팀 케이서는 이 심리학적 메시지를 더욱 정교하게 발전시켰다. 케이서는 '자발적 단순화voluntary simplicity'라는 반-소비주의적 생활방식을 지지하는데, 그는 시골에 살면서 손수 채소를 기르고 우유와 계란을 얻으며 집에 텔레비전은 두지 않는다(이는 광고에 정신이 오염되지 않도록 하는 좋은 방법이기는 한데, 현재 텔레비전은 우리가 공유하는 문화의 근본이 되었기 때문에 텔레비전을 보지 않는 것이 과연 좋은 방법인가 하는 데는 조금 의심스러운 생각도 든다). 케이서는 현재 젊은 세대의 물질주의적 태도와 그들의 정신건강 사이에 존재하는 상관관계를 보여주는 일련의 연구를 하고 있다. 그는 물질주의적인 젊은 사람일수록 인간관계에 대한 만족도가 낮다는 것을 발견했다. 이는 케이서의 동료이자 미주리대학University of Missouri의 심리학과 교수인 켄 쉘든Ken Sheldon이 밝힌 이전의 연구를 재확인해주는 결과이다. 쉘든은 가장 물질주의적인 태도를 지닌 십대들이 이성 관계에서 가장 많은 갈등과 공격을 경험하며, 자기 주변의 모든 친밀한 관계 속에서 가장 낮은 공감과 만족을 보인다는 것을 알아냈다. 케이서의 연구가 보여주는 또 다른 사실은 이것이 그들이 가족에게서 받은 생애초기의 돌봄과 모두 연관된다는 것이다. '과거 자신의 욕구가 적절히 충족되지 못한 개인들은 부와 소유가 그들에게 행복

과 훌륭한 삶을 가져다줄 것이라고 생각하기에 이른다.'[14]

달리 말하자면, 그들은 물질적 안녕과 심리적 안녕을 혼동한다. 이것은 존 보울비와 연계된 사회사업가 제임스 로버트슨James Robertson이 1940년대 후반에 결핵에 걸린 어린아이들을 2년 넘게 관찰한 이야기를 통해서도 자세히 확인할 수 있다. 당시 어린이들은 결핵 치료를 받으려면 부모와 장시간 떨어져 병원에 있어야 했다. 로버트슨은 걸음마기의 아기들이 정서적 빈곤에 부딪칠 때 어떤 단계를 거쳐 그 상황에 적응하는지를 관찰했다. 처음에 아이들은 떼를 쓰면서 곁에 없는 엄마를 찾지만 시간이 지나면 좌절하고 언짢아하다가, 결국에는 정서적으로 초연해져 어디에도 마음을 두지 않았다. 로버트슨의 표현에 따르면, 일단 이 단계까지 이르면 어린이들은 일요일마다 부모가 자기를 보러 와도 별로 관심 없는 듯한 태도를 보였다. "그 아이들은 엄마 아빠보다 엄마 아빠가 가지고 온 것에 더 많은 관심을 보였어요. 가방을 뒤져 초콜릿을 찾아내서는 입에 마구 넣고 허겁지겁 먹더군요." 로버트슨은 반복적인 실망을 느끼는 과정에서 아이들의 감정이 무뎌져서 집에 가고픈 갈망을 '실망시키는 법이 없는 달콤한 것에 대한 허기'로 대체했다는 인상을 받았다고 했다.[15]

우리들 중 너무나도 많은 사람들이 이런 아이들과 다르지 않다. 수십억 달러 규모의 산업은 다른 사람들이 우리를 실망을 시킬 때마다 위안거리를 제공해준다. 그것이 사탕이든 술이든, 혹은 최신 유행하는 인형이나 패션이든 말이다. 이러한 만족거리들은 신뢰할 수 없는 가까운 인간관계보다 더욱 바람직한 것으로 여겨지기 쉽다. 원숭이와 쥐를 대상으로 벌인 실험연구에 따르면 이 모든 것의 열쇠는 역시 생애초기의 어린 시절에 있다. 이 연구는 유아기 때 경험한 고립, 정서적 박탈감 혹은 스트레스가 특별히 '사회적 뇌' 속에서 도파민의 경로를 변화시킨다는 것을 보여주었다. 이는 충동적이고 탐욕스러운 행동을 증가시켜 중독성향을 만들어낼 수 있다. 플로리다대학University of Florida의 진-잭 왕Gene-Jack Wang 박사가 현재 진행하고 있는 연구는 충동적으로 폭식을 일삼는 사람과 강박적으로 약물을 섭취하는 사람들 모두에게서 도파민 D2 수용기가 감소되었다는 결과를 보여주었다.[16]

모든 사람이 특정 물질에 중독되는 것은 아니지만, 많은 사람들이 '어떤 물질'에서 현실적인 심리적 유익을 얻는 것은 사실인 것 같다. 사회생활에서 자신감을 느끼지 못하는 사람은 무언가를 획득하는 일에 이기적으로 집착하고, 자신의 필요와 더 넓은 차원의 사회적 필요 사이의 관계를 무시하기 쉽다. 물질은 여러 종류의 안정감을 제공해준다. 내 집을 갖게 되면 아무도 빼앗을 수 없는 자신감을 느끼게 되고, 차를 장만하면 믿음직스럽지 못한 대중교통에 의지하지 않아도 된다. '브랜드' 상품이 가족관계 속에서도 얻을 수 없었던 자아감을 가져다준다고 여겨지기도 하는데, 이런 경우 물건이 심지어 개인 정체성의 기초가 될 수도 있다. 이와 마찬가지로, '쇼핑을 통한 기분전환retail therapy'은 일상에서 얻을 수 없는 권력과 무엇인가를 스스로 선택한다는 느낌을 제공해주기도 한다. 대부분의 경우 사람들이 경험할 수 있는 유일한 권력이란 구매력이다.

소비주의 뒤에 자리한 심리적 추동이 무엇이든지 간에, 소비주의는 정신과의사 피터 와이브로Peter Whybrow가 일컬은 것처럼 일종의 '조증mania'이 되어버렸다.[17] 엄청난 과소비는 그저 평범한 일이 되었다. 그리고 이러한 현상은 대다수 6학년 어린이들이 자기 방에 텔레비전을 두고 있으며 엄청난 양의 고칼로리 식품 때문에 비만 위기를 맞고 있는 미국에서 특히 더 두드러진다.

권력을 손에 쥔 사람들이나 성공한 사람들은 그들이 지금껏 얼마나 많은 것을 성취하고 소유했는가에 관계없이 그저 무언가를 더 얻으려고 허둥댄다. 회사 중역 임직원들에게 지불하는 높은 급료, 그리고 가난한 사람들의 분수 넘치는 소비생활은 동일한 현상을 보여주는 양대 기둥이다. 사실 이러한 조증은 회사 조직에서 제일 극단적으로 나타난다. 2000년과 2007년 사이 영국에서 최고경영 관리자들의 급료가 150퍼센트나 증가한 것으로 나타난 반면,[18] 미국에서는 같은 기간에 최고경영 관리자들의 급료가 313퍼센트나 증가했다.[19] 정치가 조 바이든Joe Biden은 2007년에 미국의 평범한 중역 관리자가 받는 하루 급여가 일반 노동자의 한 해 급여보다 높다고 말했다.[20] 이러한 현상은 이제 거의 자연스러운 것처럼 여겨지고 있다. 마치 기회주의적인 인간의 오래된 본성을 보여주는 또 다른 예라도 되는 것처럼 말이다. 하지만 이것은 우리가 도무지 우리 행동을 이해하지 못할 때마다 기대곤 하는 설명이다.

관계에 우선하는 돈

도파민 보상체계에 이끌린 우리의 행동은 리처드 레이어드가 그의 책 『행복의 함정Happiness』에서 '쾌락의 러닝머신'으로 표현했던 상태로 우리를 몰아넣는다. 그의 관점에서 보면, 행복은 그 러닝머신 위에 서서 우리 감각을 자극하기 위해 끝없이 새로운 물질적 버튼을 눌러대는 것과 전혀 상관이 없다. 레이어드는 전통적 경제에 과감히 도전하면서, 심지어 완벽한 시장이라 하더라도 우리에게 지상 최고의 삶을 가져다주지는 못할 것이라고 주장했다. 경제학자로서는 드물게도 그는 그 무엇보다도 사람을 진정으로 행복하게 만드는 것은 '타인과 맺는 관계'라고 제안한다.[21] 레이어드는 이제 뇌 스캔을 사용해서 행복치를 측정할 수 있기 때문에 더 이상 경제적 수법으로 우리 관심에서 행복을 제외시킬 변명거리가 없다고 주장하였다. 나아가 그는 놀랍게도 영국 정부를 설득하는 데 성공하여, 정부가 오로지 국내총생산GDP에만 관심을 두지 않고 '행복'을 하나의 독립된 목표로 삼고 그 중요성을 고려하도록 만들었다.

레이어드는 우리의 가치를 다시금 생각해보고 단기적인 '인지치료'와 '긍정 심리학' 전략을 사용해서 부정적이고 불행한 생각들에서 벗어나는 훈련을 한다면 변화를 일으킬 수 있을 것이라 했다. 그리고 영국 정부는 그의 제안을 받아들였다. 레이어드가 제안한 이 치료가 다른 치료법—변화를 위해 장기적 관계치료에 투자해야 한다는 주장—에 비해 상대적으로 비용이 적게 들었기 때문이다. 하지만 레이어드의 사고에는 모순점이 하나 있다. 그는 행복해지기 위해 관계에 더 많은 가치를 둘 것을 제안하기는 했지만, 관계가 뇌의 정서능력을 좌우하는 중요한 기능을 담당한다는 사실을 처음부터 간파하지는 못했다. 현실적으로 우리는 자신에 대해 '긍정적 사고'를 유지하거나 우리 스스로 더 나은 관계를 만들어낼 수가 없다. 우리에게는 타인의 일관된 도움과 지지가 필요하다. 물론 '임시변통'적인 치료가 특정 불안이나 공포증을 가진 사람들에게 다른 세상을 볼 수 있도록 도움을 준 것은 사실이다.[22] 하지만 그 치료들이 생애초기에 형성된 불안정한 자아감으로 고생하는 사람들까지 도울 수 있다는 증거는 거의 없다. 이런 사람들에게는 인간관계에서 자신감을 회복하고 새로운 뇌의 통로를 만들 수 있을 때까지 얼마간 지속적인 도움이 필요하다.[23]

물론 나 역시도 레이어드가 묘사한 것처럼 정신적인 질병을 앓고 있는 사람을 도와주는 사회, 세계의 가난한 이들을 위해 부의 불균형을 바로잡는 사회, 고용··노후··공동체 안전을 위해 더 많은 재정을 할애하는 더 나은 사회가 형성되기를 바란다. 하지만 레이어드가 우리가 살고 있는 사회의 기본구조, 즉 끊임없는 성장과 매년 증가하는 이익을 추구하는 데 온 에너지를 쏟는 자본주의 경제체제에 의문을 던지지 않았다는 사실은 다소 실망스럽다. 사회가 계속 소비하고 또 소비하라고 부추기는 한, 우리의 집단가치를 우정과 타인을 위한 돌봄 그리고 지속가능한 생활방식으로 옮기기란 매우 어렵다.

소비자 문화는 심리적 필요를 중심으로 조직되지 않는다. 소비자 문화의 일차적 목표는 개인의 물질적 필요와 욕구를 만족시키기 위해 상품을 무제한적으로 제공하는 거대시장을 세우는 데 있다. 이것은 강하고 독립적인 개인들이 상호간에 계약을 맺을 수 있고 그들이 자신의 일과 소유를 자유롭게 선택할 수 있으며 이를 타인과의 경쟁 속에서 성취할 수 있다는 생각 위에 형성된 문화이다. 이 문화는 '자유', '선택' 등의 이데올로기를 담고 있으며, 무엇보다도 법적 '권리'로 보호되는 사적 재산을 중시한다. 이 문화는 개인의 창의력과 생산성을 장려하고, 그러한 노력에 대한 물질적 대가를 보호하는 데 초점이 맞춰진 에너지 넘치는 이데올로기이지만 의존성과 정서적 필요 같은 인간 존재의 다른 측면에 대해서는 대개 눈을 감아버린다.

이렇게 '시장화된 사회'에서, 그 어느 때보다도 돈이 인간관계와 친밀감을 좌지우지하게 되었다. 타인에게서 얻을 수 있는 관계와 서비스는 구매할 수 있는 것이 되었다. 저녁식사 자리에 함께 갈 파트너, 자녀를 맡아줄 보모, 손톱에 매니큐어를 칠해줄 사람, 쇼핑을 대신해줄 사람, 요리해줄 사람, 혹은 우리를 즐겁게 해줄 사람(대부분은 여성) 등을 이제는 돈만 주면 고용할 수 있다. 마음이 괴로울 때 돈이 있으면 고민을 털어놓을 사람을 만날 수도 있고 고통을 누그러뜨릴 초콜릿이나 술, 약물을 살 수도 있다. 심지어 우리들 가운데 일부는 다른 사람과의 직접적인 접촉이 없는 소비행위 자체가 정서적 위안을 제공해주고 자기정체성을 확실히 세워준다고 느끼기도 한다. 이러한 현실은 우리의 정서적 필요를 충족시키는 데 돈이 필수적이며 돈을 더 소유하면 최상의 재화와 서비스를 살 수 있고 더 행복해질 수 있다고 믿게 만든다. 이러한 생각의 고리 속에서 행복으로 가는 가장 좋은 길은, 필요한 모든 것을 구매하고 그 누구에게도 의존하지 않을 만큼 충분한 돈을 버는 것이다. 돈을 통한 인생의 완벽한 통제와 자기충족이 진정한 안정이라고 여겨지는 것이다. 이렇게 되면 '나'가 아닌 '우리'가 공유하는 집단적·비물질적인 욕구인 공동체와 친밀한 관계, 그리고 돌봄은 등한시되거나 그 가치가 떨어지기 쉽다.

자기충족과 지속적 경제성장의 추구는 기업가정신과 자기실현을 향한 동기를 부여한다는 점에서 긍정적인 측면도 있다. 하지만 가장 부정적인 측면, 즉 이러한 추구가 사람들이 서로 지지하거나 서로를 돌보지 않을 것이라는 절망적 인식도 가능하다. 우리가 완벽하게 자주적인 존재일 수 있다는 믿음은, 우리가 삶을 통제할 수 없고 본래 무력하게 태어났으며 사고나 불행을 만날 수도 있고 만성질환에 걸릴지도 모르며 불가피하게 남에게 의존하는 노년을 보낼 수도 있다는 사실을 부인하고픈 마음에서 발현된 처절한 시도이다. 인생의 모든 굴곡을 넘어 우리가 사회에 경제적으로 공헌할 수 없을 때, 우리에게는 타인의 세심한 돌봄이 필요하다. 이러한 사실을 고려할 때 수완 좋은 기업가정신과는 매우 다른 윤리관이 필요하다.

사실 자본주의 사회는 단 한 번도 순수한 자유시장의 이상을 지키지 못했다. 완벽한 자유시장은 무척이나 강력한 이상이지만 지금까지는 현실이 아닌 신화에만 머물러왔다. 사실상 인간의 고통을 보고 차마 그냥 지나칠 수 없는 사람들은 늘 존재했다. 가난한 공동체의 구성원들은 서로를 도와주었고, 곳곳에서 협동적인 사회가 형성되어왔고, 박애주의자들은 돈을 기부해왔으며, 결국에는 보험이나 복지국가와 같은 더 조직화된 형태로 다양한 수준의 지원을 제공하기에 이르렀다. 하지만 자기충족의 이데올로기는 여전히 강력한 목표로 남아 타인을 신뢰하거나 남에게 의지하는 것을 꺼리게 만든다.

상황은 더 나빠질 것인가?

사회적으로 신뢰가 부족하다는 것은 결국 사람들의 고개를 불가피하게 자기 안으로 돌리게 만든다. 각 개인이 저마다 다른 사람과 연결되어 있다고 느끼지 않는 상황에서 그들의 사회적 행동은 악화되기 쉽다. 정말로 타인과의 소통은 점점 더 줄어들고 있는 것일까?

지난 50여 년이 넘도록 사회적 신뢰가 급격한 감소를 보인 것은 확실하다. 우리의 행복을 보여줄 바로미터가 아이들이라고 한다면, 서구국가들은 문제에 봉착한 것이 틀림없다. 충격적이게도, 영국과 미국의 어린이들은 다른 부유한 국가들과 비교해봤을 때 다양한 척도의 '행복'지수에서 가장 저조한 결과를 보인다.[24] 1990년대부터 지금까지 영국의 십대는 '대부분의 사람들은 믿을 만하다.'라는 의견에 동의하기를 꺼렸다. 이와는 대조적으로 1930년 이전의 사람들 가운데 3/4은 이 의견에 자신 있게 동의 의사를 보였다.[25] 오늘날 영국 어린이의 35퍼센트는 자신이 부모로부터 사랑이나 돌봄을 받지 못하고 있다고 느끼며, 오직 56퍼센트의 아이들만이 자신들의 문제에 관해 부모와 이야기할 수 있다고 느낀다고 한다.[26] 이러한 상황 속에서 어린이들이 타인과 함께 하는 활동을 저버리고 비디오게임, 음식, 쇼핑 같은 즉각적이고 개인적인 만족을 주는 활동에 빠지거나 혹은 자기정체성이나 소속감을 얻으려고 갱단에 들어간다고 해도 그리 놀랍지는 않을 것이다.

타인과의 소통 부재는 사람들이 공공장소에서 보이는 행동방식을 보면 잘 알 수 있다. 최근 들어, 공공장소에서 일상적으로 보이는 행동의 기준이 굉장히 자유로워지고 자기중심적으로 변해간다는 목소리들이 높아지고 있다. 한 예로, 시인이자 사회적 논평가인 로버트 블라이Robert Bly는 이미 1997년에 그의 책 『형제 사회 The Sibling Society』27에서, 사람들 사이의 매너는 비공식인 것을 넘어 노골적인 무례함으로 변해버렸다고 말한 바 있다. 마틴 자크 또한 '어조의 조잡함'이라는 표현을 사용해 사람들의 행동방식을 '차마 표현하기가 어렵다.'고 말했다.28 이는 모두 주관적인 경험이지만 점점 많은 이들이 공공행위에서 타인에 대한 배려가 부족하고 다른 사람의 감정에 무관심한 쪽으로 미묘하게 변화하고 있다고 느낄 것이다. 예를 들어, 기차나 주차장과 같이 밀폐된 공공장소에서 음악이나 휴대전화 대화로 다른 사람들에게 불편을 끼치는 행위는 타인의 필요를 인식하거나, 공적·사적 공간을 구분하는 분별력이 부족하다는 것을 드러낸다.

1980년대 이후로 신용거래가 손쉬워지면서 이 또한 타인과의 단절에 한몫을 했다. 신용거래는 독립에 대한 환상에 불을 지폈고, 사람들은 대출을 받으려고 은행 매니저나 연배가 있는 친척들 같은 위신을 갖춘 사람들을 따라다닐 필요 없이 자신의 욕구를 추구할 수 있게 되었다. 내 기억으로는 1980년대가 터닝 포인트였던 것 같다. 어느 날, 우리 집 바로 옆에 살던 한 젊은 커플이 소득이 거의 없는데도 쓰리피스 정장과 새 텔레비전(그 시절 우리들 대부분은 텔레비전을 대여하곤 했다) 심지어 공기총까지 구매했다. 그들은 갑자기 마법과도 같이 원하던 것을 가질 수 있게 된 것이다.

여러 면에서 이러한 변화는 사람들이 더 안락한 삶을 누리며 기존의 권의주의나 계층문화를 깨뜨릴 수 있게 만드는 긍정적 효과를 불러일으켰다. 하지만 동시에 사람들은 자신의 필요는 충족될 수 있고 또 충족되어야만 한다는 유아적인 인식에 집착하게 되었다. 우리 문화가 이러한 새로운 경제적 기회에 급속히 적응하면서, 자기절제나 만족의 지연 그리고 타인을 위한 배려와 같은 좀 더 고차원적인 특성은 있어도 되고 없어도 되는 것으로 여겨지기 시작했다. 리얼리티 텔레비전 프로그램에서부터 거대한 인터넷 포르노 산업에 이르기까지 대중문화는 이제 미숙하고 자기중심적인 사고방식에 점령당했다. 로버트 블라이는 우리가 성숙해질 능력을 잃어버리고 있다고 말하면서 파멸을 예고하는 예언자처럼 이러한 변화를 비난했다. 그는 젊은 사람들이 더 이상 정직, 자기절제, 청렴함을 지닌 행동을 배우지 못하고 있다면서 '제대로 된 양육을 받지 못했다.'고 말했다.

나르시시즘 문화

미국 역사학자 크리스토퍼 라쉬^{Christopher Lasch}는 일찍이 1970년도에 그가 명명한 '나르시시즘 문화^{culture of narcissism}'에 대해 구체적인 내용을 밝혔다.[29] 이 획기적인 분석에서 그는 개인의 자아가 소비사회로 인해 약해지고 유아적으로 변하는 과정을 묘사했다. 아이러니하게도 자본주의는 우리를 독립과 자기충족의 방향으로 밀어준 반면, 소비주의의 성장은 여러 면에서 이와는 정반대의 효과를 불러왔다. 소비주의는 지난 30년간 가속화된 '완벽한 만족에 대한 환상'으로 우리 주위를 에워쌌고 의존적인 삶에서 성인의 삶으로 넘어가는 경험을 지연시켰다. '즉각적인 만족은 너무 오래 걸린다.'[30]라는 할리우드 여배우 캐리 피셔Carrie Fisher의 위트 넘치는 대사가 이를 잘 드러내준다. 라쉬는 자기절제와 만족의 지연 없이는 학습기술, 유능함, 타인을 위한 돌봄을 통해 얻는 진정한 만족을 발달시키기가 훨씬 더 어려워진다고 지적했다. 라쉬의 관점에서 볼 때 사람들은 자기희생이나 상실의 고통과 같은 삶의 어려운 측면에 대처하는 데 그 이전보다 훨씬 덜 준비되어 있다. 성인이 되었지만 여전히 유아와 같이 미숙한 상태에 갇힌 사람들은, 블라이가 표현했듯이 '슬픔, 쾌락의 지연, 원치 않는 노동, 갖가지 책임, 신과 인류에게 진 빚 등이 한데 얽힌' 현실에 영향을 받지 않을 것이라 상상했다. 노력과 지속적인 헌신이 필요한 장기적인 목표는 점점 더 사람들의 흥미에서 멀어져갔다.

이러한 현상을 보면, 사람들은 여러 단점을 포함한 타인의 복잡한 특성을 진정으로 인정하기보다는 그들의 겉모습만을 바탕으로 얕은 관계를 맺는다는 것을 선명하게 알 수 있다. 라쉬보다 더 최근에 들어서서 미국의 심리학 교수인 진 트웬지Jean Twenge와 키스 캠벨Keith Campbell은 이러한 나르시시즘이 현대 우리 삶의 모든 영역으로 바이러스처럼 퍼져나가는 모습을 오싹한 그림으로 그려냈다. '우리에게는 (이자가 붙은 담보대출 때문에 빚더미에 올라앉은) 껍질뿐인 부자, (성형수술과 각종 화장술로 둔갑한) 껍질뿐인 아름다움, (기록향상을 위해 약물을 복용하는) 껍질뿐인 운동선수, (리얼리티 텔레비전과 유튜브youtube로 보는) 껍질뿐인 유명 인사들, (너도나도 높은 성적을 보이는) 껍질뿐인 수재들, (11조 달러에 육박하는 나라 빚을 안고 있는) 껍질뿐인 국가경제, (다른 무엇보다도 나를 중시하는 자존감에 초점을 맞추는 양육과 교육 때문에) 다른 아이들보다 특별한 존재라고 느끼는 껍질뿐인 감정, (소셜 네트워크의 급격한 증가로 얼굴만 익힌) 껍질뿐인 친구들이 있다.'[31]

크리스토퍼 라쉬는 현대 자본주의 사회가 모든 사람들 속에 있는 나르시스적인 특징을 강화하였고, '유명 인사'들이 공적인 삶에서든 사적인 삶에서든 나르시스적인 성격을 그대로 드러내 그러한 풍조를 조장한다고 믿었다. 그 당시 그의 분석이 특별해 보인 이유는 라쉬 전후의 많은 사회비평가들과 달리 그의 분석은 개인의 이기심과 천박함이 인류의 자연스러운 상태라고 가정하지 않았기 때문이다. 라쉬의 관점에서 보면 나르시시즘은 우리의 권력 부재가 낳은 심리적 결과물이다. 그는 이렇게 말했다. "병리적 측면에서 나르시시즘은 '눈먼 낙관주의'와 개인적인 자기충족이라는 과장된 환상으로, 생애초기의 무력한 의존성이 주는 느낌에 맞서는 방어기제로 생겨난다."[32]

나르시스 리더십

최근 몇 십 년 동안 특히 미국과 영국에서는, 나르시스적인 환상과 중독적인 물질주의가 사람들을 제멋대로 휘두르도록 내버려두었다. 그 결과 빈부격차는 더욱 커졌다. 자유주의적 언론인인 폴리 토인비Polly Toynbee와 데이비드 워커David Walker는 그들의 책 『부당한 보상Unjust Rewards』[33]에 선임 은행가들, 변호사들과의 인터뷰 내용을 실었는데, 그 내용을 보니 그들은 자신들의 사치스러운 생활방식에 굉장한 자부심을 지니고 있었고 대부분의 평범한 사람들이 생존하려면 어느 정도의 돈이 필요한지에 대해 놀랄 정도로 까맣게 모르고 있었다. 이들은 소득의 재분배에 맹렬히 반대하면서 그런 조치는 '사람들에게 도움이 안 되는 말도 안 되는 짓'이라고 비난했지만, 그들이 직접 '사람들을 돕는' 방안에 대해서는 거의 관심이 없다고 말했다. 또한 가난한 사람들은 '게으르거나' 그들의 도움을 받을 자격이 없다고 말했다.[34] 한 국가 내부 혹은 여러 국가들 사이에 부와 특권의 양극이 형성되고 나면, 확실히 공감과 상호이해보다는 원한과 공포의 단계가 나타난다. 이 부유한 사람들의 사회에서는 그들보다 가난한 사람들의 주장이나 관심사가 동일한 무게나 가치를 지니지 못한다. 마찬가지로 전 세계의 가난한 사람들이 부자들의 연민을 사기는 어렵다.

  사회적 척도의 맨 위에 있는 사람들의 증가는 사실상 타인에게 엄청난 대가를 치르게 한다. 세계 최고의 재정가들과 최고경영 책임자들에게 어마어마한 월급과 보너스를 주는 위험부담risk-taking이 전 세계적으로 은행체계의 붕괴와 같은 위협을 불러일으키며, 수백만 사람들의 행복을 위태롭게 할 뿐만 아니라 그들이 속한 사회에도 중대한 영향을 끼친다는 사실을 우리는 이제 잘 알고 있다. 이보다 눈에 덜 띄는 측면에서 살펴보면, 그들은 국내외 공적인 영역에 사용해야 할 비용과 사회적 물자를 대가로 자신의 부를 축적했다. 예를 들어 가난한 나라가 보다 부유한 나라(나르시스적이며 자기중심적인)와 관계를 맺을 때를 살펴보자. 약소국은 부유한 국가들이 주도하는 경제정책 때문에 절박한 상황에 놓인 자국의 영세 농민들과 도시 빈민층을 위한 사회적 물자와 복지지원에 필요한 재정을 충분히 확보하지 못할 때가 많다. 개발도상국가에 돈을 빌려줄 때 미국이 이끄는 국제금융 조직들은 '구조조정 프로그램'을 요구한다. 이 프로그램은 서구적 운용방식일뿐더러 민영화, 규제완화, 혹은 무역장벽 축소 등과 같은 정책을 가난한 나라들에게 따르라고 요구하는데, 이는 지원을 받는 국가보다 오히려 지원을 해주는 국가에 더 유익을 주는 정책이다.35

나르시스적인 사회는 여러 면에서 나르시스적인 개인과 동일한 방식으로 행동할 때가 많다. 은행, 정부, 기업을 주도하는 사람들이 그들의 심리적 태도와 가치를 공적인 업무에 투영하기 때문에 사실 '사적 생활'과 '공적 생활' 사이에 똑 부러진 경계선은 없다. 그들은 자신의 이미지대로 문화의 형태를 만들어간다. 그리고 어려움에 처할 때는 나르시스적인 개인이 어려운 현실에 직면했을 때 보이는 행동과 같은 양상을 자주 보인다. 인구통계학자이자 역사가인 엠마뉘엘 토드Emmanuel Todd는 이미 수년 전에 현재의 경제추락을 예견하였다. 그가 관찰한 바에 따르면, 미국의 생산성은 하락추세에 있었고 미국 기업들은 경쟁사에 비해 형편없이 운영되고 있었다. 한 예로, 핀란드 기업인 노키아Nokia는 운영 면에서 미국 기업인 모토로라Motorola를 능가하고 있었다. 또한 그는 널리 퍼진 무한 소비경향에 너무나 익숙해진 사회는 경제적 취약성을 이겨내지 못할 것이라고 예견했다. 토드는 미국 정부가 경제위기를 극복하는 대신 '그들의 권력 그리고 더 정확히는 그들의 생활수준을 낮춰야 하는' 수치를 모면하기 위해 군사적 모험(이라크와 그 외의 지역들)으로 눈을 돌렸다고 주장했다. 미국의 경제상태가 약화된 상황에서 그러한 군사적 행동은 (이라크의 석유자원에 미국의 접근을 보장한다는 의미와 더불어) 사람들에게 건재한 힘의 이미지를 전달했다.[36] 달리 말해 자부심을 가진 나르시스적인 사회는 그 사회 자체의 한계점을 해결하기보다는 다른 사람들을 대가로 과장된 해결책을 찾고자 하는 것이다.

심리치료사로서 나는 권력을 쥔 사람들의 행동을 관찰하면서 그들보다 힘이 없는 ('환자'라고 여겨지는) 사람들과 그들이 놀랍도록 비슷하게 행동한다는 데 충격을 받을 때가 많다. 사람들이 우울하거나 불행할 때, 혹은 경계선적 성격장애·나르시스적 성격장애·반사회적 성격장애 등으로 진단받을 정도로 우려스러운 상태일 때, 그들은 타인과 애착관계를 맺기 어려워하고 타인이 필요하다는 생각조차 하지 못한다. 이와 같은 타인과의 정서적 소통 부재는 공적인 장면에서도 자주 나타난다.

그런데도 우리는 공적인 인물들의 잠재적인 심리학적·정서적 역학관계에 대해 거의 논하지 않으며, 우리의 문화를 총체적으로 다루는 일도 드물다. 공적인 논평은 경제적·정치적 분석에 제한되는 경우가 대부분이며, 간간히 가십거리들을 함께 다룰 뿐이다. 나는 이러한 태도가 우리 삶에 실제로 영향을 끼치는 다양한 힘에 대해 이해하려는 우리의 시도를 저해한다고 믿는다. 성장과 화석연료 착취를 기본으로 하는 세계경제로부터 우리의 가치와 기대를 거두어 타인을 향한 공감과 천연자원을 돌보는 세계로 옮겨와야 할 바로 이 시점에 우리가 할 일은, 현재 우리의 행동방식을 이해하고 그렇게 행동하도록 부추기는 힘이 무엇인지 파악하는 것이다.

나는 이기심과 물질주의라는 사악한 쌍둥이를 키운 숨은 장본인이 바로 박탈감이라고 본다. 박탈감은 사람들의 실제 경험과 어린 시절 특히 유아기에 어떤 대우를 받았는가에 그 뿌리를 둔다. 타인에게 전적으로 의존하는 생애초기에 좋지 못한 경험을 한 어린이는 정서적 안정감과 타인이 자신을 받아들여주는 수용감을 갈망하는 한편, 타인과 만족스러운 관계를 어떻게 형성해야 하는지는 잘 이해하지 못하는 채로 자라게 된다. 대신 그들은 물질주의, 지위, 권력으로 눈을 돌린다. 그것이 우리 문화가 전해준 가치이기 때문이다.

지금 우리는 갈림길에 서 있다. 의미와 목적을 지닌 우리의 삶을 더 이상 '권리'와 '합당한 자기 이익'의 추구에 투자해서는 안 된다. 에이드리언 리치의 시가 말했다시피 강력하고 변화무쌍한 상황을 반드시 직면해야 하는 지금, '나'에 대한 집착은 '어리석고' 심지어 '끔찍한' 지경에 이르렀다. 어쩌면 이제 진정으로 물질주의가 그 한계를 드러낼 일종의 포화상태에 다다랐는지도 모른다.

우리에게는 미래의 새로운 윤리가 필요하다. 나는 우리 앞에 놓인 문제를 해결하고자 한다면 공감, 돌봄, 사려 깊은 협동 등 더 많은 집단적 가치에 눈을 돌려야 한다고 생각한다. 하지만 이러한 특징과 가치는 거저 생기지 않는다. 오로지 실질적인 경험을 통해서만 얻을 수 있다. 가장 좋은 방법은 타인과 관계를 맺으면서 실제로 돌봄과 공감, 애정 어린 조언을 받는 경험을 해보는 것이다. 인간의 도덕적 행동은 생애초기의 어린 시절에 대부분 전달되는 정서적 문화에 뿌리를 둔다. 그렇다면 이 사실이 현실적으로 의미하는 바는 무엇일까? 가치는 정확히 어떤 방식으로 다음 세대로 전달될까?

Notes

1. 리처드 도킨스, 『이기적 유전자The Selfish Gene』(Oxford University Press, 1976)
2. 로버트 맥케이Robert Mackay의 『고비Half The Battle』(Manchester University Press, 2002)에서 인용함.
3. A. 휴서A. Heuser의 『루이스 맥니스의 산문 선집The Selected Prose of Louis MacNeice』(개정판, Oxford, Clarendon Press, 1990)에 실린 루이스 맥니스의 산문 '런던 편지, 1941년 1월London Letter, January 1941'
4. 1997년 유네스코 '미래세대로 향하는 현세대의 책임에 관한 선언Declaration on the Responsibilities of the Present Generation Towards Future Generations' UNESCO ID:13178
5. 유엔개발프로그램, 『인간발달 보고서Human Development Report』(New York, Oxford University Press, 2000)
6. 2009년 3월 1일에 www.globalissues.org/article/75/world-military-spending에 실린 아눕 샤Anup Shah의 '세계 군사 지출World Military Spending'
7. 보울비의 작업을 훌륭하게 기록한 로버트 캐런Robert Karen의 책 『애착 형성Becoming Attached』(Oxford University Press, 1998)도 함께 참고하라.
8. 샤너 올프먼Sharna Olfman의 『잃어버린 유년기: 미국문화는 우리 아이들의 기대를 어떻게 저버리고 있는가?Childhood Lost: How American Culture is Failing Our Kids』(개정판, Westport, Conneticut, Praeger Publishers, 2005)에 실린 메레디스 스몰의 '어린이들의 발달사The natural history of children'

9. 대니얼 카너먼과 A. 티버스키A. Tversky의 『선택, 가치, 그리고 프레임 Choices, Values and Frames』(개정판, Cambridge University Press, 2000) 에 실린 대니얼 카너먼의 '경험효용과 객관적 행복: 접근에 근거한 순간Experienced utility and objective happiness: a moment based approach'
10. 리처드 레이어드, 『행복의 함정』(Harmondsworth, Penguin, 2005)
11. 미 국립정신보건연구소NIMH, 「수치는 중요하다The Numbers Count」 (NIMH 2008년 보고서)
12. 「왕립의학협회저널Journal of the Royal Society of Medicine」(99:3, 2006) 에 실린 데릭 서머필드의 '우울증: 전염병인가, 유사-전염병인가?Depression: epidemic or pseudo-epidemic?'
13. 「유럽공중보건저널European Journal of Public Health」(18:3, 2008, pp.300-305)에 실린, 앤드리어 웨일런Andrea Waylen, 나이절 스털러드Nigel Stallard, 사라 스튜어트-브라운의 '유년기 중반의 양육과 건강: 종단 연구Parenting and health in mid-childhood: a longitudinal study'
14. 팀 케이서, 『물질주의의 값비싼 대가The High Price of Materialism』 (Cambridge, MA, MIT Press, 2002)
15. 로버트 캐런의 책 『애착형성』에 인용된 제임스 로버트슨과 조이스 로버트슨Joyce Robertson의 글
16. 「중독질환저널Journal of Addictive Diseases」(23:3, 2004, pp. 39-53)에 실린 진-잭 왕 외 연구자들의 '신경기능 화상진찰을 통해 평가한 비만과 약물중독 사이의 유사성Similarity between obesity and drug addictions as assessed by neurofunctional imaging'
17. 피터 와이브로, 『아메리칸 마니아American Mania』(New York, WW Norton & Co., 2005)
18. 폴리 토인비와 데이비드 워커, 『부당한 보상』(London, Granta Books, 2008)
19. 2007년에 www.finfacts.com에 실린 마이클 헤니건Michael Hennigan 의 '승자독식 사회에서의 중역간부의 봉급과 불평등Executive pay and inequality in the winner-take-all society', 그리고 「MIT슬론 매니지먼트 리뷰

MIT Sloan Management Review』(44:1, 2002)에 실린 헨리 민츠버그Henry Mintzberg의 '이기심을 넘어서Beyond Selfishness'도 참고하라.
20. 2009년 3월 5일 플로리다 마이애미 해변에서 행한 조 바이든의 연설
21. 리처드 레이어드, 『행복의 함정』(Harmondsworth, Penguin, 2005)
22. 「미국정신과학저널American Journal of Psychiatry』(166, 2009, pp.875 - 881)에 실린 F. 라이흐센링F. Leichsenring 외 연구자들의 '범불안장애의 단기 심리역동적 심리치료와 인지행동치료: 무작위 통제연구Short term psychodynamic psychotherapy and cognitive behavioural therapy in generalised anxiety disorder: a randomised controlled trial', 그리고 「호주·뉴질랜드 정신의학저널 Australia and New Zealand Journal of Psychiatry』(40:1, 2006, pp.9 - 19)에 실린 M. 헤이비M. Haby 외 연구자들의 '우울증, 공황장애, 범불안장애의 인지행동치료: 결과를 예측할 수도 있는 요소의 메타회기분석Cognitive Behavioural Therapy for depression, panic disorder and generalised anxiety disorder: a meta-regression of factors that may predict outcome'도 함께 참고하라.
23. 「미국의학협회저널Journal of the American Medical Association』(300, 2008, pp.1551 - 1565)에 실린 F. 라이흐센링과 S. 라붕S. Rabung의 '장기 심리역동적 심리치료의 효과: 메타분석Effectiveness of long-term Psychodynamic Psychotherapy'
24. 리처드 윌킨슨Richard Wilkinson과 케이트 피켓Kate Pickett, 『정신 수준: 보다 평등한 사회가 거의 늘 더 나은 모습을 보이는 이유The Spirit Level: why more equal societies almost always do better』(Harmondsworth, Allen Lane, Penguin, 2009)
25. 플로렌스Florence에 위치한 유니세프 아동연구센터UNICEF Innocenti Research Centre에서 2007년에 펴낸 아동 보고서 「부유국 아동복지 상황 개괄An Overview of Child Well-being in Rich Countries」
26. 미 국립 가정양육연구소National Family and Parenting Institute, NFPI, 「양육에 대한 십대들의 태도Teenagers Attitudes to Parenting」(2000)
27. 로버트 블라이, 『형제 사회』(Harmondsworth, Penguin, 1997)
28. 2002년 10월 5일자 「가디언」에 실린 마틴 자크의 '이기적인 시대The

age of selfishness'

29. 크리스토퍼 라쉬, 『나르시시즘의 문화The Culture of Narcissism』(1979년 초판, London, Abacus, 1980)
30. 캐리 피셔, 『경계에서 온 엽서Postcards from the Edge』 (New York, Pocket Books, Simon and Schuster, 1987)
31. 진 트웬지와 키스 캠벨, 『나르시시즘 전염병The Narcissism Epidemic』 (New York, Free Press, Simon and Schuster, 2009)
32. 크리스토퍼 라쉬, 『나르시시시즘의 문화』(1979년 초판, London, Abacus, 1980)
33. 폴리 토인비와 데이비드 워커, 『부당한 보상』(London, Granta Books, 2008)
34. 위와 동일
35. 마이크 데이비스Mike Davis, 『빈민촌 세상Planet of Slums』(London, Verso, 2006)
36. 엠마뉘엘 토드, 『제국, 그 이후After the Empire』(London, Constable, 2004)

| 2부 |

양육의 영향

2장

감정 학습

만일 당신이 동일한 종의 토마토 씨앗 두 알을
각기 다른 환경의 땅에 심었다면,
크기도 모양도 전혀 다른 토마토를 얻겠지만
그 누구라도 그것이 여전히 토마토라는 것은 잘 알 것입니다.
뇌 조직이 특정한 경험을 할 잠재성을 만든다는 데에는
더 이상 질문의 여지가 없습니다.
하지만 그 경험들 가운데 일부 특히 생애초기에 만나는
경험들은 뇌의 섬세한 부분을 돌이킬 수 없을 정도로
바꿀 수 있다는 데에도 의심의 여지는 없습니다.

자크 판크세프Jaak Panksepp

우리는 '양육'에 예민하게 신경을 쓰고, 우리 아이들에게 어떤 가치를 전달해야 하는지에 굉장한 관심을 보이는 시대에 살고 있다. 어떻게 부유한 사회 속에 사는 아이들이 우울해하고 자살을 생각하고 자해를 하며, 열세 살, 열네 살에 아이를 낳고, 칼로 서로를 찔러 죽이는 일이 벌어질 수 있을까? 이 질문에 자유주의자들은 사회가 아이들에게 '해로운 어린 시절'을 보내게 만든다며 비판한다. 그들은 어린 시절에 겪는 가난, 그리고 어린 시절을 상업화하는 세태의 해악을 강조한다. 이보다 덜 자유주의적인 시각을 지닌 사람들은 아이들의 부모를 비난하고 부모의 '훈육'이 부족해서 아이들에게 불안요소가 생겼다고 강조한다. 그러나 유년기 혹은 초기 정서발달의 영향에 대해 콕 집어서 이야기하는 사람은 거의 없다.

양측 모두 성인들이 아이들에게 도덕적 가치를 전수하는 데 실패하고 있다고 가정하긴 하지만, 이는 십중팔구 훈육 측면에서의 논의일 뿐 어린이와 어른 사이의 관계의 질 측면에서 보는 것은 아니다. 부모와 유아의 초기 유대관계를 논하지 않는 것은 말할 것도 없다. 자유주의적인 입장에서는 많은 아이들이 텔레비전이나 인터넷에서 본 이미지에 넋을 놓게 만드는 극심한 소비사회에서 부모들이 아이를 기르며 얼마나 많은 어려움을 겪는지에 초점을 맞추곤 한다. 자유주의자들은 소비문화가 아이들의 삶에 침투하는 것을 부모들이 통제하지 못할 때가 많다고 인정하면서, 부모들이 겪는 혼란과 무력감에 대해 이야기한다. 주변의 다른 모든 사람이 폭력적인 비디오 게임을 하는 상황에서, 자신의 아이가 그 게임을 하고 싶어하는 갈망을 부모가 막을 권리가 있는가? 혹은 모든 사람들이 유튜브에 올라온 선정적인 동영상에 대해 이야기하고 있는데 자기 아이에게만 그것을 보지 말라고 방해할 권리가 있는가? '권리'에 바탕을 둔 개인주의 사회에서 부모들은 때때로 부모의 '권리'와 아이의 '권리'를 어떻게 조율할지 명확히 선 긋기를 어려워한다. 그들은 아이에게 최신 소비상품을 제공해주지 않는 것은 아이를 낙담시키는 일이라고 믿기도 한다. 소비는 아이들의 세계에서 한 집단에 '소속'되고 아이들과 어울리는 데 굉장히 중요한 요소로 작용하고 대단한 영향력을 발휘하기 때문이다.

반면, 일부 자유주의적인 비평가들은 부모들 자신도 이러한 현대적 매체를 사용하여 적극적인 양육을 피하고 아이들을 일일이 돌봐주지 않으려는 유혹을 느낄 것이라고 지적했다. 양육 전문가이자 교육학 교수인 다이앤 레빈Diane Levin은 식당에서 벌어지는 익숙한 한 장면을 이렇게 묘사했다. 한 아이가 부모, 조부모로 보이는 성인 네 명과 함께 식당에 왔다. 아이는 자리에 앉자마자 보채기 시작했다. 그러자 아이 아빠가 배터리로 작동되는 DVD플레이어를 재빨리 꺼내서 아이 앞에 놓았고, DVD플레이어에서는 디즈니 영화가 시작됐다. 그러자 아이는 금세 차분해지더니 모니터에서 눈을 떼지 못했다. 아이 아빠는 웃으면서 옆 사람에게 이렇게 말했다. "저게 있어야만 좀 조용해져!"[1]

이 장면을 다른 시각에서 바라보면, 부모들이 아이의 감정을 조절하는 새로운 방법으로써 인공물을 사용하며 그 문화에 적응해 왔다는 사실을 확인할 수 있다. 아이를 달래기 위해서 아이와 놀아주거나 아이를 안아주거나 혹은 아이를 대화에 참여시키는 대신, 기계가 들려주는 이야기를 통해 아이가 차분해지게끔 만드는 것이다. 레빈의 주장처럼 이렇게 되면 아이들은 살아 있는 사람과의 상호작용에서 오는 온화함, 서로가 상대에게 중요한 영향을 주고받는 상호관계 속에서 얻는 보람과 같은 경험을 할 기회를 놓치게 된다.

아이들에게 관계의 경험 대신 어떤 물건을 지속적으로 제공할 때, 아이들은 사람에 관해 배울 기회를 아예 갖지 못하고 특히 다른 사람의 필요나 감정을 이해하거나 가치 있게 여기지 못하게 된다. 유치원이나 학교에 입학해서 사회의 품으로 들어갈 무렵이 되면, 이런 아이들은 어른들에게 비난을 사는 행동을 할 때가 많다. 그리고 그들의 나쁜 행동은 공식적인 사회문제로 부각될 수도 있다. 교사들과 학교 임원들은 여러 증거를 들며 점점 더 많은 저학년 어린이들이 사회성 부족을 보인다는 이야기를 하면서 두려움과 우려를 나타낸다. 이러한 현상이 부모들 탓이라고 치부하고 싶은 강한 유혹이 들 수도 있다.

'부모 탓'을 하는 사람들은 아이들의 행동을 조절하는 부모의 역할을 중점적으로 논의한다. 그들은 자유주의자들과 마찬가지로 유아기 동안의 경험에 대해서는 무시한다. 부모들을 비판할 때 주로 나오는 이야기는, 부모들이 부적절한 훈육방침을 사용했으며 아이들에게 '올바른 행동방법'을 가르칠 만큼 충분한 권위를 발휘하지 못했다는 것이다. 이런 관점에서 보면, 위 식당의 예에 등장한 아이는 억지로라도 부모의 요구에 따라야만 했을 것이다. 부모의 통제력 부족은 부모의 무지, 도덕적 취약함, 책임감 부족 등에 원인을 둔다. 부모가 제대로만 행동했어도 아이들이 그렇게 제멋대로는 아닐 것이라는 견해다. 하지만 부모든 아이든 사람을 비난하고 처벌하면 기본적으로 똑같은 문제를 양산할 뿐이다. 이는 사람들이 왜 그러한 방식으로 행동하는지 이해하려고 시도하지는 않는 태도이다. 단지 그것이 더 쉽기 때문에 그렇게 생각하는 것에 불과하다. 이런 구조 속에서는 비난하는 사람이나 비난받는 사람 모두 현상을 제대로 반성하지 못한다.

 부모를 비난하는 측과 비난하지 않는 측 모두 양육의 '기술'을 개선해야 된다는 데는 한목소리를 낸다. 최근에는 부모들이 아이들의 나쁜 행동을 다잡고 더 나아가 아이들의 감정을 더 잘 이해할 수 있도록 돕는 부모 교육산업이 급부상했다. 부모 수업에서는 부모들이 아이들과 감정에 대해 이야기를 나누는 방법뿐 아니라, 노티 스텝naughty step(나쁜 행동을 반복하는 아이를 식구들과 조금 떨어진 곳에 있는 조그만 의자나 양탄자에 앉아 있게 하는 기법—옮긴이)과 같은 기술로 아이들을 다루는 방법, 상과 아이들이 좋아하는 것을 사용해서 옳은 행동을 유도하는 방법 등을 가르친다. 확실히 부모가 과도한 자극으로부터 아이들을 보호하고, 아이들의 선택을 관찰하고, 타인을 배려하는 법을 강조하면서 더욱 부모답게 행동할 때 아이들은 더욱 안전하고 차분한 느낌을 받을 때가 많다.

그러나 '좋은' 혹은 '나쁜' 행동을 강조하는 것은 모든 것을 결과 측면에서 바라보는 문화를 반영할 뿐, 아이들이 까다로운 혹은 반사회적인 방식으로 행동하기까지 근본적으로 어떤 과정을 거치는지 이해하려는 사려 깊은 문화는 아니라는 것을 알 수 있다. 무엇보다도 이는 현상의 표면, 즉 아이와 부모의 행동에서 나타나는 의식적인 측면에만 초점을 두고 있지, 무의식적이며 의식 밖에 존재하는 더 큰 영향력이 무엇인지에 대해서는 모르고 있다. 우리는 행동주의를 넘어 정서발달의 근본적인 과정을 이해해야 하며, 특히 생애초기의 발달과 우리가 아이들을 대하는 방식을 이해함으로써 우리의 아이들 그리고 우리 자신에 대해 더 깊이 알아내야 한다.

아기 때의 특성 그대로 성인기까지

이런 질문을 던지는 독자도 있을 것이다. "탐욕스러운 은행가나 요란한 풋볼 선수는 제쳐두더라도, 식당이나 초등학교에서 버릇없게 구는 이기적이고 제멋대로인 아이와 유년기가 도대체 무슨 상관이란 말인가?" 사실 아동기 후반에 우리의 염려를 유발하는 아이들의 행동들—공격, 과잉행동, 비만, 우울—은 대개 이미 유아기 경험 속에서 형성된 것이다. 그 모든 무의식적 가정, 기대, 습관이 생후 첫 1년에 벌써 자리를 잡는다. 또한 이 시기에 아기는 자신의 감정을 어떻게 조절하고 표현해야 하는지, 다른 사람과 어떻게 관계 맺어야 하는지에 관해 배우게 된다. 한 아이가 '문제 행동'을 보인다는 것을 성인들이 눈치 챌 즈음, 정서를 조절하는 그 아이의 뇌 체계는 이미 그 아이가 부모와의 사이에서 경험한 것을 바탕으로 형성되어 모양을 갖추고 있는 상태이다. 하지만 뇌의 초기 프로그래밍에 의해 행동이 유도되는 방법, 그리고 유아기 시절의 사회적 세계를 파악하기 전에는, 아이들의 '행동'만을 놓고 불평하고 행동주의자처럼 반응하며 제자리걸음만 하게 될 수도 있다는 위험이 있다.

그렇다고 표면적이고 관찰 가능한 행동이 그리 중요하지 않고 피상적일 뿐이라는 말은 아니다. 다만 그 행동이 '용인할 만한' 혹은 '용인할 수 없는' 행동이라고 섣불리 정의 내리는 것은 매우 편협한 태도라는 것이다. 어떤 면에서 보면 아이들의 행동은 우리가 생각하는 것보다 훨씬 더 중요한데, 이는 그 행동이 우리의 내면 상태에 대해 굉장히 많은 것을 알려주기 때문이다. 성인기에 일어나는 심리변화의 방식을 이해하는 데 아동발달의 통찰을 사용하는 '변화의 보스턴 프로세스The Boston Process of Change' 스터디 그룹에 소속된 심리학자들과 심리치료사들은, 진정한 관계가 형성되도록 하는 상호작용의 뉘앙스는 어떤 것인지, 또한 어디에서 의미가 생겨나는 것인지 우리가 더 잘 인식할 수 있도록 도와주었다.[2] 세상과 우리의 관계는 우리가 행하는 무언가가 아니라 일을 행하는 방식으로 표현될 때가 많다. 특히 우리의 말투, 얼굴표정의 변화, 몸짓, 말투의 특징과 타이밍은 겹겹이 쌓인 다양한 정서적 의미를 전달한다. 이러한 관계의 비언어적 층위는 그보다 훨씬 의식적이고 언어적인 모든 의사소통의 바탕에 깔려 있다. 이는 우리가 세상과 상호작용을 하는 방식에 기초가 되는데, 바로 이것이 유년기에 시작된다. 이기심이 사회에 의해 권장 혹은 기피되는 방식을 이해하려면 이러한 발달과정에 대해서 더 자세히 알아야 할 것이다.

'우리'가 '나'를 만드는 방식

상상할 수 있는 인간의 모습 가운데, 눈도 거의 뜨지 못한 조산아만큼 연약하고 조그마한 존재도 없다. 하지만 그런 아기들조차도 삶의 시작부터 사회적 동물이라는 사실을 여실히 보여준다. 그 삶이 아무리 가냘프더라도 말이다. 조산아를 다룬 한 영화[3] 속에서, 나는 조그마한 갓 난 생명체가 아버지의 맨 가슴에 안겨 있는 모습을 보았다. 그 아기는 이미 아버지와의 대화에 참여하고 있었다. 아버지가 아이에게 잔잔한 목소리로 속삭이자, 아기는 대답이라도 하듯 아버지가 말을 끊는 사이사이에 얇은 목소리로 앙앙 울면서 반응했다. 이 감동적인 이미지는 내 기억 속에 들어와 사라지지 않았다. 이 장면은 모든 인간이 자신에게 관심을 갖고 반응을 보여줄 보호자와 정서적인 소통과 애착의 관계를 형성하기를 바라면서 태어난다는 것을 잘 보여주는 예이다. 갓난아기들은 조그만 소리로 칭얼거리거나 정답게 옹알거리는 기본적인 대화로 의사소통하기를 바랄 뿐 아니라 사람의 얼굴을 찾도록 프로그램화되어 있다. 아이들은 가까이에서 부모의 얼굴표정을 보면 그 모습을 따라 할 때가 많다. 엄마가 혀를 내밀었을 때 아이가 이 행동을 그대로 따라 하는 것을 보면 이 사실을 가장 분명하게 알 수 있다.

보호자에게서 떨어졌을 때 아기들은 우는 행위를 통해서 그 고통을 드러낸다. 그들의 생존 자체가 사랑과 귀히 여김을 받는다는 감정에 달려 있기 때문이다. 르네 스피츠^{Rene Spitz} 박사는 1945년에 두 고아원에 있는 아기들을 대상으로 설문조사를 벌였는데, 그 결과 음식이나 거처보다 애정이 생존에 더욱 중요한 요소였다는 사실이 드러났다. 한 고아원의 아기들은 청결한 환경에서 좋은 음식을 제공받았지만 그들을 돌보는 이들은 아기들과 정서적 소통을 거의 하지 않았다. 간호사들은 세균을 없애는 데 너무 집착한 나머지 아기들의 침대 사이마다 홑이불을 걸어놓고 아기들이 서로를 볼 수조차 없게 했다. 물리적으로는 좋은 대접을 받았지만 91명의 아기들 가운데 34명이 채 2년을 살지 못하고 죽었다. 한편 스피츠는 이와 비교하기 위해 감옥 안에 있는 보호원을 찾았는데, 거기서는 유죄판결을 받은 아기의 엄마들이 매일 그곳을 방문하여 아기들을 안아줄 수 있었다. 먼저 언급한 고아원보다 위생적으로는 더 수준이 낮았지만 그곳의 아기는 단 한 명도 죽지 않았다.[4]

아기들은 스스로 생존할 수 없다. 그렇기에 유아 입장에서 가장 효과적인 생존기술은 어머니 혹은 그를 주로 돌보는 사람에게 가까이 붙어 있는 것이다. 이제 막 태어난 아기는 자기 보호자의 행방을 놓치지 않고 눈으로 따라가려는 기본적인 본능을 소유하고 있으며, 뚜렷하게 초점을 맞추지는 못해도 머리카락이나 신체의 모양을 보고 멀리서도 그 사람을 구분해낼 수 있다. 보호자가 곧 그 아기의 세상의 중심인데, 이는 단순히 보호자가 그를 안락하게 해주고 배부르게 해주고 그를 보호해주어서가 아니다. 보호자가 아기 주변에 존재하는 인간사회와 세상을 이해하고 해석할 수 있도록 도와주기 때문이다. 이는 우리 인간에게 굉장히 중요한 욕구이기 때문에 감정과 관계 맺음에 대해 배우는 것은 초기발달의 첫 과제 가운데 하나를 차지한다. 유아기 초기에 오른쪽 두뇌 반구가 가장 활성화되는 것은 우연이 아니다. 이 영역은 몸의 자세, 기분, 얼굴표정과 같은 비언어적인 신호를 가려내는 역할을 담당하며 타인에게 정서적으로 반응하고 타인과 유대관계를 형성하며 타인에게 연민을 느낄 때 가장 활발히 작용한다.

생애초기의 자아감

생후 몇 개월간 아기들이 자신의 보호자에게 큰 관심을 둔다는 사실은 알 수 있지만, 아기가 처음부터 자신을 하나의 분리된 존재로 느끼는지는 알 길이 없다. 단지 우리는 어린아이의 느낌은 어떤 것일까 추측해볼 수 있을 따름이다. 맨 처음, 개인적인 기억이나 자기인식이 전혀 없는 시절에 아기는 여러 면에서 자신이 엄마의 일부라고 느낄 가능성이 있다. 아기의 초기 자아감은 하나의 분리된 유기체로서의 느낌보다는 '우리'로서의 경험, '나와 엄마'라는 느낌일 가능성이 더 높다. 아기는 자신을 인식의 중심으로 인식하지 못하는 것이 확실하다. 단지 자신을 둘러싼 것들에 반응하며 매순간을 살아갈 뿐이다.

인간이라는 조그마한 동물로서 아기는 자연스럽게 자신의 필요를 표현한다. 큰 소리로 울고, 젖을 찾고, 충분히 먹었으면 고개를 돌린다. 온몸을 다해 자신의 감정을 드러내며 쉽게 그 감정에 휩쓸린다. 보호자가 반응할 것이라는 사실을 예견하고 아기가 이러한 행동들을 하는 것 같지만, 사실 아기는 아직 보호자에게 의도적으로 자신의 의지를 전달할 능력이 없다. 아기는 단지 지금 뭔가가 필요하기 때문에 자신의 이해수준을 넘어서는 어떤 마법이 일어나서 그 필요가 충족되기를 바라는 것이다. 아마 모두들 몸이 너무 좋지 않을 때 어떤 느낌인지를 알고 있을 것이다. 열이 나서 자리에 누워 있는데 멀리서 들려오는 여러 가지 소리와 다른 방에서 들려오는 라디오 소리가 희미하게 인식되는 그 상태에서, 따뜻한 스프가 나타나면 그걸 마시고 다시 몽롱한 상태로 돌아간다. 그 스프를 만들어 당신에게 대접하고 빈 그릇을 씻는 다른 사람의 노력에 대해서는 별로 생각하지 않고서 말이다. 아마 어린아이의 경험도 이와 같지 않을까 싶다. 자신을 돌봐주는 사람이 곧 자신의 일부라고 느끼는 것이다. 결국 자신의 보호자가 자신과는 다른 정신상태 혹은 다른 필요를 가지고 있을 거라는 생각은 전혀 없다. 일부 사람들이 아기들을 가리켜 다소 자기중심적이라고 생각하는 것도 바로 이러한 이유에서일 것이다.[5]

하지만 아기들은 아직 자신을 분리된 자아로 인식하지 않으므로, 아기들이 다른 사람보다 자신을 더 중시한다고 해서 이를 자기중심적이라고 하는 것은 공평치 않을 것이다. 아기가 일종의 인식을 갖기까지는 시간이 걸린다. 먼저 신체적 자아감을 획득하고 자신의 감각을 통해 주변을 인식해서 지식을 쌓아야 하고, 자신을 둘러싼 환경 속에서 스스로에 대한 정신적 지도를 만들어야 한다. 아기들은 주변에 무엇이 있는지 구별하고 자신이 갈 길을 알아내기 위해 후각과 촉각에 의존한다. 이제 막 태어난 아기들도 엄마의 냄새와 다른 사람의 냄새를 구분할 수 있으며, 익숙한 냄새를 지닌 사람 품에 안겼을 때 가장 안전하다고 느낀다.

감정의 진화

냄새는 안전하고 익숙한 것이 무엇인지 혹은 그렇지 않은 것은 무엇인지에 대한 기본적인 정보를 제공해준다. 후각은 뇌에 있는 우리 포유류 정서체계의 기초가 된다고들 한다. 우리의 정서체계는 냄새를 처리하여 음식, 포식동물, 잠재적인 짝이나 후손 등에 관한 정보를 획득하는 후각망울에서 진화했을 가능성이 있다. 이와 더불어, 진화과정에서 조금 더 복잡한 탐지자인 편도체amygdala가 추가되었는데 후각망울은 소뇌에 있는 편도체를 통해 강력한 연결고리를 보유한다. 사실 편도체도 냄새를 감지할 수 있다. 특히 페로몬pheromone이나 기타 의식적으로 잘 감지되지 않는 냄새를 감지한다. 그리고 진화를 거치면서 기본적인 얼굴표정을 더 집중적으로 인식하게 되었고 그로써 굉장히 신속하고 비의식적인 방식으로 상대방의 정서적 메시지를 읽을 수 있게 된 것이다. 우리는 이런 식으로 사회적 정보를 수집하는 능력을 확대해왔다.

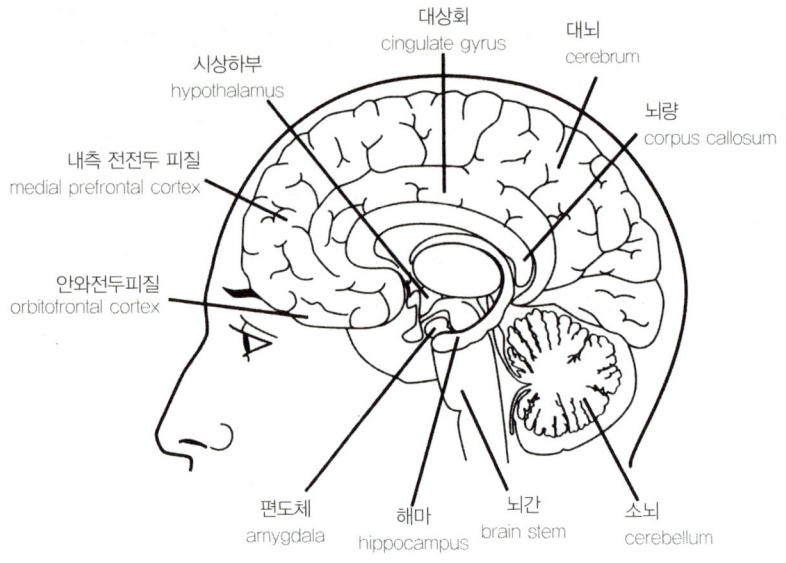

신경과학자 더글라스 와트^{Douglas Watt}에 따르면 인간의 정서가 기초적인 동물적 후각과 촉각에서 진화한 이유는 이를 통해 다른 사람의 반응을 예측하여 삶을 더 통제하기 위함이었다고 한다. 정서적 반응의 여러 기능 가운데 하나는 생리적 자기조절을 '감독'하고 더 유용한 행동순서를 세우는 데 기초가 되는 '루틴^{routine}(규칙적으로 하는 일의 통상적인 순서와 방법—옮긴이)'을 형성하는 것이다.[6] 예를 들어 '공포의 루틴'이 작동되면 포식동물로부터 달아나도록 만들고, '유대의 루틴'이 작동되면 돌봄과 보호의 감정을 일으킨다. 이러한 '루틴' 혹은 '반응모음^{response package}'의 여러 부분들은 여전히 편도체나 시상하부처럼 '싸움 혹은 도주^{fight or flight}' 반응을 담당하는 우리 뇌의 좀 더 원시적인 부분에서 작동된다.

이러한 기본적인 포유류 뇌의 암호화는 다양한 강도로 활성화되는 일종의 신경통로 안에서 이루어진다. 편도체 같은 뇌의 여러 중요한 영역들은 신경전달물질과 호르몬이라고 불리는 생화학물질―생화학자 캔디스 퍼트Candace Pert가 '정서분자'[7]라고 일컬었던 물질―을 분비함으로써 우리가 사회적 상황을 인식하도록 한다. 이 분자들은 세포가 서로 소통하도록 도와주고, 신경통로를 지나고 뇌를 통과해 정보를 전달한다. 결국 이 정보들이 자율신경계를 활성화시키고 호흡, 심박률, 발한 등에 영향을 끼쳐서 우리가 여러 상황에 적절하게 반응하도록 돕는다.

생애초기의 조절

태어나서 1년 남짓 이 포유류적인 정서시스템은 보호자의 도움을 거쳐 지속적인 성숙의 단계를 거친다. 모유수유는 이러한 발달에서 중요하고도 이원적인 역할을 한다. 필수지방산을 함유한 모유는 (생애초기의 스트레스와 스트레스 호르몬 코르티솔cortisol에 의해 해를 입을 수 있는) 세로토닌, 도파민, 아드레날린adrenaline 등의 생화학적 경로를 돌봐준다. 동시에 모유수유 행위는 아기를 달래주며 옥시토신oxytocin이라는 호르몬을 만들어내 아기 몸의 스트레스 체계의 활성을 억제한다. 예쁜 아기를 보며 뿌듯해하는 부모들이 아기와 함께 나누는 본능적인 작은 속삭임, 혹은 밤에 아기들이 다시 잠들도록 아기를 가만히 흔들면서 정성들여 토닥여주는 행동 역시 생후 몇 개월간 아기의 스트레스 반응을 안정적으로 유지하는 데 중요한 역할을 한다.

강한 의존성을 보이는 이 시기에 자신을 조절하거나 위로할 수 있는 아기의 능력에는 한계가 있기 때문에 아기는 생리적인 스트레스, 그리고 혼자 있을 때나 동정심 없는 보호자와 함께 있을 때 느끼는 공포와 불안 같은 정서적 스트레스에 매우 취약하다. 아주 어린 아기들은 일정 범위 안의 사람들에게(그 사람이 어떤 사람이냐에 관계없이) 반응을 보이기는 하지만, 무슨 이유에서든 안전하지 못하다는 기분이 든다면 아기에게 그 경험은 마치 암흑으로 빠져드는 재앙처럼 느껴질 것이다. 자신이 과연 생존할 수 있을지 없을지조차 확신할 수 없을 만큼 불안을 느낄 수도 있다. 익숙하고 안전한 자신의 보호자가 누구인지 알고 나면, 그때부터 아기는 그 사람과 물리적·정신적으로 조금이라도 떨어지면 이를 매우 불안한 상황으로 여긴다. 아직 자기 자신을 지속적으로 인식할 수 없기 때문에, 자신이 애착을 형성한 인물이 곁에 없거나 '우리'라는 자아감이 사라지면 자신이 존재하고 있는지조차 느끼기를 힘들어 하는 것이다.

 대부분의 성인들은 아기가 다른 사람의 도움 없이는 기저귀를 갈아 찰 수도 자신의 기본적인 신체활동을 조절할 수도 없다는 사실을 매우 잘 알면서, 아기가 자신의 감정을 스스로 달래거나 자기 마음을 조절하지 못한다는 사실은 그리 분명하게 알지 못한다. 이 모든 기본적인 통제의 절차는 타인에게 배우는 것이다. 아기는 타인에게 대우받는 방식, 그리고 자신의 필요가 충족되는 방식을 통해 그 과정을 학습한다.

안전한 애착

만족스러운 애착관계를 누리는 아이들은 조절하기 힘든 어려움으로부터 안전하게 보호된다. 민감한 부모는 아기의 물리적·정서적 불편함을 재빨리 해결하여 아기가 편안한 상태를 되찾도록 한다. 그 결과, 타인에 대한 의존은 아기에게 긍정적인 경험으로 받아들여진다. 그래서 다른 사람들은 대개 도움을 베풀며 자신에게 즐거운 경험을 준다고 생각하고 세상을 살기 좋은 장소라고 여긴다. 또한 자신의 삶이 앞으로도 그렇게 펼쳐질 것이라고 기대하게 된다. 타인에 대한 자신감은 곧바로 자신에 대한 자신감으로 투영되고, 뇌의 구성 또한 그가 경험한 바람직한 규정을 그대로 반영한다. 뇌가 원활히 기능하여 스트레스에 대처하게끔 돕기 때문이다. 생화학적 스트레스 반응은 그리 쉽게 일어나지 않으며, 그 아기는 자신이 필요할 때면 누군가 유용한 지원을 해줄 것이라고 기대한다.

안전한 애착을 형성한 아기는 누군가 자신을 포근히 안고 어루만져주는 사회적 기쁨을 즐기고, 타인의 얼굴표정과 소리를 따라 하기도 할 것이다. 기본적으로 이러한 활동은 유쾌하고 좋은 기분을 유발하는 생화학물질을 분비하게 할 가능성이 있다. 특히, 옥시토신이라는 호르몬은 아기가 다른 사람에게 애착을 형성하게 하는 '접착제' 같은 역할을 하는 첫 번째 생화학물질이다. 옥시토신은 즐거운 접촉, 긍정적인 사회적 상호작용을 통해 분비되며, 우리가 편안하고 평화롭다고 느끼도록 도와준다. 발달심리학자인 세스 폴락Seth Pollak은 적절한 보살핌을 받는 아기는 실제로 옥시토신에 중독되어 미래에도 다른 사람들이 자신을 사랑하게끔 만들어서 이러한 즐거운 기분을 다시금 느끼려고 할 것이며, 생애초기에 사랑스러운 포옹이 주는 즐거움을 누려보지 못한 아기들은 친밀한 관계가 주는 '중독'을 결코 습득하지 못할 수 있다고 말한 바 있다.[8] 현재 유대관계를 강화시켜주는 옥시토신 스프레이의 제조를 고려하는 제약회사들도 있다. 뿐만 아니라 옥시토신이 투자거래를 성사시키려는 무역가들 사이에 신뢰도를 증가시켜준다는 사실이 밝혀지기도 했는데,[9] 이는 사람을 직접 대면하는 접촉에서만 효과를 보인다고 한다.[10]

자라나는 자주성

부모가 아이에게 신속하게 반응하면, 역설적이게도 아기는 더 빨리 독립적인 '자아'가 될 가능성이 높다. 나는 처음 부모가 되었을 때 육아전문가이자 심리학자인 페넬로페 리치에게서 이 사실을 배웠다. 그녀는 아기들의 필요가 신속히 충족되면 많은 부모들이 걱정하는 것처럼 아이가 '버릇없게' 되거나 이것저것 해달라고 조르는 사람이 되는 것이 아니라 오히려 '덜 까다로워지고 해줘야 할 것도 줄고 스트레스도 줄어들 것'이라고 지적했다. 리치는 자신의 탁월한 육아지침서인 『당신의 아기와 어린이 Your Baby and Child』에서 '당신의 관심사와 아기의 관심사는 서로 같다.'고 말한다. 즉, 아기의 필요를 무시하면 아기는 더욱 불안해지며, 차분해지기 더욱 어려워질 뿐이라는 것이다.[11] 그 당시에는 과연 리치의 말이

옳은 것인지 확신이 서지 않았는데, (내가 그때까지 들어왔던 양육법과는 너무도 달랐던) 그녀의 접근법을 내 딸에게 실제로 시도해보니 정말로 우리 모녀에게 효과를 발휘했고 이후 우리 아들에게서도 효과를 볼 수 있었다.

 누군가 아기의 감정에 반응할 때, 아기는 그 감정이 타당하고 의미 있다는 사실을 배운다. 이것이 바로 자아감의 시작이다. 아기는 이 과정을 통해 단순히 그의 필요가 충족될 것이라는 자신감을 발달시킬 뿐 아니라, 자신의 힘과 (특정결과를 불러오는) 자신의 작용을 발견하기도 한다. 울음으로 엄마를 부를 수 있다는 사실을 깨달은 아이는 자기 자신에게 의지가 있다는 사실을 알아채기 시작하고 자신이 어떠한 일을 일으킬 수 있다는 사실도 깨닫게 된다. 자신도 다른 사람에게 영향을 미칠 수 있다는—또한 다른 사람의 영향을 받을 수도 있다는—깨달음은 아기에게 좋은 느낌을 선사한다. 다시 말해, 관계의 즐거움을 발견하는 것이다.

 하지만 모든 아기가 이런 경험을 하는 것은 아니다. 우울하거나 혼자 있으려고 하는 엄마는 아기의 필요를 다 채워주지 못할 수 있다. 아기를 잘 돌본다는 부모들도 '울음조절 controlled crying'을 통해 어린 아기의 행동을 조절한다는 최근의 유행을 따라 할 경우, 아기에게 굉장히 다른 메시지를 전달할 수 있다. 자신의 감정은 별로 중요하지 않고, 자기 주변의 힘 있는 사람에게 복종해야 한다는 메시지 말이다. 타인에게 위안을 기대하기 어렵고 스스로 고통을 조절해야 한다고 배운 아기는 생애초기부터 쓰디쓴 교훈을 얻게 된다.

무언가가 일어나게 하는 기쁨

초기관계 정신의학자이자 심리치료사인 다니엘 스턴Daniel Stern 이 '핵심적 자아core self'12라고 부른 최초의 자아감은 신체적 자아와 그 활동을 가리킨다. 보통의 아기라면 (생후 2개월부터) 스스로에게 움직임을 조절할 힘이 있다는 사실을 발견하고 이를 무척이나 좋아한다. 자기 팔의 움직임이 천장에 달린 모빌을 빙그르르 돌아가게 만들었다는 것을 깨달을 때 아기들은 매우 흥미로워한다. 여러 실험은 아기들이 결과를 통제할 수 있는 자신의 능력을 누군가에게 빼앗겼을 때 좌절하고 분노할 수 있다는 사실을 보여준다. 이렇게 생후 몇 개월 동안 아기들은 자신의 신체를 '소유'하기 시작하며 자신이 할 수 있는 일을 하나하나 발견해나간다. 내 아들이 어렸을 때 등을 바닥에 대고 누워서 자기 발을 손으로 잡고 넋을 놓고 발을 뚫어져라 바라보기도 하고 입에 넣어보기도 하던 장면이 생생하게 기억난다. 그 시기 아기들은 대개 그런 행동을 한다. 이 모든 활동은 아기 뇌의 두정엽parietal cortex 영역에 자기 신체에 대한 이미지를 구축하게 하고, 뇌섬엽insula 영역 또한 자기 행동의 결과를 인식하고 사회적 상황에서 '나'의 신체적 느낌을 추적하는 일에 관여하도록 만든다. 시간이 지나 아기가 조금 더 조직적인 일련의 행동을 조절할 수 있게 되면, 의도를 가지고 영향력을 발휘할 수 있는 존재로서의 지각이 높아진다.

이 시기에 아기들은 또 다른 획기적인 사건을 경험하는데, 의도적인 의사소통이 가능하다는 사실을 발견하는 것이다. 아기의 찢어질 듯한 울음은 일종의 생존 메커니즘으로서 사회집단이 그를 먹이는 것을 잊지 않게 하고 그를 홀로 두지 않게 하는 등의 역할을 한다. 이처럼 아기의 초기 의사소통은 다소 반사적인 특색을 지니지만, 이때부터 아기는 의사소통이 의도성을 띨 수도 있다는 사실을 깨닫게 된다. 그리고 아기가 고통스러울 때 부모가 즉시 와서 달래주고 나면, 얼마 지나지 않아 아기는 더 이상 부모의 반응을 얻으려고 온몸의 에너지를 쏟아가며 그렇게 크게 울 필요가 없다는 것을 알게 된다. 좀 더 즐겁고 덜 힘든 방법으로도 부모의 관심을 얻을 수 있다는 것을 깨닫게 되는 것이다. 부모, 형제들이 서로의 행동에 영향을 주기 위해 목소리나 얼굴표정으로 의도적인 신호를 서로 주고받는 것을 인식하며, 자신도 자기 보호자의 주의를 끌거나 도움을 얻기 위해 아이콘택트eye contact를 사용할 수 있다는 것을 알게 된다. 3~6개월이 되면 아기는 자신이 적절한 눈빛이나 흐느낌을 내비치면 자기 기분이 너무 강렬해져서 직접적인 행동을 하기도 전에 보호자가 자기에게 반응해줄 것이라는 점을 이해하기 시작한다.

얼굴로 신호를 보내는 방법을 알고 나면 아기는 얼굴근육을 어떻게 조절해야 하는지를 깨닫고 이를 이용해 미소를 짓거나 상대방을 노려보는 식으로 자기 기분을 나타내고자 한다. 마치 팔 근육의 사용법을 배워서 자기가 원하는 것을 향해 손을 뻗는 방식과 매우 유사하다. 이 시기가 얼마나 중요한지는 아무리 강조해도 지나치지 않다. 아기는 이제 막 표정, 시선, 소리의 변화로 인간 사이에 일어나는 의사소통 방법을 배우는 평생의 첫 단계에 접어들었다. 이는 인간이 공유하는 문화세계에 들어서는 아주 중요한 단계이다. 내가 알고 지낸 수많은 부모들이 자기 아이들이 그들과

의사소통할 능력이 생겼다는 사실에 큰 안도감을 느꼈다고 했다. 이제 아기와 진정한 관계를 시작하게 되었으니 이 얼마나 즐거운 변화인가. 강렬하고 때로는 '끔찍하기까지' 한 방식으로만 반응하는 대신, 이제 아기의 감정이 상호작용을 할 수 있는 신호로 변하여 나타나는 것이다.[13] 이것이 바로 인간존재의 새로운 측면인 사회적 자아 the social self 의 시작이다.

하지만 그렇다고 해도 주체감 sense of agency 은 여전히 부모가 어떻게 반응하느냐에 의존한다. 하버드 의과대학 Harvard Medical School 에 소속된 발달심리학자 에드 트로닉 Ed Tronick 과 그의 동료들은 다소 불쾌하지만 중요한 실험을 수행했는데, 이 실험은 생후 3개월 정도 된 아기들이 자신의 삶에 의미와 일관성을 부여하기 위해 엄마의 반응성에 얼마나 의존하는지를 보여주었다. '무표정 still face' 실험이라고 알려진 이 실험에서,[14] 연구자들은 아기들의 어머니들에게 몇 분 동안 아기와 기분 좋은 시간을 함께 보내다가 갑자기 얼어붙은 것처럼 멈춰선 이후 몇 분간 완벽하게 무표정한 얼굴로 아기를 바라보라고 지시했다. 갑자기 엄마와의 접촉이 끊어지고 엄마로부터 피드백을 받을 수 없게 되자 아기들은 이내 혼란과 괴로움을 나타냈고, 다시 엄마가 활발히 관계에 참여하도록 만들려고 무척 애를 썼다. 부모는 단 몇 분간만 물러서는 태도를 보였지만, 그것이 아기들에게는 큰 불안을 안겨준 것이다. 단 몇 분만으로도 아기들이 대부분 이런 반응을 보인다면, 꽤 오랜 시간 거의 아무런 반응을 보이지 않을 수도 있는 우울한 어머니를 둔 아기들이 얼마나 큰 어려움을 겪을지 쉽게 상상할 수 있다. 그 경우 아이 또한 우울해지고 심지어 다른 사람과의 대면도 피하고 자기

스스로를 위안하려고 자기 몸을 만지거나 손가락을 빠는 행위를 한다고 한다.[15]

여기서 문제는, 이러한 상황에 놓인 아기들이 사회참여에서 물러나 홀로 떨어질 수 있다는 것이다. 또한 타인과 감정을 교류하는 방법을 배우지 못했기 때문에 직접적인 행동으로만 자신의 느낌을 전달할 수도 있다. 다시 말해, 그들은 무언가를 얻으려고 요청하기보다는 원하는 것을 직접 손으로 집는 어린이가 되고, 자신의 분노를 언어적으로 표현하기보다는 때리는 행동을 하는 십대 청소년이 될 것이라는 말이다. 이들은 협조적인 방식으로 자신의 욕구를 충족시킬 수 있다는 자신감이 부족하기 때문에, 통제할 수 없고 반사회적이며 파괴적이라는 꼬리표가 붙은 행동을 보이는 어린이와 성인으로 변모해간다. 충분히 엄한 '훈육'을 받지 못해서가 아니다. 다만 의사소통 과정에서 상대방을 신뢰하는 법을 배우지 못했던 것이다.

언어 전 단계에서, 아이들이 보호자에게 주목하고 보호자 또한 예민하게 아이의 신호에 초점을 맞추는 과정은 서로의 존재에 깊이 들어가야 하는 느리고도 상호적인 작용이다. 이는 여러 보호자가 짧은 기간씩 돌아가며 한 아이를 돌보는 방식으로는 이루기 어려운 일이다. 어린이 발달전문가 스탠리 그린스펀Stanley Greenspan과 철학자 스튜어트 셰인커Stuart Shanker는 '영유아나 걸음마기의 아기를 직접 돌보면서 그들과 충분한 시간을 보내지 않는 보호자들은 대부분 자신의 아이들이 강렬한 감정을 보이면 긴장하고 불안해하기도 한다.'고 했다.[16] 이는 아기들과 온종일 떨어져 있는 아버지들에게는 더더욱 문제가 된다. 아기들이 평온한 상태일 때는 너무나도 부드럽고 세심한 아버지이지만, 아기가 도무지 이해하기 힘든 강한 반응을 보이면 어쩔 줄 몰라 당황하는 아버지들을 많이 봐왔다. 나와 함께 작업했던 랍^{Rob}이라는 한 아버지는 아기가 울면 적대적으로 변하곤 했는데, 그는 아기가 우유병을 잘 들고 '그대로 있어야' 하며, 한 번 안아주면 '울음을 그쳐야 한다.'고 말했다. 아기가 보내는 신호를 읽지 못한다는 사실을 인정하지 못하고 도리어 아이에게 비난의 화살을 돌리는 것이다. 다양한 종류의 주간 보호센터에 아기를 맡기는 부모(엄마든 아빠든) 모두가 이런 어려움을 경험할 가능성이 높다. 아기들과 충분히 오래 같이 있지 못하는 것만으로도 아기는 강렬한 감정을 조절하거나 참는 데 자신감을 많이 잃을 수 있다. 그리고 이러한 어려움은 더 불안정한 형태의 애착행동으로 나타날 수 있다.

세상 이해하기

확실히 어렸을 때부터 보다 예측하기 쉽고 세심한 양육을 받으면 아기가 세상에서 만나는 여러 혼란스러운 경험을 조직하고 이해하기가 더 쉬워진다. 이 일은 중대한 과업이며, 아기들은 비언어적 단어와도 같은 경험과 스키마^{schema}의 덩어리를 차츰 파악하면서 이 일을 이루어나간다. 반복되는 많은 경험—기저귀 교체, 동일한 침대, 엄마 젖을 먹을 때 앉는 의자, 동일한 목소리, 무언가를 해나가는 동일한 방식—을 통해 아기는 자신의 존재 속에서 벌어지는 굵직굵직한 일과를 좀 더 잘 인식하게 되고 이를 개념화하기 시작한다.

사회적·정서적 학습 면에서 사람의 얼굴은 정서적 정보의 중요한 토대이다. 얼굴은 엄마의 마음 상태를 말해줄 뿐만 아니라 '내가 누구일까?'라는 아이의 생각에 첫 번째 피드백이 되어주기도 하기 때문이다. (보호자인) 성인은 뇌의 '거울'신경을 통해 아기의 신체 움직임을 모방하는데, 이를 통해 아기는 스스로의 기분을 느낄 수 있다. 예를 들어 아기가 눈을 비비면서 훌쩍훌쩍 울 때 보호자는 아기가 피곤하거나 졸려한다는 사실을 본능적으로 알아챌 것이다. 그리고 눈을 조그맣게 뜨거나 하품을 하거나 "우리 아가, 그렇게 피곤했어?"라며 낮은 목소리로 얘기하는 등 자기 얼굴로 아기에게 똑같은 감정을 표현해줄 것이다. 또한 아기가 뭔가 언짢고 불편해서 울고 있으면 보호자 자신도 인상을 찌푸리거나 고통스러운 표정을 지어 보인다. 이렇게 엄마 얼굴에 나타나는 시각적 단서들을 보면서 아기는 자신이 엄마에게 영향력을 미치고 있다는 사실을 알 수 있다. 그 결과 아기의 거울신경이 엄마의 표정을 따라 하게 만들고, 아기는 새로운 기분을 느끼게 된다. 이것은 자기가 느끼는 기분과는 조금 다른 색깔의 기분을 안겨준다. 자신의 기분을 해석한 엄마의 느낌이랄까. 이는 조금 흐릿하기는 하지만 일종의 거울과 같아서 엄마가 아기의 상태를 얼마나 잘 '읽어내느냐'에 따라 그 선명도가 달라진다.

모든 사람들은 서로 끊임없이 정서적인 상호교환을 한다. 그리고 다른 사람에게서 받는 피드백은 사회생활을 해나가는 데 있어서 우리 모두에게 중요하다. 하지만 아기들에게 이것은 일종의 새로운 언어이다. 이 언어를 배우려면 우선 아기는 특정한 기분이들 때 그 기분이 무엇을 의미하는지 깨달아야 한다. 아기 혼자서는 그 의미를 깨달을 수가 없다. 이는 아기에게 감정의 언어를 가르쳐주는 주변 성인들에게 거의 전적으로 달려 있다.

부모들 대부분이 자기 아기를 알아가는 데 무척이나 열성적이며, 처음부터 아기에게 어떤 의도가 있다고 간주하곤 한다. 아기의 몸짓이 아기 자신에게조차 특별한 상징적 의미를 갖기 훨씬 전부터 말이다. 아기가 힘차게 발차기를 하는 것을 본 부모들은 뿌듯한 기분에, "이다음에 커서 축구 선수가 될 거야."라며 자랑한다. 부모들이 아기를 독립된 개체로 바라보는 시각은 매우 중요한데, 자신이 다른 사람에게 한 명의 독립된 개체로 보일 때 아이의 자아감이 비로소 형성되기 때문이다. 하지만 무엇보다도 중요한 것은 보호자가 아이의 감정을 인식해야 한다는 것이다. 예를 들어 아기 몸이 경직돼 있고 웃지 않는다는 것을 부모가 발견했을 때, 부모는 아기가 지금 화가 났거나 언짢다고 판단할지 모른다. 부모의 이러한 해석은 아기가 자신의 마음을 스스로 인식하는 데 필수적인 요소이다.

아기가 자신의 내적 상태에 관심을 갖도록 만드는 행위는, 아기가 자신을 표현하고 자신의 감정을 드러내도록 돕는다. 헝가리의 발달연구가 죄르지 게르겔리Gyorgy Gergely의 사회적 자아형성에 관한 설득력 있는 설명에 따르면, 아기가 처음으로 자신의 감정상태를 알 수 있게 하려면 부모가 아기의 감정을 눈에 띄게 '지정해줌'으로써 그 감정을 파악하기 쉽게 만들어줘야 한다고 한다.[17] 부모는 지금 벌어지고 있는 일을 과장하여 천천히 읊어주는 선생님인 것이다. 이 과정에서 부모는 눈썹을 아치모양으로 만들기도 하고 머리를 비스듬히 기울이기도 하고 눈을 크게 뜨기도 함으로써, 이것이 '아기'의 감정이지 부모 자신의 감정이 아니라는 것을 드러낸다. 그들의 보디랭귀지는 아이에게 과장된 초점을 맞춘다는 것을 보여주며, 이는 아기 또한 그 순간에 자기 자신에게 주목해야 한다는 신호가 된다. 게르겔리가 들었던 한 예를 살펴보자. 그는 아기에게 먹는 법을 전달할 때 부모는 단순히 아기 앞에서 스푼으로 무언가를 떠먹는 모습을 보여주지 않는다고 한다. 스푼으로 무언가를 먹는 행위를 굉장히 극적으로 표현하여, 스푼을 든 손을 허공에서 크게 휘젓고 입을 넓게 벌리고 눈썹도 한껏 올려 보인다. 다시 말해 '스푼으로 먹기'라는 과정을 아주 단순하고 느리게 보여주는 것이다. 이 같은 방식은 아이에게 감정을 가르치는 방법에도 동일하게 적용된다. 감정을 두드러지게 나타내려고 과장된 얼굴 움직임을 사용하고, 특히 그 감정이 '아기'의 감정이지 부모의 감정이 아니라는 사실을 아기에게 뚜렷하게 전달하려고 애쓴다. 이렇게 처음에는 몸짓으로, 다음에는 언어로써 문화적 지식이 전달된다.

부모가 이러한 방식으로 감정상태를 '지적^{mark}'해주는 것은 특히나 아기의 정서학습에 필수적이다. 그 감정을 이렇게 나타내지 않으면—예를 들어, 엄마가 이렇게 부모답고 선생님 같은 방식으로 행동하지 않고 아기가 화를 내면 같이 화내고 아이가 두려워하면 자신도 두려워하는 반응을 보이면—아기의 감정표현은 그저 나날이 더 강렬해질 수도 있다. 그러면 아기는 자기감정에 압도되어 통제할 수 없는 상태에 이르고, 대부분은 이 상황에 대처하려고 자신의 감정으로부터 아예 분리돼버리는 극단적인 방법을 택하게 된다. '지적하기'는 부모가 아기의 감정을 인식하고 있고, 그 감정이 아기에게 속한 것이며, (가장 중요하게는) 부모가 그 감정을 잘 받아줄 수 있다는 사실을 확실히 보여준다. 이 과정이 제대로 이루어지면 아기는 자신의 감정이 무엇이며 왜 그런 감정이 나타나는지를 이해할 수 있을 뿐 아니라 그것을 통제할 수도 있게 된다. 불행하게도 부모들 자신이 어렸을 때 적절한 양육을 받지 못한 경우에는 자신들의 감정을 조절하기도 너무 힘든 나머지 아기들의 감정을 '참아주거나' 조절해주는 것이 불가능하다. 이 부모들에게는 아기들이 자신의 감정을 깨닫도록 도와줄 능력이 없으며, 결국 아기 자신이 스스로를 어떻게 조절하고 이해해야 할지 모르는 불안한 각성상태에 머무르도록 방치할 수도 있다.

자라나는 타인 인식

부모가 어떤 사람이든 아기들은 자기가 접하는 부모에게 적응할 수밖에 없다. 아기가 스스로를 조절하고 자신을 '자기'로서 인식하려면 특별한 도움이 필요하지만, 누군가 '다른 사람'이 있다는 것을 아는 데에는 별다른 도움이 필요 없다. '다른 사람'에 대한 인식은 이미 비언어적인 이미지를 바탕으로 그간 쌓은 정보를 통해 형성되고, 그 이미지는 엄마나 혹은 애착관계를 형성한 다른 사람과의 경험에서 얻어진다. 이 정보는 대부분 우뇌에 저장된다. 아기들은 자기 곁에 있는 보호자가 과연 어떤 사람인지, 그 사람에게 무엇을 기대할지, 그리고 어떻게 하면 그 사람을 가까이 둘 수 있는지를 알아내야 한다. 그러려면 이러한 이미지들을 머릿속 파일에 잘 정리해두어야 한다.

 부모와 반복적으로 경험을 나누는 동안 아기는 자신만의 사회 경험을 토대로 얻은 연상기법을 활용하여 감정·이미지 등의 비언어적 어휘를 획득하는데, 보울비는 이를 가리켜 '내적 작동모델 internal working models'이라고 칭했다. 아기가 경험하는 상호작용 패턴이 여기에 속한다. 예를 들어 아기가 불안해할 때 주로 성인이 다가와 달래준 경우, 그 아기는 '불안의 기분 뒤에는 위안이 따라온다.'는 내적 모델을 습득하게 된다. 만약 누군가 아기에게 자주 화를 냈다면, 아기는 '비난의 얼굴과 공포의 감정'이라는 경험을 하나의 기대치로 보유하게 된다. 또한 기쁨이라는 신체적 기분은 엄마의 즐거운 표정을 볼 때 느껴지는 경쾌한 감정이라고 기억될 수 있다. 이러한 방식으로, 감정은 하나의 상징체계 속에 형성되기 시작한다.[18]

 아기가 다른 사람들의 얼굴표정과 감정을 파악하고 그 표정을 그에 맞는 목소리와 연결하기까지는 5개월 정도가 걸린다. 대부분의 아기가 맨 처음 인식하는 표정은 행복한 얼굴이지만 공포와 분노, 슬픔의 얼굴도 이내 구별한다. 이러한 기본적인 첫 감정은 뇌의 편도체를 통해 순식간에 해석되는데, 사람들의 얼굴과 몸짓, 어조가 그 단서가 된다. 하지만 얼마 지나지 않아 편도체는 감정의 의미를 해석하는 더욱 복잡한 형태를 구축하기 시작하고, 정서와 일련의 행동을 연결하는 통합적인 '정서문장 emotional sentences'을 저장한다. 예를 들어 개가 아기를 물려고 달려드는 광경을 보고 (보호자가) 겁에 질린 표정을 지으면, 아기는 이 두 광경을 연결시켜서 개를 볼 때마다 불안이나 공포와 같은 미리 형성된(조건화된) 정서반응을 자동적으로 보일 수 있다.

한 연구에 따르면 편도체는 그 특성상 생애초기에는 취약하다고 한다. 그래서 런던대학University College, London의 미쉘 드 한Michelle de Hann과 그의 동료 마그리트 그로엔Margriet Groen은 어떠한 방식으로든 편도체의 발달이 손상되면 얼굴표정을 인식하는 능력에 영향을 끼친다고 말했다.[19] 더 나아가 런던 킹스컬리지King's College, London의 필립 쇼Philip Shaw와 그의 동료들은 정서적 의사소통을 해석하고 사람의 의중을 읽는 능력에 영향을 끼치는 것이 바로 이 초기 손상이며, 이후에 받는 손상은 그런 효과를 일으키지 않는다는 사실을 발견했다.[20] 에이드리언 레인Adrian Raine의 광범위한 연구(현재 펜실베이니아대학University of Pennsylvania 주관으로 진행되는 연구)를 살펴보면, 그 연구에서 사용한 척도의 최극단에는 기본적인 감정반응조차 손상된 경우가 있다는 사실을 알 수 있다. 폭력적이고 반사회적 이상성격을 지닌 사람들을 살펴본 이 연구에서는, 그들의 편도체가 매우 빈약하고 역기능적으로 발달했다는 사실이 일관되게 드러났다.[21]

생후 10개월 정도가 되면, 아기들은 뚜렷하게 구분되는 의미를 담고 있는 특정한 감정을 인식할 수 있게 된다. 한 달 한 달 지날수록, 아기들은 초기의 대략적인 '스키마'에 더 복잡한 의미를 연결 짓고 섬세한 감정의 뉘앙스를 덧칠한다. 예를 들어 아기가 엄마와 편안한 모유를 연결 지었다면 나중에는 아기를 달래주는 부드러운 마사지와도 엄마를 연결 지을 것이며, 이로써 아기의 뇌는 이러한 연결을 등록시켜서 '엄마'란 신체적 즐거움을 제공해주는 사람이라는 자신의 개념을 강화하게 된다. 반면, 아기 엄마가 반복적으로 아기가 유모차에서 떨어져도 혼자 울도록 놔두고 우유를 줄 때 아기를 안지도 않은 상태로 한 팔쯤 떨어진 거리를 유지한다면, 이때 '엄마'란 거리감과 거절의 고통스러운 감정과 연결될 것이다. 물론 아기는 모든 엄마에게 적용되는 일반적인 '엄마'의 역할에 대한 개념을 갖게 될 것이다. 하지만 자기 자신만의 감정과 연상(연결 짓기)을 통해 풍부하게 물들인 보다 개인적인 엄마의 개념 또한 갖게 될 것이다. 그리고 더욱 상세하고 구체적인 주변 세상의 정보를 모아가면서, 더 복잡한 방식으로 자신의 사회적 행동을 안내할 지침으로써 그 개념들을 활용할 것이다.

사회적 전전두 뇌의 발달

이러한 감정의 연상은 최초의 사고형태일지도 모른다. 이는 우리의 인식 밖에서 우리를 안내하고 특정한 경험에 다가갈지 피할지를 선택하도록 돕는다. 감정적이고 사회적인 인간세계에 아기가 좀 더 섬세하게 참여하는 데까지 나아가려면, 그러한 다양한 감정 뉘앙스에 관한 폭넓은 어휘가 필요하다. 그리고 사실 이것은 나중에 진화한 포유류 뇌의 '추가'영역인 전전두 피질의 한 기능이기도 하다. 전전두 피질은 생후 6개월~2년 사이에 집중적으로 발달한다. 이 뇌 영역은 편도체와 같은 반사적인 피질 하위의 영역, 그리고 보다 '이성적'이며 언어에 기초를 둔 뇌의 다른 영역 사이에서 일종의 다리 역할을 하는데 전체 뇌 영역 가운데 가장 늦게 발달된다.

이런 중대한 전전두 영역은 아기가 생애초기에 경험하는 수많은 세심한 사회적 접촉을 통해 연결고리를 형성한다. 아기가 경험하는 모든 놀이의 순간, 적극적인 순서교체turn-taking(서로 순서를 번갈아가며 이야기하는 것—옮긴이) 등의 사회적 접촉은 좋은 감정을 유발하고 아기 몸에서 아편과 유사한 자연물질을 분비하게 한다. 이 자연물질의 이름은 도파민인데 보상을 예견하는 특정한 생화학물질이다. 분비된 도파민은 '사회적' 전전두 뇌 영역으로 들어가서 다른 생화학적 과정을 활성화시키는데, 이 모든 활동이 뇌의 전전두 영역에서 여러 가지 연결고리가 형성되도록 돕는다. 이런 면에서, 예민하고 세심한 양육은 사회적 뇌 영역의 여러 연결고리가 발달하는 데 도움을 주며, 이 발달에는 전전두 피질의 '복내측ventromedial'—주위의 전측대상화anterior cingulate 뿐만 아니라 안와전두 영역을 포함하는 영역—초기발달도 포함된다.[22] 또한 뇌의 이 영역들은 도덕적 인지 측면에서 가장 큰 역할을 담당하는 부분이기도 하다. 이 영역들이 뇌 속에서 일종의 정신적 플랫폼 혹은 개요를 만들어냄으로써 아기가 자기 자신의 경험을 관망할 수 있게 되는 것이다. 즉 이 영역들은 아기가 자기 자신의 경험과 감정에 점점 민감해지는 성장과 관련된다.

복내측 영역은 다른 사람들과 교류할 때 우리 자신이 정서적으로 어떻게 반응했는가를 모두 기억하여 저장한다. 조금 더 정신분석적인 용어를 사용한다면, 뇌의 복내측 영역은 '내면화된 엄마' 그리고 우리가 그 엄마와 함께 나눈 경험의 화신으로 묘사돼왔다.[23] 하지만 여기에는 아기가 엄마와 즐거운 접촉을 나누었다는 전제가 있다. 아기가 엄마와 유대관계를 거의 혹은 전혀 형성하지 못한 경우, 반세기 전에 스피츠가 기록했던 고아원 사례나 더 최근에 루마니아에서 관찰한 사례처럼 정서적 학습이 심각한 타격을 받아 '사회적 뇌' 영역의 연결이 매우 빈약해질 수도 있다. 특히 안와전두 영역은 사회적 행동에서 주된 역할을 담당하는데, 심각할 정도로 불우한 경험을 한 고아들의 경우 이 영역이 마치 '블랙홀'과 같이 나타났다.[24]

전측대상회 영역은 사회적 상호작용에서 일어나는 문제들에 대해 우리가 경계하게 만드는 일종의 '경고체계'로 묘사되어왔다. 이 영역은 자신의 신체적·정서적 경험이 인식의 중심에 올 때 활성화된다. 그 경험을 날카롭게 인식하고 사회적 경험이 어떻게 느껴지는지, 우리에게 지속적으로 평가를 전달해주는 것이 이 영역의 특별한 역할로 보인다. 그중에서도 자신이 주관적으로 생각했을 때 정서적으로 고통스럽다고 느껴지는 것들에는 더욱 예민한 주의를 기울이게 한다. 이 정보는 사회적 갈등 혹은 실수에 어떻게 대처할지, 그것을 바로잡아야 할지 말아야 할지를 결정하게끔 도와준다. 초기의 사회적 박탈감은 이 영역의 발달에도 영향을 끼칠 수 있다.

인간관계 속에는 기본적인 연금술이 작용한다. 부모들이 아기에게 기울이는 주의는 연금술의 작용을 통해 금 대신, 아기 또한 자기 자신에게 주의를 기울이는 능력으로 나타난다. 결국, 이 모든 부모의 피드백과 민감함이 아기의 자기인식을 확대해준다. 이는 또한 아기가 타인과 맺는 관계에까지 도미노효과를 일으킨다. 아기가 자기 자신에 대해 더 인식할수록, 다른 사람의 정신과정을 인식하는 능력 또한 커진다. 반대로 아기의 자기인식이 부족할수록, 다른 사람의 경험을 이해하거나 그들의 의도를 예측하기가 더욱 어렵게 느껴질 것이다. 흥미롭게도 전측대상회 영역은 우리가 자신의 감정을 인식할 때만 활성화되는 것이 아니라 다른 사람의 마음상태에 대해 생각할 때에도 활성화된다. 이를 통해, 인식의 두 형태가 얼마나 밀접하게 연결되어 있는지 알 수 있다.[25] 이는 자기인식이 사실상 공감과 도덕적 감정의 최초이자 기본적인 원칙이 된다는 점을 여실히 보여준다.

바깥으로 눈 돌리기

독특한 방식으로 발달된 우리의 사회적 감각에는 자신과 타인 사이의 끊임없는 상호작용이 포함된다. 내면을 살펴 자기감정을 규명하고 바깥으로 눈을 돌려 다른 사람을 이해하는 이 두 과정은 항상 함께 진행된다. 생후 3개월~6개월쯤 되면 사물을 보는 능력이 발달하면서 주변 세상을 이해하고 보호자의 행동을 해석하려는 아기의 시도가 부쩍 늘어난다. 이제 아기의 시각은 성인들의 신체 움직임과 행동을 더욱 정확하게 볼 수 있을 만큼 충분히 성숙했고, 좀 더 큰 그림이 눈에 들어오게 된다. 다른 사람들이 점점 더 실제적으로 인식되는 것이다.

우선 아기들은 다른 사람의 눈을 보면서 그들 마음과 소통하는 법을 배운다. 엄마나 아빠의 눈을 지그시 바라보면서 아기들은 그들의 마음을 인식하기 시작하고, 얼굴과 몸의 움직임을 통해 눈에 보이는 보디랭귀지를 읽어내는 능력을 기르기 시작한다. 하지만 엄마의 정신적인 상태를 더욱 분명히 인식할수록 엄마가 오직 자기에게만 온 신경을 집중하는 것이 아니라 다른 사람과 현상에도 주의를 기울이고 있다는 사실을 알아채기 시작한다. 자기조절 능력을 서서히 더 발달시키면서 아기는 엄마가 다른 데 주의를 기울이는 것을 조금씩 더 이해하고 엄마가 관심을 보여줄 때까지 기다릴 수 있게 된다.

때때로, 아기가 응시하는 대상과 엄마가 응시하는 대상이 같을 때 아기는 엄마가 무엇을 보는지 확인하려고 엄마가 다른 곳으로 시선을 옮기면 엄마의 시선을 그대로 따라가기 시작한다. 그러면 엄마 눈을 통해 보이는 아기 주변의 사물들—다른 사람들의 독특한 얼굴을 포함한—이 점점 더 뚜렷한 객체로서 인식되기 시작한다. 생후 7개월쯤 되면, 아기는 서로 다른 사람을 구별할 수 있게 되는데 이때도 역시 복내측 피질을 사용한다.[26] 아기가 주변의 특정 사물들에 좀 더 초점을 맞출 수 있게 되면, 자기 자신에게 초점을 맞추는 능력도 덩달아 자라난다. 자기와 타인이 함께 드러나는 이러한 독특한 평행과정 속에서, 아기는 자기 자신도 다른 사람에게는 하나의 객체가 될 수 있다는 사실을 깨닫기 시작한다. 심리학자 케빈 옥스너 Kevin Ochsner가 묘사한 것처럼 이 객체는 '나 me(I와 구별되는, 대상으로서의 나—옮긴이)'라고 불리는데, 이는 굉장히 독특한 종류의 '나'로서 아기는 '나는 남자아이야 me boy.' 혹은 '나는 초콜릿을 좋아해 me like chocolate.'와 같이 자기 자신을 객체화시키는 과정을 통해 자신의 특성을 깨닫는다. 또한 이 시기의 아기는 '나 화났어 me angry.' 혹은 '나 슬퍼 me sad.'와 같이 스스로가

시시각각 변하는 감정을 가진 존재라는 것도 인식한다.[27] 이처럼 자기의식과 '타인'의식은 함께 발달한다. 이 발달은 모두 뇌의 내측 전전두 피질에 의해 일어난다.

자기와 타인에 대한 인식의 발달은 전전두 피질의 확장에 유력한 도움을 받는데, 전전두 피질의 확장은 전전두 피질 측면의 활성화를 통해 이루어진다. 전전두 피질 측면 중에서도 (도파민의 보조를 받는) 배외측 전전두 피질dorsolateral prefrontal cortex이 특히 이에 해당되는 영역이다. 이 영역은 '작업기억working memory'이라고 알려진 보다 의식적인 기억층을 발달시킨다. 저장해둔 기억이 늘어나면서 아기는 과거 사건의 이미지들을 다시금 떠올릴 수 있게 되고, 그 기억들을 몇 초간 마음속에 머금고 과거의 경험과 현재 경험을 비교할 수 있게 된다. 이런 식으로 기억력이 향상된다는 것은 아기의 삶에서 가장 익숙한 사람들이 실제로 곁에 없더라도 아기 마음속에 존재하기 시작한다는 의미이다. 또한 이제는 아기가 그들의 독특한 특성을 의식적으로 기억하고 그들이 행동방식도 머릿속에 떠올릴 수 있다는 것을 의미한다. 이제 아기는 보호자의 익숙한 냄새, 소리, 접촉에 집중했던 꿈과 비슷했던 감각적인 신체상태에서 벗어나, 사람들과 구체적인 애착관계를 형성하는 데까지 나아가는 것이다.

애착패턴

생후 1년 가운데 후반부 6개월 동안, 아기는 자기 부모가 행동하는 방식에 적응하려고 새롭게 얻은 자신의 해석능력을 활용하기 시작한다. 아기는 이제 자신의 기본적인 필요를 충족시키고 보호자의 반응을 끌어내기 위해 어떻게 하면 그들에게 최상의 영향을 끼칠 수 있는지를 알아내려고 무의식적으로 노력하게 된다.

운 좋게 안정된 환경 속에서 사는 아기는 별로 적응할 일이 없다. 그의 필요는 대개 즉각 충족되기 때문에 부모에게 맞추려고 굳이 애쓸 필요가 없고, 부모들이 그의 필요에 충분히 섬세하게 반응해주기 때문이다. 하지만 부모가 불행하다거나 다른 일에 몰두하는 산만한 사람이라면, 아기는 자신의 필요를 충족시키려면 좀 더 많은 노력을 기울여야 한다는 사실을 배우게 된다. 큰 소리로 계속 울어서 부모에게 자신의 존재를 알리려고 노력하는 것도 하나의 전략일 수 있다. 물론 이러한 행동 때문에 부모의 분노를 살 수도 있지만 말이다(저항적 애착패턴). 그런가 하면 어떤 아이들은 자기가 울면 부모가 화를 내거나 거친 행동을 보인다는 사실을 발견하고는 우는 행동을 억제하고 대신 기다리기를 배운다(회피적 애착패턴). 최악의 경우, 일관된 반응을 보이지 않고 아기를 혼란스럽게 만드는 부모, 도무지 어떻게 반응해야 하는지 알 수 없어 하는 부모, 혹은 문득문득 육아에 두려움을 느끼는 부모를 둔 아기는 자기 행동을 어떻게 조절해서 필요를 채울지 감을 잡지 못할 수도 있다. 그럴 경우 아기는 이 방법 저 방법을 번갈아 가며 시도해보는데, 그런 노력에도 불구하고 자신을 효과적으로 조절할 방법이 무엇인지는 결국 배우지 못하고 만다(혼란적 애착패턴). '일이 어떻게 이루어지는가.' 혹은 '이 집에서는 무슨 방법이 효과적인가.' 등에 대한 반응—삶을 더욱 예측 가능하도록 만들기 위해 행동을 조절하는 방식―으로써 발달시킨 이러한 애착전략은 생후 10개월이 되면 거의 대부분 형성이 완료된다.

자기통제

어떤 특별한 경험을 겪었든 간에 아기는 점차 자신의 보호자와 그들의 행동양식에 대한 자신의 반응을 조절하는 능력을 기르게 된다. 자신의 감정이 다른 사람을 통해 조절되는 반복적 경험을 통해 얻은 신경통로를 활용하여, 생후 18개월에 이르면 드디어 사회적 상황에 대한 자신의 '멈춤braking'과 '가속accelerating' 반응을 운용하기 시작한다. 이것은 특히 전전두 피질의 안와전두 영역에 기초를 두는 반응이다. 그중에서도 '멈춤' 메커니즘을 익히게 되면 스스로의 행동을 조절하기 시작한다. 이 능력은 미국의 정신과의사 대니얼 시겔Daniel Siegel이 일컬은 것처럼 아기에게 일종의 '정지 버튼pause button'이라는 유익을 주는데, 이로써 아기는 사회적 상황에 대해 직접 행동으로 반응하기에 앞서 아주 잠깐이라도 그 상황을 평가할 수 있는 시간을 더 갖게 된다.[28]

'정지 버튼'을 누를 수 있는 이 중요한 인간의 능력은 자기 자신의 상태 혹은 다른 사람의 상태를 돌아볼 수 있게 함으로써 사회화 과정의 중심부를 차지한다. 우리가 제대로 발달을 이루고 충동적·공격적 경향을 조절하기 위해서는 안와전두 피질의 존재가 절대적이다. 다양한 성격장애와 충동적·반사회적 행동은 안와전두 피질의 활동 감소와 밀접하게 연관된다.[29] 실제로 일부 성격장애들, 특히 경계선적 성격장애와 자기애적 성격장애는 발달 초기 시절에 올바른 돌봄을 받지 못해서 비롯된다는 믿음이 커져가고 있다. 이러한 장애를 가진 사람들은 어린 아기가 생애초기에 사회적 필요를 충족시키지 못했을 때 보이는 반응과 매우 유사하게 행동한다. 예를 들어 성격장애를 지닌 사람들은 감정적 흥분을 절제하거나 자기 자신의 반응을 조절하는 데 어려움을 겪는다는 공통점을 지닌다. 그들은 마치 어린아이처럼 자신의 필요에 다른 사람이 즉시 반응해주기를 바랄 때가 많다. 자신의 필요에 대해 상대방과 의사소통을 하지 않고 자신의 필요가 충족되리라는 확신이 부족하기 때문에, 기분이 언짢으면 수화기를 쾅 내려놓는다거나 순간적인 감정에 못 이겨 자신이 원하는 것을 달라고 고래고래 소리를 지른다거나 하는 식으로 자기의 강렬한 감정을 '행동으로 그대로 보여주는' 것이다. 이는 자신의 반응을 조절할 시간을 벌어주는 '정지 버튼'이 없기 때문이다. 이러한 행동을 보면 그 사람의 생애초기에 사회학습과 자기조절에 뭔가 문제가 있었다는 것을 알 수 있다. 그리고 실제로 특히 '경계선적 성격장애'는 학대적이고 비일관적인 양육경험과 관계가 있다고 여겨진다.[30]

안와전두 피질은 특정 형태의 주의 깊은 양육에 반응하여 발달되는 것이지, 절대 저절로 발달되지 않는다. 이러한 전전두 피질의 사회적 영역의 발달에 도움이 되는 양육방식은 오로지 아기와 밀접한 관계를 맺으며 얼굴을 마주하는 방식이다. 그리고 이러한 양육을 통해 우리는 다른 포유동물보다 훨씬 더 정교한 방법으로 자신의 사회적 행동을 조절할 수 있게 된다. 기본적으로 인간의 사회적 두뇌는 사회적 경험의 결과로 얻어지는 것으로, 특히 부모가 시간과 주의력을 투자해 자녀를 양육할 때 발달된다. 아기에게 주의를 기울일 때 아기는 자신과 다른 사람에게 그와 동일하게 민감한 주의를 기울이는 방법을 배우며, 이로써 복잡한 세계에 참여할 수 있는 기반을 갖추게 된다.

정서적 무관심

우리는 지금 생애초기의 힘든 경험이 마음에만 상처를 내는 것이 아니라 아기의 뇌 자체에도 상흔을 남긴다는 이야기를 하고 있다. 특히 멍 자국 등 상처가 눈에 확연히 보이는 신체적 아동학대는 서구사회에서 매우 심각하게 여겨지는데, 이러한 학대는 변연계 limbic area 와 사회적 뇌 영역이 덜 발달되는 결과를 초래하는 경향이 있다. 생애초기에 보호자로부터 신체적 폭력을 당했던 아이의 뇌는 특정한 생화학적 특징을 갖는 경우가 많다. 기본적인 코르티솔 수준도 낮고 스트레스 반응도 떨어지는 경향을 나타낸다. 이러한 특징을 지닌 아이들은 다른 사람의 얼굴표정과 몸짓을 화난 것으로 해석하는 경우가 많고, 성인이 되면 사회적 상황에서 다른 사람들을 통제하고 우위를 점하려고 부단히 애쓰는 사람이 되기 쉽다.

정서적 무관심과 학대는 신체적 학대보다 더 흔하게 일어나며, 뇌에 동일한 피해를 가하는데도 불구하고 제대로 규명하기는 어렵다. 이 경우에는 분명 아기의 엄마 역시 자신의 생애초기에 부모로부터 유기, 입양, 거절을 경험했거나 혹은 단순히 엄마에게 무시를 당했거나 하는 정서적 박탈을 경험했을 가능성이 크다. 나의 클라이언트였던 밀리Millie는 정서적으로 무관심한 엄마의 전형적 사례였다. 밀리가 매우 어린 아기였을 때 엄마가 재혼을 했는데, 불행하게도 밀리의 새 아빠가 이미 아이들을 데리고 있어서 밀리를 원하지 않았다. 밀리 엄마는 새로운 가정에 적응하느라 여념이 없었고 밀리에 대한 관심을 잃어버렸다. 밀리 엄마는 밀리를 보호하는 데 실패했고, 밀리는 결국 자신을 홀대하고 소외시키는 다른 아이들의 희생양이 되고 말았다. 밀리는 굉장한 내적 박탈감을 안고 자랐다. 어린 나이부터 성적 관심이 매우 활발했으며 유아기에 부족했던 강렬한 정서적 연결을 이성에게서 찾으려고 애썼다. 그리고 십대 시절에 계획하지도 원하지도 않던 아기를 임신하였다. 낙태를 할까도 생각해봤지만 결국 하지는 않았다.

내가 밀리를 만난 것은 그녀가 아기 에바Eva를 낳은 후였다. 에바의 생후 몇 개월 동안, 밀리는 자기 엄마가 자신에게 그러했듯이 의무적으로 아기를 먹이고 물리적으로 돌보기는 했지만 진정한 모성애는 느끼지 못했다. 밀리는 아기가 사랑스럽기는 하지만 자신과 에바 사이에 '유리벽'이 있는 것 같다고 말했다. 밀리는 자신이 얼마나 텅 빈 기분을 느끼는지, 자신이 아기에게 줄 수 있는 것이 얼마나 부족한지 이야기했다. 그녀는 엄마로부터 충분한 사회적 피드백을 받지 못하고 확신을 얻지 못했기 때문에 자아감이 덜 발달되었다. 그렇기 때문에 자신에게 충족감을 안겨줄지도 모르는 타인을 찾으려고 내내 헤맨 것이다. 밀리와의 상담 초기에 밀리는 자신을 사랑해줄 남자를 찾으려고 시도한 이야기를 풀어놓는 데 거의 대부분의 시간을 허비했다. 밀리 자신의 엄마가 그랬던 것처럼 밀리도 자기 아이의 정서적 필요보다는 자신의 진정한 파트너가 되어줄 사람에게 더욱 몰두해 있었던 것이다.

하지만 과연 에바는 자신의 상황을 어떻게 생각할까? 에바는 자신에게 제공해줄 정서적 자원이 거의 없는 엄마에게 그리 많은 것을 요구하지 않는 매우 '착하고' 유순한 아기가 되었다. 하지만 정서적으로 가깝지 않은 엄마를 두면 아이는 실제적인 느낌을 갖고 일관된 감각을 지니기 어려워진다. 뿐만 아니라 1950년대에 저술 활동을 펼쳤던 선구적인 영국의 소아과의사이자 정신분석학자인 도널드 위니캇Donald Winnicott이 명명한 '존재가 되어 가는 과정going on being'을 누리기도 어렵다.[31] 에바의 자아감은 엄마에게 깊은 영향을 받았을 가능성이 있다. 실제로 에바는 8개월이 되던 시기에 이미 장난감을 집으려고 손을 뻗지도 않았고 엄마와 함께 놀 때는 엄마를 지친 듯이 혹은 초조한 듯이 바라보면서 엄마가 놀이를 주도하도록 놔두었다. 또한 엄마가 자신에게 미소를 지을 것 같은 눈치면 자신도 같이 웃음을 지어 보이는 등 꽤나 수동적인 모습을 보였다. 내가 보기에 에바는 자신의 개인적인 감정에 깊이 뿌리를 내리고 삶을 충분히 경험하면서 그 속에서 의미를 찾는 것이 아니라 '거짓 자아false self'가 되어가고 있는 것 같았다.

에바를 정서적으로 무관심하게 돌본 영향이 아직까지 확연히 드러나지는 않았지만, 이렇게 중요한 성장의 시기에는 눈에 띄는 스트레스뿐만이 아니라 오래된 정서적 박탈의 경험도 아기의 생물학적 체계에 지속적인 해를 입힐 수 있다. 이는 무수한 연구들이 지적한 바이다. 애착관계를 형성해야 할 인물과 분리되거나 너무 오랫동안 홀로 남겨지는 것과 같은 초기의 박탈 경험은 발달

중인 사회적 뇌에 중대한 영향을 끼칠 수 있다. 스트레스는 옥시토신의 사회적 유대효과를 감소시키고 스트레스 호르몬인 코르티솔을 증가시킬 수 있다. 이러한 생화학적 영향은 에바의 다른 생화학적 경로뿐만 아니라 스트레스 반응 체계와 같은 정서처리 체계에서도 나타났다. 일정 기간 동안 너무 많은 코르티솔이 분비되면 뇌 발달에 치명적일 수 있는데,[32] 특히 편도체, 뇌량, 소뇌충부와 같이 여러 코르티솔 수용기가 분포하고 정서적 뇌의 초기발달을 주로 담당하는 영역에 피해를 줄 수 있다. 코르티솔은 이 영역들이 서로 연결되는 강도와 속도에 영향을 미칠 수 있다.[33] 스트레스 생화학물질은 또한 도파민 시스템과 같은 또 다른 생화학적 경로에도 영향을 끼칠 수 있다. 도파민 시스템은 전전두 피질에서 가지를 쳐서 생후 7~8개월 사이에 가장 높은 밀도로 발달을 이루며, 글루코스 glucose를 분비하여 전전두 영역의 성장을 촉진시킨다.[34] 안타깝게도 에바가 엉뚱한 시기에 비교적 높은 강도로 이러한 영향을 받았다면, 아마 그 영향은 성인이 되어 스트레스를 조절하고 사회적 상황을 정확히 평가하는 전전두 피질의 능력을 저해할 가능성이 있다.[35]

   밀리가 계속 에바와 거리를 두고 무관심한 방식으로 관계를 맺었다면, 에바의 발달하는 뇌에 더 깊은 영향을 끼쳤을 것이다. 생후 1년의 후반부 절반 동안 전전두 피질 영역은 그 형태를 갖추면서 신속한 반응을 보이는 편도체와 연결고리를 형성하기 시작한다. 더 중요하게는 조건에 따라 자동적으로 나타나는 자신의 반응을 수정하고 공포나 불안의 유발요인을 다시금 평가하는 역할을 수행하기 시작한다. 특히 내측 전전두 피질은 (편도체와 관련된) 스트레스 반응의 활동을 억제할 수도 있다. 이러한 연결고리가 튼튼하게 형성되면서 아기는 편도체로 인해 발생되는 감정을 조절하고 약화시킬 수 있고, 자기 스스로를 차분하게 가라앉힐 수 있게 된다. 그러나 이 연결은 자연스럽게 이루어지지 않는다. 이 신경통로들은 사려 깊고 민감하며 차분한 양육을 받은 경험이 있어야만 형성된다. 그러한 경험 없이 에바 스스로 신경통로를 만들기는 어렵다. 따라서 에바는 자기감정 조절에 서투른 채로 자라나게 될 것이다.

유감스럽게도 에바의 경우가 유별나게 독특한 것은 아니다. 자기감정을 조절하는 능력이 부족하고 다른 사람과 어울려 자신의 정서적 필요를 충족시키는 방법을 이해하지 못한 채로 자라는 아이들은 수백만 명에 이른다. 집단적으로 봤을 때 한 사회에 에바처럼 다른 사람들을 두려워하는 사람들, 혹은 신체적 학대를 당한 아동처럼 공격적인 사람들이 많을 경우 이는 문화적 재앙을 일으킬 정도로 중대한 문제가 될 수 있다. 그러한 아기들은 타인에게 의존하는 일에 부정적인 인식을 지니고 성인기까지 자라나고, 이는 세상에 대한 무의식적인 태도로 자리를 잡게 된다. 이 인식은 결국 그들이 자신이 속한 문화에 어떤 영향을 줄 것인지도 결정하게 된다.

도덕감각의 출현

생후 첫 1년의 끝 무렵에 이르러 아기들은 걸음마기에 들어서게 되고, 좀 더 움직임이 많아지고 자기 행동을 더 많이 조절할 수 있게 된다. 그러면서 이전보다 스스로 더 많은 책임을 지니게 된다. 이는 아기가 '옳고 그름'에 대해 배우기 시작하면서 가장 확연하게 드러난다. 물론 도덕성이 성인에게서 아이에게 전달되는 것은 사실이지만, 이러한 가치의 전달은 추상적인 도덕원리를 전수한다고 이루어지는 것이 아니라 성인과 아이가 맺는 관계의 질을 통해 이루어질 가능성이 훨씬 크다. 걸음마기 아기는 여전히 자신의 직관적인 감정이 우세하게 작용하는 뇌의 우반구에 의지해 생각하고 행동한다. 이때 아기는 주변의 성인들에게 크게 의존하며 그들을 자신의 행동방식에 일종의 가이드로 활용하는데, 이 과정은 성인들의 직접적인 가르침으로 이루어지지 않고 자신의 감정적 반응에 의존해 이루어진다. 예를 들어 비난하는 듯한 성인의 표정을 보면 기분이 나빠지고, 자신을 인정해주는 듯한 표정을 보면 기분이 좋아진다. 걸음마기 아기들에게는 아직 내면의 도덕지도가 없다. 그들은 자신의 행동을 결정하기 위해서 여전히 성인들의 얼굴을 봐야 하고, 자신이 이제 막 하려는 행동을 그들이 인정해주는지 그렇지 않은지를 체크해야 한다.

내가 무척 좋아했던 시절도 바로 내 아이들이 걸음마를 연습하던 시절이었다. 비틀비틀 걸음을 옮겨 방을 가로질러 가는 데 성공했을 때 아이들이 보였던 그 엄청난 흥분도 무척이나 보기 좋았는데, 이때 아이들은 자신이 뭔가 어마어마한 일을 해냈다는 걸

확인받고 싶어서 '날 좀 보세요!' 하는 표정으로 엄마 아빠의 얼굴을 바라보곤 했다. 이때 부모가 그 순간 아이가 느끼는 흥분과 기쁨에 동일한 감정으로 반응해주면, 이것이 아기의 신체 내에서 유쾌한 감각을 일으킨다. 부모 역할을 하는 인물과의 협동은 본질적으로 보람된 일이다. 이는 아기에게 동기를 부여하고 그 활동을 계속하고 싶게 하는 도파민의 활성화를 유도할 뿐만 아니라 신체 내부에서 유쾌한 기분을 일으키는 자연적인 오피오이드opioid(아편과 비슷한 합성 진통마취제—옮긴이) 같은 물질을 분비하도록 자극한다.[36] 안와전두 피질에는 도파민 수용기와 오피오이드 수용기가 많기 때문에, 협동하면 할수록 그 활동이 강화되고 이로써 안와전두 피질이 활성화되어 미래의 사회적 기술을 쌓는 데 도움을 준다.

하지만 사회적 기술은 사회적으로 용인되지 않는 행동을 배우는 것과도 관련된다. 생애초기의 경험과 뇌 사이의 연결을 설명하는 데 선두적인 역할을 한 미국의 신경정신분석학자 앨런 쇼어Allan Schore에 따르면, 부모가 아기에게 보이는 비난 역시 충동적인 행동을 유발하는 뇌 영역과 억제적인 역할을 하는 안와전두 피질 사이의 신경통로를 강화하는 데 도움을 주어, 아기 뇌의 정지 버튼이 발달되도록 돕는다고 한다.[37] 아이의 성장에는 이 두 가지 모두가 필요하다. 사람들에게 다가가고 여러 활동에 참여하면서 자신감을 가져야 하지만, 그와 동시에 우리의 내적 '브레이크'를 작동시켜서 자신과 타인에게 해가 되는 행동을 피하는 능력도 갖추어야 한다.

이 능력을 올바른 방식으로 형성하기까지는 시간이 걸린다. 걸음마기 아기들이 부모의 기대와 가치관을 '내면화'하고 부모가 자기 행동에 어떻게 반응할지 기억하는 것은 그 시기 형태를 갖춰가는 뇌의 통로가 어떤 상태느냐에 따라 달라진다. 스트레스가 별로 없는 편안한 상황에서 전전두 피질은 더 잘 발달할 것이며 기억능력 또한 더 우수해질 것이다. 예를 들어 고양이 꼬리를 잡으려고 손을 뻗을 때 문득 마음속에, '오, 안 돼. 지난번에 고양이 꼬리를 잡았더니 아빠가 화를 냈었어.' 하고 생각하면서 아빠의 비난하는 얼굴표정을 떠올리는 것이다. 하지만 단순히 아빠의 순간적인 표정과 마음상태가 아니라, 아빠와의 지속적인 관계를 통해 그 장면을 내면화된 그림으로 가졌느냐 그렇지 않느냐에 따라 결과는 달라진다.

아기의 도덕적·사회적 발달은 자신의 신체와 정서에 대한 인식과 통제가 점점 확장되면서 이루어진다. 복잡한 인간사회 속에서 이 능력은 매우 중요하다. 정서를 규명하고 이를 다른 사람과 함께 조절하며, 주의를 기울여 자기 자신을 인식하고 조절하는 일련의 반응은 생후 1년과 그 이후 얼마간 이루어지며 이 능력은 도덕적 행동의 토대가 된다. 하지만 이 과정을 거치는 데에는 시간이 걸린다. 한 살배기 아기는 여전히 발달이 미약한 안와전두 영역을 가지고 있기 때문에 자기통제력이 제한되어 있다. 아기들은 아직 자기가 저지른 실수에 책임을 느끼지 못하는데, 이는 아마 아직 뚜렷한 자아감이 없거나 혹은 자신이 무언가를 발생시키는 원인을 제공할 수 있다는 분명한 자각이 없기 때문일 것이다. 아직 충동적인 아기들이 다른 사람들이 느끼는 감정을 인식하는 데는 한계가 있다. 그렇다면 이런 아기를 이기적이라고 보아야 하는 걸까?

Notes

1. 마시 그린Marci Green의 『인류 안보의 위기Risking Human Security』(개정판, London, Karnac Books, 2008)에 기록된 다이앤 레빈의 묘사
2. 「국제심리분석학회저널International Journal of Psychoanalysis」(88, 2007, pp.843-860)에 실린 '변화의 보스턴 프로세스 스터디 그룹'의 '심리역동적 의미의 근간을 이루는 층위The foundational level of psychodynamic meaning'
3. 새스키아 판 리스Saskia van Rees와 리처드 드 르위Richard de Leeuw의 영화 《너무 일찍 태어난: 캥거루 방식Born too Early: The Kangaroo Method》(보디랭귀지 재단Stichting Lichaamstaal, 1987)
4. 「아동 정신분석적 연구Psychoanalytic Study of the Child」(1, 1945, pp.53-74)에 실린 르네 스피츠의 '병원병: 초기 아동기의 정신의학적 상태에 대한 조사Hospitalism: an inquiry into the genesis of psychiatric conditions in early childhood'
5. 국제학술지 「의식과 인지Consciousness and cognition」(15:1, 2006, pp.197-217)에 실린 마우리치오 티라사Maurizio Tirassa 외의 '마음 읽기의 시초에 관한 재고Rethinking the ontogeny of mindreading'
6. 「의식연구저널Journal of Consciousness Studies」(11:9, 2004, pp.77-82)에 실린 더글라스 와트의 '의식, 정서적 자기조절, 그리고 뇌Consciousness, emotional self-regulation and the brain'
7. 캔디스 퍼트, 『정서의 분자들The Molecules of Emotion』(London, Simon and Schuster, 1999)
8. 2005년 11월 22일자 「가디언」에 케이트 래빌리어스Kate Ravilious가 '유아기에 포옹이 부족하면 뇌 발달에 영향을 끼칠 수도 있다Lack of

cuddles in infancy may affect development of the brain'라는 글에서 인용한 바를 그대로를 재인용.

9. 「네이처Nature」(435, 2005, pp. 673-676)에 실린 마이클 코스펠드Michael Kosfeld 외의 '사람 사이의 신뢰를 높여 주는 옥시토신Oxytocin increases trust in humans'

10. 사람을 직접 상대하지 않고 따로 일하는 도시 무역가들은 테스토스테론testosterone이라는 남성호르몬이 높을 때 돈을 더 많이 번다. 더불어 「미 국립과학연보Proceedings of the National Academy of Science USA」(105:16, 2008, pp.6167-6172)에 실린, 존 코츠John Coates와 J. 허버트J. Herbert의 '런던 객장 내 스테로이드와 재정위험의 관계Endogenous steroids and financial risk taking on a London trading floor'도 참고하라.

11. 페넬로페 리치, 『당신의 아기와 어린이』(London, Dorling Kindersley, 1978)

12. 다니엘 스턴, 『유아가 만나는 대인관계의 장The Interpersonal World of the Infant』(London, Karnac Books, 1985)

13. 스탠리 그린스펀과 스튜어트 셰인커, 『첫 번째 생각The First Idea』(Cambridge, MA, Da Capo Press, 2004)

14. 「미국 소아정신의학저널Journal of the American Academy of Child Psychiatry」(16, 1978, pp.1-13)에 실린, 에드 트로닉과 그 외의 '대면 상호작용에서 모순적인 메시지를 받고 혼란을 느끼는 유아의 반응방식The infant's response to re-entrapment between contradictory messages in face-to-face interactions'

15. 「미국 소아청소년정신의학저널Journal of American Academy of Child and Adolescent Psychiatry」(28:2, 1989, pp.242-248)에 실린 제프리 콘Jeffrey Cohn과 에드 트로닉의 '엄마의 감정적인 행동에 보이는 유아들의 반응 특수성Specificity of infants' response to mothers' affective behaviour'

16. 스탠리 그린스펀과 스튜어트 셰인커, 『첫 번째 생각』(Cambridge, MA, Da Capo Press, 2004)

17. L. 메이스L. Mayes, P. 포나기, M. 타깃M. Target의 『발달과학과 정신

분석Developmental Science and Psychoanalysis』(개정판, London, Karnac Books, 2007)에 실린 죄르지 게르겔리의 '주관적 자아의 사회적 형성 The social construction of the subjective self'

18. 스탠리 그린스펀과 스튜어트 셰인커, 『첫 번째 생각』(Cambridge, MA, Da Capo Press, 2004)

19. P. 마셜P. Marshall과 N. 폭스N.Fox의 『사회참여의 발달: 신경생물학적 관점The Development of Social Engagement: Neurobiological Perspectives』(Oxford University Press, 2006)에 실린, 미셸 드 한과 마그리트 그로엔의 '얼굴에 나타난 사회적 정보를 처리하는 유아의 신경적 기초Neural bases of infants processing of social information in faces'

20. 잡지 「뇌Brain」(127:7, 2004, pp.1535-1548)에 실린 필립 쇼 외의 '정신추론 이론의 관점에서 바라본 인간의 편도체에 미치는 초기 손상과 후기 손상의 영향The impact of early and late damage to the human amygdala on theory of mind reasoning'

21. 「사회인지적·정서적 신경과학Social Cognitive and Affective Neuroscience」 (1:3, 2006, pp.203-213)에 실린, 에이드리언 레인과 옐링 양Yaling Yang의 '정신추론과 반사회적 행동의 신경적 기초Neural foundations to moral reasoning and antisocial behaviour'

22. 앨런 쇼어의 『감정조절과 자아의 기원Affect Regulation and the Origin of the Self』(Hillsdale, NJ, Lawrence Erlbaum Associates Inc., 1994)

23. 마틴 브룬Martin Brune과 헤더 리버트Hedda Ribbert의 『사회적 뇌, 진화, 그리고 병리학The Social Brain, Evolution and Pathology』(개정판, Chichester, Wiley Blackwell, 2003)에 실린 거하드 데먼Gerhard Dammann의 '경계선 성격장애와 마음의 이론: 진화론적 관점Borderline personality disorder and theory of mind: an evolutionary perspective'

24. 신경과학 잡지 「뉴로이미지Neuroimage」(14, 2001, pp.1290-1301)에 실린 해리 추거니Harry Chugani 외의 '초기 박탈에 따른 국지적 뇌 기능의 활동Local brain functional activity following early deprivation'

25. 에디 하몬 존스Eddie Harmon Jones와 피오트르 윈킬먼Piotr Winkielman

의 『사회적 신경과학Social Neuroscience』(개정판, New York, Guilford Press, 2007)에 실린 장 디세티Jean Decety의 '인간 공감의 사회적 인지 신경과학적 모델A social cognitive neuroscience model of human empathy'

26. 「인지신경과학저널Journal of Cognitive Neuroscience」(20:4, 2008, pp.721-733)에 실린 앤드리아 헤벌린Andrea Heberlein과 그 외의 '얼굴감정 인식에서의 복내측 전두엽의 중대한 역할Ventromedial frontal lobe plays a critical role in facial emotion recognition'

27. 「인지과학의 경향Trends in Cognitive Sciences」(20:20, 2005)에 실린 케빈 옥스너와 제임스 그로스James Gross의 '감정조절에서 '나'와 '나me' 부여하기Putting the 'I' and the 'Me' in emotion regulation'

28. 대니얼 시겔, 『신중한 두뇌The Mindful Brain』(New York, WW Norton, 2007)

29. 「신경학, 신경외과학 및 정신과학 저널Journal of Neurology, Neurosurgery and Psychiatry」(71, 2001, pp.720-726)에 실린, M. 브로워M. Brower와 B. 프라이스B. Price의 '폭력행동과 범죄행동에서의 전두엽 기능 장애에 관한 신경정신의학: 비평적 검토Neuropsychiatry of frontal lobe dysfunction in violent and criminal behaviour: a critical review'

30. 「성격장애저널Journal of Personality Disorders」(11:1, 1997, pp.93-104)에 실린 M. 자나리니M. Zanarini와 F. 프랭큰버그F. Frankenburg의 '경계선적 성격장애의 발달경로Pathways to the development of borderline personality disorder', 더불어 J. 캐시디J. Cassidy와 P. 쉐이브P. Shaver의 『애착 핸드북Handbook of Attachment』(개정판, New York, Guilford Press, 1999)에 실린 M. 도져M. Dozier와 K 스토벌K. Stovall의 '성인기의 애착과 정신병리학Attachment and psychopathology in adulthood'도 참고하라.

31. 『성숙과정과 촉진적 환경The Maturational Process and the Facilitating Environment』(1962년 초판, London, The Hogarth Press, 1987)에 실린 도널드 위니캇의 '아동발달에서의 자기통합'

32. 「신경과학저널Journal of Neuroscience」(20:20, 2000)에 실린, D. 라이온스D Lyons와 그 외의 '점점 증가되는 스트레스와 코르티솔 처방은

원숭이 행동의 억제능력을 손상시킨다 Stress level cortisol treatment impairs inhibitory control of behaviour in monkeys'

33. 「신경과학과 생물행동학 리뷰 Neuroscience and Biobehavioural Reviews」(27:1-2, 2003, pp.33-44)에 실린 마틴 테이쳐 Martin Teicher 외의 '초기 스트레스와 아동학대의 신경생물학적 결과 The neurobiological consequences of early stress and childhood maltreatment'

34. 앨런 쇼어, 『감정조절과 자아의 기원』(Hillsdale, NJ, Lawrence Erlbaum Associates Inc., 1994)

35. 「신경과학저널」(24, 2004, pp.2825-2831)에 실린 젠스 프루스너 Jens Pruessner 와 그 외의 '심리적 스트레스에 반응하는 도파민의 분비, 그리고 그것이 생애초기 어머니의 돌봄과 맺는 관계 Dopamine release in response to a psychological stress in humans, and its relationship to early life maternal care'

36. 자크 판크세프, 『정서 신경과학: 인간과 동물 정서의 바탕 Affective Neuroscience: the foundations of human and animal emotions』(Oxford University Press, 1998)

37. 앨런 쇼어, 『감정조절과 자아의 기원』(Hillsdale, NJ, Lawrence Erlbaum Associates Inc., 1994)

3장

이기적인 아기

세상의 시초부터 지금까지 악한 성향을 지니지 않은 아이는
단 한 번도 알려진 적이 없다.
그 아이가 아무리 사랑스러워 보일지라도.

시어도어 드와이트Theodore Dwight, 『아버지의 책The Father's Book』(1834)

아기들을 묘사하면서 '이기적이다.' 혹은 '악하다.'와 같은 단어를 사용하는 것은 부적절해 보이는데, 이는 아기들이 아직 자신과 타인의 인간사회에 완전히 참여하지 않았기 때문이다. 나는 소설가 벤 오크리Ben Okri의 표현처럼 아기들이 '시작의 땅land of beginnings'에 산다고 본다.[1] 시작의 땅에서 아기들은 다양한 가능성을 안고 앞으로 어떤 삶이 펼쳐지든 간에 삶의 일부가 될 준비를 한다. 발달 측면에서 보면, 아기들은 선천적으로 사회적이고 예민한 작은 피조물로서 다른 사람이 자신의 필요를 채워주기를 원하며 그들의 방식에 적응하려고 부단히 애쓰는 존재이다. 그들은 스스로 생존할 수 없으며 자신의 보호자와 밀접하게 연결되어 있으며 보호자가 세상을 해석하는 방식에 크게 의존한다. 정신분석학자 도널드 위니캇은 언젠가 이런 유명한 말을 했다. '세상에 홀로 존재하는 아기란 없다. 다만 아기와 누군가가 있을 뿐이다.'[2] 그 누군가는 자신의 태도를 아기에게 전수한다. 그리고 그 태도는 그의 사회적 경험과 가치에 큰 영향을 받는다. 그러므로 그 사회의 문화와 무의식적인 신념을 간직한 더 넓은 사회집단에 속하지 않는 아기는 단 한 명도 없다고 결론 내릴 수 있을 것이다.

교회 위에 자리 잡은 나의 상담실에는 두꺼운 벽이 있고 그 벽에 고딕양식의 창문이 나 있고 아래로는 주차장이 내려다보이며, 방에는 밝은 색의 매트와 장난감 상자들이 놓여 있다. 나는 오랫동안 이 방에서 어린 아기들과 그들의 부모들을 만나왔다. 그중에는 조심스러운 아기, 멍한 표정의 아기, 수동적이거나 혹은 조급한 아기, 안절부절못하는 아기, 부모와 눈을 마주치지 못하고 고개를 돌리는 아기, 부모를 존경스러운 눈길로 바라보는 아기, 격렬하게 소리치는 아기 등 다양한 아기가 있었다. 그런가 하면 졸리거나 놀라거나, 편안하거나 긴장했거나, 슬프거나 불안해하면서 만족스러움을 드러내는 소리를 거의 내지 않는 아기도 있었다. 하지만 나는 그 아기들 중 그 누구도 선천적으로 '나쁜' 아기라는 생각은 단 한 번도 하지 않았다. 그리고 그 점에 대해서는 부모들의 생각도 나와 같았다.

이러한 인생의 이른 시기에, '악함' 혹은 이기적인 것이 어떻게 드러날지 상상하기는 어렵다. 물론 많은 부모들이 수면부족으로 날카로워져서 아기가 뭘 원하거나 울거나 하면 분노를 터뜨린다. 왜 아기가 두 시간마다 먹어야 하는지, 중간에 깨지 않고 하룻밤을 꼬박 잘 수는 없는 것인지 이해하지 못할 수도 있다. 자신의 괴로움 때문에 아기를 싫어하게 되고, 심지어 다른 사람은 '좋은' 아기를 두었는데 자신만 '나쁜' 아기를 가졌다고 생각하는 지경에 이르기도 한다. 실질적으로든 감정적으로든, 부모들이 아기를 다루며 어려움을 겪으면 자기 자신과 아이 사이에 형성되는 관계의 방식에 문제가 있다고 생각하기보다 도리어 아기에게만 비난을 쏟는 경우가 있다. 어떤 부모들은 아기의 요구에 반응할 만큼 자신이 준비되지 못했다거나 아기의 신호를 읽기가 너무 어렵다고 느끼는데, 이렇게 자신이 부적절하다고 느끼는 기분 역시 아기에게 매우 중대한 영향을 끼칠 수 있다. 나와 작업했던 한 클라이언트는 '버릇없고 징징대는' 자신의 걸음마기 아이 로웨나^{Rowena}에 대해 심하게 불평을 했는데, 로웨나는 엄마를 졸졸 따라다니면서 마치 '접착제'처럼 엄마 옆에서 떨어질 줄을 몰랐다. 너무 고통스러운 나머지 로웨나의 엄마는 딸이 앞에 있는데도 "얼른 탁아소에다 맡겨버렸으면 좋겠네, 정말." 하고 말해버렸다. 로웨나의 엄마는 자기 자신에게 너무나 확신이 없어서 자기 딸을 마음속에서 자꾸만 밀어내던 싱글맘이었고, 이 때문에 아기는 절박함 속에서 엄마에게 꼭 달라붙는 반응을 보인 것이다.

하지만 대부분의 부모는 조금 막연한 기분이 들더라도 아기를 가졌다는 데 설레어한다. 아주 오랫동안, 인간은 보편적으로 아기의 탄생을 기뻐하고 아기를 품에 안기를 좋아했던 것으로 보이며, 인류학자이자 역사학자인 앨런 맥팔레인^{Alan Macfarlane}이 묘사한 것처럼 이는 우리가 애완동물에게서 기쁨을 느끼는 것과 매우 유사하다.³ 최소한 16세기부터 지금까지 아기들은 '함께 놀기에 좋은 대상'이었고, 19세기에는 '일반적 애호의 대상'이었으며, 부모의 거울로서 즐거움을 주는 존재였다. 사람들의 입에 가장 많이 오르내리는 유명인 층에 속하는 브래드 피트^{Brad Pitt}와 안젤리나 졸리^{Angelina Jolie}는 2008년도에 갓 태어난 그들의 쌍둥이를 묘사하면서 이와 같은 태도를 여실히 보여주었다. 안젤리나 졸리는 잡지「헬로우!^{Hello!}」와의 인터뷰에서 아기들을 얻으면서 '혼란'을 경험했지만 지금은 잘 대처하면서 행복한 시간을 보내고 있다고 말했다. 반면 브래드 피트는, "비브Viv는 정신, 태도, 체질 면에서 엄마를 꼭 빼닮았고, 녹스Knox는 저랑 좀 비슷한 것 같아요."[4]라며 아기들이 벌써부터 엄마의 특성을 보여주고 있다고 말했다. 다시 말해, 부모들 대부분은 자신의 아기에게서 자연스럽게 자기도취적인 즐거움을 느끼며, 본능적으로 아기들을 품에 안거나 아기와 함께 놀고 싶어한다.

하지만 이미 식구가 너무 많은 가정에 태어나 제대로 먹이기도 빠듯하거나, 예기치 못했던 원치 않은 출산이었거나, 출산과정에서 외상을 입었거나, 혹은 부모가 유아기에 학대와 무시를 당해서 자기 아이를 돌볼 만한 정서적 자원을 지니지 못한 경우[5] 등 이 모든 이유 때문에 부모가 아이에게 적절한 자원을 제공할 수 없을 경우 위에서 말한 자연스러운 기쁨은 불안으로 얼룩질 수 있다.[6] 아기가 좋게 보이지 않고 문젯거리로 여겨질 수도 있는 것이다. 한 예로 내가 만났던 해리Harry라는 작은 남자아이는 대부분의 성인들이 '까다로운' 아이라고 생각할 만한 아이였다. 몸이 너무 뻣뻣하게 긴장돼 있어서 안기도 힘들었고, 정말 상상할 수 없을 만큼 큰 소리로 자주 울었으며, 우악스럽게 먹고 나서는 자주 토했다. 하지만 알고 보니 해리의 격한 행동은 자신의 신체와 감정에 확신이 없었던 엄마에게 보인 반응 중 하나였다. 해리의 엄마는 자신이 무사히 출산할 거라고 믿기 어려워했었고, 출산 후에도 해리를 충분히 잘 돌볼 수 있을지 어떨지 걱정되는 마음을 조절하려고 부단히 애를 썼다. 그러한 상황 속에서 그녀는 엄격한 일상의 규칙을 세워서 해리가 원하는 바를 제한했고, 신체적 위안은 주지 않았다. 사실상 해리의 엄마도 신체적 애정을 주지 않았던 엄마에게서 자라서 자신을 품에 안고 보듬어주었던 경험을 해본 적이 없었고 그 결과 '까다로운' 아기라고 여겨졌었다.

불행하게도 문젯거리로 취급받는 아이들은 부모의 우려를 현실로 보여줄 때가 많다. 자신의 보호자로부터 '까다로운' 혹은 사랑스럽지 않은 아이라고 여겨지는 아이들은 실제로 그런 아이가 될 가능성이 있다. 우리는 다른 사람의 기대치를 충족시키며 살기 때문이다. 교사들이라면 잘 알겠지만, 실패할 것이라는 기대를 받은 아이들은 실제로 교육적 측면에서 실패의 양상을 드러낸다. 심지어 성인들도 다른 사람의 기대에 매우 민감하다. '성공' 혹은 '성취'라는 단어에 노출되어 그 단어가 우리의 잠재의식 속에 남아 있으면 우리는 더 훌륭한 수행을 보인다. 자극에 대한 반응이 무의식적으로 준비되기 때문이다. 테니스를 칠 때도 이러한 자극은 영향을 끼친다. 내가 공을 좀 잘못 쳤을 때 나와 겨루는 경쟁상대가 나를 경멸이라도 하듯 쏘아보면, 경기 전체에 대한 나의 자신감이 금세 줄어든다. 몇몇 연구는 특정한 사람을 생각하는 것만으로도 그 사람과 연결된 행동이 발현된다는 것을 밝혀냈다. "메리앤Marianne은 항상 뉴스에 대해 이야기한다. 그래서 내가 거리를 지나가다가 메리앤을 생각했다면, 가판대에서 신문을 하나 집어들 가능성이 훨씬 더 높아진다."[7]

하지만 부모의 귀인(한 행동을 특정원인의 탓으로 돌리는 경향—옮긴이)은 무엇보다도 강력하다. 부모의 영향이 어찌나 강력한지 이 영향력은 특정행동이 어린아이 자신의 의도와는 거의 아무런 관계가 없는 것이 너무도 확실한 임신 기간부터 이미 시작된다. 연구자들은 아직 태어나지 않은 아기에 대한 부모의 생각은 긍정적이든 부정적이든 출산 후에도 지속적으로 유지되며 유아기 이후까지 남아 있는 경향이 있다는 것을 밝혀냈는데,[8] 이는 자기충족적인 예언이 될 가능성도 있다. 한편, 임신 기간 중에 테스트를 해보면 부모 자신의 애착 스타일, 그리고 아직 태어나지 않은 아기가 한 살이 되었을 때 어떤 애착 스타일을 보일지를 정확히 예측할 수 있다.[9] 한 아기에게 누군가가 자기 자신의 기대치를 투영시키기란 너무나도 쉽다. 예를 들어 아직 태어나지 않은 아기가 자기에게 너무 많은 것을 요구할 것이라고 생각하여 두려워하는 부모는 나중에 아이가 열심히 우유를 빠는 모습을 보면서 '욕심이 많다.'고 해석할 가능성이 더 크다. 그러면 그 아이는 자신이 욕심 많고 이것저것 요구가 많은 사람이라고 믿고, 무언가를 바라는 것을 부끄럽게 생각하며 자랄 수도 있다.

비록 신체적 폭력은 아니지만 어린아이를 '나쁘다.' 혹은 '사악하다.'라고 여기는 것은 신체에 큰 가격을 날리는 것 같은 일종의 심리적 '타격'이다. 그것은 아이 자체의 특성이 아니라 그 부모 자신 혹은 그 부모가 부인했던 무언가에 대항하여 휘두르는 반성 없는 채찍질이다. 또한 이는 아기가 비난을 받을 만한 잘못을 하지도 않았는데 부모가 방어적인 반응을 보이는 것이다. 이러한 귀인을 받는 입장에 있는 아기는 자아감을 구성할 방도가 전혀 없다. 부모가 버릇없거나 못됐다고 말하면 아이는 틀림없이 그 모습 그대로 된다. 이렇게 가혹하고 부정적인 자기 이미지는 수치심과 자기혐오의 감정을 동반하여 결국 아기 자신의 '현실'감각으로 굳어지며, 아기가 느끼는 괴로움의 감정은 뭐라 이름 붙일 수도 없고 조절되지도 않는 상태로 남는다. 이렇게 되면 아기가 자신의 느낌을 인식하고 이에 관해 생각하기가 어려워진다. 미숙한 감정표현력이 그대로 남아서 모든 감정이 '나쁨' 혹은 '좋음'의 기본적인 두 부류로 양극화되는데, 이는 성격장애를 안고 있는 사람들이 보이는 딜레마적 특성이다.

고통 혹은 즐거움

오늘날은 아마 상대적으로 '이기적'이라고 여겨지는 아기들이 적을 것이다. 하지만 원치 않는 아기도 많이 생겨났고 대가족 안에서 희소한 자원을 나눠 쓰던 과거 시절에는 그런 '나쁜' 아기들이 많았을 것이다. '원죄'라는 유명한 종교적 개념은 부모들의 그러한 신념을 뒷받침하며 자신의 아이들을 헐뜯고 벌주면서도 자신들이 도덕적으로 정당하다고 믿게끔 만들었다. 역사학자 로이드 드 모스Lloyd de Mause가 논하는 양육의 역사를 살펴보면, 과거 대부분의 부모들은 아이들을 매우 가혹하게 다뤘다고 한다. 비교적 최근까지도 신체적 폭력이 도처에서 행해졌고, 심리적 폭력 역시 분명 흔하게 일어났을 것이다.[10]

어린아이를 사회화시키는 방법에는 두 가지가 있다. 하나는 아이에게 강요하고, 공포를 동원하여 부모가 바라는 방식대로 행동하게끔 다그치는 것이다. 또 다른 방법은 아이가 성인의 규칙을 스스로 자기 것으로 만들도록 동기를 제공하는 방법으로, 부모가 아이와 충분히 따뜻한 유대관계를 형성하는 것이다. 역사적으로는 고통을 주는 양육법이 선호되어왔다. 자신의 양육경험을 그대로 반복하는 우리의 경향성을 생각해본다면 이 사실은 별로 놀랍지 않다. 우리 부모의 뇌 또한 공격적이고 무관심했던 그들 부모와의 초기 경험을 통해서 형성되었다는 것을 고려해보면 더욱 그렇다. 그런 관점에서 보면 역사를 거치며 인간이 공감능력을 잃어버렸다는 것은 놀라운 일이 아니다. 오히려 그런 공감능력을 조금이라도 형성해올 수 있었다는 것이 놀라운 일이다.

중세인의 사고 – 걸음마기 아기의 사고

농부였던 우리 조상들이 살던 시절을 되돌아보면, 미묘하고도 정확한 감정교류는 개인의 성취를 넘어 문화적 성취이기도 했다는 것을 알 수 있다. 중세문화에는 심리적으로 일종의 원시적 사고가 두드러지게 나타나는데, 현대의 정신분석학자들은 이를 가리켜 '분열splitting'이라고 부른다. 분열의 사고방식은 복잡한 사회현실을 선과 악의 양극으로 쉽게 나누어 표현한다. 특히, 중세시대의 주된 권력일 뿐만 아니라 지배문화의 형태이기도 했던 교회는 이러한 극단적인 사고방식을 활용하여 선행의 규준을 강요하면서, 여기에 따르지 않으면 불타는 지옥에 떨어지는 무시무시한 처벌이 있을 거라며 대중들을 위협했다. 교회는 인간 속에 원죄가 너무 깊이 배어 있기 때문에 오직 끊임없이 기도하고 뉘우치고 동시에 종교 권위자들에게 복종함으로써만 그 죄를 넘어설 수 있다고 주장했다.

중세의 세계관은 여러 면에서 걸음마기 아기의 세계관과 많은 공통점을 지닌다. 걸음마기 아이들이 자신의 부모를 흠 없는 존재로 여기면서 부모의 현실관을 '진리'라고 믿는 것처럼, 농민들도 권력자들 특히 교회가 최선을 알고 있다고 믿고 그들의 가혹한 판단을 그대로 받아들인 적이 많았다. 어린아이들은 성인들이 무엇이 진짜인지를 정의 내린다고 가정하며 권위적인 인물도 '잘못된 신념'을 품고 일을 그르칠 수 있다는 사실을 아직 인식하지 못한다. 한편 그들은 때때로 자기감정만이 유일한 '현실'이라고 믿으면서, 한쪽 극에서 다른 쪽 극으로 살짝 미끄러져 들어갈 때도 있다. 이러한 양극만이 존재하는 것이 아니라 세상에는 다양한 관점이 존재한다는 사실을 아직은 이해하지 못한다.

생후 18개월부터 2세 사이에 아이들은 절대주의적 세계관을 갖는 경향이 있다. 하지만 아기들은 철저히 자기중심적이던 현실경험을 서서히 벗어나면서 세상에는 다른 관점도 존재한다는 것을 깨닫기 시작한다. 사회집단이 현실을 정의하는 방식을 이해하는 첫 번째 단계는 바로 사회 속에 규칙이 있다는 사실을 알아채는 것이다. 어떤 것은 하면 안 되고 어떤 것은 해도 된다. 걸음마기의 아기들은, 옳고 그름을 결코 변하지 않는 철의 법칙으로 보고 그 규칙을 굉장히 경직된 방식으로 해석할 때가 많다. 이 나이 때의 아기들은 뭔가가 부러졌거나 어질러져 있거나 혹은 '합당한' 모습을 하지 않고 있으면 언짢아할 때가 많다.

중세유럽에서 소작농이었던 마을 사람들도 규칙에 어긋나는 경우를 맞닥뜨리면 흑백논리와 비슷한 태도로 반응하는 경우가 많았다. 그들은 기대되는 행동을 그대로 따르게 하려고 서로에게 강압적인 방식을 사용했다. 서로의 행동을 하나하나 유심히 지켜보면서 규칙을 넘어서는 사람을 발견하면 신체적 폭력 혹은 '야유rough music'과 같은 공개적인 창피를 주어서 그들을 처벌했다. 그들은 마을 주변에 떼 지어 모여서 프라이팬과 그 밖의 잡다한 물건을 손에 들고 요란한 소리를 내면서 잘못을 저지른 사람에게로 주의를 끌었다. 수치심을 통한 처벌은 작은 공동체에서 꽤 효과적이었다.

전근대의 삶은 잔인하고 폭력적일 때도 많았다. 사람들은 체온을 유지하고 통증과 고통을 잊으려고 매일 술을 마셨다. 남자들은 자기 부인을 때릴 권리가 있다고 생각했다. 부모들이 자녀를 훈육하는 방식도 이와 거의 같았다. 용인할 수 없는 행동에 대해 그들은 이성보다는 물리적 힘을 사용하며 본능적으로 반응했다. 도덕심리학자 조너선 하이트Jonathan Haidt가 지적한 것처럼, 잘못한 사람의 몸을 절단하고 고문을 자행하며 심지어 할복을 감행하거나 산 채로 태우기까지 하는 사회에서는 확실히 타인에 대한 공감능력이 온전히 발달할 수 없다.[11]

매우 이른 발달단계에 있는 아이들이 때로 공감의 모습을 보여주고 이따금씩 다른 사람의 괴로움에 반응하는 경우도 있다. 하지만 그들이 다른 사람을 위로하는 이유는 그 사람의 괴로움 때문에 자기 안에서 일어나는 불쾌한 기분을 누그러뜨리려는 목적에서 비롯될 때가 많다. 아직 그들에게는 타인의 약함을 보고 느끼는 강력하고 일반화된 동정심이 없다. 사실 그 유명한 '행복한 가해자happy victimizer' 문학[12]에서는 이 시기의 아기들이 다른 사람에게 상처를 입히거나 혹은 이득을 얻으려고 규칙을 어기는 데 아직 그리 나쁜 기분을 느끼지 않는다는 것을 보여준다. 어린아이들은 훔치는 것은 나쁘다는 등의 사회적 '규칙들'을 점차 인식해가지만, 친구의 사탕을 훔쳤더라도 들키지 않고 잘만 넘어가면 그것이 나쁘다고 느끼지 않는다. 이 시기의 아이들은 원하는 것을 손에 넣으면 행복하다고 느낄 뿐이다.

심리학자인 윌리엄 아르세니오 William Arsenio 와 앤서니 러버 Anthony Lover 는 이러한 이기심을 두 가지 측면에서 설명한다. 하나는 그 당시 아이의 정서적 경험이고, 다른 하나는 기억의 발달이다. 그들의 주장에 따르면, 어린아이는 충동에 좌지우지되며 즉각적인 즐거움을 누리기 위해 충동적으로 다른 사람의 것을 빼앗는다. 여기에 사고과정은 존재하지 않는다. 자신의 사탕을 누군가에게 빼앗기면 기분이 나쁠 것이라는 점을 이 시기 아이들 역시 인식하지만, 사탕을 얻는 자신의 만족과 사탕을 빼앗긴 피해자의 고통을 아직 머릿속에서 연결시키지는 못한다. 아이들은 그 두 가지 감정을 미처 통합시키지도 못할뿐더러 다른 사람과 좋은 관계를 유지하는 것과 같은 더 장기적인 만족을 위해 순간의 충동을 억제하지도 못한다.

아르세니오와 러버는 타인을 고려하는 중대한 발달적 단계는 하나의 관계 속에서 얼마나 선의지를 축적하였는가에 따라 크게 달라진다고 말했는데, 특히 아이가 그 관계를 마음속에 고스란히 담고 있는 능력이 중요하며 현재 이루어진 그 관계를 잃고 싶지 않다고 스스로 인식해야 한다. 아르세니오와 러버는 장기적인 도덕적 가치를 우선시할 수 있는 능력은 타인과 강한 정서적 유대관계를 맺고 이를 지속한 경험에 크게 좌우된다고 주장한다. 불안정한 애착관계를 형성한 아이들은 타인을 향한 배려의 마음을 발달시키기가 더 어려운데, 만족스럽지 않은 관계를 유지하기 위해 굳이 노력할 이유가 없기 때문이다. 물론 일부 불안하고 위태로운 아이들도 제대로 '처신하는' 법을 배울 테지만, 그들의 도덕적 행동은 다른 사람과 나누는 즐거운 정서적 유대감에 깊이 뿌리내린 것이 아니라 위협과 공포에 토대를 둔 외적 도덕으로 남을 수 있다.

달리 말해서 다른 사람의 필요와 감정을 돌볼 줄 아는 도덕적 충동은 누군가 자기 자신의 필요와 느낌을 돌봐주었던 경험에 깊이 의존한다. 아이들은 따뜻하고 지지적인 관계를 경험하고 다른 사람을 향한 진정한 배려를 발달시킬 필요가 있다. 그러한 온정을 경험하지 못하고 특히 가혹한 처벌을 경험했거나 충분한 관심을 받지 못할 때, 아이들은 다른 사람과 더 얄팍한 관계를 형성하게 될 것이다.

냉혹한 삶의 여건은 더욱 가혹하고 강압적인 관계를 낳을 수 있다. 특히 (개인이 속한) 더 넓은 문화가 처벌과 응징의 색채를 띠고 있다면 더욱 그렇다. 과거 중세 사람들이 살던 환경은 상상할 수 없을 만큼 가혹했다. 언제 어디서든 죽은 사람들을 볼 수 있었고, 굶주림은 때마다 나타나는 불청객이었다. 신체적·정신적 고통은 일상생활의 일부였다. 생존여건도 불편했다. '행상들과 지역시장들, 더러운 도로·우물·옥외 화장실, 그리고 장작불과 촛불이 존재하는 세상이었다. 사람들과 함께 가축들도 집 안에 거처를 마련했기 때문에 집은 습기 차고, 냄새 나며, 살기에 불편했다.'[13] 그래서 아마 어느 정도의 무감각은 유용했을 것이다. 사람들은 다른 사람의 감정을 너무 깊이 생각하지 않았고 자기 자신을 자유롭고 활발하게 표현했다. 18세기에 들어와서도 많은 사람들은 할 수 있는 최대한 적극적으로 즐거움을 추구하면서 자신의 쾌락을 좇았다. '사교적인 모임에서 사람들은 농담하고 신나게 뛰놀고 노래를 부르며 고래고래 소리를 질러댔다. 그들은 재미난 일, 사랑, 소음 등 갖가지 혼란에 자신을 내던졌다. 또한 호스 플레이horse-play(경마장과 같은 공원을 마련하여 말 경주를 하며 여흥을 즐기는 놀이—옮긴이)와 같은 거친 스포츠에 참여해 열심히 말을 탔다.'[14] 그렇다고 그들에게 애정 어린 관계나 강한 유대가 없었다는 말은 아니다. 다만, 그들이 관계를 맺는 방식은 그렇게 섬세하지 않았고 다른 사람의 감정을 이해하려는 특성을 지니지 않았다는 것이다.

우리 조상들은 날씨나 질병과 같이 자신의 통제를 넘어서는 여러 힘에 영향을 받으며 살았다. 한마디로 그들은 예측할 수 없는 우주에 기대어 사는 의존적인 자녀들이었다. 이러한 무력감 때문에 많은 사람들은 대체로 사람보다 신을 더 사랑하고 신뢰하였다. 사람은 자연재해로부터 다른 이들을 구해줄 힘이 없지만 신은 구원의 손을 뻗어줄 것이라고 믿고 바랐다. 하지만 신이라는 존재는 양면성을 지닌 상징적인 아버지와 같다. 신은 고통에 의미를 부여하는 따뜻하고 다정다감한 존재인 동시에 자녀들에게 벌을 내릴지 모르는 무서운 존재이기도 했다. 신을 강건한 가장의 존재로 믿으면서 보통사람들은 아마 그들 서로를 형제·자매와도 같이 여겼을 것이다. 서로 애착을 가지고 때로 즐겁게 놀기도 하고 서로를 자연스럽게 대했지만, 진보가 아닌 단순한 생존을 목표로 하는 사회 속에서 살았으므로 동료 인간들을 높이 평가하거나 보호하거나 잘 돌보기 위해 특별한 관심을 보이지는 않았다.

하지만 가혹한 상황이 인간의 협동적 잠재력을 끌어내기도 했다. 역사가 로빈 브릭스Robin Briggs에 따르면 '적어도 이론상으로는 공동체가 그 안의 모든 구성원들을 책임졌기 때문에 상호원조는 기본바탕'이었다. 이것은 권력자들이 방랑자들을 다시 그들의 근거지로 돌아오게 하여 삶의 토대를 마련해주고자 할 때 기본으로 삼은 원칙이었다.[15] 이처럼 집단에 의해 좌우되는 문화 속에서는 개인적인 감정이 상대적으로 덜 중요했을 것이며, 부모들이 자녀의 개인적 발달에 지대한 관심을 보이지 않았을 것이다. 유아기부터 아동기 전반에 이르기까지 아기들은 타인과 침대를 함께 쓰는 것을 좋아하고 신체적 접촉을 통해 자아감을 증진시키지만, 이 당시에는 방해가 되지 않는 곳에 아기들이 안전하게 머물게 하려고 아기들을 포대기에 싸서 나뭇못에 걸어두기도 했다. 이는 아기의 주체감 발달을 방해했을 수도 있다.[16] 정서적 유대는 있었지만 그 당시 사람들에게는 아직 개인의 심리를 이해할 수 있는 지식이 없었다.

생존을 위해 다음 세대가 꼭 필요한 작은 시골 공동체에서 아기들은 일종의 일손으로서 매우 가치 있게 여겨졌다. 개인적으로 대단한 관심을 주지 않았기 때문에 아기의 개성이 완벽히 발달되도록 돕는 정서적 피드백은 부족했지만, 사람들은 아이들이 사회적 역할을 충족시킴으로써 안정적인 자아감을 형성할 것으로 기대하였다. 이때 그들의 역할은 자신이 태어난 계급에 따라 미리 정해지는데, 이 역할을 통해 자신이 진정 누구인지 그리고 자기에게 어떤 행동이 기대되는지에 대한 분명한 감각을 형성해나간다.

자녀양육의 집단문화

오늘날 많은 후진국가의 생활조건은 그때와 별반 다르지 않다. 경제학자 대니얼 에퉁가-망겔Daniel Etounga-Manguelle은 오늘날 아프리카 시골사람들 대다수의 사고방식을 이와 비슷하게 묘사한다. 그에 따르면 그들도 자연과 신에 대한 믿음을 통해 불확실한 미래에 대처한다고 한다. 그들은 그저 하루하루를 살아가며 자신과 타인에게 큰 기대를 하지 않고, 자신이 속한 공동체를 위해 살면서 여흥과 수다, 우정과 같은 사회경험을 일과 소득보다 우선시한다. 그들은 자신을 개선하는 데 그리 관심을 기울이지 않으며 삶이 그들에게 부여한 자리를 지키려고 한다. 권력과 책임은 태어나면서부터 신성한 권위나 신비로운 힘에 의해 주어지는 것이지 개인이 열망한다고 해서 얻어지는 것이 아니라고 믿는다. 그들은 자신의 가족과 조상에 깊이 뿌리내리고 있으며 개인주의에는 거의 가치를 두지 않는다. 에퉁가-망겔은 '아프리카인의 사고방식에서는 자주적이고 책임 있는 개인의 관점이 거부된다.'[17]고 주장했다.

그들 사회에서는 아기와 어린이들에게 집단적 책임의식을 지니고 있다. 아프리카 마을에서 자녀의 양육은 흔히 그룹의 생존과 밀접하게 연관된다. 아기들은 끊임없이 보호자의 품에 안겨서 먹을 것을 제공받으며 보호를 받고 엄마나 혹은 다른 여성들에 의해 보살펴진다. 아기들이 홀로 남겨진다거나 혼자 오랫동안 우는 일은 절대 일어나지 않는다. 일부 사회에서는 성인들이 아기들의 몸을 마사지해주고 오일도 발라주면서 근력이 생기도록 돕는다. 그들은 아기들이 일찍 운동성을 기르면 더 빨리 가족에게 일손을 보낼 수 있기 때문에 이를 무척 기쁘게 생각한다. 유아기가 지난 아이들은 서구의 어린이들처럼 놀이를 권유받지 않고, 허드렛일에 참여하여 본격적으로 일을 거들도록 유도된다. 그리고 관찰과 연습을 통해 기술을 익혀나간다.

에퉁가-망겔에 따르면 그러한 사회에서는 집단의 필요가 제일 우선시된다. 유아기에는 균형 잡힌 스트레스 반응과 강한 면역체계를 형성하기 위해 보호를 받지만, 아프리카나 중동 그 밖의 여러 농업 기반 마을에서는 일단 이유기가 지나면 아기들에게 이전만큼 큰 관심을 기울이지 않는다. 이 시기에 걸음마기 아기들은 좀 더 넓은 어린이 집단의 일부가 될 것으로 기대되고, 손위 어린이들의 돌봄을 받을 때도 많다.[18] 이로써 바로 이 시기, 즉 아동기 초기에 나타나기 시작하는 개인의 자기인식, 자기절제, 그리고 장기적 사고능력과 같은 특성을 발달시키는 데 최상의 환경을 제공하지 못할 가능성이 있다.

이 발달시기에 몇몇 사회에서는 아이들을 신체적으로 벌하기도 하는데, 아이들에게 권력구조를 확실히 깨닫도록 하기 위해서이다. 어린이들은 자기 윗사람들에게 순종해야 하며, 주위 사람들은 아이들을 고분고분하게 만들기 위해 무시무시한 귀신과 마녀(혹은 악마의 눈) 이야기를 들려준다. 그 사회에서는 아이들에게 자기가 가진 것을 서로 나누라고 가르치고, 이기적인 태도를 보였을 때 잘했다고 칭찬하는 일은 거의 없다. 개인주의는 농업 기반 마을에서 그리 유용하지 않다. 삶의 질을 개선한다거나 혹은 장기적인 경제발전을 촉진하기 위해 개인이 노력할 기회가 거의 없기 때문이다.

정체성은 개인이라는 토대 위에 탄탄히 세워진다. 크리스티나 자로프스키Christina Zarowsky는 에티오피아에서의 외상경험을 연구하고, 그 사회에서 개인에 대항하는 공격은 개인적 관점에서 해석되기보다는 그 집단에 모욕을 주는 행위로 여겨진다고 논했다.[19] 자로프스키는 에티오피아 거리에서 목격한 우연한 총격사건에 대해 이렇게 묘사했다. 아침나절이었다. 에티오피아인들이 좋아하는 중독성 있는 약물인 캇khat(마약 성분이 있는 나뭇잎—옮긴이)을 훔친 소말리아인 젊은 외국인 남자가 그 처벌로 목숨을 잃었다. 자로프스키와 한자리에 있었던 소말리아인 대부분은 이 일을 정치적 사건으로 대했다. 그들은 그렇게 무거운 처벌의 목적은 사람들을 두렵게 하여 큰소리치지 못하게 하려는 것이라고 생각했고, 감정적으로 아무런 동요도 보이지 않았다. 한 남성만이 그 죽음을 보고 유일하게 괴로워하는 연민의 감정을 내비쳤다. 그는 그 젊은 남자가 죽기 전에 자기 엄마 이름을 부르는 것을 들었다며 그 모습을 보고 '토하고 싶었다.'고 말했다. 하지만 대부분의 사람들에게 개인의 감정은 대수롭지 않게 여겨졌다.

아기들은 적응한다

아기는 그 어떤 문화 속에서 태어나더라도 자신이 속한 사회의 생태적 특성과 타협해야 하며, 자신이 속한 사회집단에 가능한 한 정확히 들어맞도록 자신의 행동을 조율하면서 적절하게 반응해야 한다. 소규모 집단사회에서 태어난 아기는 강한 신체적 자아감과 현실적인 기술을 습득하고, 자신을 지지해줄 집단의 능력에 대해 자신감을 갖는다. 하지만 이런 아기는 자기인식과 언어적 의미를 촉진하는 좀 더 구체적인 자극은 덜 받을 수 있으며, 결국 이러한 영역은 덜 발달될 것이다.

위의 문화들과 사뭇 다른 서구문화 속에서는 얼굴을 마주하고 좀 더 세심하게 상호작용을 나누고, 아기가 주변 환경을 마음껏 탐색하고 '놀이 시간'이라고 정해준 시간에는 장난감을 가지고 놀도록 격려하고 감정을 말로 표현하는 것을 강조한다. 미국에서는 개별성과 개인적 성취를 특히나 더 높이 산다. 어린이들은 자기 자신을 높이 평가하라고 배우며, '아무리 작은 성취라도 자기가 이룬 것에 대해서는 미소, 스티커, 선물 박스와 같은 보상'을 꼭 얻으라고 배운다.[20] 관계는 사회적 집단의 필요 측면에서가 아니라 우선 얼마나 개인의 필요를 충족시키느냐의 관점에서 평가된다. 서구사회에는 '할 수 있다.'는 긍정적인 사고방식, 그리고 각 개인은 성공을 추구할 것이며 '승자'가 될 것이라는 기대가 존재한다. 하지만 승자가 있는 곳에는 필연적으로 패자가 있는 법이다. 그리고 그토록 공격적이고 경쟁이 심한 사회 속에서는 당연히 인간 상호관계에 긴장과 갈등이 일어난다.

서구에서 독립성은 거의 태어날 때부터 장려된다. 영국과 미국에서는 아기들이 오랜 기간 동안 모유를 먹는 일이 드물며, 바깥을 바라보도록 만든 유모차에 아이를 싣고 아이에게 그 어떤 피드백도 하지 않고 몇 시간이고 돌아다니는 경우도 많다. 도움을 받지 않고도 스스로 잠드는 법을 가르치려고 얼마간 혼자 울게 내버려두는 경우도 다반사이며, 아기들이 유아용 침대에 아주 오랜 시간 동안 혼자 남겨질 때도 있다. 사실 이러한 나라에는 지나친 관심이 아기를 '망칠' 수도 있다는 우려가 존재하며, 아이를 혼자 재우는 일을 거의 신성하게 여긴다. 부모들은 개인적인 시간을 갖기 위해, 혹은 배우자와 단 둘이 나누는 친밀한 시간을 다시금 확보하기 위해 밤에 아기를 떼어놓는 것을 시급한 일로 여긴다. 메레디스 스몰이 말했던 것처럼, '미국에서는 아기를 혼자 재워야 한다는 문화적 압박이 너무 커서 실제로 아기와 함께 자는 부모들조차 마치 자신이 무슨 죄라도 저지른 것처럼 그렇게 하고 있다는 사실을 밝히기를 꺼린다.'[21]

좀 더 상호의존적인 문화의 관점에서 보면 이러한 행위는 거의 학대에 가깝다. 심리학자 바바라 로고프Barbara Rogoff는 수많은 미국 중산층 가정의 갓난아기와 걸음마기 아이가 분리된 방에서 혼자 자야 한다는 이야기를 듣고 미얀마의 부모들이 '충격, 비난, 연민'의 반응을 보였다고 보고했다. 아이가 있는 한 미얀마 여성은 "아무리 그래도 누군가 그 아이들 곁에서 자긴 하는 거죠, 그렇죠?"라고 물었다. 자녀를 둔 또 다른 미얀마 여성은 충격과 불신의 반응을 보이면서 그 아이들이 가만히 있느냐고 물으며 자신의 아기에게 그렇게 해야 했다면 너무 고통스러웠을 것이라고 말했다.[22] 아프리카인들의 관점에서 이것은 아기를 달래주는 서구적인 방식이라고 보기에 너무나 부자연스러운 행위다. 하이디 켈러Heidi Keller와 그녀의 동료들은 서아프리카의 엔소Nso 지역의 여성들을 연구했는데, 연구자들은 그 여성들에게 아기를 돌보는 독일 여성들의 모습을 담은 비디오를 보여주었다. 그러자 그 여성들은 독일 엄마들이 우는 아기를 얼른 안아 젖을 물려 달래주지 않는 것을 이상하게 여기면서, "어머, 마치 자기 아기가 아닌 것처럼 다루고 있네요. 누군가 다른 사람의 아이이거나 혹은 자기가 엄마가 아니라 그저 애를 봐주는 사람인 것처럼 말이에요."라고 말했다.[23]

일본 문화는 고도로 조직적인 산업문화 속에 형성된 이례적인 집단사회의 예를 보여준다. 일본에서는 엄마와 아기가 서로 신체적으로 가까이 있어야 한다고 굉장히 강조한다. 인류학자 헤더 몽고메리Heather Montgomery에 따르면 '아기들은 근본적으로 선하며 협동적인 존재이며, 부모에게 주어진 선물로 여겨진다.'고 한다.[24] 하지만 일본에서의 초기 자녀양육은 개별성을 촉진하려는 목적에서 행해지지는 않는다. 부정적인 감정과 갈등을 피하고 집단규범에 동조하는 것을 장려하는 데 초점을 맞춘다. 일본 사람들에게 있어서 '가장 두드러진 목표는 다른 사람들처럼 되는 것'이며, 사람들은 집단이 자신에게 기대하는 바를 행하는 것을 목표로 삼는다. 어린이들은 학교에서 매일 하루 일과가 끝나는 시간에 자신의 단점을 생각하면서 '어떻게 하면 나의 단점을 개선해 집단의 기준에 맞출 수 있을까.' 하고 반성—자기절제와 자기비판—하는 연습을 하라고 배우며,[25] 사회적 조화와 평화를 보존하라고 격려를 받는다.

서로 다른 문화 속에서는 각기 다른 방식으로 감정을 조절하는 것이 틀림없다. 사회심리학자 바차 메스퀴타Batja Mesquita와 더스틴 앨버트Dustin Albert가 말한 것처럼 '각 문화는 특수한 정서를 경험할 기회를 제공한다.'[26] 이렇게 서로 다른 관습은 모두 아기들이 스스로를 위해 경계를 늦추지 않는 한 개인으로서 자기를 생각하느냐, 아니면 타인과 공유하고 타인에게 의존하는 집단구성원으로서 자기를 생각하느냐를 결정짓는다. 아기들은 각각 생애 첫 몇 개월 동안 어떤 돌봄을 받느냐에 따라 이러한 문화적 기대를 흡수하기 시작한다. 그리고 1~2년 안에 이미 미국 아이, 중국 아이, 혹은 아프리카 아이가 되는 것이다.

이와 함께 아기들은 자기가 속한 가족이 그 문화를 해석하는 방식에 따라 조정되고 걸러진 그 문화 특유의 양식version을 내면화한다. 아이들은 각자 자기 가정과 문화 속에서 진행되는 일의 방식을 금세 배운다. 사람들의 어조, 그들이 좋아하는 음식, 그들이 참고 넘어가는 소음, 그리고 그들이 서로 접촉하는 방식과 풍기는 냄새 등 이 모든 것이 아이의 문화학습에 관여한다. 현대사회에서 어떤 가정은 조용하고 조심스러우며 심심한 음식을 먹고 무난한 색깔로 주변을 단장하는 반면, 다른 가정은 온종일 시끄럽게 TV를 틀어놓고 강렬한 냄새를 풍긴다. 그러면 아기는 이런 식으로 집이 돌아가는 방식과 사람들이 자기감정을 다스리는 방식을 '보고', 무의식적이며 이미지에 기초한 방식을 통해 신속하게 그러한 정보를 우뇌에 저장한다.

하지만 이 모든 것 가운데 가장 중요한 것은 아기가 속한 세계에 존재하는 정서적 분위기이다. 언제 어떻게 반응할지 모르는 보호자 혹은 처벌을 주기 일쑤인 부모, 그리고 스트레스가 많은 가정에 놓인 아기는 차분하고 지지적인 환경 속에서 태어난 아기와는 다른 모습으로 발달할 것이다. 가혹한 가정 안에서 구타와 큰소리를 일상으로 보고 자란 아기는 그 가정의 가치에서 강력한 메시지를 받는다. 아이는 단순히 그러한 행동을 기억할 뿐만 아니라 이에 대해 특정한 방식으로 반응하도록 신경체계를 준비시킨다.

밤에 아기들을 혼자 자게 하는 '교양 있는' 현대 가정에서도, 부모들만의 사적인 시간 또는 독립심의 발달이 중요하다는 등등 그들만의 문화를 아기에게 전달하고 있는 것이다. 어느 경우이든 아기는 자신의 필요에 누군가 반응을 해줄 것인지 아닌지, 다른 사람들에게 자기가 기대할 수 있는 것은 무엇인지를 배운다. 이 과정에서 적대적인 혹은 친절한 사회에 대한 기본적인 관점이 형성되기 시작하고, 이는 아기들이 자신에 대해 생각하는 방식과 타인을 대하는 방식에 영향을 미친다.

빈곤의 압박

아기들은 이미 형성된 사회와 특정한 사회집단에 합류한다. 하지만 정신적·금전적 자원이 부족한 가운데 생존을 위해 고군분투하는 사회집단이나 가정 안에서 태어난 아기들은 든든한 지원을 해주는 가정의 아이들과는 사뭇 다른 경험을 할 수 있다. 서구의 사회정책은 물질적 박탈이 아동발달에 부정적 영향을 끼친다고 인식하여, 아동빈곤을 종식시키려는 시도를 늘려왔다. 하지만 가난이 아동에게 미치는 정서적 영향에 대한 인식은 상대적으로 부족하다.

무엇보다도 우선 알맞은 음식과 주거지를 확보하고 기본적 필요를 충족시켜야 한다는 사실은 제쳐두고라도, 가난은 사람들이 인생을 누리고 여러 관계들을 즐길 수 있는 기회를 상당히 많이 박탈한다. 내 클라이언트였던 파멜라Pamela의 삶이 그랬다. 파멜라의 아래층에 사는 커플은 서로 폭력과 학대를 행사하곤 했다. 고래고래 소리를 지르고, 서로에게 저주의 말을 퍼붓고 구타를 하는 소리는 얇은 천장을 통해 파멜라의 집에까지 들려왔다. 그 커플은 파멜라가 쓰레기를 버리러 밖으로 나오면 파멜라에게도 자주 공격적인 태도를 보였고, 쓰레기통을 어디에 두어야 하는지를 두고 파멜라와 자주 싸웠다. 파멜라에게는 신생아와 걸음마를 막 시작한 아기가 있었는데 아래층에서 벌어지는 소동 때문에 주기적으로 밤에 깨곤 했다. 그 커플 때문에 아이들은 너무 지쳤고 겁을 먹었다. 하지만 다른 집으로 이사를 할 만큼 사정이 여의치 않았다. 그렇다고 집주인과 지역의회가 파멜라 가족의 애로사항을 진지하게 받아들여서 다른 집을 제공해줄 리도 없었다. 정부혜택에 기대어 사는 싱글맘으로서 파멜라는 가난 때문에 그저 이 상황을 견뎌내야 했다. 집주인이나 동네 사람들에게서 그녀가 바라는 반응을 얻어낼 방법이 없었다. 어떤 면에서 그들과의 관계는 그간 모두 실패로 일관됐다. 하지만 돈이라는 힘이 없었던 파멜라는 자신과 아이들을 지켜줄 다른 대체물을 찾을 수 없었다. 돈의 부족은 파멜라의 자율성을 훼손했다.

자신의 필요를 채울 수 없다는 이러한 무력감은 무척이나 큰 스트레스를 준다. 그뿐만이 아니라 파멜라의 고통은 자신과 아기들의 관계에도 심각한 손상을 입혔고, 아기들의 필요에 반응하는 파멜라의 능력도 훼손시켰다. 때때로 파멜라는 너무 우울해서 아기들에게 제대로 반응하지 못했고 어떤 때에는 자제력을 잃고 아이들에게 소리를 질렀다. 그렇게 1년 넘게 스트레스 속에 살다가 마침내 새 집을 얻게 되었을 때, 파멜라의 태도는 놀라울 정도로 바뀌었다. 파멜라는 다시금 서서히 긴장을 풀기 시작했고, 파멜라와 아이들은 밤에 깨지 않고 잘 잤다. 파멜라의 식생활도 나아졌다. 아이들에게도 짜증을 덜 내고 더욱 애정을 가지고 대했다. 하지만 아이들에게 이미 생긴 상처는 없앨 수가 없었다. 아이들은 여전히 엄마를 경계했고 자신의 안전에 대해 불안해했다.

높은 수준의 스트레스가 아이에게 미치는 효과는 사회 전체로 퍼져나간다. 아이들이 다른 사람에게 의존하는 것에 대해 나쁜 경험을 한 경우, 그것은 사라지지 않는 문화적 충격을 남겨서 타인을 두려워하거나 혹은 타인이 분노를 일으킬 것이라고 생각하는 성인으로 성장하게 할 수도 있다. 아니면 사회적 상황에서 통제력과 지배력을 손에 넣으려고 부단히 애쓰는 성인으로 성장할 수도 있다. 달리 말해서, 의존성에 관한 아기의 생애초기 경험이 세상을 대하는 그의 무의식적인 태도를 결정하며, 결과적으로 그 문화에 그 사람이 어떻게 기여하느냐에도 영향을 끼치게 된다. 방치된 아이들은 자신의 잠재력을 충분히 발휘하지 못한 채 은둔하거나 우울한 성인이 될 가능성도 있다.

특히 신체적인 학대를 당한 아이들은 분노에 더욱 예민하다. 물론 이 아이들은 강렬한 분노에 이미 익숙해서 다른 아이들처럼 작은 일에 분노하는 반응을 보이지는 않지만, 한번 분노를 터뜨리기 시작하면 회복하는 데 더 많은 어려움을 겪는다. 이미 상황이 다 끝난 뒤에도, 이 아이들은 계속 긴장 속에서 각성상태를 유지하고 긴장을 풀고 다시 누군가를 신뢰하기를 무척 어려워한다. 이 아이들은 더 심각한 위험을 예견하면서 더 큰 위협에 대비하고 공격할 태세를 갖춘다.[27]

이러한 면에서 인간처럼 사회적 상호작용을 돕도록 설계된 기본적인 포유류 뇌를 가진 다른 사회적 동물과 우리 사이에는 큰 차이가 없다. 나이지리아 북동부의 곰베Gombe 지역에서 침팬지들을 관찰하며 생을 보낸 제인 구달Jane Goodall 박사는 자신이 연구했던 침팬지 사회 대부분이 '돌봄, 도움, 연민, 이타성, 그리고 가장 확실하게 사랑의 형태라고 여겨지는 행동을 자주 보이는' 평화롭고 협조적인 사회라는 것을 발견했다.[28] 그 침팬지들은 신체적인 방식으로 서로에게 매우 다정다감했고, 흥분했거나 두려울 때에는 서로를 안심시키려고 털을 다듬어주는 등의 신체접촉을 했다. 구달 박사는 애정 넘치고 관대하며 지지적인 양육은 '성인이 되었을 때 자기신뢰와 독립성을 지니게 하지만, 반대로 불안정한 생애 초기를 겪으면 불안한 성인으로 자라게 될 것'이라고 지적했다.

하지만, 예측불허의 사회여건 속에서 음식도 얻기 힘든 경우에는 엄마로서의 역할이 손상될 수 있다. 보닛 원숭이들을 연구한 레오나드 로젠블룸Leonard Rosenblum에 따르면 열악한 상황에서는 어미 원숭이가 더욱 냉정하게 변한다고 한다. 그러면 그 새끼들은 정서적으로 불안과 공포를 경험하고 자기 주변 환경을 배우고 탐색하는 능력이 떨어진다.[29] 인간의 부모 또한 힘겨운 상황에 영향을 받는다. 대중건강 연구자인 사라 스튜어트-브라운과 앤드리어 웨일런은 최근에 영국 브리스틀Bristol에서 수년에 걸쳐 8천 명의 아이들을 대상으로 종단연구(같은 주제에 대해서 시간경과에 따른 변화를 알아내기 위해 반복적으로 관찰을 하는 상관관계 연구—옮긴이)를 펼쳤다. 그 결과 재정적 여건이나 사회적 지원이 나빠지면 부모들의 양육태도 또한 나빠진다는 사실이 드러났다. 하지만 상황이 나아진다고 하더라도 그들이 겪은 높은 스트레스 경험이 끼치는 영향은 사라지지 않고 그대로 남아 있었다. 이 연구를 통해서 발견한 놀라운 사실은, 가정의 경제적 여건이 개선되더라도 부모의 양육형태가 개선되지는 않았다는 것이다.[30]

제인 구달 역시 이와 비슷한 사례로 자신이 연구했던 침팬지들 가운데 한 마리가 겪은 고통스러운 경험을 이야기했다. 패션Passion 이라는 침팬지는 매서운 어미로 다른 어미들보다 새끼들에게 정성을 덜 쏟았고 새끼들과 놀아주는 시간도 더 적었다. 다소 비참한 어린 시절을 보낸 패션의 여러 딸들 가운데 한 마리가 자라자, 이 딸과 패션은 힘을 합쳐 또 다른 침팬지—'유희를 사랑하고' 유쾌한 어미였던 질카Gilka—와 그녀의 자녀를 독하게 공격했다. 질카는 패션과 그녀의 딸이 누려보지 못한 애정 어린 경험을 대표하는 듯했다. 먹을 것이 부족한 것도 아니었는데, 패션과 그의 딸은 질카가 낳은 어린 침팬지를 3년에 걸쳐서 세 마리나 잡아먹었다. 그들은 자신들의 반사회적 감정을 뿜어낼 곳이 필요했고, 기형의 몸에다 소아마비 장애까지 있어서 자신과 아이들을 방어할 수 없었던 질카는 쉬운 목표물이었던 것이다.

감당할 수 없는 고통

한 개인이 스트레스에 잘 대처할 수 없을 때, 특히 시기심과 분노의 감정을 조절할 수 없을 때, 그 사람은 정신분석학자들이 '분열' 혹은 '투사projection'이라고 일컫는 기본적이고 초기적인 방어기제를 활용한다.

　분열은 모순적인 감정을 다룰 때 사용하는 방법이다. 이 방법은 우리를 괴롭히는 것들을 따로 떼어놓음으로써 우리가 무력해지지 않게 도와주는 유용한 방어수단이 될 수 있다. 일상적인 수준에서, 분열은 우선순위를 세우는 방식으로 우리를 돕는다. 내일 병원에서 진단을 받는 친구가 걱정되기도 하지만, 우리는 당장 써야 할 급한 편지에 집중하거나 혹은 또 다른 친구와 파티를 즐기러 가기 위해 그런 염려는 잠시 접어둔다. '더 높은 수준의' 전전두 뇌는 '더 낮은 수준의' 뇌가 느끼는 불안보다 우위에 설 수 있다. 하지만 이것은 극단적인 상황에서 느껴지는 감정을 부인하고 그것을 인식 밖으로 몰아내려고 할 때 쓰는 기술이다. 중세시대 교회는 사람들에게 내세에 받을 상에 집중하고 마음을 모으려면 현실의 가혹함에 대해서는 눈을 감으라고 독려했다. 분열의 방식은 최악의 경우 감정을 완전히 차단해버리는 지경에 이르기도 하는데, 이것은 해리 dissociation 라고 알려져 있다. 특히 충격적인 경험(외상)에 대한 반응으로, '꼼짝할 수 없이 얼어버리는' 반응을 보일 때가 있는데, 이것은 더 높은 수준의 뇌를 활성화시키지 못하거나 혹은 서로 다른 뇌의 영역을 연결시키지 못하여 일어나는 현상이다.

　그 대안으로 우리는 자신의 감정을 다른 사람에게 돌림으로써 감정을 분리하는 '투사'의 방법을 사용하기도 한다. 투사는 우리가 도저히 참을 수 없거나 혹은 속에 담고 있기 어려운 고통스러운 감정을 없애는 한 방편이다. 우리 모두는 자신의 불쾌함을 잊기 위해 혹은 자신이 다루기 어려운 경험을 거부하기 위해 어느 정도는 투사를 사용한다. 이것은 뇌가 집중할 수 있는 영역을 좁히거나, 우뇌에서 좌뇌로 주의를 옮긴다거나, 혹은 두 뇌 사이의 연결을 끊음으로써 나타나는 방어의 초기형태로 볼 수 있다. 하지만 이것은 뇌 수준에서 일어나는 작용이며, 현실 속에서는 도무지 다룰 수 없는 경험의 속성을 부인하여 그것을 다른 사람에게 돌리는 형태로 나타난다. 그러면 타인은 더 이상 한 개인으로서 그 모습 그대로 보이지 않고, (자신이 투사한) 흉악한(혹은 동경하는) 인간 상징으로만 보이게 된다.

어린아이를 때리고 싶은 충동은 수치와 무력감이라는 압도적인 감정을 없애버리려는 욕망에서 나온 것일 때가 많다. 아이가 슈퍼마켓에서 크게 운다거나, 부엌에서 혼자 저녁준비를 힘들게 하고 있는데 옆에서 계속 못된 짓을 하고 있을 때, 자신의 분노를 해소하고 싶은 충동을 멈출 수 없을 수도 있다. 이러한 상황에, 부모들은 때때로 자신이 그렇듯이 자신의 아이가 무력감과 수치심을 느끼기를 바라기도 한다. 부모의 자제력이 무너지면 아이에게 공감해주는 능력을 잃을 수도 있다.

모든 공동체가 투사를 활용할 수 있다. 어린 아기들을 향한 보호적인 태도에도 불구하고 최근에 《아프리카 마녀 어린이 구하기 Saving Africa's Witch Children》[31] 라는 텔레비전 프로그램에서 촬영했던 나이지리아의 한 부족과 같이, 일부 아프리카 사회에서는 아이들에게 극단적인 처벌을 가하기도 한다. 예기치 않은 사별을 했거나 악천후, 저조한 수확 등 스트레스를 유발하는 사건이 발생하면, 그 상황에 심리적으로 대처하기 위한 수단으로 그 사회에 속한 어린이들 가운데 한 명에게 그 괴로움을 투사시켜 그 아이를 '마녀'

라고 부르는 것이다. 이는 뭔가 나쁜 일이 일어났을 때 누군가 비난할 사람이 있어야 한다는 사고방식으로 보인다. 자신의 무력감을 받아들이기 어렵기 때문에 그들은 그 무력감을 분노로 바꾼다. 그러면 그 마을은 분노와 원한을 한 희생양에게 자유롭게 분출시키는데, 이 경우 대상이 되는 것이 바로 아이들이다. 그들은 아이들을 불에 태우고, 때리고, 마을에서 쫓아냄으로써 자신들의 불안과 염려를 마을에서 몰아내버리려고 한다. 이러한 행동은 중세사회를 생각나게 하는데, 중세사회에서도 이와 비슷한 '보복'의 방식을 취했으며 대개 취약하거나 사람들이 싫어하는 여성을 그 대상으로 삼았다.

이러한 모든 전략은 불쾌한 감정을 조절하는 무의식적이고 원시적인 방법이다. 하지만 부모들은 자신이 겪었던 과거의 괴로운 경험을 자신의 아이들과의 관계 속에서 그대로 재현하여 그 경험을 아이들에게 고스란히 전달할 때가 너무나 많다. 이것이 바로 불안정한 애착패턴이 세대를 통해서 재형성되는 방식이다. 한 예로 대런Darren은 비판적인 엄마 밑에서 주기적으로 창피를 당하면서 자랐는데, 대런이 뭔가 잘못할 때마다 대런의 엄마는 그를 도저히 못 봐주겠다는 표정으로 눈을 돌리곤 했다. 수십 년이 지나 대런도 자신의 아이를 가졌고, 내 상담실에서 그는 자신의 열 살배기 아들과 함께 놀았다. 대런의 아들 딘Dean이 끈에 달린 장난감 동물을 잡으려고 손을 뻗자, 대런은 얼른 그것을 집어 들고 딘을 보며 웃었다. 그러더니 장난감을 다시 딘에게 내밀었는데, 딘이 그것을 막 잡으려는 순간 대런은 장난감을 떨어뜨리고 딘을 보면서 "오, 이런! 딘, 네가 떨어뜨렸어!"라며 다시금 얄밉게 웃어댔다. 그 결과 딘은 자신이 무력하고 서투르다고 느끼게 되었다. 대런이 아기였을 때 경험했던 수치가 매우 무의식적인 수준에서 딘에게도 전달되고 있었던 것이다. 딘도 자기 아빠처럼, 그 모든 경험을 자신의 무의식적인 기억체계 속에 저장할 것이다. 자신의 의식적인 인식 바깥에서, 딘은 희생자가 되었던 자기 자신의 경험뿐만 아니라 다른 사람을 공격하는 방식으로 자신이 더 우월하다는 기분을 느꼈던 아버지의 모습도 함께 내적 모델로 삼게 될 것이다.

정서조절의 형식과 타인을 대하는 태도는 그렇게 사소한 일을 통해 세대에서 세대로 전달되며, 특히 시간을 두고 그 일이 반복될 때 더욱 깊이 전해진다. 우려스러운 것은 부모들이 괴로움, 불안, 분노, 수치 등 자신이 느꼈던 부정적인 기분을 이해하거나 수용하지 못한 경우, 그 감정이 그들의 자녀에게 전달될 가능성이 훨씬 높다는 것이다. 그러면 아기들은 자기 부모의 유아기로부터 발생된 감정 때문에 비난을 받게 된다. '원죄'라는 명목과는 사뭇 다르게 '죄'란 알고 보면 한 세대에서 다음 세대로 재순환되는 불행일지도 모르겠다.

Notes

1. 헤더 몽고메리의 『아동기 입문An Introduction to Childhood』(Chichester, Wiley Blackwell, 2009)에서 인용된 벤 오크리의 소설 『굶주린 길The Famished Road』(London, Vintage Books, 1992)

2. 도널드 위니캇, 『아이, 가정, 그리고 바깥세상The Child, the Family and the Outside World』(Harmondsworth, Penguin, 1964)

3. 앨런 맥팔레인, 『1300년~1840년 영국에서의 결혼과 사랑Marriage and Love in England 1300-1840』(Oxford, Basil Blackwell, 1986)

4. 2008년 8월 3일자 「헬로우!」(1033)

5. 「가정심리학저널Journal of Family Psychology」(14:2, 2000, pp.187-199)에 실린 줄리 대거트Julie Daggett와 그 외의 '아이들에 대한 부모의 태도Parents' attitudes about children'

6. 「유아정신건강저널Infant Mental Health Journal」(27:3, 2006, pp.229-250)에 실린 M. 파울로M. Pajulo와 그 외의 '아기와 부모에 관한 태아기 관점Prenatal views of baby and parenthood'

7. 고든 모스코비츠Gordon Moskowitz, 『사회인지Social Cognition』(New York, Guilford Press, 2004)

8. 「미 교정정신의학저널American Journal of Orthopsychiatry」(57:3, 1987, pp.351-360)에 실린 찰스 지애너Charles Zeanah와 그 외의 '출산 전후 자신의 유아에 관한 청소년 엄마들의 인식Adolescent mothers' perceptions of their infants before and after birth', 더불어 「응용발달심리학저널Journal of Applied Developmental Psychology」(16:2, 1995, pp.283-295)에 실린 J. 콘트러러스J. Contreras와 그 외의 '자신의 유아 기질에 관한 임신한 아프리카계 미국인 십대의 기대Pregnant African-American teenagers' expectations of

their infants'도 참고하라.

9. 「아동발달Child Development」(62:5, 1991, pp.891-905)에 실린 피터 포나기, 하워드 스틸Howard Steele, 미리엄 스틸Miriam Steele의 '임신 중에 나타나는 어머니의 애착유형은 아기가 한 살이 될 때에 유아-엄마 애착구성을 예견한다Maternal representations of attachment during pregnancy predict the organisation of infant mother attachment at one year of age', 또한 「아동심리와 정신의학 저널Journal of Child Psychology and Psychiatry」(38:3, 1997, pp.307-313)에 실린 다이앤 비노이트Diane Benoit와 그 외의 '출산 전에 평가한, 유아에 대한 어머니의 표현: 안정성, 그리고 유아의 애착 구분과의 연관성Mothers' representations of their infants assessed pre-natally: stability and association with infants' attachment classifications'도 참고하라.

10. 로이드 드 모스, 『아동기의 역사The History of Childhood』(Northvale, New Jersey, Jason Aronson, 1995)

11. 2008년에 유튜브의 테드토크TEDtalk에 나온 조너선 하이트의 발언

12. M. 킬른M. Killen과 D. 하트D. Hart의 『일상생활의 도덕Morality in Everyday Life』(개정판, Cambridge University Press, 1995)에 실린 윌리엄 아르세니오와 앤서니 러버의 '사회도덕적 정서에 대한 어린이들의 개념: 행복한 가해자, 복잡한 감정, 그리고 그 밖의 기대Children's conceptions of sociomoral affect: Happy victimisers, mixed emotions, and other expectancies', 그리고 「메릴-팔머 계간지Merrill-Palmer Quarterly」(36, 1990, pp.329-46)에 실린 주디스 스메타나Judith Smetana와 J. 브레이지스J. Braeges의 '걸음마기 아기의 도덕적·관습적 판단의 발달The development of toddlers' moral and conventional judgements'을 참고하라.

13. 로빈 브릭스, 『마녀들과 이웃들Witches and Neighbour』(Harmondsworth, Penguin, 1996)

14. 벤 윌슨Ben Wilson, 『품위와 무질서Decency and Disorder』(London, Faber and Faber, 2007)

15. 로빈 브릭스, 『마녀들과 이웃들』(Harmondsworth, Penguin, 1996)

16. 현대 아메리카 원주민인 나바호족의 엄마들은 집을 비우거나 일을

할 때면 아기들을 가죽 끈으로 동여매어 나무판자에 매달아둔다. 그러고 나서 엄마들은 항상 아기와 강렬한 상호작용 기간을 가짐으로써 떨어져 있던 시간을 보상하는데, 이는 주의를 기울일 만한 부분이다. 제임스 치숌James Chisholm의 『나바호의 유아기Navajo Infancy』(New York, Aldine, 1983)를 참조하라.

17. L. 해리슨L. Harrison과 새뮤얼 헌팅턴S. Huntington의 『문화가 중요하다: 어떻게 가치가 인간 진보를 형성하는가Culture Matters: How Values Shape Human Progress』(개정판, New York, Basic Books, 2001)에 실린 대니얼 에퉁가-망겔의 '아프리카에 문화적응 프로그램이 필요한가?Does Africa need a cultural adjustment program?'

18. 게리 그레그Gary Gregg, 『중동: 문화심리학The Middle East: a cultural psychology』(Oxford University Press, 2005)

19. 「횡문화정신의학Transcultural Psychiatry」(37:3, 2000)에 실린, 크리스티나 자로프스키의 「트라우마 일화들: 소말리아계 에티오피아에서의 폭력, 정서, 그리고 정치Trauma stories: violence, emotion and politics in Somali Ethiopia」

20. 바바라 로고프, 『인간발달의 문화적 특성The cultural nature of human development』(Oxford University Press, 2003)

21. 메레디스 스몰, 『바로 우리 자신인 우리의 아기들Our Babies, Ourselves』(New York, First Anchor Books, 1998)

22. 바바라 로고프, 『인간발달의 문화적 특성』(Oxford University Press, 2003)

23. 「사회적 발달social Development」(14:1, 2005)에 실린, H. 켈러H. Keller, S. 보엘커S. Voelker, R. 드지예 요브시R. Dzeaye Yovsi의 '서로 다른 문화적 공동체 속에서의 양육 개념: 서아프리카 엔소와 독일 북부 여성들의 사례Conceptions of parenting in different cultural communities: the case of west African Nso and northern German women'

24. 헤더 몽고메리, 『아동기 입문』(Chichester, Wiley Blackwell, 2009)

25. 제임스 그로스의 『감정조절 핸드북Handbook of Emotion Regulation』(개정

판, New York, Guilford Press, 2007)에 실린 바차 메스쿼타와 더스틴 앨버트의 '문화적 정서조절The cultural regulation of emotions'

26. 위와 동일

27. 「아동발달」(76:5, 2005, pp.968-977)에 실린 세스 폴락과 그 외의 '신체적으로 학대를 당한 아이들이 적대적 행위에 대한 반응으로 주의력을 조절하는 양상Physically abused children's regulation of attention in response to hostility'

28. 제인 구달, 『희망의 이유Reason for Hope』(London, Thorsons/Harper Collins, 2000)

29. 「유럽신경정신약물학회European Neuropsychopharmacology」(5:3, 1995, p.353)에 실린 제레미 코플란Jeremy Coplan과 그 외의 '예측불허의 초기 자녀양육에 노출된 성인 영장류에게서 나타나는 행동적·길항적·신경내분비적·신경펩타이드적 변화: 인간 불안과의 관련성Behavioural, monoaminergic, neuroendocrine and neuropeptidergic alterations in grown nonhuman primates exposed to unpredictable early rearing: relevance to human anxiety', 그리고 「생물 정신의학Biological Psychiatry」(35:4, 1994, pp.221-227)에 실린 레오나드 로젠블룸과 그 외의 '성인 영장류의 노르아드레날린·세로토닌의 기능에 영향을 끼치는 혐오적인 생애초기 경험들Adverse early experiences affect noradrenergic and serotonergic functioning in adult primates'을 참고하라.

30. 사라 스튜어트-브라운과 앤드리어 웨일런, 『보통 가정에서의 양육: 다양성, 복잡성, 그리고 변화Parenting in ordinary families: diversity, complexity and change』(York, Joseph Rowntree Foundation, 2008)

31. 제작자 겸 감독자인 맥스 가빈Mags Gavan과 요스트 판 더 파크Joost van der Valk의 《아프리카의 마녀 어린이들 구하기Saving Africa's Witch Children》, 영국의 채널4 디스패치Dispatches 프로그램에서 2008년 11월 12일에 방송되었다.

THE SELFISH SOCIETY

4장

자본주의의 이기심

나는 지금껏 그런 계층은 본 적이 없다 ……
이기심으로 인해 치유할 수 없을 정도로 품위를 모두 잃어버린……

프리드리히 엥겔스 Friedrich Engels (1845)

인간이 지식과 인식의 열매를 따먹어서 갑자기 자의식이 생기고 수치심을 알게 되었다는 이야기는 '죄'와 끊임없이 연관되어 왔다. 하지만 내게는 이러한 설명이 아이러니하기만 하다. 나는 '죄'가 오히려 인식의 부족과 훨씬 더 많이 연관된다고 본다. 부모가 자신의 어린아이가 느낄 괴로움을 무시하고 방 안에 아이만 혼자 가둬놓고 둘이서 음료수를 마시러 나간다거나, 작은 공동체에서 자신들의 불안을 해소하려고 그 사회에서 가장 취약한 구성원을 탓한다거나, 한 아이가 다른 아이에게서 장난감을 빼앗는다거나 하는 이런 모든 경우에, 단연 그 일차적인 책임은 타인의 감정을 세심하게 인식하지 못하는 태도에 있다. 능동적이고 계획적으로 잔인한 행동을 저지르는 경우는 상대적으로 드물다.

이기심이라는 증상은 종종 인간 사이의 연결이 끊어졌기 때문에 나타난다. 우리는 서로 간에 친밀한 유대가 있을 때 타인을 인식하고 그들의 감정에 민감하게 반응할 가능성이 훨씬 더 높다. 뻔한 이야기 같지만, 이러한 유대가 약해지면 사람들은 서로에게 호의적으로 대할 수 없다. 자신의 아이와 애틋한 관계를 쌓지 못한 부모들은 위협과 체벌에 의지해 아이들을 훈육할 가능성이 있다. 그 방법 말고는 어떻게 아이에게서 협력을 이끌어낼지, 아이에게 어떻게 동기를 유발해 자신의 바람에 부응하게 만들지를 전혀 모르기 때문이다. 애착에 관해 부모조차도 확신이 없는 경우 부모들은 자신의 반응을 억제해야겠다는 생각조차 못할 수 있다. 낯선 사람을 대할 때도 이와 비슷한 과정이 나타난다. 우리는 자신에게 익숙한 사회집단에 속하지 않은 사람은 덜 배려한다. 학대는 대부분 타인에 대한 생각이나 염려가 훨씬 부족할 때 공통적으로 나타나는데, 이는 학대를 저지르는 사람 자신의 발달능력과 '사회적 뇌'가 어떤 상태이냐에 큰 영향을 받는다.

사회적 뇌의 출현

그러나 사회적 뇌—유아기에 올바른 보살핌으로 자라는 뇌, 한 사람이 타인에게 민감해지도록 만드는 사회적·정서적 기술—의 발달 여부를 부모들의 책임으로만 돌릴 수는 없다. 가족뿐만 아니라 문화 전체가 좀 더 공감적인 사회적 뇌의 발달을 도와줄 수도 있고 저해할 수도 있다. 이타성을 형성하는 데 필수적인 유전적 조합이 있을 수도 있지만, 뇌는 자신이 놓인 상황에 반응하는 성질을 지니고 있으며 유전자 대부분은 그 환경에서 필요한 경우에만 발현된다. 20세기의 선구적인 역사가이자 사회학자인 노베르트 엘리아스 Norbert Elias는 '문명화 과정 the civilising process'이 중세에 시작된 역사적 과정이라고 처음으로 밝힌 사람이다.[1] 그의 관점에 따르면 유럽에서는 아주 오랜 시간에 걸쳐 자기절제와 보다 억제된 행동패턴이 서서히 증가해왔다고 한다. 엘리아스는 이 현상을 사회 통치방식의 변화와 관련지었다. 그는 자기억제가 좀 더 안정적이고 중앙집중적인 권력체계와 나란히 형성되었는데, 처음에는 궁중사회에 그 뿌리를 두었고 이후 유럽에서 관료국가가 형성되면서 일반대중에게까지 퍼져나갔다고 주장했다.[2]

이 사실에 기초하여, 이제 이례적으로 발전한 현대 신경과학 덕분에 지난 500여 년 동안 우리 뇌가 '문명화 과정'에 어떤 영향을 받았는지 생각해볼 수 있게 되었다. 더불어 특정문화가 사회적 뇌의 높은 연결 수준에 의존하는 정서적 기술과 인간 상호간의 민감성을 요구함으로써, 그동안 어떤 방식으로 그러한 능력이 점차 발달했는지도 알아볼 수 있게 되었다. 이것은 어떤 대단한 '진보'의 선형적 서사linear narrative를 통해서가 아니라, 사회적 상황 속에서 사람들이 자신에게 부여된 여러 가지 요구에 반응하면서 좀 더 복잡한 과정을 통해 발생한 일이다. 사회가 점차 초점을 한곳에 모으고 조직적인 모습을 갖추면서 개인들의 뇌 또한 그러한 양상을 띠게 되었다. 나는 특정한 소규모 인원 사이에서 증대된 인식이 물웅덩이가 커져서 결국 강을 형성하듯 그렇게 범위를 넓혀갔다고 생각한다.

나는 자기인식의 확대가 개인과 사회 발달의 열쇠라고 믿는다. 봉건적인 생활방식에서 수백 년 동안 변하지 않은 특성이 있었다면, 그것은 바로 사회적 뇌를 발달시키는 좀 더 진한 관계성이 거의 요구되지 않았다는 것이다. 소작농들의 일상은 위계적이었고, 사회는 안정적이었고, (날씨나 질병과 같은 자연적 현상과는 별개로)

비교적 예측이 가능했기 때문에, 대부분의 사람들에게 복잡한 인간관계의 기술은 거의 필요치 않았고, 의식적인 사고와 계획능력을 쓸 일도 특별히 없었다. 과거 중세시절 사람들의 관계는 기독교적인 가르침의 틀 속에 존재했고, 이는 대체로 짧고 힘들었던 삶에 일종의 의미를 부여했다. 기독교적 사상은 사람들에게 금욕을 지키며 자기 본분을 다하고, 자기 삶에 주어진 분량—사회적 지위, 결혼 상대, 육체적 고통이나 정서적 상실—에 물음을 던지지 말고 그것을 신의 뜻으로 알고 그대로 받아들이라고 독려했다. 자기 자신의 감정을 인식하는 일은 아무런 쓸모가 없다고 여겨졌다. 중요한 것은 전체 사회체계의 존속이었지, 개인 각자의 충족이 아니었다. 자신의 운명을 받아들이는 것이 자립성보다 더 가치 있게 여겨졌고, 자립성 중에서도 특히 야망, 돈벌이, 사회적 기동성과 같은 자기 자신과 관련된 형태는 모두 수상하고 바람직하지 못한 것이라고 보았다.[3, 4] 반면, 선한 사람이 되려는 노력은 장려됐는데, 그 이유는 이기심을 버리고 타인에 대해 책임감을 가지면 사회집단을 지탱하는 데 큰 힘이 되었기 때문이고 동시에 그러한 개인을 위한 보상은 현세가 아닌 내세에 주어지기 때문이었다.

어떤 면에서 보면 중세의 뇌는 아직 자기통제력이 덜 개발된 상태로 그저 매순간을 살아가는 어린아이의 뇌와 비슷하다. 자신의 주의를 빼앗는 것에 마음을 주지 않고 집중력을 유지하는 일이 걸음마기 아기에게 얼마나 힘든지는 아마 모든 사람이 다 알 것이다. 이 아이들은 꼼지락거리면서 자기 주변에 보이는 것과 들리는 소리에 마음을 주지 않고는 배겨내지 못한다. 전두 피질 frontal cortex 이 발달한 뒤에야 좀 더 자신을 통제할 수 있게 된다. 전두 영역은 마치 광선이나 서치라이트와 같아서 우리의 경험을 한곳에 집중시키고 의식수준을 끌어올리고 의식의 힘을 증대시킨다. 하지만 전전두 피질을 작동시키려면 많은 에너지가 필요하다. 기본적이고 무의식적인 습관은 기저핵basal ganglia 영역을 통해 작동되는데 전전두 피질을 작동시키는 것만큼의 에너지를 소모하지 않는다.

이 에너지는 즐겁고 민감하게 반응하는 관계를 통해 유발되는데, 이를 통해 뇌 속에서 생성되는 자연적인 오피오이드가 방출된다. 이 과정은 한 가지에 집중하고 원치 않는 생각을 억누르며 우선순위를 세우는 데 주요한 역할을 하는 바로 그 전전두 영역(안와전두 피질 영역과 더불어 그 근처에 있는 전측대상회)에서 글루코스가 분비되도록 돕는다.[5]

역사의 흐름에 따라 사회적 관계는 변해왔다. 세계 대부분의 지역에서 인간집단은 규모도 커졌고 더욱 복잡해졌다. 역사가들은 그러한 변화가 정확히 언제 일어났는지를 두고 토론을 벌이는데, 이는 아마 좀 더 거대한 사회적 네트워크가 확대되었던 15세기경으로 보는 것이 안전할 것이다. 사회집단이 점점 더 복잡해짐에 따라 뇌는 좀 더 넓은 영역의 사회적 경험을 처리해야만 했다. 역사학자 아그네스 헬러Agnes Heller에 따르면 소규모의 봉건마을에서는 '한 사람의 사회적 지위, 이전 삶의 모습, 그 사람의 연결망과 기질을 보고 어느 정도는 그의 행동을 예측해서 말해줄 수 있었지만,'[6] 도회지 사람들이 과연 어떻게 행동할지 예측하기란 불가능했다. 이방인들은 이득을 얻으려고 다른 사람을 속일 수도 있다. 그들은 심지어 셰익스피어William Shakespeare의 여러 이야기에 등장하는 인물들처럼, 실제 자신이 아닌 다른 사람인 척 자기 모습을 꾸밀 수도 있었다고 헬러는 지적한다. 셰익스피어의 글에 등장하는 리처드 3세Richard III는 사람들이 얼굴표정에 어떻게 호도될 수 있는지를 묘사한다. "이런, 이렇게 미소를 짓는 내가, 미소를 짓는 동시에 살인을 저지를 수 있다니. 그러고는 내 마음의 고통에 대고 '이제 그만하면 족해!'라며 울부짖지. 거짓 눈물로 내 뺨을 적시고, 카멜레온처럼 모든 상황에 맞게 내 얼굴을 짜 맞추지."7 그러한 상황 속에서 사람들은 잠재적인 각성을 위해 노르에피네프린norepinephrine을, 정신적 동기를 위해 도파민이라는 생화학물질을 더 많이 분비하면서 좀 더 경계심을 세워야 했다. 그리고 문제를 예상하고 예견할 때 활성화되는 전측대상회 영역과 같은 '사회적' 뇌 속의 영역들을 더 많이 사용할 수 있도록 좀 더 정신적으로 유연해질 필요가 있었다. 사회적으로 좀 더 복잡한 상황에 놓인 사람들은 뇌의 전전두 영역이 더 발달했을 가능성이 있다. 경쟁적인 환경 속에서 목표를 이루는 데 필요한 더 큰 자기절제력과 계획력을 뒷받침해주는 부분이 바로 전전두 영역이기 때문이다.

초기 개인주의와 주체성의 발견

이렇게 좀 더 의식적인 사고과정을 뒷받침해주는 뇌의 영역들은 걸음마를 거의 뗄 무렵에 성숙하기 시작한다. 특히 의식적 사고는 전전두 피질 중에서도 배외측 전전두 피질이라고 부르는 곳을 통해 이루어진다. 이 뇌의 영역은 프로이트Sigmund Freud가 말한 '자아ego' 혹은 'ㄴㅏI'(앞에 나온 '대상으로서의 나me'와는 반대적 개념이다. 대상으로서의 나는 내측 전전두 피질에 그 기반을 둔다)에 가장 밀접하게 상응한다.

중세에서 사회가 출현하면서 좀 더 개인주의적인 '나'가 여러 사회적 계층에서 명확하게 드러났다. 무언가를 변화시킬 수 있다는 의식이 더 커졌고, 개인적 능력과 창의력은 실행과 창조를 통해 이전보다 훨씬 많이 표현되었다. 이는 무척이나 신나는 과정이어서 일부 르네상스 사상가들은 '인간이 하늘의 조물주에 거의 비견될 만한 능력을 가졌다.'고 생각하기 시작했다.[8] 걸음마를 배우는 아기가 자기 힘으로 방을 가로질러 갈 수 있다는 사실을 발견하고 흥분을 감추지 못하는 순간처럼, 이 시기는 인간사회가 자연세계에 대한 통제력을 기르고 지구라는 행성을 탐험하는 능력을 기르면서 이전과는 질적으로 다른 한 걸음을 내딛은 때였다. 사람들은 보이지 않는 더 높은 힘에 의해 결정된 위계적 전체 속에서 유기적이고 무의식적인 일부로 자기 자신을 경험하는 대신, 자기 자신과 자신의 힘에 대해 좀 더 의식하기 시작했다.

16~18세기 사이에 유럽을 통해 널리 퍼진 창의력과 자기인식의 분출로 말미암아 전통적인 존재방식은 도전을 받게 되었다. 역사학자 로빈 브릭스는 이러한 변화를 가리켜 '중대한 의식의 변화profound shift in consciousness'[9]라고 했는데, 이 시기에 점점 더 많은 사람들이 삶의 방식을 바꿔나가기 시작했다. 사회가 자신에게 할당한 역할을 수행하는 낡은 습관을 자동적으로 따라가지 않고 어느 정도 인생의 운을 스스로 만들어나가면서 자기만의 결정을 내리게 된 것이다. 마키아벨리Niccolo Machiavelli는 이렇게 이야기한 바 있다. '행운은 우리 행위의 절반을 좌우지하지만 나머지 절반은

우리 자신이 주관하도록 허락됐다는 것이 사실일 수도 있다고 생각한다.'[10] 사람들은 중세의 오랜 잠에서 깨어나 스스로 생각하기 시작했다. 숙련공, 농부, 상인, 그 밖의 사람들은 더 많은 시간과 에너지를 바치면 자신의 재능을 더 충만하게 개발할 수 있다는 사실을 발견하고 있었다.

개인 수준에서든 사회 혁신과 증진의 측면에서든, 주의를 기울일 수 있는 능력은 모든 형태의 발전에 중대한 기여를 한다. 이 능력은 사고와 문제해결의 토대가 된다. 이 시기에 들어서서 사고의 가치는 더욱 높아졌다. 읽고 쓸 줄 아는 사람들이 늘어나기 시작했는데, 이는 인간의 역사를 바꾼 일련의 사건을 촉발한 몇 가지 기술적 발달 덕분이었다. 예를 들어, 제지 기술과 인쇄 기술은 이 시기에 많은 사람들이 성경을 직접 구해 볼 수 있게 했고, 그 결과 더 많은 사람들이 성직자들에게 의존하지 않고서도 스스로 배울 수 있는 길이 열렸다. 17세기 무렵, 데카르트René Descartes와 다른 계몽주의 철학자들은 사고가 인간 능력 가운데 가장 귀하며, 이 능력이 우리와 동물을 구별하는 요소라고 주장하였다. 특히 데카르트는 사람을 돋보이게 하는 것은 자기인식이라고 믿으며 이렇게 말했다. '우리는 무엇을 볼 때 자신의 행위를 인식한다. 하지만 동물들은 우리와 같은 방식으로 사물을 볼 수 없다. 동물은 마치 우리가 다른 곳에 마음을 두고 볼 때처럼 그렇게 사물을 본다.'[11]

현대 초기에 증대된 인식과 주의력은 실질적인 결과를 가져오기도 했다. 자신들의 활동에 더 많은 주의를 기울이던 농부들은 어떻게 하면 땅을 좀 더 잘 관리할 수 있을까를 생각하기 시작했다. 그들은 수확량을 늘리기 위해 소택지 배수, 윤작, 비료 사용 등의 새로운 기술을 가지고 실험하기 시작했다. 우리는 전원적인 영국에 감성적인 시각을 가지고 있지만, 아이러니하게도 산업자본주의를 가져온 어마어마한 변화는 영국의 시골에서부터 시작되었다. 농부들은 자신들도 무언가를 발생시킬 수 있고 땅의 생산성을 개선시킬 수 있다는 것을 발견함으로써 산업화를 촉발했다. 캐나다의 정치과학자인 엘런 메익신즈 우드Ellen Meiksins Wood는 땅을 더욱 생산적으로 만들 방법을 찾는 데 자신의 상상력과 지능을 사용했던 농부들이 지주에게 더 높은 임대료를 낼 수 있었다면서, 이러한 변화가 경제개발의 중대한 변화를 낳았다고 주장한 바 있다. 갑자기 소작을 두고 경쟁이 생겨났다. 다른 농부들만큼 유능하지 못한 농부는 임대료를 내지 못해서 농사일에서 아예 빠져야 된다는 사실을 처음으로 발견하게 된 것이다.[12]

이러한 변화는 땅의 가치에 대한 인식의 변화를 가져왔다. 지주들은 개량 토지의 가치가 더욱 높다는 것을 알고는 땅을 좀 더 자주 사고팔기 시작했고 공유지를 사유지로 만들기 위해 울타리로 둘러막기 시작했다. 결국 많은 사람들이 땅에서 쫓겨나 일자리를 찾아 도시로 이주하게 되었다. 증대된 의식과 자기주도성이 불러온 변화가 누적되면서 정적이고 변화 없고 무의식적인 특성을 가졌던 소작농의 삶은 흔들리게 되었다.

자본주의로의 전환 - 두 가지 예

이러한 거대 규모의 인간발달이 순탄하고 막힘없이 좀 더 사회적으로 진보한 뇌의 성장으로 전진한 것은 아니었다. 수동적으로 운명에 굴복하기보다 주도력을 발휘하면서 능동적으로 변화를 일으킬 수 있다는 가능성은 보다 큰 사회인식—타인을 위한 배려 혹은 사회집단에 대한 의무감—없이 행해지는 경우도 많았다. 도시적 생활방식이 점점 더 표준이 되었고, 지역 교구에서 행사하던 엄격한 통제력과 개인의 도덕성을 감시하던 이웃들의 경계도 느슨해졌으며, 그 결과 더 이기적인 행동이 출현하였다.

크리스토퍼 프리드리히Christopher Friedrichs는 17세기 독일의 한 소도시에서 베 짜는 사람들을 연구했는데, 뵈르너 가족the Wörners의 행동방식을 보면 집단적인 마을의 사고방식이 점차 경쟁적이고 개인주의적인 사고방식에 어떻게 무릎을 꿇는지를 엿볼 수 있다.13 독일 남부의 바이에른Bavaria 주에 위치한 뇌르틀링엔Nordlingen은 (지금도 그렇지만) 그때도 빨간 지붕과 하얀 벽으로 이루어진 멋들어진 집이 있는, 엽서에나 나올 법한 전원적인 곳이었다. 프리드리히는 그곳 주민이었던 대니얼 뵈르너Daniel Wörner의 이야기를 들려주었는데, 대니얼 뵈르너는 단호하고 진취적인 직물상인으로 자기 지역의 직조 거래를 독점하는 등 자신의 금전적 이득을 위해서는 물불을 가리지 않았다. 뵈르너는 세금도 내지 않고, 수준이 떨어지는 얇은 실을 마치 진짜인 것처럼 유통시켰으며 다른 가난한 직조공들에게 돈을 빌려줄 때에는 터무니없는 이자를 매기는 등 부정한 방법으로 사업을 꾸려나갔다. 이 때문에 좀 더 윤리적으로 행동하는 직조공들이 그와 경쟁해서 이득을 보기란 불가능했다. 하지만 뵈르너는 다른 직조공들의 생계에 자신이 어떤 영향을 미치는지에 대해서는 전혀 관심이 없었다. 오히려 그는 굉장히 개인적인 방식으로 그들에게 대담할 정도로 공격적인 행동을 보였다. 뵈르너 가족을 향한 항의와 불만이 가득 담긴 다양한 의회 문건은 당시 그들을 향한 원성이 얼마나 높았는지를 보여준다. 그 가운데에는 뵈르너 가족이 사람들을 폭행하고 양털 직조공들에게 모욕적인 말을 했다는 주장도 있었다. 사람들이 불만을 표시하기 시작했다는 것은 뵈르너 가족의 행동이 당시 정상적이거나 용인될 만한 수준이 아니었다는 것을 시사한다.

이 시기 동안, 여전히 시의원들은—상인들이 대부분이었지만 약제사, 전문직 종사자들, 행정관들, 선술집 운영자도 있었고, 장인craftsmen을 위한 의석도 마련되어 있었다—그 지역 생산품의 품질을 보존하고 잔인한 뵈르너 가족으로부터 영세직공들을 보호하는 것이 자신들의 의무라고 보았다. 프리드리히가 말한 것처럼, '개인의 성공보다 공동의 집단 필요를 우선시했던 중세도시의 이데올로기는 여전히 뇌르틀링엔 행정관들의 사고를 지배하고 있었다.' 1698년에 의회는 심지어 뵈르너 가족에게 직공들에게 보상금을 지급하라고 권고하며 뵈르너 가족이 표방한 무자비한 자본주의에 적대감을 표명하기에 이르렀다.

하지만 그다음 세기, 의회의 태도는 돌변했다. 프리드리히는 다양한 역사적 문서를 통해 뵈르너 가족을 추적했고, 18세기 초에 뵈르너 가족이 대부업을 주업으로 하는 은행업가가 되어 시민들에게 큰 액수의 자본금을 빌려주었다는 사실을 발견했다. 그리고 얼마 지나지 않아 그들은 정치에도 야망을 펼치기 시작했다. 데이비드 뵈르너David Wörner 는 기부금 명목으로 사실상 엄청난 뇌물을 의회에 바침으로써 의석 한 자리를 확보했고, 그 결과 뵈르너 가족은 '18세기 내내 뇌르틀링엔의 공적인 사회에서 유명한 일가'로 남게 되었다. 그리고 시의회는 점점 부유한 사람들로 채워지더니 장인들을 위해 예비해둔 자리마저 사라지게 되었다. 뵈르너 일가의 성공은 자신의 평판이나 사회적 유대관계를 개의치 않고 타인 혹은 그 사회 전체의 필요를 짓밟고 올라섬으로써 얻은 것이었다. 이 시기에 이르러 시의 행정관들은 자신들을 더 이상 그 사회 모든 시민의 보호자이자 조절자로 여기지 않았다. 대신 '자본주의적 사업가들의 대리인'이 되어버렸다.

양심적인 자본주의자

뵈르너 일가의 이야기는 돈의 위력, 그리고 집단도덕성을 제압하는 힘을 보여준다. 시의회는 뵈르너 가족이 보여주었던 경제적 압력에 맞설 수 있을 만큼 충분히 탄탄한 사회조직이 아니었다. 뵈르너 가족의 옳지 못한 행동은 처음에는 사람들의 손가락질을 받았지만 이후에는 시 전체에 널리 퍼져 그 사회의 문화 자체를 바꿔놓았다. 하지만 부수고 차지하는 뵈르너 일가의 방식이 새로운 사회적 지표를 보여주었을는지는 몰라도 그것이 집단의 기준이 될 필연적 이유는 없었다.

18세기 초에 활동했던 또 다른 직물상인 조셉 라이더Joseph Ryder

의 예는 이와는 다른 초기 자본가의 이야기를 들려준다. 라이더는 뵈르너 가족과는 달리 촘촘하게 구성된 영국 국교회를 신봉하지 않는 프로테스탄트교(기독교 신교) 사회에 뿌리를 두었는데, 이 집단의 사람들은 합리적 행동에 높은 가치를 두었고 사회적 행동을 함에 있어 높은 기준을 요구했다. 사려 깊고 자신을 절제할 줄 알았던 라이더는 대부분의 유능한 직조공들과 탄탄한 관계를 일구었다. 라이더는 직공들을 가까이에서 감독하며 요크셔Yorkshire 시골에 드문드문 흩어져 있는 작은 집들을 말을 타고 돌아다니면서 그들이 짠 양모를 직접 수거하였다.

자신이 가진 힘에 도취되고 신이나 타인의 의견에 대해서는 염치없게도 아무 관심을 보이지 않았던 뵈르너 일가와는 사뭇 다르게, 라이더는 사업적으로 성공하면서 그의 종교적 민감성과 경영자정신이라는 가치관의 충돌 때문에 무척이나 고뇌했다. 그가 30년 넘도록 써온 일기 속에는 이익추구의 가능성이 '근면하고자 하는 최대의 동기'를 부여해주지만, 동시에 부유해짐으로써 신의 노여움을 사지나 않을까 겁이 난다는 기록이 담겨 있다. 라이더는 사람들에게 이기적인 사람이 되어 돈에 지나친 관심을 기울이고 '탐욕스러운 재물 축적'이나 '죄로 물든 욕심'에 빠져들었다는 비난을 받을까 봐 걱정했다.[14] 라이더에게는 사회적 책임의식도 있었다. 물론 라이더가 일기에 자기가 부리던 사람들과의 관계에 관해 많은 내용을 적은 것은 아니지만, 그는 때때로 그들의 복지에 대해 염려를 표현하기도 했고 '가난할 수밖에' 없는 사람들—게으르거나 체계적이지 못해서 가난한 것이 아니라 스스로를 도울 능력이 없어서 가난한 사람들—을 돕는 일에 대해 적기도 했다.[15]

뵈르너 일가와 조셉 라이더의 이야기가 사회적 뇌의 발달과 관련해 우리에게 시사하는 바는 무엇일까? 라이더의 일기는 자라나는 자기의식과 자기반성의 전형적인 예이다. 이러한 특성은 종교적인 노력에 뿌리를 둔 경우가 많았고, 교육환경이 개선됨으로써 사람들이 자신의 개별성에 더 많은 관심을 갖게 되면서 더욱 확연히 드러났다. 그러나 라이더의 일기는 그의 정서적 삶의 다른 측면은 거의 보여주지 않는다. 사회역사학자 캐롤 스턴스Carol Stearns는 이 시기 일기를 쓰던 사람들은 자신의 감정에 관해 이야기하기보다는 일기장에 그들의 육체적 증상을 하소연할 가능성이 더 높았다고 말한 바 있다.[16] 예를 들어 그들도 자신이 화가 났다는 것을 눈치 채고 이를 묘사하기는 했겠지만, 굳이 이를 분노라고 표현하지는 않았으리라는 것이다. 그들에게는 아직 그러한 자기인식이 형성되지 않았다.

공격성의 수정

과거의 잔혹한 행위에 우리는 의심의 여지없이 충격을 받지만, 뵈르너 가족의 이유 없는 공격성이 사실상 17세기의 뇌르틀링엔에서도 용인될 수 없었다는 사실은 놀랄 만하다. 하지만 걸음마기 아이의 뇌와 중세 뇌의 유사관계를 확장해보면 납득이 갈 것이다. 한 연구에 따르면 아직 완전히 사회화가 되지 않은 걸음마기 아기들조차도 공격적인 행동보다는 사회적으로 용인되는 행동을 더 자주 보인다고 한다.[17] 이와 동일한 현상이 우리 영장류의 친척들에게서도 실제로 나타나는데, 이들은 싸우기보다는 협력하는 데 훨씬 더 많은 시간을 보낸다. 영장류 동물학자인 폴 가버Paul Garber와 로버트 서스먼Robert Sussman에 따르면 영장류는 그들이 보내는 시간의 5~10%는 친화적인 사회관계에 사용하고 단 1%만을 공격적 상호작용에 쓴다고 한다.[18] 그러나 흥미롭게도 집단이 커질수록 이 비율은 지켜지기 어려운 것으로 보인다. 영장류 집단에 너무 많은 구성원이 존재하면 공격성이 증가한다. 인간사회에서도 도시성장과 자원확보를 위한 경쟁의 증가는 아마도 우리의 사교성에 전에 없던 스트레스를 안겨주었을 것이다.

공격능력은 자기방어의 필수적인 무기로써 꼭 필요한 능력 중 하나임에는 분명하다. 어린아이들 모두가 좌절을 느끼거나 두려울 때는 공격적으로 반응하거나 짜증을 부릴 수 있다. 하지만 어떤 아이의 기본적인 행동양식이 그러하다면 걱정이 될 수밖에 없다. 그런 행동은 사회화의 실패로 보이기 때문이다. 현대의 한 연구결과는 특별히 반사회적인 행동을 보이는 아이들은 정서적으로 혼란스러운 부모를 두었을 가능성이 있다는 상식적 가정이 사실임을 확실히 보여준다. 생후 3년이 지날 무렵까지 심하게 공격적인 태도를 유지할 가능성이 높은 아이들 곁에는 일찍부터 자기규제력을 키울 수 있도록 도와주지 못한 부모가 있었다.[19] 이는 아마 그 엄마가 아기의 첫 1년 동안 우울증과 같은 어떤 이유에서 정서적으로 아이를 도울 수 없었거나, 혹은 단순히 그 부모가 인내·집중·자기통제의 모델이 되어주지 못했기 때문일 것이다. 부모가 적절한 모델이 되어주지 못할 때 걸음마기 아기는 그 행동을 따라 함으로써 신경통로 속에 올바른 가치를 수립할 수 없게 된다.

자기규제, 나눔, 협력은—강요와 획득이 아니라—예시와 경험을 통해 배워야 하며 사회집단에 의해 강조되어야 한다. 뵈르너 가족은 확실히 나눔에 대해서 배우지 못했다. 그들은 눈에 띌 만큼 파렴치하고 이기적인 행동을 했다. 뵈르너 일가를 세대별 차트로 만들어본 프리드리히의 연구는 그의 가족문화 자체가 공격적이었다는 것을 보여준다. 그의 가족사에서 충동의 억제와 관련된 예 또는 격려 같은 것은 거의 찾아볼 수 없었다. 이와는 대조적으로 라이더는 피고용자들과 우호적인 관계를 형성하고 자기 자신을 잘 통제했기 때문에 성공할 수 있었다. 달리 말해 라이더의 성공은 잘 사회화된 그의 뇌 덕분이었다.

새로운 도덕

그 시기에는 도덕이 고정된 형태로 굳어진 것이 아니라 얼마든지 변할 수 있는 유동성을 지녔었다. 과거 기독교적 관점에서는 개인의 이익보다 공공의 선을 앞세우는 것이 미덕과 도덕으로 여겨졌고 당연한 것으로 받아들여졌지만, 이러한 이상은 경쟁적인 개인주의가 출현하면서 도전을 받게 되었다. 사회적 가치는 더 이상 교회가 주도하던 이전 봉건시대처럼 분명하지 않았다. 뵈르너 가족과 라이더는 모두 그들 나름의 방식대로 사회를 재구성한 것이다. 사회화되지 않은 뵈르너 가족의 개인주의적인 권력착취는 사회질서를 방해했고 사회가 집단적·합리적 사고방식을 유지하기 무척 어렵게 만들었다. 그들은 더 이상 무언가를 위해 사회에 의존해야 하는 것처럼 행동하지 않았다. 그들은 독자적으로 행동하기에 충분할 만큼의 부와 권력을 가지고 있었다. 한편 라이더의 태도는 여러 면에서 프로테스탄트 '직업윤리 work ethic'의 전형을 보여준다. 그들은 근면을 숭배했으며 살기 위해 오직 필요한 만큼만 일하던 소작농과는 매우 대조적인 태도를 보였다.

라이더는 일을 하며 만난 사람들과 네트워크를 형성하였다. 라이더와 마찬가지로 근면하고 양심적인 사람들은 새로운 중산계층의 기둥이 되었고, 국내외 무역에서 서로 충분한 신뢰관계를 구축하였으며 결국 그 세력을 확대하게 되었다. 이러한 새로운 사회적 집단의 형성은 결국 사회의 지배적인 힘이 되었고, 땅에 기초한 권력을 가지고 있던 귀족들은 정치권력을 잃게 되었다. 결과적으로 사회는 이전과는 전혀 다른 모습으로 변화하였고, 개인과 생산 활동에 관해서 새로운 법적·정치적 규준이 형성되었다.

자본주의를 위한 양육

이렇게 자신을 절제하는 직업윤리가 퍼지면서, 새롭고 좀 더 주의 깊은 형태의 양육법이 필요해졌다. 아이들의 사회적 뇌를 발달시켜야만 했기 때문이다. 그리고 17세기 후반에 두각을 나타내기 시작한 중산층들이 자녀교육과 발달에 그 어느 때보다도 깊은 관심을 드러내면서 실제로 그러한 일이 일어나기 시작했다. 로이드 드 모스에 따르면 실제로 16세기에 최초의 자녀양육 안내서가 등장했으며, 이는 자녀양육법이 더욱 의식적인 방향으로 전환되었음을 가리킨다.[20] 그러나 이 초기 안내서가 아이들의 올바른 발달에 무엇이 필요한지를 고민하기 시작했다는 증거가 된다 해도, 그 핵심은 아이들을 순종시키기 위해 어떻게 아이들을 벌줄 것인가에 치중돼 있었다. 철학자 존 로크John Locke의 양육책임 이론에 영감을 받아, 18세기 교육받은 계층의 사람들은 씻을 수 없는 원죄 사상(설교가 존 웨슬리John Wesley가 주장한 '그들의 의지를 꺾어라, 그리하면 그들의 영혼을 구할 것이니.'라는 사상)에 기초한 양육에서 벗어나, 조금 더 긍정적인 신념으로 향하기 시작했다. 그들은 아이들이 부모에게서 도덕적 미덕을 배울 수 있다고 믿었다. 그중에서도 만족지연의 미덕은 특별히 더 부모를 통해 배울 수 있다고 생각했다. 로크는 '모든 미덕과 탁월함의 원칙은 이성이 다스릴 수 없는 곳에 존재하는 욕구의 충족을 부인할 수 있는 힘 안에 있다.'고 믿었다. 그렇기에 그는 아이들이 즉각적인 즐거움이 아니라 장기적인 만족이 주는 유익을 배울 수 있기를 바랐다. 그는 또한 부모들이 자신의 도덕적 관점을 아이들에게 심어줄 때 때리기보다는 합리적인 주장을 사용할 것을 권했다. '나는 아이들을 거의 때리지 않는다. (……) 대부분의 경우 부드러운 설득과 논리가 훨씬 더 좋은 결과를 가져오기 때문이다.'[21]

이 주장은 21세기에 이른 오늘날까지도 사람들의 마음을 확 휘어잡지는 못했다. 이 조언을 받아들이기란 부모에게 끈질긴 전투와도 같다. 아직 자신의 감정조차 완전히 다스리지 못하는 사람들에게 로크의 조언은 무척이나 까다로운 것이기 때문이다. 나는 아이를 때린다는 건 부모가 통제력을 상실했다는 신호라고 믿는다. 그 순간 부모는 그 어떤 생각도 하지 못한다. 체벌은 아이의 행동

뿐 아니라 사고까지도 멈추게 만든다. 나는 체벌을 당해본 경험에 비추어 이를 확실히 증언할 수 있다. 아버지와 나는 서로 한 치도 물러서지 않고 맞선 적이 있는데, 그 다툼으로 서로를 더 잘 이해하게 되지는 않았다. 체벌의 목적은 단순히 아이를 순종하게 만들어서 부모의 바람대로 아이가 행동하게 하는 것이지, 아이들이 부모의 관점을 이해하게 만들려는 것은 아니다. 그 전체 과정은 편도체의 활성화를 초래하고 이로써 강력한 피질 하위sub-cortical의 정서(분노, 원한, 두려움 등)가 생겨나는데, 여기에 반성의 과정이 끼어들 틈은 전혀 없다.

반면 로크의 접근은 부모에게 순종해야 하는 이유가 무엇인지 아이 스스로 이해하고자 하는 욕구를 가졌다는 가정에서 출발하였다. 이는 아이도 자신만의 사고와 감정을 지니고 있다는 것을 인정하는 매우 새로운 관점이다. 만일 당신이 아이에게 영향을 끼치고 싶다면 아이를 때리기보다는 오히려 아이의 마음을 끌어당겨야 할 것이다. 이 시기부터 다른 사람의 사고와 감정을 아이가 인식하게 만들려면 설득과 토론이 중요한 열쇠가 된다고 여겨지기 시작했다. 타인의 사고와 감정을 인식하려면 아이가 자신의 감정을 모두 행동으로 뿜어내기보다 전전두 뇌의 능력을 활용해야 한다. 더욱 섬세하고 자기인식을 강조하는 문화에서는 조급한 체벌보다 시간과 주의를 훨씬 더 많이 투자하는 양육이 요구되었다.

중산층 계급이 확장되면서 18세기부터 지속되었던 개인감정에 대한 관심이 힘을 얻게 되었다. 종교적인 염려 때문에 일기를 썼던 라이더와는 달리 개인의 일기는 소설이라는 새로운 예술형태의 등장과 함께 개인의 경험을 좀 더 광범위하게 다루기 시작했다. 자기 자신의 감정을 인식할 만큼 여유가 있던 사람들은 자연 세계와 자신의 아이들에 대해 느끼는 바를 즐기기 시작했다. 중산층의 일부 사람들에게 이것은 일종의 '감수성'이라는 유행으로 자리 잡았다. 프랑스 철학자 장 자크 루소Jean-Jacques Rousseau는 '존재하는 것은 느끼는 것이다.'라고 열정적으로 주장하기도 했다.[22] 루소가 핵심적인 역할을 한 낭만주의 운동은 시인들, 헐렁한 옷차림, 보헤미안 생활양식을 양산했다. 낭만주의가 행한 성공적인 캠페인 가운데 하나는 상류계급 엄마들에게 유모를 고용하지 말고 자신이 직접 아이들에게 모유를 먹이라고 권한 것이다. 루소는 이러한 변화가 '자연적인 감정'의 회복과 '도덕개혁'을 불러올 것이라고 믿었다.[23]

점점 더 많은 중산층 작가와 철학자 들이 모성애를 미화하기 시작했고 어머니의 온화함과 아이들에게 공감을 표하는 어머니의 능력에 대해 깊이 논했다. 일부 사람들에게서 이러한 경향은 더 심화되어 나타났다. 일부 가정—대개 더 부유하고 자신만만한 가정들—에서는, 부모가 아이를 예뻐하고 아이들의 변덕스러운 요구를 모두 다 채워주는 것을 통해 대리만족을 느꼈다. 그들은 아이의 요구를 긍정적으로 바라보았고 아이가 원하는 바를 다 들어주었다. 하지만 그 아이들이 자신의 감정을 자유롭게 표현했을지는 몰라도 자기감정을 되돌아보는 시간은 거의 갖지 못했을 것이다. 이러한 양육은 변덕쟁이에 응석받이 아이를 만들 수도 있다.

에지워스Edgeworths 가의 아버지와 딸은 1798년에 자녀양육에 관한 책을 썼는데, 지나치게 아이의 요구를 다 들어주지도 말고 그렇다고 너무 벌만 주지도 않는 균형 잡힌 태도로 아이를 대하라고 권했다. 이러한 태도는 아이의 감정을 예민하게 인식하는 동시에 합리성에 대한 신념 또한 지키는 것이었기에 그들은 이를 가리켜 '합리적인 온화함rational tenderness'이라고 불렀다.[24] 나의 영웅이자 『여권의 옹호A Vindication of the Rights of Women』의 저자이기도 한 메리 울스턴크래프트Mary Wollstonecraft 또한 에지워스 가족과 관심사가 비슷했다. 그녀는 어머니들이 '순간의 감정'에 의존할 것이 아니라 아이에게 최상의 것이 무엇인지 생각하기 위해 '마음의 독립independence of mind'을 활용해야 한다고 주장했다. 이 시기에 활동했던 다른 여러 사람들처럼, 울스턴크래프트 역시—프로이트가 출현하기 100년도 전에—초기 아동기 경험이 아이를 형성하는 데 중요한 역할을 한다는 사실을 인식했다. 또한 그녀는 단순히 훈육적인 관점에서 이를 설명하지 않았고 좀 더 깊은 자아감을 공유하는 역할로서의 양육을 설명했다. 그녀는 자신의 관점을 표현하면서, 아동기의 무의식적인 '연계associations'가 아이의 인격에 '결정적인' 영향을 미치며 이는 이후 성인기에 이르러서도 '이성의 힘으로 거의 풀 수 없는' 것이 된다고 주장했다.[25]

개인주의와 물질주의

양육을 바라보는 이러한 서로 다른 관점들은 사회 전체 안에 존재하는 긴장감을 그대로 보여준다. 이것은 중산층이 점차 커지면서 개인의 힘이 증가하는 현상과 대중들이 더 집단적인 요구를 하기 시작하는 현상 사이의 긴장이었다. 18세기 무렵 사람들은 집단적 사고방식과 개인주의적 사고방식 사이에 서 있었고, 공공의 선과 개인의 자유라는 두 가지 과제는 그 시대에 풀리지 않는 커다란 논쟁거리였다. 존 로크는 새로운 개인주의의 선봉에 서 있었다. 로크는 집단도덕의 공유를 가정하는 '보모 국가Nanny State'에 대한 이슈를 처음으로 다룬 사람이기도 하다. 로크는 지방정부가 자신의 도덕적 혹은 종교적 선택을 좌우지하지 않기를 바랐다. 정부당국 사람들이 로크 자신보다도 더 무지한 것처럼 보였기 때문이었다. 교육받은 사람으로서 로크는 집단권력이 공동체의 우선순위 혹은 그가 동의하지 않는 종교적 관점을 강요할지도 모른다고 생각했고, 그러한 집단권력에 굴복하기를 원치 않았다. 다시 말해 그는 정부를 믿지 않았다. 로크는 사회 혹은 정부의 기능은 기본적인 안전을 보장하고 개인 재산을 보호하는 데 국한되어야지, 그 어떤 사회적 목표를 조장해서는 안 된다고 주장했다.

이 주장은 자본주의 초기 시절뿐만 아니라 현재 이루어지는 논쟁 속에서도 여전히 그 목소리를 내고 있다. 자본주의가 중산층에게 더 큰 부를 안겨다주기 시작하면서 물질적인 목표를 무한히 추구하는 것이 과연 타당한지 아닌지에 대한 의문도 일었다. 물질주의에 대한 비판의 목소리는 18세기 중반에도 있었다. 한 예로 유명한 극작가이자 수필가였던 존 브라운John Brown은 상업이 사람들에게 더 많은 삶의 필요를 제공하는 데 성공했고 예술에서부터 과학에 이르기까지 문화적 생산도 증대시키기는 했지만, 사치스러운 생활방식이 도덕적 섬세함을 약화시킬 수 있다며 염려를 표했다. 그는 그러한 생활방식이 사람들을 삶의 안락에 집착하게 만들 수 있다고 생각했고, '지금 당장 재산을 증식하고 보존하고자 하

는 일종의 통제된 이기심'이 나타남으로써 사회적 미덕이나 공적 서비스는 쇠퇴할 것이라고 생각했다.[26]

자본주의의 매력

하지만 한번 시작된 물질주의는 멈출 수가 없었다. 생산의 기계화가 박차를 가하면서, 18세기 후반과 19세기 초반의 사업가들은 카펫, 도자기, 리넨, 레이스, 설탕, 차 등 존 브라운이 말한 '여성적인effeminate' 즐거움을 일반대중에게 더더욱 많이 공급할 수 있게 되었다. 그리고 서서히 더 많은 사람들이 이러한 상품을 즐기게 되면서 소유는 지위를 나타내고 정체성을 표현하기도 했다. 달리 말해서 물질주의가 이제는 매우 부유한 사람들뿐만 아니라 모든 사람들에게 물리적 혜택, 그리고 심리적 유익까지 제공하기에 이른 것이다. 더 많은 사람들에게 물질적 풍요가 퍼져나가면서 우리 조상들은 틀림없이 지금이야말로 즐거운 인생을 누릴 수 있는 진정한 기회라고 생각했을 것이다. 내세에 보상을 얻기 위한 '선한' 삶이 주는 만족은 이제 현세에 누릴 수 있는 점점 더 많은 물리적 만족과 겨루어야만 했다.

하지만 이러한 물질적인 풍요를 얻기 위해 사람들은 일을 해야만 했다. 그들은 수다를 즐기며 빈둥거리고 며칠 동안 휴가를 즐기는 등의 게으른 삶의 태도를 버리고, 좀 더 일관되고 절제된 방식으로 일해야만 했다. 그들은 오랜 시간 동안 적은 보수를 받으며 단조로운 업무를 해야 했다. 특히 공장 일은 일 자체가 가혹했기 때문에 거의 악마에게 영혼을 파는 것이나 다름없었다. 실제로 이는 사교활동과 다채로운 삶의 속도가 주는 즐거움을 포기하는 것을 의미하기도 한다. 어떤 사람들은 생존을 위해 이런 선택을 하기도 했지만, 다른 사람들은 가구와 좋은 음식을 얻는 등 그들의 물질적인 수준을 개선하기 위해 이러한 선택을 했다. 사람들은 점차 삶의 여건을 개선하겠다는 현실적인 목표에 초점을 맞추어갔다. 그 와중에 일상에서 누리는 연대감이나 신을 기쁘게 하는 일 등 손에 잡히지 않는 유익이 점차 사라지고 있다는 것은 그들 눈에 잘 들어오지 않았다.

이기적인 고용주

고용주도 자신이 사람들에게 무엇을 요구하고 있는지 잘 모르고 있었다. 많은 고용주들이 피고용자들의 삶이 어떤지는 도무지 보지 못했다. 나는 늘 초기 공장 소유주들이 일자리를 찾으러 도시로 쏟아져 들어오는 가난한 사람들을 착취하면서 어떻게 그것을 정당화시킬 수 있었는지 의아스러웠다. 그 해답의 일부를 정치과학자인 C. B. 맥퍼슨 C. B. McPherson 이 제공해주었는데, 그는 그 당시 임금노동자들이 이미 낮은 지위를 가지고 있었다고 지적했다.[27] 시골에 살던 사람들 대부분은 자신의 땅을 일구고 다양한 활동을 통해 자급자족을 하고 있었다. 그들은 임금노동을 수치스러운 최후의 생계수단이라고 여겼다. 정규직 임금노동자들은 어엿한 성인이 아니라 어린이에 가까운 매우 의존적인 존재로 여겨졌다. 심지어 진보적인 평등주의자들조차 그들이 선거권을 가져야 한다고는 생각하지 않았다. 가장 먼저 공장에서 임금을 받고 일하기 시작한 사람들은 바로 이러한 농업노동자들과 농장의 하인들이었다. 공장주들은 시골사람들이 그랬던 것처럼 그들을 거의 존중하지 않았다. 고용주들에게 그들은 그저 '일손'이었을 뿐, 존중할 만한 솜씨를 지닌 기술공도 아니었고 가족 같은 사람들도 아니었다. 그들은 생계비 이하의 돈으로 이렇게 가장 힘 없는 사회구성원을 고용하는 것을 매우 편리하게 생각했는데, 이러한 태도는 이후 식민주의자들이나 혹은 생산비를 낮추려고 필리핀이나 봄베이에서 헐값의 노동력을 사용하는 데 전혀 부끄러움이 없는 오늘날의 경영자들(물론 우리도 싼 가격에 물건을 사기를 좋아한다)의 태도와 비슷하다. 어쨌든 그들은 임금이 얼마든 간에 일할 수 있다는 것을 다행스럽게 여겨야 했다. 그때나 지금이나 참 익숙한 말이긴 하지만 말이다. 그들 모두는, (사회에서) 가장 힘없는 사람들에게는 사람의 특성이 부족하다고 간주했다.

도시환경이 주는 상대적인 익명성 혹은 여러 나라들 사이에 존재하는 먼 거리 덕분에, 양심 없이 다른 사람을 착취하기란 훨씬 쉬운 일이 되었다. 그들의 인간성은 상대적으로 눈에 보이지 않고 추상적인 것이 되었다. 초기 산업자본주의에서 종업원은 이미 지위가 떨어진 사람이라고 여겨졌기 때문에 고용주들 대부분은 그들의 개인적인 주체성이나 자립성이 상실되는 것에 대해 염려하지 않았다. 또한 공장 체제가 종업원들의 가족생활이나 그들의 어린 자녀들의 발달에 어떤 영향을 끼칠지에 관해서도 고민하지 않았다. 고용주들에게 노동자는 그저 하나의 기능을 채워주는 사람에 불과했을 뿐, 아플 때 돌봄이 필요하고 피곤하면 쉬어야 하며 사고활동을 위해 교육이나 자극을 필요로 하는 진정한 인식주체로서의 사람으로는 보이지 않았다.

공장의 여건

공장체계 속에 이끌려 들어온 사람들의 삶의 여건은 그야말로 절박했다. 그들에게는 자녀를 적절히 돌볼 수 있는 기회나 가능성이 거의 없었고, 아이들을 데리고 공장에 가야 할 때도 많았다. 어린아이를 돌본다는 건 엄마에게 일종의 사치였고, 아기들은 대개 손위 형제·자매가 돌보기 일쑤였다. 혹은 공장에 가기 위해서 아이에게 랜더넘 landanum과 같은 마취제를 맞히는 일도 다반사였다. 그것이 자녀들의 정서발달과 뇌 발달에 어떤 영향을 끼칠지 상상하는 것만으로도 정말 가슴이 아프다. 어린이들도 일곱 살 혹은 더 어린 나이부터 일터에 나가 하루 열두 시간씩 허리가 끊어져라 일해야 했고, 이것은 그들의 정신발달뿐만 아니라 신체발달도 저해했다. 그래서 여자아이들은 공장노동 때문에 몸이 다 망가지기 전에 아이를 가져야 한다는 생각에 15세 정도만 돼도 결혼을 하는 지경에 이르렀다. 1848년에 칼 마르크스 Karl Marx는 이렇게 말했다. '가족과 교육, 부모·자녀 간의 신성한 상호관계에 대한 부르주아의 찬양은 현대산업에서 보이는 행동을 보았을 때 더욱 역겹게 느껴진다. 가족의 모든 끈은 산산이 끊어졌고 그들의 자녀는 단순히 상업적 물품이나 노동의 도구로 변해버렸다.'[28] 사회는 양극화되었다. 노동계급의 가족생활은 철저히 파괴된 반면, 중산계급은 가족생활에서 이미 사치를 즐기거나 혹은 적어도 이상적인 가족생활을 즐기겠다는 포부를 가졌다.

봉건 영주들이 소작농들을 자신의 보호 아래 있는 사람들이라고 여겼던 반면, 고용주들은 이제 책임감의 부담을 털어버렸다. 고용주와 종업원의 관계는 구직자가 서명을 하는 계약서상의 관계로 축소되었다. 그 계약을 통해 얻는 급여가 너무나도 적었기 때문에 노동자가 사람들로 북적이는 혼잡한 곳에서 살며, 먹을 것도 겨우겨우 구할 수 있는 지저분한 집에서 식구들과 제대로 된 관계를 맺을 시간조차 없이 살아간다는 사실은 고용주가 상관할 바가 아니었다. 고용주는 도시의 누추한 지역에서 노동자들과 함께 살지 않았고, 공장이 점점 더 커지면서 종업원들과 얼굴을 마주하며 접촉할 일도 거의 없어졌다. 새로운 사회관계는 개인적 관계가 없는 비인간적인 것이었다. 그럼에도 불구하고 이것은 '진보'라고 표현되었다. 모든 사람이 즐길 수 있을 정도로 더 많은 생산품을 만들어내는 위대한 새 '정치경제'의 일부가 되는 것 말이다.

모든 고용주가 오직 자신의 직접적인 손익에만 책임이 있고 그들이 벌이는 활동이 야기하는 사회적 비용과는 무관하다는 신념은 하나의 교묘한 논리가 되어 사업적 행동과 폭리를 일삼는 행동에 대단한 자극이 되었다. 하지만 동시에 이는 의식하지 못하는 사이 사회조직을 분열시키는 피해를 가져왔다. 이와 동일한 태도가 현대의 경제적 사고에도 여전히 남아 있는데, 이 사고는 생산의 환경적·사회적 비용을 '외적 결과'로 정의하면서 생산과정 밖의 일일 뿐 고용주의 책임은 아니라고 여긴다. 이렇게 한번 세워진 태도는 규준이 되어, 경쟁사회에서 벌이를 하며 먹고사는 다른 사람들도 여기에 적응해야만 했다. 그렇지 않으면 불이익을 감수해야만 했다. 문화 전체가 이러한 가치에 오염되면서 새로운 도덕관이 퍼졌다.

시골 vs. 도시

자본주의 초기시절 내내 사실 대부분의 사람들은 여전히 시골에 살았는데, 그곳 사람들은 특정 종류의 노동집단─가족, 마을, 길드, 봉건 사유지─의 일부였고 다양한 종류의 사회적 유대관계로 서로 연결되어 있었다. 물론 그들도 위계질서가 잡힌 불평등한 사회에 살고 있었지만, 그것은 자연적인 질서로 여겨졌고 서로 다른 사회적 지위를 가진 사람들 사이에 진심 어린 관계가 피어날 때도 많았다. 여전히 사람들은 서로에게 정서적으로 반응했고, 여러 면에서 마치 하나의 커다란 대가족처럼 행동했다. 그럼으로써 사회 모든 구성원은 그들이 호의를 받지 못하고 열등한 존재로 여겨지던 때에도 관용과 지지를 받을 수 있었다. 이러한 사회적 유대관계는 어려움을 겪기도 하고 때로 분열되기도 했지만 다시금 잘 다듬어지곤 했다. 시골사람들에게 번영이란 여전히 '단순히 물질적 안락함을 누리는 것이 아니라 건강, 좋은 심성, 지혜, 유용성, 그리고 자신이 다른 사람들에게서 좋은 평판을 얻게끔 노력했다는 만족감'을 포함하는 것이라고 여겨졌다.[29]

한편 도시에서는 인류 역사상 최초로, 임금노동자들이 사회의

지지도 얻지 못하고 좋은 평판에 기대지도 못한 채 안정적인 사회로부터 떨어져 나온 외로운 개인들이 되어버렸다. 물론 이로써 자립성, 개인주의, 자기규정self-definition은 더 확대되었지만 사람들은 동시에 정서적으로 더욱 취약해졌다. 전체에 기능적인 일부로 존재하는 것이 아니라 자신만의 생각을 가진 자유롭고 독립적인 실체가 되기 위해, 사람들은 안전망이나 공동체 혹은 기댈 수 있는 타인의 보호를 잃는 대가를 치러야 했다. 타인에 대한 의무감, 강자의 약자 보호, 타인에게 일어나는 해로움이나 고통을 방지해야 한다는 의무감(의도적인 처벌을 제외하고) 같은 전통적 도덕개념은 지도 밖으로 사라졌다. 경제적인 삶은 관계, 감정, 도덕과 동떨어진 영역이 되었다.

호모 이코노미쿠스? 도덕의 정서적 기초

자본가들의 기업경영은 인간관계를 넘어서는 비인간적인 힘으로 정의되기에 이르렀다. 이러한 인간적 특성을 '호모 이코노미쿠스'라고 일컫는데, 이는 자신의 경제적 행복을 인생의 주된 목표로 삼는 냉정하고 계산적인 사람을 가리킨다. 이러한 경제적 도식 속에서 도덕의 중심—타인의 필요와 주장이 설령 자신의 이익과 모순되더라도 그것이 유효하다는 사실을 이해하는 것—은 더 이상 무게를 지니지 못했다. 타인의 주장은 이익과 관련된 것이 아니면 불필요하고 상관없는 것으로 여겨졌다. 합리성, 객관성, 자기통제가 사람들을 이끄는 원칙이 되었고 정서의 가치는 땅에 떨어졌다.

칸트Kant, 피아제Piaget, 콜버그Kohlberg에 이르기까지 도덕철학자들은 논리와 반성을 통해 도덕적 판단이 이루어진다고 믿었지만, 최근 과학의 발달은 이러한 가정에 의문을 던졌다. 우리는 훨씬 더 직관적으로 도덕적 판단을 내리고 이후 그 선택을 정당화하기 위해 논리를 정립한다는 새로운 증거가 속속 나오고 있는 것이다.[30] 선두적인 인지신경과학자 조르게 몰Jorge Moll은, '수세기 동안 도덕심리학은 합리주의적 이론의 지배하에서 이론적 발달을 이루었지만, 최근에는 도덕발달과 도덕행동 모델에서 정서의 역할을 강조한다.'고 말했다.[31]

도덕적 딜레마moral dilemma의 잘 알려진 예로 '전차Trolley' 시나리오를 들 수 있다. 전차가 트랙에서 일하고 있는 다섯 사람을 향해 돌진하고 있어서 곧 사람이 치일 상황인데, 당신이 스위치 하나만 돌리면 단 한 사람만 일하고 있는 다른 트랙으로 전차의 방향을 바꿀 수 있다. 이 경우 사람들은 대부분 '다수의 선'이라는 관점에서 스위치를 돌리는 쪽을 선택하고, 자신이 내린 객관적이고 다소 추상적인 선택을 논리적으로 합리화한다. 이제 우리는 뇌 스캔 사진을 통해서, 우리가 이러한 의사결정을 내릴 때 배외측 전전두피질과 하두정inferior parietal 영역을 사용한다는 사실을 알 수 있게 되었다. 이 영역들은 걸음마기와 아동기 초기에 뇌의 다른 정서적 영역보다 조금 늦게 발달되는 부분으로서 '냉정한' 사고와 작업기억working memory을 주관한다.

이 딜레마를 다른 관점에서 바라보면 또 다른 이야기를 이끌어낼 수 있다. 당신은 양 갈래길 위의 육교에 서 있다. 전차가 다섯 사람을 치지 못하게 만들 유일한 방법은 당신 앞에 있는 덩치 큰 사람을 트랙 위로 밀어 넣는 것뿐이다. 이럴 때에는 아까와는 매우 다른 뇌 부위가 활성화된다. 한 사람을 희생해서 다섯 사람을 구한다는 도덕적 논리는 앞과 같지만, 사람들 대부분은 이 방식으로 문제를 해결하기 어려워한다. 사람들은 그 사람을 죽이기로 결심하기 어려워한다. 그를 자신과 직접적이고 개인적인 관계를 맺고 있는, 살아 있는 사람으로 인식하는 것이다. 이러한 인식은 그가 단지 물리적으로 자신 가까이에 있다는 이유 하나로 이루어진다. 신경과학자들은 이러한 종류의 딜레마가 편도체나 상측두구 superior temporal sulcus뿐 아니라 좀 더 정서적인 뇌 영역들, 특히 후대상 피질 posterior cingulate cortex과 내측 전전두 피질 같은 매우 다른 뇌 영역을 활성화시킨다고 밝혔다. 상대방의 눈빛과 얼굴표정을 볼 수 있고 그 사람의 감정에 동조할 수도 있는 상황에서 그 사람을 죽일 수는 없는 일이다. 그것은 전적으로 잘못된 일이라고 느껴진다.[32]

그러므로 도덕적 판단에도 서로 다른 종류가 있는 것으로 보인다. 어떤 판단은 논리적이고 '냉정한' 사고와 연관된다. 우리는 안락사에 찬성하는가? 사형제도를 찬성하는 입장과 반대하는 입장의 주장은 무엇인가? 혼전 성관계는 사회적으로 용인될 만한가? 이와 같은 질문에 대한 판단은 논리적이고 냉정한 사고에 의해 내려진다. 우리에게 돌아올 이익과 불이익을 추상적인 수준에서 따지는 이러한 계산은 뇌의 의식적인 부분에 의해 이루어진다. 하지만 좀 더 늦게 발달하는 뇌 구조인 배외측 전전두 피질은 먼저 발달한 무의식적이고 직관적인 뇌 영역이 상황에 제대로 대처하지 못할 때 그 영역보다 우위에서 작동한다. 그리고 새로운 선택을 하기 위해, 자동적인 프로세스 중간에 개입해 영향을 행사할 수 있다. 상대적으로 말해서, 이것은 꽤나 거추장스럽고 느린 과정이다.

이와는 대조적으로 정서적이고 직관적인 영역은 행동이 굉장히 빠르고, 우리는 끊임없이 이 영역을 사용한다. 칸트는 감정이 논리적인 도덕판단을 방해하거나 '타락시킬' 수 있다고 생각했지만, 뇌 연구는 그 반대의 경우가 훨씬 많다는 사실을 보여준다. 의식적이고 논리적인 마음이야말로 정서적으로 유발되는 우세한 사고형태를 방해하는 장본인이다. 대체로 우리들은 정서적으로 유발된 (이미 형성된) 행동의 레퍼토리 가운데 가장 최상의 경우를 선택한다. 이는 매우 자동적인 과정이다. 시험 볼 때 편안하게 앉아 객관식 문제를 푸는 것처럼 말이다. 의사결정 대부분은 우리가 실제 세계에서 생존을 위해 '행할 수 있다$^{do-able}$'고 감지하는 것이지,[33] 철학자들이 그토록 사랑한 '냉정한' 형태의 합리적 판단을 사용하는 일은 드물다.

논리와 합리성을 적용하는 데에는 한계가 있다. 이 둘은 우리가 탁 막혔을 때 새로운 사고를 할 수 있도록 도와주지만, 대체로 우리의 도덕적 판단은 직접적인 사회관계와 연결되며 정서와 생애 초기에 형성된 프로그램에 기초를 둔다. 우리의 일상적인 사회생활과 도덕적 의사결정 대부분은 사실 유아기와 아동기 초기에 형성된 무의식적인 정서반응을 통해 이루어지는데, 이는 태어나서 가장 먼저 나누는 타인과의 상호작용에 토대를 둔다. 이러한 자동적인 프로그램은 평정심을 유지하려고 애쓰면서 에너지를 낭비하는 일 없이 침착함을 유지할 수 있도록 도와준다. 정리하자면 일은 이렇게 이루어진다. 사회적 뇌가 사회적 결정을 만들어내며, 이는 과거의 경험을 통해 자동적으로 획득된다.

정서는 사회적 동물인 우리 인생에 지침으로서의 역할을 한다. 생애초기에 습득한 관계학습을 통해 정서는 자동적으로 반응한다. 즉 누군가 우리에게 매력적인지 그렇지 않은지, 특정 상황이 우리에게 유리한지 그렇지 않은지를 직관적으로 알 수 있는 것이다. 예기치 않은 어려움을 만났을 때, 우리의 정서적 반응은 다시금 예전상태를 회복하려고 노력한다. 예를 들어 분노는 위협에 놓였을 때 사회적 지위를 유지하려는 시도이며, 슬픔은 돌이킬 수 없는 상실에 적응하기 위한 하나의 방편일 수 있다. 다른 여러 정서 또한 저마다의 역할을 지니고 있다. 새로운 전략을 떠올리기 위해 좀 더 의식적인 뇌의 배외측 영역이 등장하는 것은 이러한 정서적 레퍼토리가 유용한 효과를 불러오는 데 실패했을 경우다.

이러한 정서를 바탕으로 도덕적 결정을 내릴 수 없는 사람들은 비정상적이라고 여겨진다. 그들은 '스타 트랙Star Trek'에 등장하는 스폭Mr. Spock이라는 캐릭터와 비교되어왔다. 그는 이상하리만치 감정이 결여된 캐릭터로서 항상 논리적으로 생각하지만 정서적으로 반응할 줄은 모른다. 실생활에서 스폭처럼 반응하는 사람들—논리적 반응은 할 수 있지만 정서적 반응은 할 수 없는—은 뇌에 종양이 있거나 뇌의 복내측 영역에 맥류가 형성된 사람들이다.[34, 35] 그들의 배외측 전전두 피질은 정상적이며 기능적 수행을 하는 데는 문제가 없지만, 그들은 도덕적 딜레마에 더 이상 개인적인 방식으로 반응할 수 없다. 이러한 변화는 그들의 도덕적 선택을 바꾸어놓는다. 그 결과 그들은 육교 밑으로 사람을 떠미는 일에 껄

끄러움을 느끼지 않는다.

우리가 치른 대가는 과연 얼마인가?

중세의 시골에서 도시의 자본주의로 생활양식이 변화하면서, 노동생활은 계획을 수립하고 목표를 설정하는 계산 위주의 '집행적인' 뇌에 특권을 부여했다. 새로운 경제는 순수하게 도구적인 관계를 만들어냈고 사람들은 다른 사람들과 마치 체스보드 위의 조각들처럼 관계를 맺기 시작했다. 타인은 분리된, 추상적인 존재이기 때문에 감정이 아닌 논리로 대할 수 있는 대상이 되었다. 사람들 간의 연결이나 끈이 끊어졌고, 계약과 권리 혹은 법으로 형성되고 운영되는 새로운 구조에 의해 그 연결은 왜곡되고 비뚤어졌다. 배외측 전전두 피질이 지배하는 시대가 온 것이다.

산업혁명 당시 많은 논평가들은 새로운 삶의 방식이 진정한 정서적 관계를 저해하며, 사람들이 서로의 필요에 민감하게 반응하던 마을 공동체를 파괴시킨다고 지적했다. 1830년대 무렵, 서로 다른 사회계층이 한데 섞여 서로 관계를 맺었던 포괄적인 사회는 분명 어느 정도 사라지고 말았다. 또한 이때는 산업자본주의가 수도원 약탈이나 인클로저 enclosures(토지의 집중적인 개인사유화―옮긴이)처럼 일시적인 돈벌이가 아니라, 앞으로도 계속 머무를 체계로 많은 사람들에게 인지되기 시작했다.[36] 그에 따라 사람들은 정서적 대가를 셈하기 시작했다. 토마스 칼라일 Thomas Carlyle의 비평이 잘 알려진 한 예인데, 그는 1843년에 '우리는 삶을 위해 값비싼 장

식품들을 갖추었지만, 정작 그 한가운데서 살아가는 방법은 까맣게 잊어버렸다. (……) 많은 사람들이 더 좋은 음식을 먹고, 더 귀한 술을 마신다. (……) 하지만 그 모든 것 가운데…… 과연 어떤 축복이 늘어난 것일까? 우리가 누리는 축복은 예전보다 더 훌륭하고 아름답고 대담한 것일까? 사람들이 말하는 '더 행복한' 것이긴 할까? 사람들은 신이 허락한 이 지구상에서 더 많은 것을 누리고 타인의 얼굴을 만족스러운 표정으로 바라볼까? 그렇지 않다. 상호협조 대신, 현금지불이 인간들의 유일한 관계가 되어버렸다.'라고 기록했다.[37] 하지만 물질적·과학적 진보를 향한 거대한 욕구 때문에 칼라일과 같은 의견을 내는 목소리는 묻혀버리고 말았다.

계급 분열

협력적인 공동체 구조의 부재 속에서 칼라일이 사회 전체 속에 포함시켜야 한다고 주장했던 인간의 정서적 관계는 이제 가족이라는 제한된 영역으로 좁혀졌다(너무 좁혀진 나머지, 오늘날 우리들도 더 넓은 세상이 아닌 내 가족만 신경 쓰는 것을 당연시하고 있다). 그리고 그 가족 안에서도 분열이 나타나기 시작했다. 중산층 가족들이 서로 관계를 맺는 방식과 노동계층 가족들이 관계를 맺는 방식은 완전히 달랐다. 자녀양육도 극과 극으로 갈라졌고, 노동계층 자녀들이 겪는 경험은 중산층 자녀들의 경험과 철저하게 달라졌다.

우선 상대적으로 자급자족하며 살던 소작농이나 기술공의 시골집이나 오두막집에서는, 양친 모두 자녀들과 함께 살고 일하면서 그들의 가치와 실용적인 기술을 자녀들에게 전수할 수 있었다. 그러나 공장노동을 해야 했던 사람들은 자녀들과 떨어져 있어야 했으므로 사회적 노하우를 전수할 길이 없었다. 여성들도 늘 일을 하긴 했지만, 이제 그들은 집이 아니라 공장에서 일하기 때문에 자녀들은 하루 대부분의 시간 동안 엄마를 만날 수 없었다. 반면 새로운 중산층은 더욱 부유해지고 더 많은 하인들을 고용했기 때문에 한결 여유로운 생활을 즐길 수 있었다. 그렇기 때문에 그 계층의 여성들은 더 널찍한 테라스를 갖춘 집과 빌라에 머무르면서 자신의 모든 에너지를 가족생활에만 바칠 수 있었다. 이로써 그들은 과거 그 어느 때보다도 자녀들에게 더 큰 관심을 기울일 수 있었고, 자녀들의 도덕적·개인적 발달, 특히 그들의 자기인식과 자기통제를 가까이에서 지켜보면서 사회적 자산을 길러줄 수 있었다. 새로운 계층으로 형성된 사회는 단지 재정적으로만 불평등한 것이 아니었다. 자녀들의 사회적·정서적 발달에 투자할 수 있는 기회도 계층에 따라 매우 달라졌다.

전문직이나 사무직에 속하는 중산층은 일을 할 때는 냉정하고 도구적인 인간관계를 맺었지만, 그들의 가정에 대해서는 애착을 가졌고 가정 안에서 위안을 찾았다(더불어 한 계급으로서의 정체성도 가정 안에서 찾았을 것이라는 의견이 우세하다). 이 계급 안에 있는 사람들은 감정을 충분히 느끼고 누릴 수 있었을 것이다. 하지만 노동자계층에게 온화함, 자녀의 심성에 대한 더 큰 관심과 같은 유행은 그들과 상관없는 먼 나라 이야기로 들렸을 것이 틀림없다. 공장노동자들은 자녀들의 정서적·도덕적 훈련에 주의를 기울일 기회가 거의 없었다. 뿐만 아니라 그들과 그들의 자녀가 전문직종을 추구하는 데 유용할 만한 사회적 기술조차 없었다. 고용주가 그들의 모든 행동을 통제했기 때문에 그들에게는 개인적 야망을 충족시킬 기회가 거의 없었던 것이다. 그러한 상황 속에서 자기인식과 직접적인 사고는 분명 무용지물로 보였을 것이다. 그래서 그들은 즉각적인 즐거움을 추구하는 방식으로 반응했다. 종일 일하며 힘들게 보낸 하루를 마감하면서 많은 이들이 순간을 살아가는 소작농의 전통적인 태도를 그대로 유지했고, 도시에서 이것은 만취, 흡연, 대폿집에서 벌이는 음주가무, 해산물과 로브스터의 향유, 매춘업소 방문, 닭싸움 구경 등의 형태로 나타났다.

감리교 운동의 등장

하지만 더 높은 수준의 뇌 기능을 활용해야 한다는 주장도 제기되었다. 특히 초기 감리교 운동 Methodist movement 은 자기훈련을 장려했다. 이 운동은 많은 사람들에게 강하게 어필되었는데, 이는 더 나은 미래에 대한 희망의 빛줄기를 안겨주었고 가난한 사람들도 신의 눈에는 부유한 자만큼이나 큰 가치를 지닌 존재로 보인다고 설교했기 때문이다. 각 개인의 가치와 소중함에 대한 인식은 아동기에서부터 시작된다. 물론 감리교파는 신체에 대해 금욕주의적인 적개심을 보였고 이에 따라 감정에도 엄한 태도를 보였지만, 자녀양육에 대해서는 부모가 적극적으로 개입할 것을 요구했고 주로 자녀의 영적 발달에 초점을 맞출 것을 강조했다. 감리교도들은 특히 부모가 자녀들에게 시간엄수와 자기절제를 가르쳐야 한다고 장려했다. 이는 상당한 에너지를 투자해야 하는 자기통제의 특성이다. 이렇게 촘촘히 짜인 운동에 참여하던 사람들은 자신을 잘 정돈하고 조직할 수 있는 탄탄한 능력을 키우는 경우가 많았으며, 이것은 이후 무역노조와 같은 다른 노동자계층의 운동에도 영향을 끼쳤다. 그들이 자녀에게 제공하는 엄격하고 일관된 양육은 뇌의 배외측 영역의 계획·사고 능력뿐만 아니라 안와전두 영역의 '브레이크' 체계를 지원했겠지만, 그렇다고 해서 이것이 생애초기의 애정 어린 상호작용이 만들어내는 자기인식과 정서적 공감능력을 발달시키지는 않았을 것이다. 이렇게 정서적 공감능력이 부족한 사회에서, 도덕이란 친밀한 돌봄의 관계 속에서 우러나오는 것이 아니라 비교적 외부적이고 규칙에 기초한 속성을 띨 가능성이 더 높다.

이후 두 세기가 넘도록 노동자계층의 많은 사람들이 비참하거나 빈곤한 삶의 여건을 벗어나려고 애썼는데, 자녀교육이 그 문제를 해결해줄 열쇠로 여겨질 때가 많았다. 18세기 말에 태어나 이 길을 따른 한 젊은 남성이 바로 프랜시스 플레이스Francis Place였다. 그는 부모가 선술집을 운영하는 동안 런던을 떠돌아다니며 다소 방치된 어린 시절을 보냈고, 아무 생각 없이 재단사 견습생이 되었다. 그의 아버지가 그에게 뭘 하고 싶으냐고 묻자, 열네 살의 이 어린 소년은 장사를 배우고 싶다고 말했다. '저녁때였어요. 아버지께서 그 즉시 선술집으로 가더니 나를 맡겠다는 사람 아무에게나 절 데려가라 했죠.'[38] 그는 차후 아내와 자녀들과 한 방에서 지내며 가죽 포미尾를 만드는 일을 하는 젊은이로 성장했다. 그리고 자녀 중 한 명을 잃는 아픔과 함께 배고픔과 실업을 견뎌야 하는 괴로운 시절도 보냈다. 그는 가난을 벗고 그 앞에 나타날 모든 기회를 잡겠다는 다부진 결심을 했다. 그리고 미친 듯이 책을 읽고 독학을 해 24세의 나이에 런던기자협회 London Corresponding Society 에 합류하게 되었다. 이 협회는 자기계발과 더 나은 삶에 대한 허기를 채우기 위해 자생한 많은 클럽과 모임 가운데 하나였다. 이 모임의 남다른 목표는 보편선거권과 연례의회 획득이었지만, 대부분의 활동은 독서와 토론으로 채워졌다. 플레이스는 이렇게 묘사했다. "협회의 도덕적 효과는 어마어마했다. 그 모임은 사람들이 대폿집에서 시간을 버리는 대신 책을 읽게 유도했고, 자신을 존중하라고 가르쳤으며 자녀교육에 열의를 가지라고 권유했다. 그리고 사람들에게 자신의 의견을 개진하라고 의지를 고양시켰다. 그 모임은 '처신과 절제'를 위한 위대한 도덕적 교훈을 사람들에게 전수했다."[39]

플레이스는 교육과 상호지원을 통해서 사람들이 자기통제와 자기인식을 발달시킬 수 있다고 넌지시 주장했다. 플레이스는 1770년대 런던생활을 떠올리며, 다른 사람보다 좀 더 나았다는 장인과 기술공 사이에서조차 '만취, 불결함, 비행'은 평범한 일이었다고 말했다. 그에 따르면 그 이후 산업자본주의로 옮겨가는 50여 년 넘는 시간 동안 사람들의 태도와 도덕에는 눈부신 발전이 있었다. 플레이스는 치안개선, 부의 증진, 프랑스 혁명 이후에 나타난 더욱 평등적인 태도 등이 이러한 발전을 일부 가져왔다고 보았지만, 대체로 이 변화의 진정한 원인은 교육의 확대에 있다고 생각했다. 교육은 그 자신의 행동과 관점에 두드러진 변화를 만들어냈고, 그는 이것이 일반대중에게도 적용되는 사실이라고 믿었다. 교육에 대한 플레이스의 강한 믿음은 그가 자기 자녀들(총 열다섯 명이었으나, 그 가운데 여러 명이 어렸을 때 사망했다) 모두에게 좋은 교육을 제공해줄 만한 벌이를 위해 부단히 노력했다는 사실을 통해 잘 알 수 있다.

플레이스의 자서전은 자녀들의 어린 시절의 정서적 발달에 큰 비중을 두지는 않았다. 자녀들의 유아기나 아동기에 대한 언급은 거의 없다. 그가 생계유지에 온힘을 쏟는 동안 자녀들에 관한 것은 전부 그의 아내에게 맡겼다고 한다. 전통적인 노동분리 사회에서 돈을 벌어오는 쪽에 서 있던 남성이, 자신이 목격한 사회발달에 유년시절과 생애초기 자녀양육이 얼마나 막대한 영향을 끼치는지 깨닫기 어려웠다는 점은 이해할 만도 하다. 하지만 또 다른 '잘 자란 노동소년'이었던 로버트 오웬Robert Owen은 그런 대세를 거스른 사람이었다.

오웬은 플레이스와 같은 시대를 살았다. 겸손한 다리미 상인이자 마구 제조·판매업자의 아들로서, 오웬은 자본주의의 기계술을 활용해 친구와 함께 기초 목화 방적사업을 시작해 나중에는 어마어마한 제재소의 주인 자리에까지 올랐다(그리고 그 과정에서 제재소 이전 주인의 딸과 결혼도 했다). 플레이스와 마찬가지로 오웬 역시 교육을 진보의 열쇠로 보았다. 그는 제재소 사업을 통해 양호한 환경을 누렸고 전 생애에 걸쳐 교육을 받을 수 있었다.

오웬의 초기발달에서 무엇인가가 돌봄의 가치를 고양시키는 강력한 자극제가 되었고, 오웬은 초기의 정서적·도덕적 교육이 읽고 쓰는 능력만큼이나 필수적이라는 것을 깨닫고 그러한 가치를 받아들였다. 그는 9세 미만 아동의 노동을 반대하는 캠페인을 벌였고(흥미롭게도, 그는 아홉 살에 처음 일을 시작했다), 아이들의 노동시간을 제한해야 한다고 주장했다.[40] 특히 그는 아이들이 생애 초기에 양호한 발달을 이룰 수 있도록 돕는 것이 중요하다고 보고, 1816년에 그의 제재소에 '인격형성센터Institute for the Formation of Character'를 세웠는데, 이곳은 한 살 이후의 걸음마기 아기들을 교육하는 보육원 같은 곳이었다. 그가 교사들에게 지시한 것을 보면 그가 어떤 가치관을 지녔는지 알 수 있다. '그 어떤 일이 있어도 아이들을 때려서는 안 되며, 그 어떤 말이나 행동으로 아이들을 위협해서도 안 되며, 아이들을 혹사시켜서도 안 된다. 늘 유쾌한 목소리와 친절한 태도로 아이들과 이야기를 나누어야 한다. 유아들과 아동들에게 이렇게 말해야 한다. …… 무엇을 하든지 간에 함께 노는 친구들을 즐겁게 만들어줄 수 있는 것을 해야 한다고 말이다.'[41]

19세기가 시작되면서, 자녀양육은 주된 이야깃거리가 되었다. 산업화와 부의 증진을 추구하던 이 시기에 좀 더 많은 부모들이 오웬의 관점에 관심을 기울이기 시작했고, 일부 부모들은 외부권위에 복종하는 것보다 미국의 신학자이자 작가인 호레이스 부시넬Horace Bushnell이 우아한 빅토리아 언어로 말했다시피 '자기통치self-government의 탁월한 힘'이 바람직하다는 것을 깨닫고 있었다. 독자들을 사로잡았던 그의 책 『기독교적 양육Christian Nurture』에서 그는 작은 아이들의 의지를 꺾어서는 안 된다고 주장했다.[42] 자녀양육의 대가이자 그 시대의 벤저민 스폭Benjamin Spock이라 불리던 부시넬은 자신의 어린아이들과 함께 시간을 보내는 자상한 아버지였다. 그는 도덕발달에서 유아기가 가장 중요한 시기이며, 이 시기에 아기의 성격은 언어적 상호작용으로 형성된다기보다 '부모라는 줄기parent-stem' 속에서 영글어가고 부모의 행동과 존재 속에서 영양분을 받는 '씨앗seed'이라는 사실을 밝혀 보였다. 실제로 그는 '사랑하고 사랑받지 못해본 사람에게 사랑이라는 단어는 아무 의미가 없다.'[43]면서 생생한 사랑을 경험하기 전까지 아기는 특정 단어의 의미를 이해할 수 없을 것이라고 주장했다.

이 시기에 좀 더 온건하고 자유주의적인 기독교인들은 복음을 강조하던 프로테스탄티즘의 형태 속에서 여전히 지지되었던 엄격한 훈육과 처벌이 자기통제를 습득하는 데 반드시 최상의 방법은 아니라는 사실을 깨닫기 시작했다. 물론 (찰스 디킨스Charles Dickens의 『니콜라스 니클비Nicholas Nickleby』 혹은 샬롯 브론테Charlotte Brontë의 『제인 에어Jane Eyre』에서 묘사된 것처럼) 아이를 매로 다스리고 위협하는 양육법은 여러 집안과 학교에서 여전히 횡행했지만, 사람들은 친절과 자기수용이 도덕적인 행동을 이끌어내는 데 더 효과적이라는 것을 점점 인정하기 시작했다. 새뮤얼 존슨Samuel Johnson은 이렇게 말한 적이 있다. '자신에 대한 사랑이 타인에 대한 사랑의 기초가 된다.'[44]

이 시기에는 강요와 공감이라는 매우 다른 두 가지 정서적 문화의 전투선이 뚜렷하게 그려지기 시작했다. 같은 사회경제적 집단 안에서도 서로 다른 태도가 존재했기 때문에, 이것은 계급 사이의 충돌이 아니었다. 엄격하고 권위적인 부모 아래 자란 사람들은 모든 사회계층에 여전히 아주 많았고, 좀 더 친절한 문화로 나아가는 것은 이들에게 여간 어려운 일이 아니었다. 사실 중산층 사이에서 가혹함이라는 특성은 새롭고 고상한 형태의 가면을 쓸 때도 있었다. 1831년에 프랜시스 웨일런드Francis Wayland 목사의 일기를 보면, 자신의 걸음마기 아기가 경미한 짜증을 부렸을 때 감성과 엄격함을 독특하게 섞어 아이를 대하는 그의 모습이 나타나 있다. '15분 동안 지속된 울음과 빵 던지기. 아침 여덟 시부터 음식도 음료도 주지 않고 자기 방에 홀로 둠. 그 후 매 시간 방문해서 빵 제공. 종일 먹지 않음. 아마 아무것도 받아들이지 않을 것임.' 이 일기는 그다음 날의 모습까지 보여주는데, 그 남자아이는 아빠의 부드러운 간청에도 불구하고 계속 울었고 여전히 그 어떤 것도 먹기를 거부했다. 다음 날 오후 세 시가 되자 비로소 그 걸음마기 아기는 자기 고집을 꺾고, '목사의 손을 잡았고, 순종적인 모습을 보였으며, 반복적으로 혹은 부탁을 받을 때마다 아빠에게 키스를 했고, 너무나도 사랑에 넘치며 이제 다른 식구 누구보다도 목사를 좋아하게 되었다. 이 일이 있은 후로 더 쉽게 순종하고 더 즐겁고 친절한 아이가 되었다.'[45]

이는 때리거나 소리를 지르거나 통제력을 잃지 않고도 아이의 '의지를 꺾는' 새로운 방법이었다. 이것은 성인에게 속한 권위를 의도적이고 지속적으로 아이에게 주장하는 것으로써 결국 아이는 그 성인에게 굴복하게 된다. 웨일런드 목사는 이러한 방법이 모두 아기 자신을 위한 것이며 아이의 도덕발달을 위한 것이라고 믿어 의심치 않았다. 하지만 그는 순전히 복종에 초점을 두었고, 아이의 배고픔이나 괴로움을 공감하거나 아이가 왜 그런 행동을 하는지 이해하기보다 그저 바람직한 행동에 대한 강요만을 중시했다. 웨일런드 목사는 처음에 왜 빵을 거부하는지 아이에게 묻지 않았으며, 이것을 자신과 아이 사이의 단순한 의지싸움이라고 간주했다.

하지만 그 어린아이가 아빠의 의지에 맞서는 것으로부터 과연 무엇을 배웠을까? 자신의 감정을 아빠의 감정과 조율하고 아빠의 감정과 관점을 더 깊이 인식하면서 자기절제와 자기주도성의 균형을 배우는 대신, 어린 웨일런드는 자신이 무력하다는 사실만 알게 되었을 것이다. 그리고 자신의 스트레스 호르몬을 조절하고 분산시킬 유일한 방법은 자신의 주도권을 포기하고 자기보다 더 큰 힘을 가진 존재에 굴복하는 것뿐이라는 점을 배웠을 것이며, 그는 아마 그 일 이후에도 불순종이 가져오는 공포와 괴로움을 떠올리면서 자신의 행동을 통제하려고 노력했을 것이다. 그는 자신이 미래에 맺을 관계들도 이처럼 지배와 복종의 형태로 조직될 것이라고 예상할 가능성이 매우 높다.

부모의 의도 없이도 개인의 가치뿐 아니라 문화적 가치는 다음 세대로 전달된다. 개인의 감정과 사고에 거의 가치를 부여하지 않는 위계사회에서는 가혹한 현실을 대비하는 가장 유용한 방법이 처벌과 냉정한 자녀양육이라고 보았을지도 모른다. 권력구조의 최하위층에 있는 사람들은 자기보다 더 강력한 사람에게 복종해야 한다는 사실을 배워야만 했다. 소설가 조지 오웰George Orwell은 자신의 어린 시절을 가리켜 20세기 초 지배계층의 일부가 되기 위한 준비기라고 묘사했다. 상위층의 어린이들은 기숙학교에 다니면서 '다른 사람들보다 더 크고, 더 강하고, 더 잘 생기고, 더 부유하고, 더 인기 많고, 더 고상하고, 더 악랄하게 되어 다른 사람을 지배하고 위협하고 그들에게 고통을 주고, 그들을 바보처럼 만들고, 더불어 모든 면에서 그들보다 더 나은 것을 얻는 법을 연습한

다. 아이들은 인생에는 위계질서가 있으며, 눈앞에 벌어지는 모든 일은 정당하다.'는 것을 배운다.[46]

하지만 점점 늘어나는 사회의 중산계층에 속한 사람들에게는 다른 선택권도 있었다. 그들은 반드시 다른 사람을 지배하거나 지배당해야 하는 운명은 아니었다. 좀 더 민주적인 사회가 출현하면서 중산계층 사람들은 작은 영향력을 누리기 시작했다. 특히 노동생활에 있어서는 더욱 그러했다. 그들은 선거를 통해 자신의 관점을 다른 사람들에게 알릴 수 있었다(물론 제한된 틀 안에서였지만). 그들은 삶의 방식에서 어느 정도는 개인적인 선택을 할 수 있을 만큼의 충분한 부를 가졌다. 그들에게 진정한 힘은 없었지만, 그들의 소원과 감정은 일정 정도 가치와 의미를 지니고 있었다. 이 모든 것은 그들의 자녀양육 형태에도 영향을 미쳤다. 그들은 자녀에게 더 주의 깊은 관심을 보였고 나중에는 아이들의 감정에도 관심을 쏟기 시작했다. 더욱 친밀한 유대관계가 부모와 자녀 사이에 더 빈번히 형성되었고, 이는 아이들의 사회적 능력뿐만 아니라 잠재적으로 전전두 뇌의 발달을 자극했다. 그리고 순환과정이 작동하기 시작하여, 성인들이 사회적 인식을 더 많이 함양할수록 적어도 그들 가운데 일부는 아이들이 감정을 인식할 수 있다고 느꼈고, 그 결과 아이들은 자신이 받은 만큼 타인에게 관심을 기울이는 능력을 키울 수 있었다. 그뿐 아니라 정서적 발달도 강화시킬 수 있었다. 바로 이것이 지금도 여전히 작동되고 있는 프로세스의 첫 출발점이다.

Notes

1. 노베르트 엘리아스, 『문명화 과정The Civilising Process』(Oxford, Blackwell Publishing, 1994)
2. 데니스 스미스Dennis Smith의 『노베르트 엘리아스와 현대 사회적 이론 Norbert Elias and Modern Social Theory』(London, Sage Publications, 2001)의 개관을 참조하라.
3. 사이먼 스카마Simon Schama, 『부의 당혹The Embarrassment of Riches』(London, Collins, 1987)
4. 키스 토머스Keith Thomas, 『생의 마감The Ends of Life』(Oxford University Press, 2009), 더불어 키스 토머스의 『종교, 그리고 마법의 쇠퇴Religion and the Decline of Magic』(London, Weidenfeld and Nicolson, 1971)도 참고하라.
5. 앨런 쇼어의 『감정조절과 자아의 기원』(Hillsdale, NJ Lawrence Erlbaum Associates Inc., 1994)
6. 아그네스 헬러, 『르네상스 맨Renaissance Man』(London, Boston, Henley, Routledge Kegan Paul, 1978)
7. 윌리엄 셰익스피어, 『헨리 4세Henry VI』(part III, 1.1594)
8. 아그네스 헬러, 『르네상스 맨』(London, Boston, Henley, Routledge Kegan Paul, 1978)에 인용된 피치노Ficino의 말
9. 로빈 브릭스, 『마녀들과 이웃들』(Harmondsworth, Penguin, 1996)
10. 니콜로 마키아벨리, 『군주론The Prince』(1532, Harmondsworth, Penguin Books, 1999)
11. 르네 데카르트, 『방법서설Discourse on Method』(1637, Upper Saddle River, Prentice Hall, 1956)

12. 엘런 메익신즈 우드, 『자본주의의 기원The Origin of Capitalism』(London, Verso, 2002)
13. 「비즈니스 역사 비평Business History Review」(L: 3, 1976)에 실린, 크리스토퍼 프리드리히의 '초기 자본주의와 그 적들Early capitalism and its enemies'
14. 「미국 역사비평The American Historical Review」(108:1, 2003)에 실린 마거릿 제이콥Margaret Jacob과 매튜 커데인Matthew Kadane의 '잃어버린-18세기에 드디어 찾은: 웨버의 프로테스탄트 자본가Missing- now found in the eighteenth entury: Weber's protestant capitalist'
15. 위와 동일
16. 캐롤 스턴스와 피터 스턴스Peter Stearns의 『정서와 사회 변화: 새로운 심리사를 향하여Emotion and Social Change: Towards a New Psychohistory』(개정판, New York, Holmes and Meier, 1989)에 실린 캐롤 스턴스의 '주여 내가 겸손히 걷도록 도우소서: 1570년~1750년에 영국과 미국의 분노와 슬픔Load help me walk humbly : anger and sadness in England And America 1570-1750'
17. 리처드 트렘블리Richard Tremblay, 윌러드 하텁Willard Hartup, 존 아셔John Archer, 『공격의 발달 기원Developmental Origins of Aggression』(New York, Guilford Press, 2005), 이와 함께 「아동발달」(71:2, 2000)에 실린 D. 헤이D. Hay와 그 외의 '걸음마기 아기들이 보이는 힘의 사용: 심각한 공격행동의 전조Toddlers use of force: a precursor of serious aggression'도 참고하라.
18. 「미국 신체인류학 저널American Journal of Physical Anthropology」(128, 2005, pp.84-97)에 실린 로버트 서스먼, 폴 가버, J. 체버루드J. Cheverud의 '영장류 사회의 진화에서 협력과 친화의 중요성Importance of co-operation and affiliation in the evolution of primate sociability'
19. 「이상아동 심리학저널Journal of Abnormal Child Psychology」(26:6, pp.441-452)에 실린 케이트 키넌Kate Keenan과 그 외의 '초기 문제적 행동 지속의 증거Evidence for the continuity of early problem behaviours'(2004)

20. 로이드 드모스, 『아동기의 역사』(Northvale, New Jersey, Jason Aronson, 1995)
21. 존 로크, 『교육에 관한 몇 가지 고찰Some Thoughts Concerning Education』(1693, Oxford University Press, 1989)
22 장 자크 루소, 『에밀Emile』(1762, London, J.M. Dent, 1993)
23. 위와 동일
24. 마리아 에지워스Maria Edgeworth와 리처드 에지워스Richard Edgeworth, 『실용적인 교육Practical Education』(London, Joseph Johnson, 1798)
25. 메리 울스턴크래프트, 『여권의 옹호』(London, Joseph Johnson, 1792)
26. 존 브라운, 『시간의 태도와 원칙에 대한 추정치Estimate of the Manners and Principles of the Times』(2권, 1757-1758, London, David and Reymers, 1757)
27. C. B. 맥퍼슨, 『소유욕이 강한 개인주의의 정치적 이론: 홉스에서 로크까지The Political Theory of Possessive Individualism: from Hobbes to Locke』(Oxford University Press, 1962)
28. 칼 마르크스, 『공산당 선언The Communist Manifesto』(1848, London, Longman, 2005)
29. 크리스토퍼 라쉬, 『나르시시시즘의 문화』(1979년 초판, London, Abacus, 1980)
30. 「심리학 개관Psychological Review」(108:4, 2001, pp.814-834)에 실린 조너선 하이트의 '정서적인 개와 그의 이성적 꼬리The emotional dog and its rational tail'
31. 「신경과학저널」(22:7, 2002, pp.2730-2736)에 실린 조르게 몰과 그 외의 '도덕적 감수성의 신경적 상관관계Neural correlates of moral sensitivity'
32. 「사이언스Science」(293, 2001)에 실린 조슈아 그린Joshua Greene과 그 외의 '도덕적 판단에서의 정서개입 확인을 위한 FMRI 연구An FMRI investigation of emotional engagement in moral judgement', 이와 더불어 「네이처

신경과학 리뷰Nature Reviews Neuroscience」(6, 2005)에 실린 조르게 몰과 그 외의 '도덕인지의 신경적 기초The neural basis of moral cognition'도 참고하라.

33. 알랭 베르토즈Alain Berthoz, 『감정과 이성Emotion and Reason』(G. 베이스 G. Weiss 번역, New York, Oxford University Press, 2006)
34. 「네이처」(446, 2007, pp.908-911)에 실린, 마이클 쾨닉스Michael Koenigs와 그 외의 '전전두엽 손상으로 나타나는 공리주의적 도덕적 판단 증가Damage to the prefrontal cortex increases utilitarian moral judgements'
35. 「인지과학의 경향Trends in Cognitive Sciences」(30:10, 2007)에 실린 조르게 몰과 리카르도 드 올리베이라-수저Ricardo de Oliveira-Souza의 '도덕 판단, 정서, 그리고 공리주의적 뇌Moral judgements, emotions and the utilitarian brain'
36. 칼 폴라니Karl Polanyi, 『거대한 전환The Great Transformation』(1944년 초판 출간, Boston, Beacon Press, 2001)
37. 토마스 칼라일, 『과거와 현재Past and Present』(1843년 초판 출간, Teddington, The Echo Library, 2007)
38. 프랜시스 플레이스, 『1771년~1854년, 프랜시스 플레이스 자서전The Autobiography of Francis Place 1771-1854』(메리 테일Mary Thale 편집, Cambridge University Press, 1972)
39. 위와 동일
40. 이안 도나기Ian Donnachie, 『로버트 오웬, 새로운 래나크와 새로운 조화Robert Owen, Owen of New Lanark and New Harmony』(Edinburgh, Tuckwell Press, 2000)
41. 위와 동일
42. 호레이스 부시넬, 『기독교적 양육』, 1847(Eugene, OR, Wipf and Stock, 2001)
43. 위와 동일
44. 새뮤얼 존슨, 『걷는 사람The Rambler』(1750, Whitefish, Montana, Kessinger Publishing, 2008)

45 필립 그리븐Philip Greven, 『프로테스탄트 기질: 초기 미국의 자녀양육, 종교적 경험, 그리고 자기 패턴The Protestant Temperament: patterns of childrearing, religious experience and self in early America』(University of Chicago Press, 1977)에서 인용

46. 소니아 오웰Sonia Orwell과 아이언 앵구스Ian Angus의 『에세이, 저널, 편지 선집Collected Essays, Journals, Letters』(Harmondsworth, Penguin, 1970)에 실린 조지 오웰의 '그때, 그 당시Those, those were the days'

5장

SELFISH
공감은 왜
그토록 어려운가?
SOCIETY

자신만을 위하는 보수의 어둠에서 나와 윤리적인 삶으로……

W. H. 오든W. H. Auden의 시,
'1939년 9월 1일1st September 1939' 중에서

21세기가 시작된 이 시점에도 우리는 여전히 전혀 다른 두 가지 도덕적 견해 사이에 놓여 있다. 그리고 그 견해는 각기 다른 생애 초기 자녀양육에 뿌리를 두고 있다. 좀 더 공감적인 형태의 양육으로 가는 첫 번째 단계가 17세기에 시작되었다고 묘사했지만, 수백 년이 지난 지금도 우리는 아직 육아방식에 의해 이루어지는 특징인 친절함과 세심한 반응이라는 문화―이기적이지 않은 사회의 발달에 필수적인―를 완벽히 세우지 못했다.

최근 영국에서 선보였던 텔레비전 시리즈인 《아이 기르기 Bringing up Baby》[1]에는 다양한 육아 이데올로기가 등장해 서로 경쟁을 했다. 트루비 킹 Truby King의 훈육적 접근, 벤저민 스폭의 비구조적인 공감적 접근, 그리고 신체적인 친밀함(그렇지만 정신적으로 반드시 친밀할 필요는 없는)을 강조한 진 리들로프 Jean Liedloff의 '연속성 개념 continuum concept' 등이 그것이다. 이 프로그램은 대중들에게 대단한 반향을 일으켰고, 영국 수상에게 탄원서를 제출하는 일도 일어났으며, 언론의 칼럼과 인터넷 채팅사이트를 뜨겁게 달구었다. 현재 미국에서는 근본주의적 기독인들과 진보주의자들이 양육을 두고 가장 강렬한 충돌을 벌이고 있는데, 소설가 라이오넬 슈라이버Lionel Shriver는 이를 가리켜 '엄격하고 자칭 의롭다고 여기며 규칙을 준수하면서 교회에 갈 때 모자를 쓰는 사람들과, 손으로 평화 사인을 휘두르는 단정치 못하고 자유분방한 지식인 계층들 사이의 교착상태'라고 희화화했다.[2] 태생적인 '히피long hair(사실 수염을 기르기는 했지만 그는 긴 머리가 아니었다)'라고 볼 수 있는 버클리대학University of California, Berkeley의 인지언어학 교수 조지 레이코프George Lakoff는 서로 충돌하는 양육 스타일의 강렬한 감정과 상호적대적 분위기는 문화전쟁 못지않은 분위기를 자아내고 있다고 언급한 바 있다.

엄격한 양육

레이코프의 선구자적 업적인 『도덕의 정치Moral Politics』에서 그는 이 문화전쟁의 서로 다른 입장에 대해 치우침 없는 설명을 하고자 했고, 처음으로 정치적 입장과 양육방식을 연결하려는 시도를 했다.[3] 그는 가족에는 두 가지의 기본 모델―엄격한 아빠, 애정 어린 부모―이 있으며 이 두 모델은 서로 다른 도덕체계와 '무의식적 인지개념'을 발생시킨다고 말했다. 또한 이것들은 정치적인 삶을 포함한 우리의 경험을 조직하고 범주화할 때 우리가 사용하는 기본개념이라고 주장하였다. 레이코프의 주장에 따르면 엄격한 부모가 보수적인 정치적 견해를 갖는 반면, 애정 어린 부모는 자유주의 쪽으로 쏠린다고 한다.

레이코프는 두 가지 양육 타입의 근본적인 사고구조를 파악했다. 애정 어린 부모들은 가족생활에 있어서 민주적 방식을 따르고, 부모들이 자녀들과 개방적인 의사소통을 나누고, 자녀에게 자신의 의사결정에 관해 설명해준다. 그들은 자녀들이 긍정적인 관계를 맺으며 삶에 만족하고 행복한 사람이 되도록 돕는 것을 자녀양육의 목표로 삼는다. 훈육은 '처벌에 대한 두려움이 아니라 부모를 향한 사랑과 존경'을 통해 이루어진다. 그들의 도덕적·정치적 개념은 애정 어린 돌봄과 공감이라는 사상에 바탕을 둔다.

레이코프의 책을 읽다 보면, 저자가 엄격한 양육 저변에 흐르는 무의식적 개념을 이해하는 데 훨씬 더 많은 관심을 보였다는 것을 금세 확연히 알 수 있는데, 엄격한 양육은 자유주의자들에게는 이해하기 무척 어려운 것으로 판명되었다. 레이코프는 엄격한 부모들이 선호한 전통적인 가족 구성방식을 묘사했는데, 그들은 아버지가 모든 결정권을 가지고 있는 가족형태를 추구했다. 아버지의 역할은 식구들을 위해 필요한 것을 공급하고 식구들을 돌보는 것이며, 어머니는 집안과 아이들을 돌본다. 아이들은 '거친 사랑'을 받으며, 그들 자신의 유익을 위해 잘못한 일에 대해서는 벌을 받는다. 엄격한 부모들은 무의식적으로 세상은 냉혹한 곳이며 '인생이란 힘든 것'이라고 가정하기 때문이다. 그들의 양육은 아이들이 앞으로 위계적 권력구조 속에서 생존할 수 있도록 경쟁을 잘 대비할 수 있는 '성격'의 발달을 돕는 것을 목표로 삼는다.

물론 레이코프가 애착이론에 대한 통찰을 지니고 있긴 했지만, 그는 유아기에 대해 구체적으로 언급한 적이 없다. 인지언어학자로서 그는 언어에 관심을 가지고 언어를 통해 드러나는 이데올로기에 주의를 기울였으며, 유아기 이후의 자녀양육에 대해 집중적으로 연구했다. 하지만 그는 그 책에 감사의 말을 쓰면서 그의 친구 폴 바움Paul Baum과 나눈 흥미로운 대화를 기록했는데, 폴 바움은 한 사람이 자유주의적인지 보수주의적인지를 알아보려면 그에게 '당신 아이가 밤에 울고 있다면, 얼른 가서 안아줄 것인가?'라고 물어보면 된다고 말했다. 다시 말해 아이가 의존적 필요를 느낄 때 부모가 어떤 태도를 보이느냐가 그 사람의 정치적 입장을 결정하는 중요한 요인이라는 것이다. 레이코프가 논하는 무의식적인 태도가 실제로 유아기에 형성되며 언어능력이 채 형성되기도 전에 아이에게 전달된다는 폴 바움의 견해에 나도 동의한다.

엄격한 부모들은 그들이 항상 아기의 필요를 충족시켜줘야 한다고 믿지 않는다. 그들은 아기가 우는 것은 비뚤어진 행동이며 부모들을 조종하려는 행위라고 여길 때가 많다. 또한 아이를 부모를 통제하려고 나타난 작은 폭군이라고 본다. 이는 19세기의 웨일런드 목사의 생각과 매우 흡사하다. 그래서 그들은 부모란 아이에게 어떻게 처신해야 하는지를 가르칠 의무가 있다고 믿는다. 부모와 아기 사이의 관계는 의지의 투쟁으로 이루어진다고 여긴다. 《아이 기르기》라는 텔레비전 프로그램에서 엄격한 '전문가'는 아이들이 부모의 일정에 맞출 수 있도록 아이들을 '훈련시키는' 방법에 대해 부모들에게 조언한다. 부모들은 아기가 울 때 몇 시간 동안이고 혼자 울도록 놔두라고 배웠고, 아기가 허기진 듯 보여도 정해진 시간이 되기 전까지는 아기에게 우유를 주지 말라는 조언을 들었다. 이는 '올바른' 시간에 배부르고도 남도록 먹여서 아기가 밤새 깨지 않고 자도록 만들기 위함이다.

이러한 신념은 어디에서 나온 것일까? 부모가 아기였을 때 그랬던 것처럼 자신이 낳은 아기도 부모의 편의에 맞춰야 한다는 발상이라고 추측해볼 수 있다. 의존적인 유아로서 자신의 필요가 충족되지 못했다면, 그 사람은 다른 사람의 필요를 채워줘야 할 때 분개심이 들거나 당황스러워하는 성인으로 자랄 수 있다. 하지만 자기 아기의 필요에 신속하게 반응해주지 않는다면, 둘 사이에 상호협력적인 관계가 구축되기란 훨씬 힘들어진다. 그 부모는 아이가 순응하거나 혹은 반항할 길을 마련해줄 가능성이 훨씬 크다. 이러한 접근은 도덕의 '박판이론veneer theory'과 아주 잘 맞아떨어지는데, 이 이론에 따르면 도덕이란 인간에게 어떤 외부적인 것으로서 우리의 본성적인 악함이 만들어낸 곪은 상처 위에 바르고 힘으로 강요해야 하는 것이라고 본다. 사실 엄격한 양육 자체는 도덕적 행동을 야기하는 경향이 있다. 그리고 이 행동은 단순히 두려움 때문에 생겨나는 순종이다. 상호신뢰와 자신감이 없는 관계 속에서, 아이는 부모의 관점과 동일시하는 방법이라든가 타인을 자연스럽게 염려하는 법을 배우지 못한다. 타인을 향한 공감적 반응이 없다면 도덕은 내부에서 생겨나지 않을 것이고 결국 외부에서 부여될 수밖에 없다.

지금까지는 모두 부정적인 이야기였다. 하지만 레이코프는 보수적 관점에 공감해보려고 굉장히 노력했고, 보수적 관점은 이기적 정신이 아니라 자기의존·근면·성취를 향한 개인의 자유 등과 같은 진정한 가치에 바탕을 둔 긍정적인 도덕관념이라고 논하였다. 확실히 고립과 스트레스에 대처해야만 했던 아기들이 이러한 가치를 배울 수도 있다. 복종하도록 조종당하는 사람들 대부분은 자라서도 자기가 배운 대로 행하며 다른 사람들도 그렇게 하도록 강요할 가능성이 크다. 그리고 온화하고 섬세한 양육을 통해 자신의 정서적 필요를 채우지 못한 이들은 만족을 누리기 위해 다른 자원에 눈을 돌리게 된다.

엄격한 양육의 관점은 형편이 좋지 않고 열심히 일하고 운도 따라야 굶주림을 면할 수 있는 상황일 때는 어느 정도 의미를 지닌다. 과거 우리 조상들 대부분이 그런 여건 속에 살았기 때문에 그들의 가치관을 다음 세대에 전하는 것은 자연스러운 일이었다. 심지어 20세기에 들어와서도 '존중할 만한' 노동계급과 부주의하고 책임감 없는 노동계급 사이에는 여전히 미묘한 차이가 존재했고, 둘 중 옳은 편에 서게 만드는 것은 바로 근면이었다.

나의 할머니는 전형적인 프롤레타리아(노동계급)는 아니었지만 바로 그러한 '존중할 만한' 노동계급의 관점을 가진 전형적인 분이었다. 할머니는 잉글랜드 동부에서 조그마한 소작농을 일구던 농부의 딸이었고 대가족들이 이웃마을에 살고 있었다. 할머니의 증조부께서도 할머니가 자란 바로 그 마을에서 대장장이로 사신 분이었다. 도시의 공장노동자들과 마찬가지로 그러한 삶의 방식을 가진 가족들도 금전적으로 살아남으려고 고군분투했다. 물질적인 조건이 불안했기 때문에 그들은 타인과의 관계에서 어느 정도 냉혹함을 보일 수밖에 없었다. 19세기 후반을 살았던 자신들 어머니의 양육에 관해 역사가 엘리자베스 로버츠 Elizabeth Roberts 에게 이야기했던 랭커셔 Lancashire 의 노동계급 여성들처럼,[4] 나의 할머니도 인간의 작은 흠을 눈감아주지 못하는 성미였고, 사는 내내 더 낮은 위치로 떨어지지 않는 데 초점을 맞추는 태도를 보였다.

그들처럼 할머니도 항상 근면의 미덕을 격찬했고, 일하지 않는 사람은 '아무 쓸모도 없다.'고 생각했다. 어린이들은 '제대로 처신하고 말썽을 부리지 않아야' 한다고 기대되었고, 시키는 것에는 묻지 말고(물리적 처벌로 강요를 받으며) 따라야 했다. 예의범절을 지키고, 음식은 줄 때만 먹고, 집안일을 돕는 것이 중요했다.

랭커셔 여성들은 나의 할머니가 그랬듯이 혼인관계에서 기대하는 바가 별로 없었다. 그들에게 남자는 집이 빚더미에 올라앉지 않도록 지키고, 술 마시지 않고, 아플 때 가족에게 친절하면 좋은 남편이었다. 그래서 남자들에게 가장 많은 음식을 제공했고, 그들이 여성보다 훨씬 더 힘든 육체노동을 담당하기 때문에 가장 먼저 음식을 먹었다(나의 할아버지는 종일 책상 앞에 앉아서 일하셨는데도 할머니는 이 관행을 1970년대까지 지켜오셨다). 부모와 자녀 혹은 부부 사이의 애착은 당연시되었지만, 감성적인 혹은 신체적인 애정 표현을 보이는 경우는 거의 없었다.

나의 할머니는 인생을 즐기고픈 욕구나 타인과 함께하는 것보다 자신의 물질적 가치와 청교도적 가치를 더 중시했다. 그리고 그 가치를 공공연하게 가르치면서 그에 맞는 행동기준을 강요했다. 연애에 대한 할머니의 태도에 관해 우리 자매가 만날 때마다 나누는 농담이 있었다. 우리 둘 중 한 사람에게 새 남자친구가 생기기라도 하면, 할머니는 "그 애가 갖고 있는 차종이 뭐냐?"라고 물으실 것이 분명했다. 불안정한 물질적 여건 속에서 자란 사람으로서, 할머니는 안전을 정서적 목표가 아니라 물질적인 목표 측면에서 바라보았다.

심리학자 팀 케이서가 말했던 것처럼, '환경적 상황이 보호와 안전의 필요를 채워주지 못할 때 물질적 가치는 증가한다.[5] 그러한 상황하에서 사람들은 자신의 부를 증진시키고 물질적 목표를 이뤄보려고 애쓸 것이다. 가난한 가정이나 가난한 마을 출신들은 물질주의적일 가능성이 더 높다. 하지만 정서적 불안정 역시 물질주의를 부추길 수 있다. 이 둘은 비슷한 바람을 지니고 있다. 물질적 상품이 정서적 안전감을 부여한다는 것이다. 물질주의적인 사람들은 인정에 대한 희망 혹은 비난에 대한 두려움에 의해 움직일 때가 많으며, 지속적인 만족을 느끼기보다는 불안이나 내적 압박을 해소하려고 강박적으로 물건을 사기도 한다. 힘든 어린 시절 혹은 적절한 보살핌을 받지 못하고 불안한 어린 시절을 보냈던 사람들에게서 물질주의적인 가치가 가장 높게 나타난다는 것을 증명하는 증거들이 속속 나타나고 있으며,[6] 더 물질주의적인 젊은이들이 가장 불안정하다는 증거도 나타나고 있다. 한 이례적인 연구에서 팀 케이서와 그의 아내 버지니아Virginia는 일련의 학생집단에게 가장 기억에 남는 꿈이 무엇이냐고 물었다. 그 결과 더 물질주의적인 학생들 대부분이 죽음 혹은 낙하와 관련된 꿈들을 기억했다. 그리고 덜 물질주의적인 사람들은 그러한 꿈을 언급하는 경우가 드물었고, 설령 그런 괴로운 꿈을 꾸었다고 말할 때도 그 두려운 경험을 충분히 극복할 수 있었다고 말했다.[7]

나의 형제들과 나는 할머니를 본보기로 다른 사람들과 관계 맺는 법을 배우게 되었다. 이는 무의식적인 과정이었다. '거리를 유지한다.', '정서적인 요구는 거의 하지 않는다.', '다른 사람에게 기대려고 하지 않는다.' 등이 그것이었다. 할아버지가 전쟁 통에 돌아가시면서 서른두 살이라는 비교적 젊은 나이에 세 자녀를 길러야 하는 편부모가 된 할머니는 끝까지 재혼하지 않고 배우자 없이 이후 70년이 넘도록 사셨다. 할머니는 자신이 자란 시골에서 가졌던 생존가치를 담은 태도를 그대로 유지했다. 자기훈련이 부족한 농부들은 번성하는 농장을 가질 수 없었고, 배우자 선택의 기회가 거의 없는 작은 공동체에서 지나치게 높은 기대를 갖고 결혼하는 것은 위험했기 때문이다.

최근 한 연구는 엄격한 양육이 사회경제적으로 더 낮은 계층에 가장 깊게 자리 잡고 있다는 사실을 확증했다. 이는 버클리대학에 근거지를 둔 심리학자 다이애나 바움린드 Diana Baumrind가 처음으로 규명한 '권위주의적인 authoritarian' 양육방식과 일치한다.[8] 이 양육방식은 아이에게 많은 요구를 하는 반면 반응은 적게 보이는 것이 특징이다. 아이는 권위에 복종하는 법을 배워야 하고, 부모는 아이가 순응하도록 만들기 위해 힘과 물리적 처벌을 사용한다. 성인은 아이들의 요구에 반응해주어서는 안 된다. 바움린드가 이 양육방식을 사회계층과 연결시키지는 않았지만, 이보다 조금 더 최근에 행해진 연구는 그 작업을 수행하였다. 에리카 호프 Erica Hoff와 그 동료들은 권위주의적 양육이 낮은 사회계층과 일관된 연관성을 보인다는 사실을 밝혀냈다.[9] 교육을 받은 중산계층이 더 '권위 있는 authoritative('권위주의적'이라는 단어와 별개로, 상대에게 좋은 영향력을 행사한다는 의미에서의 긍정적인 권위—옮긴이)' 부모가 될 가능성이 큰 반면, 낮은 계층의 사람들은 아이에게 좀 더 많은 통제력을 행사하려고 한다. 그들은 아이들에게 '고맙습니다.'라는 말을 강요하고, 가능한 한 조금이라도 이른 나이에 배변훈련을 시작한다. 이후에는 팔꿈치를 탁자에 대서는 안 된다거나 특정한 패션의 옷을 입어야 한다거나 하는 규정을 하나하나 세우면서 마치 그 일들이 도덕적인 문제만큼이나 심각한 것처럼 여기며 아이들의 행동을 일일이 지시하는 경향을 보인다. 권위주의적인 양육은 아이가 보이는 행동에 참여하거나 아이를 이해하려고 시도하는 대신, 부모의 지배를 확실히 하고 아이가 복종하도록 만드는 데 집중한다.

미국의 리처드 퍼버Richard Ferber10 혹은 영국의 지나 포드Gina Ford11 등과 같이 현재 각광받고 있는 많은 육아전문가들 역시 엄격한 양육을 주장한다. 일하는 중산층 여성들의 생활방식에 엄격한 양육방식을 접목시키는 것은 마치 그들의 미션처럼 보인다. 그들은 '울음조절'과 같은 기술을 사용하여 일차적으로 아이가 부모의 바쁜 업무일정에 적응하도록 훈련시키고자 한다. 심리학자 올리버 제임스가 언젠가 말했듯이, 포드의 베스트셀러 『만족하는 어린 아기 책The Contented Little Baby Book』은 만족하는 어린 부모라고 제목을 바꿔도 무방하다. 《아이 기르기》프로그램에서 트루비 킹의 접근법을 따랐던 어느 부모는 아이를 가지기 전의 생활방식에 아이가 적응하도록 만든다는 비슷한 목표를 가지고 있었다. 그들은 쌍둥이 아이들이 태어난 지 이제 고작 몇 주밖에 되지 않았는데 '예전 생활을 다시금 찾겠다.'는 결연한 의지를 보였고, 아기들이 시끄러운 소음 속에서도 고분고분 위층에서 잠을 자는 동안 아래층에서 파티를 벌였다. 그들에게 조언했던 클레어 베리티Claire Verity는 이렇게 말했다. '하루를 마감하며 해야 할 일이라고는 아기를 당신의 생활방식에 맞추는 것뿐입니다. 파티를 벌이고 싶다고요? 좋죠. 파티 하세요. 아기들은 깨지 않을 것이고, 든든히 먹고 평소처럼 아침 일곱 시까지는 잘 테니 밤새 파티를 해도 됩니다. 결국 이 모든 것은 아기를 당신의 생활방식에 맞추는 것입니다. 육아가 당신의 즐거운 삶을 막도록 그냥 두지 마세요.'

아기들이 그저 잘 훈련받기만 하면 정해진 일상 속에서 행복을 누릴 수 있다는 아이디어는 유혹적이다. 하지만 아기의 심리적 현실은 이처럼 간단하지 않다. 울음조절이라는 방식으로 다루어질 때 아기들이 정말로 배우게 되는 것은, 신체적 접촉이 주는 세심한 위안이 이루어질 가망이 없으므로 그냥 울기를 포기하고 자는 편이 나을 것이라는 점이다. 이렇게 길러진 아이들은 자신의 감정은 무시될 수 있으며, 부모의 바람과 비교했을 때 자신의 감정은 그리 중요하지 않다고 생각한다. 일이 집안의 위대한 신처럼 여겨질 때가 많고, 아이들은 일에 자신들의 필요를 종속시켜야 한다는 것을 배워야만 한다.

이것은 일부 부모들이 기꺼이 남들에게 전할 만한 메시지였을 것이다. 결국 정서적 전략이 계속 유용하게 쓰이려면 변화하는 세상에 적응해야만 한다. 한때 생존가치를 가졌던 것들은 환경의 변화와 함께 그 가치를 잃었다. 임신기 동안 굶주림을 경험했던 엄마들은 아이들에게 유전적으로 이러한 메시지를 전달한다. 가능하면 체내에 많은 에너지를 보유하고 가만히 누워 있으라고. 고칼로리 음식이 풍부한 지금 세상에서 이 메시지가 더 이상 적용되지 않는 것처럼, 오래된 정서적 전략을 무의식적으로 반복하는 것도 현 세계에 맞지 않을 수 있다. 20세기 후반에 성공을 위해 근검절약했던 나의 할머니의 방식은 소비에 열을 올리는 세상에는 맞지 않는다. 더불어 정서적 거리감을 유지하는 그분의 성향은 우리 일가가 수세대 동안 살아왔던 작은 공동체에서는 문제될 것이 없었지만, 그것이 일부 후세대들에게도 가장 성공적인 정서적 전략인지는 증명되지 않았다. 우리는 21세기에 들어서 더 친밀한 개인적 관계를 얻고자 노력하기 때문이다.

하지만 엄격한 양육제도는 소비사회의 여러 요구에 널리 적용될 수 있는 것으로 증명되었다. 사실 20세기 서구사회에서 아이들을 밤에 혼자 재우는 일은 물질주의적인 태도를 촉진한다고 말해도 과언이 아니다. 바바라 로고프가 말한 것처럼, 이는 '전 세계적·역사적 관점에서 보았을 때 이례적인 관습이다.'[12] 이러한 관습은 아이들이 '위안을 얻기 위해 사람들이 아니라 물건들—우유병, 고무젖꼭지, 이불, 기타 사랑하는 것들에 기대도록' 자극하는 효과를 가져온다. 그러면 얼마 지나지 않아 아기는 그러한 물건들이 부모보다 더 믿을 만하다고 생각하게 된다. 물건은 위안이 필요할 때 당신을 실망시키지 않는다. 언제든 손에 들고 껴안을 수 있고 내가 통제하고 구매할 수 있으며 안전, 의미, 그리고 정체성을 제공해주기 때문이다. 이렇게 사물에 대한 애착과 더 많은 획득에의 열망은 오늘날 매우 강력해지면서 다른 가치들을 밟고 올라서고 있다.

흥미롭게도 1990년대와 2000년대에 들어서는 사회경제적으로 최하위계층에 있는 많은 부모들이 더 이상 아이들의 물질적인 욕망을 현실적으로 엄격하게 제한한다는 의미에서의 '엄격함'을 보이지 않는다. 일부 부모들은 아이들이 자신들의 바람에 순종하기를 요구하면서 여전히 엄격함을 유지했지만 말이다. 빚에 빠져드는 이 시기에는 자녀양육에도 새로운 태도가 생겨났다. 더 많은 부모들이 자신에게나 아이들에게나 물질적으로 관대한 태도를 택했고, 크리스마스와 생일에는 아이들의 모든 소원을 들어줘야 한다고 믿으며 광고주들이 보여주는 판타지 세계에 맞춰 살려고 노력했다.

이것은 엄격한 양육방식을 흩트려놓았다. 양친 모두 월급을 받으며 장시간 일하는 경우, 혹은 점점 늘어나는 편부모 가정에서는 아이들이 바라는 것을 다 들어주고 그저 오냐오냐 하는 것이 더 편할 때가 많다. 지나친 통제는 통제부족 혹은 방치로 변화될 수 있다. 이 방법은 모두 부모들의 필요에 아이를 끼워 맞춘다는 점에서 동전의 양면과도 같다. 두 방법 모두 아이가 올바로 발달하고 성숙하는 데 필요한 것이 무엇인지를 평가하여 선택한 방법은 아니다.

허용적인 양육

조지 레이코프는 엄격한 양육과 애정 어린 양육, 단 두 가지 타입의 양육만을 묘사했다. 하지만 바움린드의 초기 유형 분류체계는 좀 더 넓은 가능성의 범위를 제공한다. 특히 '허용적인 양육'은 상당한 의미를 지닌다. 바움린드는 온화하고 관대하여 아이에게 요구하지 않고 아이의 결정을 존중해주는 것이 허용적인 양육이라고 정의하였다. 바움린드는 허용적인 양육이 사회경제적으로 상위층의 사람들과 연결되어 있다는 것을 연구를 통해 발견하였다. 이것은 엄격한 부모들이 혐오하는 양육형태인데, 마찬가지로 허용적인 부모들도 엄격한 양육방식을 혐오한다. 허용적인 양육방식은 적어도 18세기부터 어떤 형태를 가지고 존재해왔지만, 옹호자들이 생겨난 것은 1960년대와 1970년대에 히피문화의 한 가닥이 모습을 드러내고 이와 더불어 급진정치가 등장하면서부터였다. 이러한 운동에 참여했던 사람들은 자신들이 물질주의와 권위주의에 반대한다고 믿었지만, 놀랍게도 그러한 태도는 결국 '당신은 원하는 모든 것을 누릴 자격이 있다. 왜 누군가(특히 권위적 인물들)가 당신을 막도록 놔두어야 하는가?'라는 사상에 기댄 소비 사회를 확장하는 데 더 쉽게 이용되었다.

1960년대에 소비자 사회가 시작되면서 양육습관도 엄격한 양육에서 벗어나 좀 더 편안하고 덜 권위적인 모습을 띠었다. 1963년에 책을 쓰면서, 심리학자 존 뉴슨^{John Newson}과 엘리자베스 뉴슨^{Elizabeth Newson}은 모든 계층에서 태도의 변화가 일어났다고 기록했다. 그들은 영국의 노팅엄^{Nottingham}에 사는 '운전수의 아내'에 대해 기록했는데, 그녀는 '부모와 자녀 사이에는 훨씬 더 친밀한 관계가 있다. …… 우리 아이들은 내가 엄마에게 했던 것보다 훨씬 쉽게 나와 대화를 나눌 수 있다—우리 엄마도 정말 좋은 엄마셨지만 말이다. 그러니까 정말 훌륭하신 분이었지만, 그 당시에는 어쩐지 그분들과 가까이 할 수 없었다.'라고 생각했고, 한 '노동자의 아내'는 이렇게 말했다. '아이들이 크면 까다로워져요, 그렇지 않나요? 우리들이 그랬던 것보다 더 충만한 삶을 사는 것 같고, 우리가 그렇게 살지 못한 것이 전쟁 때문이었는지 아니면 무엇 때문이었는지 잘 모르겠어요……. 지금 아이들은 우리보다 훨씬 더 많은 면에서 자신들의 방식을 따르는 것 같아요.'[13] 요즘 아이들의 자기본위와 난폭함에 관한 사례들을 보고 부모들은 당황하기 시작했다. 아이들은 더 이상 공손하지 않았고, 부모를 마치 '편안 친구'인 양 여기기 시작했다. 더 자신감 넘쳤고, 흥미롭게도 더 '탐욕스러워졌다.'

부모들이 아이들과 '편안 친구'가 되어야 한다는 생각을 권위주의자들은 거부했고, 좀 더 민주적인 양육방식에서는 이를 바람직하다고 여겼다. 하지만 이는 엄격한 부모의 자녀로서 사랑받은 기억을 갖지 못하고 자란 성인들이 자기 아이들에게 과도한 관심을 쏟아서라도 자기 상처를 치유해보려는 하나의 방편일지도 모른다.

사회과학자 크리스틴 에버링험Christine Everingham은 1994년에 뉴사우스웨일스New South Wales에서 세 그룹의 놀이집단에 대한 민족지적 연구ethnographic study를 행했는데, 이를 통해 허용적 양육이 지니는 위험을 규명했다.[14] 에버링험이 연구했던 엄마와 자녀의 각 집단은 서로 다른 양육적 하위문화를 지니고 있었다. '교외' 집단은 대부분 노동계층 혹은 파트타임으로 일하는 중하위계층의 엄마들이었다. 그리고 '동족' 집단은 복지혜택을 받으며 낮은 지위의 업종에 종사하던 여성들로 이루어졌는데 이들은 거의 대부분 권위주의적인 부모였다. 마지막으로 '대안적' 집단은 교육을 받은 중산층 여성들로서 반체제적인 이상을 소유하고 있었다. 그들 중 일부는 공동체를 이루어 살기도 했다. 에버링험이 허용적 부모라고 묘사한 사람들은 바로 이 '대안적' 집단의 부모들이었다.

에버링험은 중산층 히피 엄마들에 대한 불편한 심기를 분명하게 드러냈다. 에버링험은 그들이 자신의 필요보다 아이의 필요를 먼저 챙기면서 아이를 둘러싼 자신의 삶을 어떻게 조직하는지를 묘사하였다. 특히 그들은 오랫동안 모유수유를 했는데, 에버링햄이 보기에 그들은 아이의 문제를 이해하려고 노력하는 대신 그저 끊임없이 모유를 물리는 것 같았다. 그들은 '좋은' 엄마가 되려고 필사적으로 노력했고 아이와의 마찰을 피하려고 애썼는데, 에버링햄은 특히나 이런 자세를 싫어했다. 에버링햄은 그들이 자신의 분노를 표현하기를 꺼리는 이유는 자신감이 부족하기 때문이라는 통찰을 제시했다. 이와 같은 시기에 발달심리학자 주디스 스메타나가 수행한 연구는 허용적인 양육이 자녀들에게 도덕적 메시지를 전달하는 데 비효과적일 때가 많다는 사실을 확증했다. 그 부모들은 타인의 감정에 대해 이야기할 수 있을지는 몰라도, 도덕적 행동을 실행으로 옮기는 데 실패함으로써 그 교훈을 약화시킬 수 있다.[15]

크리스틴 에버링햄은 로알드 달Roald Dahl이 쓴 『찰리와 초콜릿 공장Charlie and the Chocolate Factory』에 등장하는 인물에 빗대어 허용적인 부모를 묘사했다. 이야기 속에는 자기밖에 모르는 딸 베루카Veruca에게 원하는 모든 것을 가져다주려고 노력하면서 아이를 맹목적으로 사랑하는 부모가 등장한다. 에버링햄은 허용적인 부모를 베루카의 엄마처럼 물질적인 면에서만 관대한 것이 아니라 다른 면에서도 아이의 요구를 죄다 들어주고 무조건 오냐오냐 하는 사람들로 묘사했다. 에벙림햄은 이러한 양육이 아이의 자라나는 자립심을 방해하고 나르시스적인 자기중심성을 부추긴다고 느꼈다.

실제로 놀이집단에서 보인 부모들의 행동은 놀라울 정도로 평범했다. 에버링햄은 '대안적인' 엄마들이 놀이집단에 도착했을 때 아이들을 어떻게 침착하게 만드는지 묘사했다. 우선 아이들은 엄마 곁에 머물러 있다가, 서서히 주변을 탐색하러 나가고, 이후에 다시 자신을 지켜보는 엄마에게 돌아온다. 그 아이들은 다른 아이들과 잘 지낸다. 표면적으로 보면 이것은 고전적이고도 안정적인 애착행동으로 보이는데, 아이는 자신이 필요로 할 때 부모가 곁에 있을 것이라고 확신하기 때문에 마음놓고 자신의 세계를 탐색하고 자립심을 기른다. 페미니스트적인 시각을 가지고 있던 에버링험이 보기에 아이가 자유롭게 왔다 갔다 하는 동안 엄마는 '꼼짝없이 묶여 있어야' 한다는 건 절망스러운 일이었다. 에버링험은 일하는 엄마들이 아이를 진정시키는 방법에 더 편안함을 느꼈는데, 그들은 이내 다른 엄마들 쪽으로 가서 이야기를 나눴고 아이가 자신이 노는 것을 지켜봐달라며 다른 엄마들로부터 '엄마를 끌어당길' 때만 마지못해 아이에게 반응해주었다. 이러한 노동계층 혹은 중하위계층 엄마들의 방식은 엄격한 양육방식에 가까웠다. 그들은 아이들이 이른 나이에 독립적인 특성을 기르기를 기대했고 아이들에게 복종과 착한 행실을 요구했는데, 이는 아마 그들이 노동세계에 적응해야 했기 때문일 것이다. 에버링험이 보기에 이것은 균형이 잘 잡힌 부모의 모습이었다. 그들은 자녀들과 기꺼이 협상할 준비가 되어 있고, 아이가 괴로워할 때 아이를 이해하려고 노력할 마음을 갖고 있었기 때문이다.

   양육습관이 아이에게 어떤 영향을 줄지 알지 못하는 상태에서 그 습관을 판단하기란 불가능하다. 아이가 엄마의 관심을 받고 싶어할 때 아이에게 귀찮다는 표현을 너무 많이 해서 아이가 자기 바람을 포기하는 것이 최상이라고 느낄 때, 혹은 관대한 엄마가 아이에게 일관된 주의를 기울이지 못해서 오늘 엄마 기분이 어떨지 아이가 확신하지 못하게 될 때, 어떤 경우든지 그 결과로 아이에게 불안감이 형성될 수 있다. 그리고 지나치게 엄격하고 반응 없는 양육이 불안한 애착관계를 낳는 것처럼 자신감이 부족하고 지나치게 허용적인 양육도 불안정한 애착관계를 형성한다. 불안정은 기본적으로 아이의 정서적인 필요를 적절히 이해하지 못하는 데서 비롯된다. 그리고 두 가지 양육방식 모두 물질주의를 부추길 수 있다.

오늘날, 점점 더 흔해지는 동시에 우리를 염려스럽게 하는 양육패턴은 물질적 관대함과 정서적 무관심이 결합된 유형인데, 이 유형은 다양한 사회계층에서 발견된다. 나는 자녀에게 헌신하면서 자기 아이의 외모(금목걸이나 금팔찌 같은 반짝이는 장식으로 애정을 표현하든 아니면 최고급 디자이너의 옷에 돈을 쏟아붓든)를 무척 자랑스러워하지만 개인적인 관심을 원하는 아기의 요구는 전혀 깨닫지 못하는 부모들을 만난 적이 있다. 그들의 갓난아기와 걸음마기 아기들은 텔레비전 앞에 몇 시간이고 홀로 내버려지기도 하고, 부모가 사회생활을 하는 동안 유모차에 장시간 실려 있기도 한다. 이런 부모들에게 사랑은 아이들에게 자신들의 시간을 내어주는 것이 아니라 뭔가를 사주는 것으로 더 쉽게 표현된다. 내가 보기에 이것은 엄격한 양육도 허용적인 양육도 아니고, 물질적 풍요의 한가운데서 정서적 무관심이 점차 커지는 현상이다. 그런데 허용적 양육방식 속에서 길러진 어린이 세대가 자기도취적인 성인으로 자라났을 때, 과연 그들은 어떤 사람이 될까?

공감을 위한 양육

존 보울비가 생애초기 양육이 아이들의 정서적 발달에 끼치는 영향에 대해 이야기하고 사람들이 이에 관심을 갖게 된 이후로, 너무나 많은 부모들이 어려움을 토로하고 있다. 물론 유아 심리치료사로서 나는 부모로 사는 일에 자신이 없고 불행한 부모들과 빈번히 접촉해야 한다. 그렇기 때문에 나는 어려움에 빠진 부모의 숫자를 과대평가하기 쉽다. 부모들 대부분 — 체계를 잘 갖춘 애착 연구에 따르면 60%에 해당하는 수 — 이 자녀들과 안전한 애착관계를 맺고 있다는 사실을 기억하는 것도 중요하다.

보울비와 그의 동료 메리 에인스워스Mary Ainsworth가 부모와 자녀의 관계방식을 묘사하기 위해 발달시킨 카테고리는 처음에 반발에 부딪혔다. 하지만 지난 수십 년이 넘는 세월 동안 보강된 방대한 분량의 연구는 충분히 신뢰할 만했고 애착 패러다임의 힘을 부인하기 어렵게 만들었다. 요즘 안전한 애착이 과연 좋은 것이냐고 감히 의문을 던질 전문가는 거의 없다. 심리학자들은 이 문제를 둘러싼 대중들의 논쟁을 지배하기에 이르렀고, 바람직한 것이 무엇인가에 대해 대중들의 동의를 얻어내는 데 성공했다. 그들이 말하는 이상적인 양육형태는 레이코프의 애정 어린 부모와 유사하지만, 다이애나 바움린드가 처음에 '권위 있는' 양육이라고 규명했던 형태와도 유사하다. '권위 있는 부모'란 규칙과 경계는 확실히 지키되 필요한 경우에는 융통성을 발휘할 수도 있는 부모들을 가리킨다. 그들은 아이에게 반응하지만, 아이들도 그들에게 반응해주기를 기대한다. 이러한 양육모델은 개인주의적이고 자발적이며 교육적 포부가 높은 아이들을 길러낸다. 그리고 아이들이 주체적인 업종(심리학 교수 자신들과 같이)에 종사하기를 바라는 보다 높은 사회경제적 계층에서 이러한 양육방식이 더 자주 발견된다는 사실은 아마 그리 놀랍지 않을 것이다. 다시 말해 이러한 양육방식이 모든 중산계층 부모에게서 반드시 나타나야 할 이유는 없지만, 대개의 중산계층에게서 두드러지게 나타나는 이상적인 양육형태이다.

레이코프는 엄격한 양육에도 그에 맞는 존중을 표하려고 노력했지만, 역시 애정 어린 양육이 이상적이라는 자신의 생각을 전달하지 않을 수 없었다. 그는 애정 어린 양육을 가리켜 아이들이 돌봄과 지지, 존중을 받음으로써 책임감을 갖고 자기를 절제할 수 있는 개인이 되게 하는 체계라며 찬사를 보냈다. 부모의 권위는 자신의 힘을 확실히 표명하는 데서 얻어지지 않는다. 공감, 지혜, 그리고 합리적 토론에 참여하고자 하는 부모의 의지가 권위를 만든다. 애정 어린 부모의 손에 자란 아이들은 자기 부모의 행동을 모델로 삼고 부모의 기대를 충족시키려고 노력한다. 그들의 아기들은 부모와 나누는 관계를 즐기며 그 관계를 유지하고 싶어한다. 이러한 양육을 받은 아이들도 자기만의 목표를 성취하려는 동기를 지닐 수 있지만, 그 동기가 너무 압도적이어서 부모가 바라고 느끼는 것을 무시하는 데까지 이르는 경우는 드물다.

레이코프와 바움린드가 그린 '권위 있는' 그리고 '애정 어린' 양육의 그림은 수십 년 동안 이루어진 심리적 연구에 의해 뒷받침되었다. 이 연구는 강한 공감능력을 가진 개인들로 이루어진 사회를 만들고자 한다면 그러한 양육이 꼭 필요하며, 특히 생애초기에는 더욱 그러하다는 점을 확실히 보여준다. 생후 첫 1년 동안 공감의 기초가 어떻게 세워지는지에 대해서는 이미 묘사한 바 있는데, 이 시기에 아기들은 타인의 도움에 힘입어 자신의 감정을 규명하고 이를 조절하는 법을 배우며 사회적 세계가 자신을 지지하는지 적대시하는지에 관한 관점을 형성한다. 하지만 생후 2년째에 들어서면 아이들은 사람들이 서로에게 어떻게 행동하는지를 토대로 삼아 좀 더 복잡한 도덕세계를 창조하기 시작한다. '애정 어린' 부모들의 아이는 이른 나이에 자기인식의 기초를 세우고 바깥세상으로 시선을 돌리며 타인의 감정에 좀 더 많은 관심을 기울일 가능성이 더 크다. 걸음마기의 아이들은 지금까지 자신을 보호해온 사람들과 애착관계를 형성하고 대개 부모와 자신을 동일시한다. 그와 동시에 자아감이 점점 커지고 신체적인 주체성도 급속히 발달하기 때문에 이 시기는 아이의 도덕발달에 중대한 시점이 된다. 자신이 원하는 바를 이전보다 더 많이 행할 수 있는 능력, 그리고 다른 사람이 자신에게 기대하는 것이 무엇인지에 대해 늘어난 인식 사이에서 아이들은 까다롭고 미묘한 균형감각을 구축해야 한다. 이 시기가 바로 '나^{me}'에 인식이 커지면서 다른 사람들 또한 저마다 '나^{me}'라는 사실을 깨닫는 시기다.[16]

타인이 느끼는 방법 배우기

공감의 발달과정은 서서히 진행된다. 공감은 도덕성의 중심부를 차지하지만, 이는 비교적 고등한 태도로서 다양한 발달경로를 통해 형성된다. 하지만 그 모든 발달경로는 부모 역할을 하는 사람과 함께 경험하고, 그 경험을 다른 관계들 속에서 활용하는 데 전적으로 의존한다.

애초부터 우리 모두는 다른 인간에게 민감하다. 갓 태어난 아기들조차 뇌의 거울신경을 통해서 타인을 흉내 내고 다른 사람들과 감정을 나눌 수 있는 능력을 지녔다. 아주 어린 아기들은 혀를 내밀거나 하품을 하는 등 부모의 이상한 행동을 보면 그것을 금세 따라 한다. 다른 사람의 얼굴표정을 따라 함으로써, 아기들은 그 사람들이 느끼는 감정이 무엇인지를 알게 된다. 미소를 따라 할 때 더 행복해지는 기분을 느낄 때가 많으며, 하품을 따라 할 때는 더욱 피곤하게 느껴질 가능성이 있다. 이러한 거울신경은 누군가 의도를 가지고 무언가를 행하는 모습을 관찰할 때마다 활성화된다. 그것은 그 사람의 경험을 우리 자신도 약하게나마 경험하는 듯한 자극을 제공해준다. 어떤 사람이 넘어져서 머리를 찧었을 때, 우리는 '아야!' 하며 순간적으로 얼굴을 찡그리면서 그 사람이 느꼈을 고통의 일격을 경험한다. 사회적인 생물로 살아가기 위해 우리에게는 이러한 능력이 필요하다. 이 능력이 없다면 다른 사람이 무엇을 느끼는지 판단하거나 다른 사람을 통해 무언가를 배우기가 어려워질 것이다.

하지만 다른 사람들도 우리와 똑같은 경험을 한다는 사실을 배우는 과정은, 스스로를 발견하고 자기가 느낀 바를 규명하는 일과 뒤섞여 있다. 거울신경을 처음으로 밝혀낸 신경과학자 가운데 한 사람인 마르코 야코보니Marco Iacoboni는 '자기와 타인은 동전의 양면과 같다.'고 말하면서, '자신을 이해하려면, 반드시 타인 속에서 스스로를 인식해야 한다.'고 했다.[17] 두뇌 측면에서 바라봤을 때, 자신과 타인은 같은 프로세스 안에 있다. 사실 우리가 우리 자신이나 타인의 신체상태를 인식하는지 여부와 관련이 있는 영역은 특히 뇌의 우측 전두섬엽right frontal insula으로 그 위치가 같다. 또한 뇌의 전측대상회 영역은 우리 자신의 신체가 고통을 느낄 때뿐만 아니라 고통을 느끼는 타인을 관찰할 때에도 활성화된다.

나와 상대방이 겪은 경험을 식별하는 과정은 생후 2년째에도 계속되어, 이때 걸음마를 하는 아기들은 다른 사람들도 자신과 똑같이 느끼고 생각한다고 추측한다. 감정이 공유되지 않을 수도 있다는 사실을 그들은 까마득히 모르고 있다. 다른 사람들이 물리적으로 자신과 분리된 존재라는 점은 깨닫지만, 아직 다른 사람들이 '독집적인 내적 상태'를 가졌다는 점은 인식하지 못한다.[18] 걸음마기 아기가 기분이 언짢은 다른 아이에게 자신의 '포근한' 혹은 위안이 될 만한 물건을 가져다줄 때 성인들에게 이 모습은 꽤나 귀엽게 보인다. 하지만 걸음마기 아기들은 주로 자신이 느끼는 괴로운 감정으로 인해 행동의 동기가 생기기 때문에, 이는 대개 공감의 자기중심적 단계로 여겨진다. 다른 아기의 울음소리에 그의 거울신경이 활성화되고 무의식적으로 자신에게도 똑같은 감정이 유발되는 것이다. 이 단계에, 걸음마기 아기들은 다른 아기도 자신만의 역사를 지닌 내적 세계를 소유하고 있다는 사실과 자신과는 다른 것을 통해 위안을 받을 수도 있다는 사실을 진정으로 인식하지 못한다.

사실 많은 걸음마기 아기들이 자기감정에 압도되기 때문에 다른 사람들에게 반응하기를 어려워한다. 다른 사람의 감정에 반응하는 능력은 아이가 어느 정도 자기규제를 할 정도가 되어야 생기며, 결국 이는 그의 생애 첫 1년 동안 그가 성인들에 의해 얼마나 잘 규제되었느냐에 따라 달라진다. 누군가 아이를 달래준 경험이 많으면, 그 아이는 자기 자신의 상태에 민감해져 이를 조절할 능력을 갖출 가능성이 더 크다. 자신을 진정시키고 혹은 기분전환을 하는 방법을 배운 아기는 더 침착할 뿐 아니라 타인의 괴로움에 더 잘 반응할 수 있게 된다.

이 모든 과정은 전전두 피질의 안와전두 영역을 확장시키는데, 앞서 언급했듯이 이 영역은 사회적 상황의 정서적 의미를 읽어내는 능력과 관련된 사회적 뇌의 핵심영역이다. 이 영역은 생후 6개월부터 급격히 발달하기 시작하는데, 이때 아기들은 사회적 세계를 더욱 확실히 인식하게 된다. 생후 18개월 무렵 이 영역의 기능은 완전히 발달하고, 그 시기 아기들은 사람과 상황에 대해 사회적 판단을 내릴 수 있다. 또한 이 영역이 제공하는 '멈춤 버튼'은 걸음마기 아기가 반성할 시간을 갖고 자신과 다른 사람에 대해 더욱 깊이 인식할 기회를 허락한다. 안와전두 영역이 성숙하는 이 시기에, 사회적 인식에 관한 진정한 터닝 포인트가 생겨난다. 이 시기에 걸음마기 아기는 자신이 하나의 분리된 사람이라는 것을 깨닫기 시작하고 거울 속에 있는 자신을 알아볼 수 있게 된다. 또한 다른 사람이 자신과 동일하게 느낄 수 있을 뿐만 아니라 다르게 느낄 수도 있다는 중대한 발견을 하게 된다. 이와 관련해 심리학자 베티 레파촐리Betty Repacholi와 앨리슨 고프닉Alison Gopnik이 수행한 연구는 널리 알려져 있다. 이 연구는 비록 자신은 브로콜리를 싫어하더라도, 다른 누군가는 브로콜리를 좋아할 수도 있다는 것

을 깨닫는 연령이 바로 18개월이라는 점을 밝혀냈다.[19]

안와전두 피질이 발달함으로써 생기는 자기통제 없이 아기가 다른 사람이 느끼고 원하는 바에 초점을 맞추기는 쉽지 않다. 심리학자 그래지나 코찬스카Grazyna Kochanska가 거의 20년 넘도록 수행한 광범위한 연구는 생애초기의 자기규제와 자기통제가 도덕발달에 얼마나 중요한지를 보여준다. 코찬스카는 그녀가 '의도적 통제effortful control'이라고 일컬은 속성을 생후 22개월 된 아이가 어느 정도나 갖고 있는가를 살펴보면 그가 서너 살이 되었을 때 자기통제 수준이 어떠할지를 파악할 수 있다는 사실을 알아냈다. 비록 안와전두 피질 내에 연결고리가 생기고 두 살에서 여섯 살 사이에 자기통제 수준이 높아진다고 해도, 코찬스카의 연구는 아이가 일찍 의도적 통제를 많이 하면 할수록 그의 이후 사회적·도덕적 능력이 더 향상된다는 사실을 보여준다. 의도적 통제를 일찍부터 발현시킨 아이들은 절망스러운 상황에 덜 분노하게 되고 더 많은 공감능력을 갖게 될 것이며, 더욱 큰 도덕적 양심을 소유하게 된다고 한다.[20]

자기통제는 걸음마기에 조금 늦게 발달되는 또 다른 전전두 피질 부분인 배외측 전전두 피질의 발달에도 도움을 받는다. 이는 기억 속 정보를 '작동 중인on-line' 상태로 유지해줌으로써 더 오래도록 그 정보에 관해 생각할 수 있게 한다. 이를 통해 아이는 어떻게 처신하고 어떻게 문제를 해결해야 할지 좀 더 의식적인 사고를 할 수 있게 된다. 물론 충동을 자제하고 공격을 억제하려면 안와전두 피질의 정서적 규제력이 필요하지만, 배외측 전전두 피질의 주의집중과 문제해결력이 없다면 자기 자신의 주의를 전환하여 여러 상황에 능숙하게 대처할 수 없을 것이다.

뇌 발달의 이러한 모든 초기 특성들은, 아이의 거울신경이 보다 본능적인 반응을 구축해나감에 따라 아이가 좀 더 복잡한 공감의 형태를 다룰 수 있게 해준다. 신경과학자들은 공감이 뇌의 오른쪽 부분, 특히 안와전두 피질·내측 전두 피질·우측 하두정엽^{right inferior parietal}·편도체 등을 포함하는 복내측 전전두 피질 영역의 초기발달을 활성화시킨다는 사실을 알아냈다. 뇌의 이 영역은 아이가 특정한 경험을 통해 얻은 신체적 경험을 저장하여, 이후 이것과 연관되는 다른 정서적 내용과 저장된 기억을 연결시킬 수 있게 해준다(또한 이러한 뇌 영역은 독심, 아이러니, 실책, 타인의 감정 읽기, 속임수 알아차리기 등 다른 사람의 의도를 추측하는 모든 추론과 연관되기도 한다). 아기가 자신의 개인적 경험을 정신적 이미지로 저장하기 전까지는 타인이 무엇을 느끼고 있는지를 의도적으로 상상하기 위해 이미지 저장소를 활용할 수가 없다. 하지만 이제 아기는 자신의 과거 경험을 활용하여 타인이 어떻게 느끼는지 자기 마음속으로 상상해보고 마치 자신이 그 상황에 있는 것처럼 가정해볼 수 있다.

이러한 능력은 충분히 주의 깊고 세심한 양육을 얼마나 받았는가에 크게 의존한다. 다른 부모들보다 더 권위주의적인 부모 아래에서 자라면서 무시당하고 혼자 울도록 남겨지고 혹은 두드러지게 벌을 받았던 신생아와 걸음마기 아기들은 권위를 가진 인물에게 순응하여 그들이 요구하는 방식대로 '처신하는' 법을 배울 수는 있겠지만, 다른 사람을 향한 공감을 필연적으로 배우지는 않을 것이다. 부모의 격려와 자극이 없다면 자기인식과 자기공감을 도와주는 정신적 과정은 더 천천히 이루어질 수밖에 없다.

마음 집중과 정신화

생후 첫 1년이 된 아기가 특정한 감정상태를 파악하고 식별하며 '자아'로서 자신을 인식하는 데 부모 역할을 하는 사람들이 어떻게 도움을 주는지에 대해는 앞에서도 이야기한 바 있다. 현재 연구자들은 이러한 부모 공감의 차원을 '마음 집중mind-mindedness'이라고 부르면서 큰 흥미를 보이는데, 이 개념은 '자신의 유아를 단지 필요를 충족시켜줘야 하는 생물체로서가 아니라 마음을 지닌 한 개인으로 대우하려는' 성인의 의지라고 정의된다.[21]

영국 더럼대학교Durham University의 심리학자인 엘리자베스 메인스Elizabeth Meins는 아이가 스스로의 감정을 파악하고 그에 대해 이야기하는 것이 다른 사람들 역시 마음 혹은 '개인적인 내적 상태'를 가지고 있다는 것을 이해하는 데 중요한 역할을 한다는 사실을 보여주었다.[22] 메인스는 아이가 사람들 각자가 신체적 주체성뿐만 아니라 정신적 주체성도 가졌다는 사실을 이해할 수 있는 유일한 길은 그 아이를 마음이 있는 한 개인으로서 대우하는 것뿐이라는 사실을 알아냈다. 메인스의 연구에 따르면 놀랍게도 아이가 언어능력을 갖기도 전인 생애초기 유아기에도 이러한 태도가 매우 중요하다고 한다. 메인스가 연구한 엄마들 가운데 5개월 된 자신의 아기와 아기의 감정에 대해 이야기를 나눴던 엄마들은 이후 그렇지 않은 엄마들에 비해 심리적으로 더욱 깨어 있는 네 살배기 아이를 만날 수 있었다. 이 아이들은 다른 사람의 생각이 자신과 다를 수 있다는 것을 훨씬 더 잘 이해했다. 다시 말해 아기들은 우선 그들 자신의 마음을 인식하고 난 다음에야 다른 사람들도 각각 그들의 마음을 가진 개별적인 존재라는 사실을 깨닫는다는 것이다. 생애초기부터 '마음을 읽는mind-reading' 부모를 둔 아이들은 감정이 조직되고 분류될 수 있으며 각각의 의미를 지닌다는 것을 파악할 수 있다. 그러나 대화를 나누는 일 없이 그저 음식만 주고 기저귀만 갈아준다거나 걸음마기 아기를 텔레비전 만화 프로그램 앞에 오랜 시간 앉혀둔다면, 아이들은 자신의 정신화 기술을 발달시킬 기회를 놓치게 된다.

  메인스의 연구는 자기규제의 핵심을 이루는 안전한 애착을 제공하는 것만이 중요한 일이 아니라고 말한다. 마음 집중은 애착안정, 그리고 아기의 필요에 반응하는 양육과 밀접한 연관성이 있고, 메인스가 이들 사이에서 교집합을 발견하긴 했지만 '마음 집중'은 다른 종류의 양육적 자극에 의존한다. 사람들의 마음을 인식하는 데 있어서 차이를 드러나게 하는 것은, 6개월 된 아이에게 '마음과 관련된 말'을 해주는 구체적인 실천이 있었느냐 없었느냐이다.[23]

  심리학자이자 정신분석학자인 피터 포나기와 그의 동료들에 따르면, 아이가 '정신화' 방법을 배우는 것 또한 매우 중요하다고 한다. 다시 한 번 말하지만 정신화는 마음 집중의 개념과 매우 유사하고 여러 면에서 서로 겹치는 부분이 있다. 정신화 역시 모든 개인이 마음과 감정을 가졌다는 인식을 포함한다. 하지만 정신화는 약간 더 역동적인 개념으로서, 내적 상태가 우리의 행동에 어떻게 동기를 부여하는가를 강조한다. 예를 들어 아이를 대하면서 정신화 접근법을 사용하는 부모는 다음과 같은 말을 할 것이다. "아이가 피곤하고 배가 고플 텐데 제가 온종일 끌고 다녔더니 이내 지쳐서는 슈퍼마켓에서 한바탕 짜증을 부리더라구요. …… 한참 화를 내는데 제가 안아주려고 했더니 자기를 방해했다고 느꼈는지 안기길 꺼렸어요. 아이를 안아서 기분을 좀 풀어주겠다는 생각은 단지 내 생각이었던 거죠. 그래서 아이를 다시 내려놓았어요."[24] 이 엄마는 자기 아이의 내적 상태와 그의 행동 모두를 여러 층위에서 이해하였고, 또한 그것이 그녀 자신의 상태·행동과 어떻게 연관되는지를 모두 이해하는 고도의 정서인식 수준을 보여주고 있다. 흥미롭게도 정신화는 자기인식을 할 때 활발해지는 뇌 영역—복내측 전전두 피질—을 활성화시킨다.

그런가 하면 정신화는 또 다른 면에서 역동적이다. 정신화에는 방어적으로 마음을 닫지 않고 자신과 타인의 감정과 정서를 완전히 경험하는 능력 또한 포함된다.[25] 이런 면에서 볼 때, 부모가 자기감정을 조절할 수 없다면 정신화 과정을 이룰 수 없다. 앞선 슈퍼마켓 예에서 본 엄마가 스트레스 아래에서 평정심을 유지할 수 없었다면 아이의 정서적 경험을 이해할 만큼 열린 자세를 갖기 힘들었을 것이다. 하지만 정신화가 자기 자신의 감정을 계속 인식하는 능력과 관련된 것은 사실이지만, 정신화의 주 기능은 다른 데 있다. 바로 사람들의 감정을 이해하고 사람들이 어떻게 행동할지 예측하는 것이다. 이것이 바로 공감과 다른 점이다. 공감은 상대방의 정서적 경험을 공유하는 것과 더 깊이 관련된다. 도덕적 행동은 이 두 가지 모두를 요구한다.

연구에 따르면 아이들은 사회 규칙에서보다 정서적 이해를 통해서 도덕에 관해 더 많이 배운다고 한다. 우리는 아이들에게 처신하는 법을 '가르치는' 것에 관해 이야기할 때가 많은데, 다양한 연구를 살펴보면 규칙에 관해 논하고 행동이 가져올 결과를 강조하는 방법은 양심의 발달을 촉진하는 데 그리 큰 역할을 하지 않는다는 사실을 알 수 있다. 존 로크가 아이들에게 합리적 이치를 알려줘야 한다고 했을 때 그의 태도는 시대를 앞선 것이었지만, 최근의 연구에 따르면 그러한 합리적 논리가 한때 사람들이 생각했던 것만큼 도덕발달에 그리 중요한 것은 아니라고 한다. 아이들을 사회화시키는 데 가장 중요한 요소는 부모들이 아이의 감정에 관해서 이야기하고 그 아이가 다른 사람들이 무엇을 느끼고 있을지 생각해볼 수 있도록 도와주는 것이다.[26] 사실 부모들이 아이의 도덕발달을 촉진시키는 최선의 방법은 갈등이 발생했을 때 그 갈등이 가져오는 정서적 영향에 관해 아이와 토론을 함으로써 갈등을 해결하는 것이다.[27] 이는 메인스의 연구와도 잘 맞아떨어지는데 메인스는 엄마가 아이 자신의 감정에 관해 이야기하면 아이의 양심적 발달이 조금 더 진보를 이룬다는 연구결과를 보여주었다. 다른 연구자들도 감정을 파악하고 깨닫는 능력을 이후의 공감적 행동과 친사회적 행동과 연결시키고 있다.[28]

협력적인 사회적 행동은 이러한 정서적 자기규제와 자기통제, 공감, 그리고 정신화의 초기발달 능력에 의존할 가능성이 있다. 결국 이러한 것들은 아이들을 규칙에 순응하도록 만들려는 시도로서 존재하는 것이 아니라, 도덕의 더 커다란 엔진을 이루는 주요 구성요소들인 것이다. 다시 한 번 말하지만, 현대의 연구는 엄격한 양육을 주장하는 가정들에 암묵적으로 의문을 던진다. 도덕적인 성품은 부적절한 행동을 했다고 아이를 벌줄 때보다 사람들이 그렇게 행동하는 이유가 무엇인지를 이해하면서 행동의 의미에 초점을 둘 때 더 잘 발달된다. 실제로 가혹한 부모들이 정서적인 이해 없이 아이들에게 바른 행동에 동조하라고 강요할 때, 도덕은 단지 '겉치레'가 될 수밖에 없다. 반면 부모가 아이의 감정을 인정하고 수용하면서 아이가 자신의 감정을 인식하고 왜 그렇게 느끼는지 생각해볼 수 있도록 도와줄 때, 그 아이는 다른 사람이 어떻게 느끼는가에 대해서도 관심을 갖게 될 가능성이 커진다.

부정에 대처하기

물론 '이런 것은 느끼지 말아줬으면' 하고 바라는 것을 다른 사람들이 느낄 때도 많고, 우리가 이해하는 방식과 다르게 대상을 이해할 때도 많다. 우리가 도덕이라고 부르는 것은, 다른 사람의 감정과 바람 그리고 우리의 감정과 바람 사이에 나타나는 차이를 협상하고 맞춰나가는 방식, 서로 상충하는 이해를 해결하는 광범위한 방식을 의미한다. 도덕발달에서 가장 중요한 단계는 아이가 자신과 다르게 생각하거나 느끼는 사람들과 함께 사회적 상호작용을 하는 법을 배우는 것이다.

갈등은 필연적으로 위협과 불안이라는 불편한 감정을 낳는다. 아주 약하게나마 사회적 유대관계도 위협을 받는다. 한 아기가 이미 정서적으로 불안정한 상태라면, 이러한 상황은 감당하기 어려울 정도로 당황스러울 수 있다. 돌봐주는 사람이 처벌과 비판으로 아이를 대했다면, 그 아이는 이러한 상황에 금세 위협을 느끼고 방어적인 태도를 취한다. 이렇게 각성이 일어난 상태에서는 공격자로부터 자신을 보호하는 데에만 초점을 너무 집중한 나머지 다른 사람에 대해서 생각할 수가 없다. 그들은 부정적이고 냉정한 부모를 두려워하는 반면, 이런 부모는 아이에게 깊이 실망하고 화를 낸다. 발달심리학자 로스 톰슨Ross Thompson이 수행한 테스트에 따르면 이러한 아이들은 도덕인지에 있어서 낮은 점수를 보였다.[29]

  '마음 읽기' 혹은 '정신화' 방법을 배운 아이는 다른 사람과의 갈등상황에서 큰 유익을 누린다. 정신화는 자기규제 기술의 레퍼토리를 확장시켜주기 때문에 특히 유용하다. 이는 아이가 고통스러운 경험으로부터 적절한 거리를 두고 서서 그 경험을 생각해볼 수 있도록 도와준다. 한 예로 비난을 받고 있는 아이가 정신화를 하고 있다면, 그 아이는 '엄마가 왜 저렇게 행동하시는 거지?'라고 자문한다. 그리고 자기 자신에 대한 부정적인 관점을 받아들여야 된다는 압박을 느끼는 것이 아니라 엄마가 생각하는 것과 다른 대답을 속에 품고 있을 가능성이 더 크다. 하지만 처음에 성인이 적절한 도움을 주지 않는다면 아이들 스스로 이러한 능력을 발달시킬 수는 없다.

장애를 입은 성격

  정신화 능력이 없다면 아이는 부모의 피드백과 부모의 주관에 좌지우지된다. 그러면 아이는 결국 '외부에서 자기에게 부여한' 각종 이미지—심술궂고 어리석으며 까다로우며 약하다는 이미지, 혹은 분노나 괴로움을 조절하지 못하거나 자신의 결점을 직시하지 못할 때 부모가 던지는 모든 말—를 그대로 받아들일 수도 있다. 자기 앞에 있는 부모처럼, 아이 자신도 이러한 자기 이미지가 너무 고통스러워서 그것들을 알아채지 않으려고 노력한다. 아동기에는 감정과의 연결을 끊어서 그러한 혐오스러운 자기 이미지를 파악할 필요가 없도록 만드는 방어전략이 흔히 나타난다. 이럴 때 아이는 자신은 아무런 문제가 없는 척하면서 다른 사람의 기대치에 맞추려고 애쓰는 모습을 보인다. 하지만 바깥으로 드러나는 '외적 인격persona'과 고통스러운 감정이 깃든 내적 자아 사이의 간격은 더욱 크게 벌어진다.

타인에게 학대 혹은 혹사를 당했던 아이들은 자신이 맺고 있는 해로운 관계에서 벗어날 길을 찾지 못할 때가 많다. 자기 삶에 존재하는 강력한 성인들에게 받고 있는 부정적인 대우를 던져버리지 못하고, 자신의 내적 행복을 회복해줄 '좋은' 자아감이 아직 형성돼 있지도 않다. 하지만 자기 안으로 회피하면서 불쾌한 경험으로부터 분리되려는 전략은 위험하다. 아이들이 자기감정을 인식하는 연결고리를 끊을 때, 이는 아이들이 자신과 자신의 내적 세계를 더욱더 인식하지 못하게 만들고 그 결과 다른 사람의 감정도 더 이해하기 어렵게 만든다. 이는 사회적 소통을 저해하며 타인과 관계 맺는 법을 미숙하게 만든다. 혹사당한 아이들은 사람의 얼굴 표정을 잘 읽지 못하거나,[30] 내적 상태를 말로 표현하는 데 서툴고,[31] 괴로움을 겪고 있는 타인에게 반응할 수 없다고 느낀다. 아이들 자신이 괴로울 때 위로를 받지 못했기 때문에, 일부 학대받은 아이들은 괴로움을 겪고 있는 다른 사람에게 다소 충격적인 방식으로 행동한다. 그들을 위로해주는 대신, 공포와 분노로 반응하는 것이다.[32] 모자관계가 부정적일수록 아이가 타인에게 관심을 가지고 반응하는 능력은 더 떨어진다.

이러한 아이들이 자라면, 결국 칸막이 속 인생을 살게 될 수도 있다. 예를 들어 누군가를 잘못 대했을 때 그들은 자기 행동을 인정하기를 어려워한다. 대신 그들은 '잘못 행동한 자기'가 '옳게 행동한 자기'와 절대로 만나지 않게 만들려는 시도로, 자신의 경험 중 수치스러운 부분을 자신에게나 타인에게 부인하면서 정신적으로 자신을 걸어 잠근다.

경험을 이런 방식으로 다루는 이유 가운데 일부는 그 가정에서 찾아볼 수 있다. 잘못된 행동을 관대하게 대하지 않고 관계를 능숙하게 개선하지 못하는 가정들은 이 경험을 통합할 방법을 개인에게 제공해주지 못한다. 이 능력은 정신건강에 절대적으로 중요하다. 사람들 사이의 갈등을 바로잡을 수 없고, 모든 실수가 지속적으로 불리한 영향을 끼친다면, 실수를 인정하기가 매우 어려워진다. '나쁜' 아이라고 꼬리표가 달린 아이는 자신이 구제불능이 될까 봐 두려워하고, 자신의 기분을 개선할 아무런 방법도 없이 감당하기 어려울 만큼 당황스러운 수치심에 사로잡힌 채로 머물게 될 것이다. 그렇기 때문에 그 아이는 방어적으로 행동하면서 자신은 절대로 실수하지 않으며 그 누구에게도 상처주지 않는다고 주장하고, 불가피하기 저지른 실수는 따로 떨어진 정신의 칸막이에 넣어 꽁꽁 싸매두고 생각하려 하지 않는다. 아니면 타인을 비난하고 오히려 상대방을 '나쁜' 사람으로 만들면서 자신의 옳지 못함을 지워버리려고 애쓸 수도 있다. 이 전략은 모두 성인기까지 이어지기 쉽다. 우리 모두는 이혼하는 어른들이 이와 같은 행동을 하는 모습을 보아왔다.

이러한 방어적인 마음상태는 나르시스적인 자기도취에서부터, 분리·투사·구획 정신화를 통한 경계선적 성격에 이르기까지 다양한 성격장애와 연관된다. 이 스펙트럼의 최극단에는 타인의 감정에 거의 무감각한 반사회적 인격장애자 sociopath 들이 있다. 그들에게는 타인을 향한 배려심이 부족하기 때문에, 타인들이 그러한 배려심을 가졌으리라고 생각지도 않는다. 그들은 타인이 그들의 생각보다 정직한 경우에도, 그들이 '양심'[33]이라는 뭔가 근거 없는 것을 거짓으로 연출하고 있다고 상상한다.

많은 불안정한 아이들이 자신의 부정적인 감정, 특히 분노에 어떻게 행동해야 할지를 잘 모른다. 그들은 토론, 설득, 논쟁, 문제 해결이 뒤따르는 건설적인 갈등을 경험해본 적이 거의 없을 것이다. 평정심을 되찾고 관계를 회복하도록 성인들이 도와주지 않을 때, 아이들은 기분을 개선시킬 방법을 거의 갖지 못한 채 고통스러운 부정적 각성상태 속에 남겨진다. 그들은 자신을 보호하기 위해 분노를 참는 법을 배우지만, 타인을 보호하기 위해 분노를 참는 법은 배우지 못했다. 대신 그들은 자신을 돌봐주는 사람들을 보면서, 신체적·심리적으로 타인에게 상처를 주는 행위는 용인되는 것이며, 공격적인 행동은 타인에게 내가 원하는 것을 강요하는 효과적인 방법이라는 것을 배웠을 수 있다. 그들은 언제나 '승자'와 '패자'가 존재한다는 것을 배운다. 나는 이러한 방식으로 엄격한 부모가 결과적으로 자녀들의 이기심을 부추긴다고 믿는다.

반면, 애정 어린 부모의 자녀들은 부정적인 감정에도 편안함을 느낀다. 그들의 부모는 아이들에게 부정적인 감정도 긍정적인 감정과 동일한 의미를 지닌다는 메시지를 전해준 적이 있다. 그들은 괴로울 때 즐거운 척하거나, 자기 자신에게 주의를 기울이기보다 부모의 감정에 더 신경을 쓰지 않아도 된다. 부모와 갈등을 겪을 때 아이는 자신의 감정도 의미를 지닌다는 사실을 배운다. 부모가 그 감정들을 두고 쓸모없다느니 어리석다느니 말하지 않고 자신의 감정을 표현할 권리를 존중해주기 때문이다. 이를 통해 아이들은 갈등 때문에 관계가 위협받지 않는다는 것을 알게 된다. 심지어 아이들이 매우 흥분한 상태라고 해도 그들은 타인의 감정을 계속 생각하고 이해할 수 있다.

공감과 상호협력은 불안정한 관계보다 이렇게 안정된 애착관계 속에서 나올 가능성이 더 크다. 아동기의 양심발달에 관한 그래지나 코찬스카의 연구는 일차적 보호자와 아이 사이의 애정 어린 관계—특히 서로 세심한 관심을 기울이는 관계—는 올바른 도덕발달의 최상의 예견자라고 말했다.[34] 행복한 상호관계를 누리는 아이들은 그 관계를 보존하고 싶어서 부모의 바람에 큰 관심을 기울인다. 그 결과 그 아이들은 특별한 요구를 받지 않아도 훨씬 더 상호협력적인 태도를 보이고, 부모가 곁에 없을 때에도 부모가 정한 규칙을 따를 가능성이 더 높다. 그들은 부모의 판단을 신뢰하며 부모의 말에 귀를 기울인다.

기본적으로 좋은 행동이란 관계 속에서 내면화된 경험의 결과이다. 레이코프가 엄격한 부모들에게 관심을 가지고, 그들이 자연재해의 피해자가 된 공동체 내의 타인들을 돕고 가능한 한 자기 자녀들을 현대 세계의 위험으로부터 보호할 것이라고 주장했지만, 이 부모들은 공감보다는 의지나 의무감이라는 동기로 행동하는 경향이 있다. 그런데 제2차 세계대전에서 유대인들을 구해준 비유대인에 관한 한 연구에서, 그들은 의무감이나 그들에게 부여된 기대치 때문에 타인을 돕겠다고 나선 것이 아니라는 사실이 드러났다. 반면, 엄격한 가정이 아닌 공감적인 가정에서 자란 사람들에게는 두드러진 특징이 있는데, 그들은 자기감정을 신뢰하며 다른 사람들이 그것을 어떻게 생각할지를 염려하지 않는 능력을 지녔다. 나치가 프랑스를 점령하던 시절 유대인을 돕는 위험을 감수했던 프랑스 청교도인 마그다 트로크미 Magda Trocme 는 자기 행동의 동기를 별로 특별할 것 없다는 듯 가볍게 설명했다. '도와줄 사람을 찾으려고 애써 돌아다니는 건 아니에요. 그렇지만 누군가 제게 와서 무언가를 요청하는데 문을 닫고 도와주기를 거부하는 일은 절대 없어요. 제 생각에 이는 제가 믿는 종교의 영향인 것 같아요. 보시다시피, 이것이 제가 저를 다스리는 하나의 방법인 거죠.'[35] '자신을 다스린다'는 말은 뭔가 습관적이고 어린 시절부터 깊이 배어든 것—자신의 기본적인 도덕적 입장, 삶의 태도, 타인도 가치가 있으며 타인에게 도움이 되도록 반응하는 것이 자연스러운 것이라는 가정—, 의문을 품지 않고 따랐던 태도, 그리고 자신이 신뢰했던 반응을 넌지시 드러낸다.

합리적인 논증은 이기적 충동을 극복하도록 도와주지 못하며, 엄격한 도덕적 지침이 아동의 도덕발달을 보장해주지도 않는다. 대신에, 지금까지 드러난 모든 증거는 사랑과 애정, 훌륭한 자기

규제와 자기인식이 도덕성의 진정한 예견자라는 사실을 지적한다. 하지만 아직도 비교적 많은 수의 가정이 안정적인 유대관계를 낳는 습관을 자녀들에게 전수해주지 못하고 있다. 사실 애착연구에 따르면 약 40%의 가정이 불안정한 방식으로 관계를 맺는다는 사실이 일관되게 드러난다. 물론 이 숫자는 소수의 부모를 의미하지만, 이 소수는 사회에 중대한 영향을 끼칠 만큼 충분히 큰 숫자다. 그들의 권위주의적이고 태만하며 허용적인 양육형태는 후세대에게 계속 전해지고 있다. 이러한 부모들 가운데 많은 사람들이 자신들은 자녀를 위해 최선을 다하고 있다고 진심으로 믿을지 모르겠지만, 우리들이 보는 증거는 그들의 양육방식이 공감을 꽃피우게 하지는 않는다는 사실을 보여준다.

공감을 위한 시간 확보

주의를 기울이고 아이들과 애정 어린 관계를 형성하는 데에는 시간이 걸린다. 과거 많은 가정에서 부모들의 정신은 온통 물리적 생존에 쏠려 있었다. 가사노동은 힘들고 시간이 많이 소요되었으며, 그들의 우선순위는 아이들을 먹이고 입혀서 생존할 수 있도록 돕고 아플 때 돌보는 것에 그쳤다. 가혹한 훈육은 아이들을 복종시키는 지름길이었고, 엄격한 양육은 가장 흔하게 나타나는 양육형태였다. 이는 아이들에게 시간과 관심을 기울일 여유가 거의 없는 부모들—야심 많고 목적지향적인 중산층 부모들 혹은 고된 교대제 근무를 하면서 생존을 위해 고군분투하는 하위계층의 부모들—사이에서 여전히 비교적 흔하게 나타난다.

보다 공감적인 양육형태는 아이의 감정에 시간과 관심을 기울이는 능력에 달려 있다. 그러한 능력은 산업혁명기에 형성된 중산층이 점차 늘어나면서 독특한 노동분화가 일어난 시기에 등장하기 시작했다. 이 시기에 들어서서 최초로 일부 중산층 여성들이 자녀에게 집중적인 관심을 기울이고 자녀양육에 관해 생각해볼 수 있는 시간과 여유를 갖게 되었다. 하지만 가혹한 부모 아래서 자란 부모들은 공감능력을 어떻게 형성해야 할지 모를 수 있다. 그래서 심지어 중산층에서도 엄격한 양육방식은 완전히 사라지지 않았다.

200여 년이 넘는 시간이 흐른 지금도, 많은 아동들이 여전히 공감이 부족한 불안정한 관계 속에서 성장한다. 산업화된 나라에서는 노동력을 감축시켜주는 기기들도 많고 생활수준도 높아졌기 때문에 부모들이 어린 아기들과 아동들에게 주의를 기울일 시간이 충분한데도 불구하고, 공감을 위한 내적 투쟁은 아직 결판이 나지 않은 상태다. 비록 물질 영역을 정복하여 우리 자신에게 안락하고 부족함 없는 삶을 제공하게 되었다고 해도, 세대를 통해 전수되는 정서적 애착형태에서 비롯되는 내적인 정서빈곤은 아직 해결하지 못했다. 사실 지난 수십 년 동안 여성들의 삶에 등장한 혁명은 공감적인 사회발달에 전에 없던 또 다른 난제들을 던져놓았다.

Notes

1. 2008년 12월 영국 텔레비전 채널4에서 방영된 《아이 기르기》, 제작 감독 타냐 쇼Tanya Shaw
2. 2006년 3월 9일자 「가디언」에 실린 라이오넬 슈라이버의 견해
3. 조지 레이코프, 『도덕의 정치』(University of Chicago Press, 2002)
4. 엘리자베스 로버츠, 『여성의 자리A Woman's Place』(Oxford, Blackwell, 1996)
5. 팀 케이서, 『물질주의의 값비싼 대가』(Cambridge, MA, MIT Press, 2002)
6. 위와 동일. 더불어 「발달심리학Developmental Psychology」(31, 2001, pp. 907-914)에 실린 리사 라이언Lisa Ryan과 수전 드주러윅Suzanne Dziurawiec의 '모성적·사회적 환경과 청소년의 물질주의적·친사회적 가치의 관계The relations of maternal and social environments to adolescents' materialistic and prosocial values', 「성격과 사회심리학 저널Journal of Personality and Social Psychology」(68, 1995, pp. 531-543)에 실린 켄 쉘든과 팀 케이서의 '강요와 조화Coherence and congruence', 그리고 앞서 인용한 케이서의 책 속에 인용되었던 켄 쉘든과 M. 플래너건M. Flanagan의 미출간 에세이 '외부적인 가치 성향과 데이트 폭력Extrinsic value orientation and dating violence'(2001)도 참고하라.
7. 「경제심리학저널Journal of Economic Psychology」(22:6, 2001, pp. 693-719)에 실린 팀 케이서와 버지니아 케이서의 '물질주의 성향 정도에 따른 사람들의 꿈The dreams of people high and low in materialism'
8. 「아동발달」(37:4, 1966, pp.887-907)에 실린 다이애나 바움린드의 '아동의 행동에 미치는 권위주의적인 양육통제의 효과Effects of

Authoritative Parental Control on Child Behaviour'

9. M. 본스테인M. Bornstein, 『양육 핸드북Handbook of Parenting』(개정판, Mahwah, NJ, Lawrence Erlbaum Associates Inc., 2002)에 실린 에리카 호프와 그 외의 '사회경제적 지위와 양육Socioeconomic status and parenting'

10. 리처드 퍼버, 『어린이 수면장애의 해결책Solve Your Child's Sleep Problems』(New York, Fireside/Simon and Schuster, 1985)

11. 지나 포드, 『만족하는 어린 아기 책』(New York, NAL Trade, 2001)

12. 바바라 로고프, 『인간발달의 문화적 특성』(Oxford University Press, 2003)

13. 존 뉴슨과 엘리자베스 뉴슨, 『도시공동체에서의 유아 돌봄의 패턴Patterns of Infant Care in an Urban Community』(London, Penguin, 1963)

14. 크리스틴 에버링햄, 『모성애와 근대성Motherhood and Modernity』(Milton Keynes, Open University Press, 1994)

15. 「아동발달」(66, 1995, pp.299-316)에 실린 주디스 스메타나의 '청소년기의 양육방식과 부모 권위의 개념Parenting styles and conceptions of parental authority during adolescence'

16. 「발달적 비평Developmental Review」(24:2, 2004, pp.159-188)에 실린 더글라스 시몬스Douglas Symons의 '정신적 상태에 관한 담화, 정신 이론, 자기-타인 이해의 내면화Mental state discourse, theory of mind and the internalisation of self-other understanding'

17. 고르디 슬랙Gordy Slack이 웹사이트 www.mobile.salon.com에서 2009년에 인용한 마르코 야코보니의 말

18. 마틴 호프만Martin Hoffman, 『공감과 도덕의 발달Empathy and moral development』(Cambridge University Press, 2001)

19. 「발달심리학」(33, 1997, pp.12-21)에 실린 베티 레파콜리와 앨리슨 고프닉의 '욕구에 관한 생애초기 논리: 생후 14~18개월 아이들에게서 얻은 증거Early reasoning about desires: evidence from 14 and 18 month olds'

20. 「발달심리학」(36:2, 2000, pp.220-232)에 실린 그래지나 코찬스카

와 그 외의 '초기 아동기에서의 의도적 통제: 연속과 변화Effortful control in early childhood: continuity and change', 더불어 「성격저널Journal of Personality」 (71:6, 2002, pp.1087-1112)에 실린 그래지나 코찬스카와 A. 크나크A. Knaach의 '저연령 어린이들의 성격특성으로서의 의도적 통제 Effortful control as a personality characteristic of young children'도 참고하라.

21. 「아동심리와 정신의학 저널」(42, 2001, pp.637-648)에 실린 엘리자베스 메인스와 그 외의 '모성적 감수성에 대한 재고Rethinking maternal sensitivity'

22. 「아동발달」(73, 2002, pp.1715-1726)에 실린, 엘리자베스 메인스와 그 외의 '마음 이해 이론의 예언자가 되는 모성의 마음 집중과 애착안정Maternal mind-mindedness and attachment security as predictors of theory of mind understanding'

23. 위와 동일

24. 「애착과 인간발달」(7:3, 2005, pp.269-281)에 실린 애리타 슬레이드의 '양육을 반영하는 기능: 머리말'

25. 피터 포나기, 죄르지 게르겔리, 메리 타깃, 『감정규제, 정신화, 자아의 발달Affect Regulation, Mentalisation, and the Development of the Self』(New York, The Other Press, 2002)

26. 「아동발달」(71, 2000)에 실린 드보라 라이블Deborah Laible과 로스 톰슨의 '엄마와 아이의 담화, 애착안정, 긍정적 정서공유, 그리고 초기 양심의 발달Mother-child discourse, attachment security, shared positive affect, and early conscience development'

27. 「아동발달」(73, 2002)에 실린 드보라 라이블과 로스 톰슨의 '걸음마기의 모자 갈등Mother child conflict in the toddler years'

28. 「아동발달」(74, 2003, pp. 238-256)에 실린 수전 던햄Susanne Denham과 그 외의 '취학 전의 정서적 유능함: 사회적 능숙으로 가는 길?Preschool emotional competence: pathway to social competence?', 「동기와 감정Motivation and Emotion」(21:1, 1997, pp 65-86)에 실린 수전 던햄과 그 외의 '취학 전 아동의 정서적 능숙함에 기여하는 부모의 역할

Parental contributions to preschoolers emotional competence'

29. 『도덕발달 핸드북Handbook of Moral Development』(London, Psychology Press, 2006)에 실린 로스 톰슨과 그 외의 '관계에서의 가치 이해: 양심의 발달Understanding values in relationships: the development of conscience'

30. 「발달심리학」(38:5, 2002, pp.784-791)에 실린 세스 폴락과 파완 신하Pawan Sinha의 '얼굴에 나타나는 정서표현을 아이가 인식하는 데 생애초기 경험이 미치는 영향Effects of early experience on children's recognition of facial displays of emotion'

31. 「발달과 정신병리학Development and Psychopathology」(6, 1994, pp.5-30)에 실린 마조리 비글리Marjorie Beeghley와 단테 시세티Dante Ciccetti의 '아동학대, 애착, 그리고 자아체계Child maltreatment, attachment and the self system'

32. 「발달심리학」(21:3, 1985, pp.407-410)에 실린 메리 메인Mary Main 과 캐롤 조지Carol George의 '학대당하고 불리한 조건 속에서 자라는 걸음마기 아기들이 괴로움을 겪는 동년배 친구에게 보이는 반응Responses of abused and disadvantaged toddlers to distress in age-mate'

33. 마사 스타우트Martha Stout, 『당신 옆의 반사회적 인격장애자The Sociopath Next Door』(New York, Broadway Books /Random House, 2005)

34. 「아동심리와 정신의학 저널」(46:1, 2004, pp.19-34)에 실린, 그래지나 코찬스카와 그 외의 '양심으로 가는 길: 생애초기의 모자간 반응 성향과 아동의 도덕적 정서, 행동, 인지Pathways to conscience: early mother child mutually responsive orientation and children's moral emotion, conduct and cognition'

35. P. 올리너P. Oliner, S. 올리너, 그리고 그 외의 『타자 수용하기Embracing the Other』(New York, New York University Press, 1992)에 실린 빅 세이들러Vic Seidler의 '구원, 의로움, 그리고 도덕Rescue, righteousness and morality'

THE
SELFISH
SOCIETY

6장

가족의 재력

매일 한 걸음씩 앞으로 나아가는 아이가 있었다.
처음 한 대상을 올려다보고는 곧 그 대상이 되었는데, 바로 엄마 아빠.
그는 그 아이의 아버지였고, 그녀는 그 아이를 뱃속에 품고 세상에 태어나게 해주었다.
그들은 아낌없이 아이에게 베풀었다.
매일매일 주고 또 주고. 그들은 아이의 일부가 되었다.
집에 있는 엄마는 저녁 식탁에 조용히 접시를 올려놓았다.
차분한 말투의 엄마는 깨끗한 모자를 쓰고 깔끔한 가운을 입었고,
걸을 때마다 그 몸과 옷에서는 좋은 냄새가 났다.
아빠는 강하고 자부심이 강하며 남자답고 거칠고 분노에 차 있고 공평치 못한 사람이었다.
허풍, 재빠르고 우렁찬 말솜씨, 인색한 홍정, 그리고 노련한 속임수.
가족의 풍습, 언어, 회합, 가구—동경과 벅찬 가슴.
부인할 수 없는 애정—현실에 대한 감각.

월트 휘트먼Walt Whitman의 시
'전진하는 아이가 있었다There Was a Child Went Forth 1

가족생활과 자녀양육은 항상 새로운 형태를 띠며 다양한 사회 여건에 미묘하게 적응하고 있다. 가족은 일차적으로 경제적인 기능을 하거나 노동세계의 압박으로부터 마음의 휴식을 안겨주는 '최초의 사회집단'이다. 그리고 그 가족만의 내적인 '사랑의 문화'와 태도와 습관을 담은 그 가족의 '사회적 자본'은 다음 세대로 전수된다. 하지만 지금 우리 시대의 가족에게는 과연 무슨 일이 벌어지고 있는 걸까? 현재의 가족생활 양식이 우리가 더욱 공감의 문화에 가까워지도록 이끌고 있을까?

휘트먼의 시가 지어진 시대로부터 우리는 먼 길을 지나왔다. 부부 사이의 전통적인 협력은 가족이 생산의 경제단위였던 과거 시대에 나타났던 것이다. 수세기 동안 부부 사이의 실용적인 파트너십은 부부 두 사람이 일상생활을 공유하고 어린 자녀들을 돌보면서 그들의 조그마한 소유를 운용하거나 가업을 잇는 데 효과를 나타내왔지만, 산업혁명을 만나 이러한 생활양식은 분열되었다. 그러한 삶의 양식에 어떠한 좌절이나 한계가 있든, 휘트먼은 예측가능한 역할을 지닌 친숙한 사람들과 함께 살아가면서 얻을 수 있는 깊은 소속감에 대해 전하고 있다. 휘트먼의 시는 당시 가족구성원이 선택권을 누릴 기회가 희박했기에 서로의 이상한 면모도 수용할 수 있었고 마치 서로를 자기 자신인 것처럼 느낄 수 있었다는 것을 보여준다.

산업혁명 이후로 가족은 더 이상 함께 일하는 집단이 아니게 되었다. 대신 각 가족구성원은 스스로 일자리를 구해야 했고, 먹고 살려고 늦게까지 일을 하다 보니 다른 가족구성원을 거의 보지 못할 때도 많았다. 비록 많은 이들이 아직까지 자신의 급료가 가족을 부양하는 하나의 수단이라고 이해하고 있겠지만, 이제 사람들은 스스로를 자신만의 목표를 추구하는 존재로 인식하기에 이르렀다. 오늘날 이러한 개인주의는 정점에 달했다. 점점 더 많은 사람들이 자신의 소득을 개인의 소유로 여기며, 혼자 패스트푸드를 먹고, 따로따로 텔레비전을 보거나 각기 다른 방에서 컴퓨터를 하면서 거의 전적으로 가정생활을 개인의 삶으로 경험한다. 더 이상 생존을 위해 다른 가족구성원들과 관계를 맺을 필요가 없어졌기 때문에 사람들은 편안하게 따로 떨어져서 외딴 섬에 있는 듯 행동할 수 있게 됐다. 비록 여성들은 가족생활을 지탱하는 데 필요한 물리적·정서적 보살핌에 있어서 아직 많은 책임을 안고 있지만, 예전의 가정에서만큼 그러한 책임을 감당할 수 있을 정도로 여유 있는 여성은 거의 드물다.

수많은 변화를 거쳐온 낡은 노동분화는 이제 우리가 처한 새로운 사회적·경제적 조건에 따라 재구성되고 있다. 이러한 과정은 삶의 조건이 바뀌었던 과거에도 그랬듯이 대체로 무의식적으로 일어난다. 산업혁명기 동안 가족 안에서는 어마어마한 변화들이 일어났지만 여기에 특별히 의식적인 의도는 없었다. 여성들의 삶은 여러 갈래로 갈라졌다. 어떤 여성들은 식구들을 먹여 살리려고 봉급을 받고 장시간 힘든 일을 해야 했고, 어떤 사람들은 집에만 갇혀 일을 하지 말아야 할 의무를 짊어졌다. 두 가지 생활방식은 모두 여성들을 무겁게 짓눌렀다. 사회적으로 부유해지면서 여성들의 삶은 점차 동일한 양상을 띠게 되었고, 20세기 중엽이 되기 훨씬 전에 이미 대부분의 여성들이 비슷한 삶을 살게 되었다. 각기 다른 배경(비록 제한적인 상황에서 그 차이가 크지는 않더라도)을 지닌 여성들은 대체로 낮은 교육을 받았기 때문에 전문직을 가질 기회를 거의 얻지 못했다. 또 결혼하고 나서는 남편과 아이들의 필요를 채우는 데 자신의 삶을 바치는 것 외에 선택의 여지가 거의 없었다. 그들은 그저 배경으로 남아 남편들이 자신의 목표를 이루도록 도와줄 뿐이었다.

하지만 20세기 후반에 여러 가지 의미 있는 변화가 나타나 다시금 세상을 움직이기 시작했고, 개인주의가 여성에게까지 확장되었다. 피임약의 등장으로 여성들은 더 이상 자신의 생식체계를 그대로 따르지 않아도 되었고, 아이를 몇 명이나 낳을지 언제 낳을지를 결정할 수 있게 되었다. 1960년대부터, 더 많은 여성들이 결혼 후에도 계속 직장생활을 할 수 있다고 생각하기 시작했고 파트타임으로 일하는 경우도 많았다. 대다수 여성들은 아이들이 어릴 때에는 집에 머물렀지만, 아이들이 학교에 가기 전에 직장에 다시 나가는 엄마들도 늘어났다. 이 경향은 더 가속화되었고 더 많은 엄마들이 직장에 나가기 시작했다. 여성들이 이렇게 가정을 뒤로 하고 노동세계에 빠져들면서 가족 전체의 특성이 흔들리게 되었다. 오늘날 평일에 집에서 가사를 돌보거나 아이들을 관리하거나 영양가 있는 식사를 준비할 수 있는 사람은 그렇게 많지 않다. 또 가족들이 노동을 마치고 돌아왔을 때 그들을 달래줄 '정서적인 일'을 도맡아 할 만큼 시간과 에너지를 갖고 있는 사람은 단 한 사람도 없다. 여성들의 봉급수준은 높아졌고, 그들에게 경제력을 제공하는 남자의 존재가 더 이상 필요하지 않은 경우도 많아졌다. 가족의 경제적 기능은 줄어들었으며 지금 가족의 정서적 기능은 불투명한 상태이다.

이러한 변화의 대부분을 이끈 것은 바로 경제였다. 20세기 후반기 절반 동안 산업생산이 감소했다는 것은 대개 노동자의 체력에 의존했던 중량 있는 물품의 생산에 집중하던 경제가 이제 '남성'의 힘 대신 조금 더 교육을 받은 사람들을 필요로 하는 첨단기술과 서비스 기반 산업으로 점차 그 강조점을 옮겼다는 것을 의미한다. 이러한 변화는 여성들에게도 일자리의 문을 열어주었다.

더 많은 사람들이 고등교육을 받을 수 있었고, 여성들도 그 가운데 속했다. 여전히 여성 대학졸업생은 소수였지만, 교육은 이 여성들에게 자유롭게 자기 목소리를 내고 원하는 바를 요구할 수 있는 자신감을 심어주었고, 여성의 권리 특히 일할 권리와 남성들과 동등한 수준에서 공적 생활에 참여할 권리를 확보하기 위한 새로운 운동을 일으키는 방아쇠 역할을 했다. 내 어머니는 제2차 세계대전 후 열여섯 살에 학교를 떠났기 때문에 이러한 사회적 변화의 이득을 미처 누릴 수 없었다. 어머니는 늘 제대로 교육 받지 못한 것을 한스럽게 여겼다. 어머니와 달리 행운을 누린 나는, 여성에게 좀 더 많은 자리를 주자고 대학에서 캠페인을 벌이고 1970년대 초반 여성운동에도 참여하면서 이러한 흥미진진한 변화를 한가운데서 겪었다. 자유롭게 자기 목소리를 냈던 젊은 페미니스트들은 여성의 가내활동이 너무도 오랫동안 당연시되어왔고 여성들이 경제적·사회적 가치는 거의 누리지 못했다는 사실에 괴로워했다. 나는 그 당시에 만들었던 포스터 가운데 하나를 우리 집 부엌에 여전히 간직하고 있는데, 그 포스터는 여성들이 가정에서 가사활동을 하는 장면을 조립라인 위에 얹어 가사활동이 생산과정을 일부라는 것을 보여주는 내용이었다. 그 포스터의 슬로건은 '자본주의는 가사노동에 의존한다.'였다.

  아이러니하게도 여성들은 산업자본주의의 성공, 부의 확산, 기술혁신에 점점 더 불만을 느끼게 되었다. 온 식구가 끼어 살던 좁은 집에서 벗어나 좀 더 널찍한 집에서 더 나은 삶을 누리게 해준 20세기의 번영, 여성들이 자신의 생식력을 다스리고 자녀수를 제한할 수 있게 해준 20세기의 기술, 아이들이 십대 시절에 별 어려움 없이 교육을 받을 수 있도록 해준 20세기의 법률 등, 굉장히 유익해 보였고 실제로도 유익했던 이 변화들은 의도치 않은 결과도 함께 낳았다. 이 변화는 역사상 처음으로 점점 더 많은 여성들이 상대적인 고립 속에서 아이들을 기르게 되었다는 것을 의미했다. 오랜 인간의 역사 가운데 집단활동으로 존재해왔던 자녀양육이 이제는 사방이 벽으로 둘러싸인 자신만의 집에서 이루어지는 사적 활동이 된 것이다. 더 이상 엄마들을 도와줄 사람도 없었고, 다른 일을 하는 동안 아이를 맡길 사람도 없었다. 좀 더 자란 자녀들은 학교에 가 있었기 때문에 그 아이들이 (자기보다 더 어린) 아기를 돌봐줄 수 없었고, 다른 엄마들 또한 노동력을 줄여주는 세

탁기와 진공청소기를 돌리며 저마다 각자의 집에 머물렀다. 이렇게 되자 집에서 아이를 보살피던 엄마들은 사회적으로 고립되고 무력함을 느끼게 되었다. 많은 엄마들이 이 상황을 참지 못했고, 이러한 생활방식을 유지하던 사람들은 50년이 채 흐르기도 전에 자리를 박차고 일어나 자기 목소리를 내기 시작했다. 미국에서는 1960년대에 여성학자 베티 프리단Betty Friedan이 선두에 나서서 이 '이름 없는 문제'를 소리 내어 밝혔다.²

그 뒤를 이어 나타난 여성운동은 일을 하고 동등한 급여를 받을 여성의 권리를 확립하고 여성들이 공적 영역에 참여할 수 있는 장을 마련하는 데 큰 성공을 거두었다. 페미니스트 리 커머Lee Comer는, '우리는 수천 년 동안이나 정신적·정서적으로 발이 묶여 있었다.'³고 말했다. 그러던 여성들이 갑자기 자기 목소리를 찾게 되었다. 하지만 많은 여성들이 자신의 오래된 역할을 벗어나는 것을 편하게 느끼지 않았고, 그들은 자신이 물질적으로는 압박을 받아왔지만 심리적인 압박은 받지 않았다고 생각했다. 여성들은 자신의 새로운 힘을 누리고 자신의 가능성을 자각하는 것을 막는 이와 같은 내적 작용을 극복하기 위해 힘겨운 노력을 해야 했다. 이 과정에서 의식화 집단들이 중추적인 역할을 했다. 그들은 여성들이 자신의 행동을 바꾸어 그들의 공헌을 남성들이 무시할 때는 자기 목소리를 높이고, 성차별적인 자녀양육 습관을 바꾸려고 노력하고, 여아와 남아를 달리 대하는 자신의 습관을 극복하는 법을 배울 수 있도록 지원을 아끼지 않았다. 여성들이 만든 보다 실용적인 정치적 중재안과 함께 이러한 심리적인 작업에 힘입어 30여 년이라는 비교적 짧은 시간 안에 결정적인 변화가 일어난 것으로 보인다.

급속한 변화가 나타난 이 특별한 시기 동안, 여성들은 자신이 안고 있는 딜레마와 욕구에 매우 집중하였다. 남성들이 여성들을 대하는 방식뿐만 아니라 여성들이 여성 스스로를 대하는 방식을 변화시키는 데에는 어마어마한 에너지와 결단력이 필요했다. 어린 아기들, 자녀들, 남편을 돌보고 식사를 준비하며 집 안을 청소하던 이전의 역할을 거부하는 것이 이 과정의 필수적인 부분이었다. 다시 예전의 역할을 떠맡게 될까 봐 두려워하던 많은 여성들은 결국 전통적인 가족생활에 극단적인 적개심을 보였다. 그들과 조금이라도 다른 뜻을 내비치는 사람은 반역자처럼 여겨졌고, 여성들은 그들의 어린 자녀들과 함께 있어야 조화를 이룰 수 있다고 말하는 사람은 여성들을 다시 집안으로 몰아넣는 압제자와 같은 존재처럼 비쳐졌다. 애착이론의 개척자였던 존 보울비도 생애초기의 애착이 어린이의 행복에 중요하다고 주장했을 때 이와 같은 곤욕을 치렀다. 그 이론을 발표하기에는 시기가 참 나빴다.

하지만 노동의 분화는 너무 깊이 굳어진 생각이었기 때문에, 남성들도 자기 삶의 방식을 다시금 생각하게 하는 새로운 개념을 머릿속에 그려보기가 쉽지 않았다. 많은 여성들이 보기에 남성은 적이었고, 함께 창의적인 재고를 하기에 별 도움이 되지 않는 동맹이었다. 대신 여성들은 정부에 여성들의 가내 의무를 떠맡으라고 요구했다. 그 당시 24시간 탁아소와 구내식당 대한 사항을 포함한 이 요구사항들은 여성의 역할을 사회화하려는 꽤 극단적인 시도였다. 이 요구는 너무 비현실적이었기 때문에 정부와 고용주들은 집안살림에 대한 여성들의 주장을 계속 무시하는 것이 별로 어렵지 않았다. 결국 여성들은 남성들과 똑같은 조건으로 일하는 노동시장에 진입하는 단순한 시도를 하기에 이르렀다.

여성들이 적응한 작업패턴은 기존의 남녀 노동분리에 기초한 것이었다. 당시 일반적이던 노동생활의 규준에 도전하는 대신, 야심찬 여성들은 자기 자신의 능력을 시험했다. 그들은 집에서 자신을 뒷받침해줄 '아내'도 없이 직장에서 남성들과 경쟁하고, 월급을 받고 온종일 일하는 것도 모자라 쇼핑·요리·청소·자녀양육이라는 불가능한 과업을 수행하느라 고군분투하면서 영웅이 되려고 무리하게 애썼다. 자신이 부족하거나 무능력하게 보일까 봐 그들은 남성들이 하는 것만큼 일하려고 했고 집안일이나 월경 전의 긴장 혹은 자녀가 일에 방해가 되지 않게 하려고 노력했다. '슈퍼우먼' 이야기는 흔해졌고, 여성들이 '모든 것을 갖출 수' 있다는 믿음도 널리 퍼졌다. 여성이라고 해서 이중 잣대를 적용하는 것은 위험한 것으로 간주되었다. 그렇게 되면 여성들은 다시 남성들보다 열등한 지위로 돌아갈지도 모르기 때문이었다.

자본주의는 남성들과 똑같은 조건으로 노동에 합류한 여성들의 참여를 두 손 들어 환영하며 이에 적응했다. 여성들이 회사에 나가 일할 수 있도록 이미 조리된 음식들, 전자레인지 등이 개발되었고 마침내 탁아소까지 문을 열었다. 동등한 급여와 기회에 대한 여성들의 요구가 완벽하게 충족되지는 않았지만 그래도 그들의 의견은 서서히 실질적인 것으로 다루어지기 시작했다. 하지만 이러한 상황이 점차 틀을 갖추게 되자, 여성들은 점점 더 자신을 엄마가 아니라 노동자로 정의하기에 이르렀고 결국 여성의 '일할 권리'를 요구하던 오래된 슬로건은 이제 봉급 노동자가 되어야 하는 의무를 논하는 데까지 이동하게 되었다. 그저 아내요 엄마였던 이

전의 제한된 전통적 정체성에서 완전히 돌아서서, 여성들은 노동자라는 현대적 정체성을 얻게 되었다. 이는 또 다른 의미의 제약이었다. 지금 사람들은 모든 이들이 늘 경제적으로 자급자족할 수 있어야 한다는 데 동의한다. 정부가 '육아서비스wrap-around childcare'를 논하는 것을 보면 머지않아 24시간 탁아소 운영에 대한 페미니스트들의 꿈도 실현될 것처럼 보인다. 어린 아기들을 둔 엄마들조차 이제는 일을 해야 한다고 기대되며 이것이 정상적이라고 여겨진다. 게다가 정부는 아기를 데리고 집에 머무는 부모들보다 일하는 부모들을 위한 재정지원을 더욱 아끼지 않음으로써 그러한 시각을 더 굳게 만든다.

미셸 오바마Michelle Obama와 버락 오바마Barack Obama는 전형적인 현대 중산층 포스트페미니즘 가족으로서, 부모 모두가 자녀를 가진 후에도 일할 것이라고 가정한다. 미국에서 출산휴가(무급)는 단 3개월만 가능하며, 전문직 여성들은 빨리 업무에 복귀해야 한다고 생각한다. 자신도 그런 압박을 느껴본 것인지, 아니면 성공적인 직장생활을 유지하고 싶다는 그녀의 개인적인 소망 때문인지는 몰라도 미셸은 첫 아이가 3개월이 되자 자신의 파트타임 업무에 복귀했다. 버락 오바마는 중산층들이 사는 동네에 살면서 아이들을 더 좋은 공립학교에 보내려면 이자가 비싼 융자금을 얻어야 하기 때문에 부모가 함께 일해야 한다는 시각에 동의하였다. 버락과 미셸은 그 변화에 따르는 어려움을 경감시키기 위해 청소부뿐만 아니라 '상주 베이비시터'를 고용할 만큼의 여유는 지녔던 것으로 보인다. 오바마는 그러한 여건이 되지 않는 사람들을 위해 '양질의 탁아소'가 있어야 한다고 생각했다. 오바마도 일부 부모들은 집에 머무르면서 자녀를 기르고 싶어할 것이라는 점을 자주 인정하긴 하지만, 약간은 별나 보이는 이 선택을 하면 '물질적인 안락'을 포기해야 할 수도 있고 '생계비가 더 낮은 지역'으로 이사를 가야 할 수도 있는 약간의 불이익이 따를 것이라고 넌지시 언급한다.[4] 다시 말해 그는 일하는 부모를 위한 더 나은 탁아소 정책에 투자하는 정부의 태도는 반기는 반면, 집에서 양육을 하는 것은 아주 유별난 것으로 본다. 중산층에 속한 사람들에게서 이러한 태도는 표준이 되었다.

최근에 나는 나와 함께 작업하는 여러 가족들에게서도 이와 비슷한 태도 변화를 관찰했는데, 그들은 사회적 척도상의 한쪽 끝에 존재하는 가족들이었다. 가난한 여성들은 사회주택(영국 지방정부 또는 단체에서 저가로 팔거나 빌려주는 주택—옮긴이)이나 집값이 더 저렴한 동네에 살 수도 있고, 무거운 융자 빚 때문에 허덕이는 것도 아닌데 계속 일을 해야 한다는 사회적 기대를 공유한다. 저소득층 여성들이 할 수 있는 일은 모두 급여가 낮아서 그들의 생활 수준을 대폭 개선할 수 없기 때문에, 그 여성들이 품고 있는 사회적 기대는 반드시 금전적인 필요 때문만은 아니다. 나의 클라이언트 중 한 사람이 말한 것처럼, 때때로 이것은 '내 시간'을 갖는 기회를 누리며 자기를 긍정적으로 바꾸면서 그저 삶을 좀 더 흥미롭게 만들려는 시도이다. 대개 이런 엄마들은 자녀를 기르면서도 할 수 있는 임시직을 구하면서 자신의 욕구와 자녀의 필요 사이를 적절히 조절할 수 있다.

자신의 직업을 유지하거나 융자금을 갚기 위해 '마땅히' 다시 일로, 때로는 임시직이 아닌 전임직으로 돌아가야 한다고 느끼는 전문직 여성들은 더 압박을 많이 받을 수 있다. 출산 전 직업적인 정체성에 맞추어 살았던 이러한 엄마들은 때때로 집에 있는 엄마가 되면 자아감을 상실할지도 모른다는 큰 두려움을 느낀다. 또한 집에 머물면 거의 필연적으로 앞으로의 직업생활에 해를 끼칠 뿐만 아니라 일종의 사회적인 죽음을 맞을 수도 있다고 느낀다. 하지만 반드시 전임직 일자리로 돌아가야 한다고 느낄 때에도 전문직 여성들은 갈등을 겪을 때가 많고, 자신이 일하는 것이 아기들에게 영향을 끼치지는 않을까 하는 큰 불안을 경험한다. 이 때문에 그들은 자신의 어린 아기가 실제로 엄마가 곁에 없으면 고통 받을 수도 있다고 말하는 그 어떤 증거도 귀담아 듣기 어려워한다.

나의 클라이언트였던 샐리 앤Sally-Ann의 경험은 집에 있는 엄마와 일하는 엄마의 상황을 실감 나게 보여준다. 샐리 앤은 지루한 서기직을 맡고 있었다. 그녀는 아기를 어느 정도 돌보고 적절한 시기가 되면 다시금 일로 돌아가리라 생각했지만, 자신이 좋은 엄마가 될 수 있을까 무척 염려했고 이것이 직업만큼이나 자신의 정체성에 큰 부분을 차지한다고 보았다. 하지만 샐리 앤에게 부여된 사회적 압박 때문에 그녀는 결국 자신이 마음먹었던 것보다 일찍 직장으로 돌아갔다. 일하는 엄마에 대한 사회적 기대치 때문에 샐리 앤이 느낀 정서적인 어려움을 볼 때 그녀의 이야기는 그 과정이 얼마나 복잡할 수 있는지를 보여준다.

샐리 앤은 그녀의 자아감을 발달시키는 데 그다지 큰 도움을 주지 못한 부모님 아래서 자랐다. 샐리 앤의 아버지는 어린 샐리 앤에 대해 무척 비판적이었고, 기분이 나쁠 때면 그녀에게 소리를 지르곤 했다. 한편 그녀의 어머니는 조울증 환자로 술도 많이 마셨고 오로지 자기 생각뿐이었다. 두 사람 중 어느 누구도 그녀에게 많은 주의를 기울이지 않았다. 자기 아기가 태어나자, 샐리 앤은 우울하고 화도 났다. 엄마가 된다는 것에 적응하기가 그렇게 힘들 수 없었고, '이기적이고 싶은' 기분이 들 때도 많았고, 아기를 장난감과 함께 놔두고 방에 들어가 쉬고 싶을 때도 너무 많았다. 아기가 자신을 사랑해줄 것이라는 믿음이 거의 없었고, 자신이 얼마나 못난 사람인지 알아채고 그녀의 아버지가 그랬듯이 아기도 그녀를 나쁘게 판단할 것이라는 두려움에 아이 눈을 똑바로 바라보기도 어려웠다.

샐리 앤의 아들 프랭크Frank가 생후 3개월 정도 되었을 때 둘이 함께 있는 것을 처음 보았는데, 샐리 앤은 아이와 멀찍이 떨어진 채 거리를 유지했다. 상담을 진행하는 동안 샐리 앤은 무릎에 앉힌 프랭크를 자신에게서 멀리 떨어뜨리려 하거나 매트 위에 놓아두고는 대체로 프랭크의 존재를 무시했다. 우리의 치료관계가 발전하면서 샐리 앤은 프랭크를 보호하려는 자신의 감정을 서서히 발견하기 시작했다. 프랭크가 그녀 때문에 우는 것이라고 너무 개인적으로 받아들이지 말라고 격려하자, 샐리 앤은 그제야 우는 프랭크를 달랠 수 있겠다는 생각이 들었다. 내가 프랭크와 함께 '마음 집중'을 해 보이자, 샐리 앤은 권리를 가진 한 사람으로서 프랭크를 보기 시작했다. 그리고 점차 엄마 역할을 하는 데 큰 자신감을 얻었다. 프랭크도 긴장을 풀고 엄마를 보며 더 많이 웃기 시작했고, 샐리 앤과 프랭크는 그들의 관계를 즐기기 시작했다.

프랭크가 5개월 정도 되고 샐리 앤과 프랭크의 관계가 한창 좋아지고 있을 때, 샐리 앤은 밝고 흥분된 얼굴로 상담실에 왔다. 복직에 관한 문제를 논의하러 직장에 들렀었다는 이야기를 했고 프랭크가 10개월이 되면 다시 직장에 나가기로 했다고 말했다. 그러나 차후 샐리 앤을 다시 만난 그녀의 상사는 가능한 한 빨리 그녀가 복귀했으면 좋겠다는 의사를 분명히 밝혔다고 한다. 사실 그는 샐리 앤이 두 사람이 동의한 주 3일제가 아닌 주 4일제로 일하기를 원했고, 그녀에게 유망한 직업적 기회와 함께 새로운 틀을 갖춘 업무를 제안했다. 그 제안을 받은 샐리 앤은 그 즉시 몇 주가 지나 프랭크가 7개월이 되면 업무에 복귀하겠다고 동의했다. 프랭크의 필요에 대해서는 언급하지 않았다.

그 얘기를 듣고 나는 가슴이 철렁 내려앉았다. 샐리 앤과 프랭크의 관계가 아직 약했고, 샐리 앤이 여전히 엄마로서 사랑을 다 쏟지 못하고 있고, 둘의 관계를 운영해나가는 데 감을 잡지 못했다고 느꼈기 때문이다. 또한 프랭크는 화를 잘 내고 웃지 않는 때도 많았다. 회사를 방문했을 때에 대해 그녀에게 좀 더 물어보았다. 샐리 앤은 사무실로 들어가려고 계단을 오르는데 기분이 고조되었다고 말했다. 물론 프랭크를 사랑하지만, 하루쯤 예전 생활로 돌아가는 것은 멋진 일이었다고 했다. 그 느낌이 과연 어떤 것이었냐고 물었더니, 샐리 앤은 사무실에서는 자신이 누구인지 무엇을 해야 하는지 어떻게 해야 인정을 받을지 안다고 말했다. 통제감을 느꼈다는 것이다. 집에서는 프랭크가 과연 어떻게 반응할지 예측할 수가 없었다. 프랭크를 위해 열심히 계획한 것을 프랭크가 그리 즐거워하지 않거나, 프랭크가 쉽사리 달래지지 않으면 샐리 앤은 자신의 노력이 인정받지 못했다고 느끼곤 했다. 샐리 앤에게 있어서 프랭크를 돌보는 일은 직장에 고용되는 것보다 훨씬 더 할 일이 많은 것으로 느껴졌다. 그녀가 아이였을 때 제대로 되지 않았던 일, 바로 프랭크의 감정을 읽는 일이 너무나도 힘들고 어려웠기 때문이다.

일 중심의 우리 문화는 아기들의 필요를 계산에 넣지 못하는 듯하다. 샐리 앤이 엄마로서 자신의 능력에 확신을 갖지 못하는 시기를 잘 헤쳐가고 장차 프랭크의 행복을 위해 좋은 정서적 기초를 세울 수 있게 도와주는 대신, 이 문화는 젊은 엄마들이 자신의 필요든 아이의 필요든 정서적 필요를 격하시키도록 부추겼다. 일과 돈이 가지는 확실함에 비해 감정은 너무도 깊이 얽히고설킨 복잡한 것이다.

엄마 되기

이렇게 여성이 남성적인 직업문화에 적응하게 된 변화된 사조 속에서, 모성에 가치를 두기란 매우 어렵게 되었다. 여성다움에 관해 과거와 다른 시각을 드러내거나 여성적인 특성을 부인하지 않고, 여성성을 표현한다는 것은 시대정신에 어긋나는 것으로 보였다. 여성들이 스스로를 점점 더 일의 측면에서 정의내림으로써 구체적인 여성적 정체성은 그 모습을 점점 감추어가고 있다. 일 중심의 현재 문화 속에서, 한 엄마가 아이와 맺는 유대관계가 독특하고 소중하다고 보는 관점을 표현하기란 꽤 어렵다. 이는 도발적인 이야기로 여겨지기도 한다. 사람들과 있을 때나 강의 중에 그런 관점을 이야기했을 때, 청중들 중 나와 같은 의견을 지닌 사람들은 다른 사람들이 있는 자리에서는 내 의견에 반응하기를 어려워했다. 그러더니 나중에서야 나에게 와서 자신들이 생각은 했지만 감히 꺼내보지 못했던 이야기를 해줘서 고마웠다고 말했다.

과거 일부 문화에서는 여성으로서 경험할 수 있는 생물학적 차원의 경험—임신, 출산, 모유수유 동안 일어나는 신체적 변화—이 일으키는 고통과 기쁨은 숭배하고 축하할 것들이었다. 반면 현대사회에서는 그러한 경험을 경시하거나 심지어 없애려는 경향이 있다. 자연분만은 셀 수 없이 늘어난 불필요한 제왕절개로 대체되었고, 많은 사람들은 모유수유를 싫어하며 대체로 아기들에게 그리 오래 모유를 먹이지 않는다. 여성들의 생물학적 여성성은 뭔가 피해야 할 것 혹은 가능한 빨리 지나가버려야 될 것으로 여겨진다. 그리고 오늘날의 아기들은 서둘러 대리보호자들에게 맡겨진다. 마치 아기와 시간을 함께 보내는 것이 불필요한 노닥거림이나 시간낭비일 뿐인 것처럼 말이다.

한편, 여성의 생물학적 역할을 경시하는 경향은 남성들이 어린 자녀들과 더 많은 관계를 맺을 수 있는 장을 열어주었다. 이제 더 이상 여성들이 육아의 짐을 독점하지 않으므로, 남성들이 유모차를 끌고 밖에 나오거나 가족을 돌보는 데 적극적인 역할을 맡는 경우가 훨씬 더 흔해졌다. 이는 매우 긍정적인 변화이다. 하지만 올리버 제임스가 내게 지적했던 것처럼, 아빠들이 충분히 긴 시간 동안 아기를 돌보는 일은 드물다는 것은 흥미로운 사실이다. 심지어 아빠들이 그렇게 할 수 있는 선택권을 가진 스웨덴이나 덴마크에서도, 자녀들이 어린 아기였을 때 육아휴직을 받는 아빠들은 거의 없다. 스웨덴에서는 아기들이 생후 11개월~15개월보다 어릴 때 휴직을 하는 아버지들이 거의 없고, 덴마크에서 대부분 남성들의 육아휴직은 아이들이 3세~5세일 때 이루어진다.[5] 남성들은 엄마와 아기 사이의 생물적 연결을 존중하는 것을 마치 본능이라고 여기는 것 같다. 그 연결은 아기가 자신을 낳아준 엄마의 몸으로부터 분리된 존재로 이전하는 과정에서, 모유수유, 호르몬, 신체적 친밀함을 토대로 엄마와 다시 이루어가는 연결이다.

한 아이의 탄생은 여전히 대체로 여성적인 이벤트이다. 결국 아기와 신체를 통해 서로 연결돼 있는 건 엄마이고, 처음부터 생물적으로 서로를 조절하는 데 연관되었기 때문이다. 대체로 자신의 생물적인 특성으로부터 자유로운 삶을 사는 데 익숙한 많은 현대 여성들에게 있어서, 이러한 신체적 현실을 맞닥뜨리는 것은 어려운 일일 수 있다. 수 밀러[Sue Miller]의 소설 『상원의원의 아내[The Senator's Wife]』는 주인공 메리[Meri]를 통해서 이러한 충격과 혐오감을 잘 표현해냈다.

타락, 그녀에게 일어난 일을 설명해주는 단어였다. 그녀는 완벽한 타락으로 종지부를 찍는 생체과정에 들어섰다. 바로 그 시간에 그녀는 목숨을 잃었다. 탄생과 죽음이 함께 일어났다. 그녀는 변했다. 하지만 바로 그것이 그녀에게 일어난 일이었다. 이것이 바로 여성들이 행하는 것이었다. 그녀는 자신이 알고 있던 엄마들을 떠올렸다. 그녀의 엄마. 네이션[Nathan]의 엄마. 루[Lou]. 딜리아[Delia]. 그리고 자신의 몇몇 친구. 그들 모두가 신체적으로 자기가 누구인가를 말하는 신성한 자아감을 일부 포기해야만 했다. 그들 모두는 자기 몸이 변해가는 것을 보면서 이제 자기 몸을 스스로 통제할 수 없다는 사실을 배워야만 했다. 자기 몸속에서 형태를 갖추는 한 낯선 사람과 자기 몸을 함께 나누어야 한다는 것도. 왜 그녀는 달라져야 하는가?[6]

이와 동시에 이러한 변치 않는 생물학적 이벤트에 참여하는 것은 깊은 만족과 감동을 줄 수 있다. 에이드리언 리치는 『더이상 어머니는 없다 *Of Woman Born*』에서 아이를 낳는 과정에서 자신이 직접 느꼈던 경이로움을 설명했고, 엄마와 아기가 서로 연결되는 방식을 '자신이 유아였을 때 엄마와의 관계에서 느꼈던 소통 외에 그 누구와도 나눌 수 없었던 방식'이라고 묘사했다.[7]

사람들이 아기를 돌보는 '육아'에 대해 말할 때는 이러한 진한 정서적 유대관계가 전해지지 않는다. '육아'란 그저 신체적·교육적 돌봄을 의미하는 단어일 뿐, 깊은 인간적·정신적 의미를 지닌 진한 관계를 나타내지는 않는다. 뿐만 아니라 유아기에 정말로 벌어지는 일이 무엇인지도 말해주지 않는다. 유아기에는 사람이 되는 법, 타인과 관계 맺는 법에 관한 무의식적인 학습의 주된 과정이 진행되는데, 이 과정은 대부분 아기에게 예민하게 반응하고 아기에게 맞춰주는 부모의 역할과 함께 일어난다. 앞의 여러 장에서 설명했듯이 아기가 경험하는 관심의 질은 너무나도 중요하며, 이것이 결국 균형 잡힌 스트레스 반응과 자기통제력, 타인을 향한 공감능력을 발달시키도록 아기의 뇌 작용을 돕는다. 모유수유의 여러 유익 중 하나는, 모유수유를 통해 엄마들이 오랜 시간 동안 아기에게 주의를 집중할 수 있다는 것이다. 이는 엄마들의 체내에 옥시토신과 프로락틴 prolactin (유즙분비 호르몬—옮긴이) 호르몬 수준을 높여준다. 이런 호르몬들은 엄마들이 자기 아기의 울음에 더 세심하게 반응하게 만들기도 한다. 물론 분유수유를 하는 엄마들, 아빠들, 그리고 입양 부모들도 그들의 아기들에게 예민하게 주의를 기울이고 그 과정을 즐길 능력에 부족함이 없지만, 우리가 모유수유를 통해서 이렇게나 구체적인 생리적 보상을 받을 수 있도록 자연이 만들어놓은 것을 보노라면 무척이나 흥미롭다.

한 엄마에게 있어서 아기의 유아기란 아기와 엄마가 함께 누릴 수 있는 독특한 기간인데, 점점 더 많은 부모들이 아기가 생후 몇 개월만 되면 아직 너무 어린 아기들을 다른 사람의 손에 맡기고 있다. 이는 비교적 새로운 현상이다. 실례로 1980년도에 내가 첫 아이를 낳았을 때만 하더라도, 엄마들의 3/4은 생후 1년 정도는 아기와 함께 집에 머물렀다. 오늘날 그렇게 하는 엄마는 1/4 정도이다. 실제로 2007년도에 영국에서 수행한 한 연구에 따르면, 단 3%의 엄마들만이 1년이 넘는 출산휴가를 받았다고 한다.[8] 이는 우리의 자녀양육 관습에 일어난 급격한 변화이며 특히 미국에서 이 변화는 극단적인 형태로 나타난다. 미네소타Minnesota에 거주하는 미국인 엄마들을 대상으로 한 규모 있는 연구에 따르면 50%의 엄마들이 아기를 낳고 11개월 후에 다시 직장에 복귀했다고 한다.[9] 오늘날 생후 6주 정도밖에 안 된 조그마한 어린 아기들이 마치 벌써 사회적으로 활동하고 학습도 해야 할 '어린이'가 된 것처럼 집단으로 양육되는 주간보호 탁아소에 맡겨진다. 영국과 미국 두 나라 모두에서는 점점 더 초기육아에도 성과중심적인 가치가 침투하여 밤새 깨지 않고 자기, 주는 것만 먹기, 걷기, 말하기 등 신체적으로 나타나는 중대한 사건들에만 초점을 맞춘다. 그 모습을 보면 빨리 성장해야 한다는 긴급한 필요라도 있는 것처럼 보인다. 조금이라도 보호자들에게 불편을 덜 끼치게 하려면 말이다. 경제적으로 자급자족하는 존재가 되어야 한다는 충동이 우리로 하여금 모든 사람이 심지어 아기들마저도 정서적으로 자급자족하기를 기대하도록 부추겼다.

부모들은 이러한 새로운 기대에 동조해야 한다는 더 무거운 압박에 눌리게 되었다. 초기육아를 부부가 함께할 수 있도록 도와주는 사회적 지원은 거의 없다. 평등을 추구하며 비교적 잘사는 부부들조차, 함께 양육을 하고 싶다는 요구를 들어줄 고용주가 없기 때문에 이런 문제를 해결하기란 어렵다고 느낀다. 결국 고용주들은 '그럴 때 활용하라고 탁아소가 있는 것 아닌가.'라는 식으로 생각하니 말이다. 대신 점점 더 많은 중산층 부모들이 더 가난하고 덜 배운 다른 여성들에게 육아를 맡김으로써, 출산 후 비교적 이른 시기에 자기 일을 유지하려는 시도를 하고 있다. 또 다른 측면을 살펴보면 비록 많은 부모들이 보모나 아기의 조부모에게 아기를 맡기지만, 현재 탁아소는 붐이라고 해도 좋을 정도로 인기를 얻고 있다. 부모들은 어린이를 돌보는 일을 훈련 받은 전문가들과 아이들이 시간을 함께 보내면 아이들이 '자극을 받을' 것이라고 믿는다. 그러나 사실 이는 현실과 거리가 멀다. 실제로 대부분의 탁아소 직원들은 훈련을 거의 받지 않았다. 영국에서는 탁아소의 직원 절반이 일정한 자격을 갖추어야 한다고 규정하고 있는데, 그 자격이라는 것이 상당한 훈련이나 학위가 아니라 1년 동안 실무를 쌓았다는 국가기술자격National Vocational Qualification, NVQ을 의미하는 경우가 많다. 그런데도 직원들이 제대로 훈련 받았다는 미신은 사라지지 않고 있다. 『여성이라는 성별 때문에Because of Her Sex』라는 책에서 언론가 케이트 피지스Kate Figes는 학술 변호사이자 세 아이의 엄마로서 니키 패드필드Nicky Padfield가 했던 말을 인용하였다. '아기들은 전문적으로 아기를 돌보는 이들과 함께 있는 것이 좋다. 전문직에 종사하는 엄마들이 반드시 그들만큼 훌륭한 것은 아니기 때문이다. 온종일 엄마와 집에 갇혀 있는다는 건 가장 자극을 적게 받는 일일 수도 있다. 특히나 그 엄마가 바로 나라면 나는 아마 신문을 읽고 있을 것이기 때문이다.' 피지스는 패드필드의 이러한 견해에 동의한다.[10]

이렇게 아기들의 필요에 대한 오해는 일부 엄마들이 아기와 함께 있지 못하는 슬픔을 부인하는 과정에 꼭 필요한 것일지도 모른다. 친밀하고 개인적인 보살핌을 원하는 아기들의 필요를 깨닫는 대신, 부모들은 자기 아기가 좀 더 성숙하고 조숙한 아이여서 가족의 평범한 애정 어린 관심보다는 '동료'와 정신적인 '자극'이 필요한 존재라고 생각하기를 선호할 수도 있다.

피지스는 육아를 둘러싼 여러 딜레마를 해결하려면 노동시간을 좀 더 완화해서 부모들이 '합당한 시간에 집에 돌아가 자녀들을 볼 수 있게' 해야 한다고 제안하지만, '유능하고 자격을 갖춘 여성들이 오로지 엄마 역할만 하는 상태로 돌아가도록' 강요하는 관점은 끔찍하게 여겼다. 피지스는 이를 '처벌'이라고까지 표현하였다. 하는 수 없이 무능하고 자격이 없는 여성들이 그들 대신 아기들을 돌보아야 함이 분명하다. 그리고 바로 이것이 현재 벌어지고 있는 일이다. 아기 돌보는 일을 하는 여성들은 가장 가난하고 가장 교육을 못 받은 여성인 경우가 많다. 이러한 현상 뒤에는 육아가 별로 중요하지 않고 누구라도 할 수 있다는 인식이 깔려 있다. 마치 기저귀를 갈고 우유를 먹이는 등 육체적으로만 일하면 되는 것처럼 여기는 것이다.

때때로 탁아소의 대리보호자들은 그들을 고용한 부모들과 공통점을 보이는데, 그들 모두는 정서적인 보살핌보다는 신체적인 돌봄과 인지적 자극에 초점을 맞춘다. 탁아소에서의 돌봄을 교육의 한 형태로 여기고, 누군가의 정서적인 헌신 없이도 충분히 수행될 수 있는 측정 가능한 업무로 여기는 것이다. 더군다나 적은 돈을 받고 임시로 일하는 보호자들이 애정 어리고 세심한 양육을 대신 맡아줄 수 있으리라고 생각하기는 더욱 어렵다. 낮은 봉급은 어쩔 수 없이 어리고 경험 없는 직원들을 끌어들인다. 탁아소 직원들 가운데 자신이 엄마나 아빠인 사람은 거의 드문데도 그들은 아기의 감정을 이해하는 훈련을 거의 받지 않는다. 결국 이는 아기들의 투덜거림이나 울음, 기분의 변화가 무엇을 의미하는지에 관심을 두지 않고 우유 먹이기와 기저귀 갈아주기에만 초점을 맞추는 실용적인 접근을 낳을 수 있다. '방금 우유 줬으니까 배고프진 않겠지.'라는 식의 접근이다. 보호자와 아이 사이에 개인적인 유대관계가 없다면, 두 사람의 상호작용은 그저 '가벼운 대화' 수준에 머무를 것이다. 마치 파티에서 만난 성인들이 서로를 이해하는 깊은 관계를 형성하는 대신 금세 잊어버릴 대화를 나누는 것처럼 말이다.[11] 현재 영국 정부는 탁아소 직원들에게 생애초기 정서발달에 관한 좋은 사례를 엮은 기본 가이드를 제공하고 있지만, 광범위한 훈련이 없다면 이는 그저 요리 책을 쥐어주고 훌륭한 요리사가 되라고 기대하는 것과 마찬가지다. 또한 어린이 각자에게 '주요근로자 key-worker'를 제공하는 대단한 진보가 이루어지기는 했지만, 직원이 매일 아기 곁에 있어줄 것이라는 특별한 보장도 없고 그 근로자가 충분히 오랜 시간 자기 자리를 지킬 것이라는 보장도 없다. 이는 아기가 그 누구에게도 안전한 애착을 형성하기 어렵게 만든다.

아기들과 관계 맺는 것을 진심으로 즐거워하는 탁아소 직원들도 많다. 하지만 아기들에게 거친 모습을 드러내고 아기 각자의 독특함을 알아주지 않는 보호자들도 있다. 한 탁아소에서 실제로 일어난 일을 들었는데, 몇몇 젊은 탁아소 직원들이 아이가 잘못한 일을 들먹이면서 무서운 말투로 아이를 나무랐다. 그 걸음마기 아기는 구석에서 서럽게 울고 있었다. 그러자 탁아소 관리자가 방으로 들어와서는 그들 중 누구라도 아이에게 말을 걸거나 아이를 달래줄 사람이 있느냐고 물었다. 그들의 하나같은 반응은, "제가 맡은 아이가 아니에요."였다. 그 아이의 감정에 반응해줄 마음이 없는 것이다. 영국 BBC의 프로그램 《내부고발자 Whistleblower》 시리즈에서 한 젊은 TV 리포터는 이와 비슷한 일을 관찰하였다.[12] 그 리포터는 보육 팀의 젊고 미숙한 직원이 무릎에 앉아 울고 있는 아이를 돌보는 장면을 목격했는데, 그 직원은 아이에 대해 "귀청이 떨어질 것 같은 소음 때문에 머리가 다 지끈지끈하고 기분 나빠요."라고 말했다. 이는 물론 한 예에 불과하지만, 이런 상황에서 어떻게 아이가 신뢰와 공감을 배울지, 어떻게 좋은 자제력을 기를 수 있을지 의문이다.

탁아소를 통한 사회공학

어린이에 관한 정부정책은 잘 교육된 노동인력 양산과 (낮은 교육과도 관련이 있는) 아동빈곤 감소라는 두 가지 목적을 위해 그 기조를 형성해왔다. 목적을 달성하기 위해, 정부는 탁아소를 포함한 공인 보육기관 등 아이들을 맡길 수 있는 기관의 수를 늘림으로써 더 많은 저소득 부모들이 일할 수 있도록 하겠다는 의도를 표명해왔다.[13] 페넬로페 리치가 말한 것처럼, "영어권 국가에서 육아정책은 일차적으로 부모가 해야 하는 일에 초점을 맞추었고, 아이들의 행복은 어디까지나 2순위일 뿐이다. 아이들을 위한 서비스보다는 성인들의 세계에 유익이 되는 것에 초점을 맞추는 것이다."[14] 비판적인 사람들의 입장에서는 탁아소가 그 자체로 가치 있는 경험이라기보다는 하층민에 속하는 부모들의 눈에 띄는 무능함을 무마하려는 일종의 사회공학적 도구로 이용되는 것처럼 보일 수 있다. 이러한 태도는 꽤 오랫동안 존재해왔다. 데니스 라일리Denise Riley는 전후 잉글랜드의 한 '위생위원회Hygiene Committee'가 유아원을 가리켜 '불결한 (빈민의) 마음을 뿌리째 뽑아내줄 수 있는 유일한 기관'이라며 옹호했다고 설명했다.[15]

실망스럽게도 일중독의 가치는 아기들에게도 그대로 적용되고 있다. 정책입안자들이 아이들의 정서적 필요를 그 어느 때보다도 더욱 잘 인식하고 있다는 증거가 있는데도, 여전히 그들은 생애최초의 보육에서조차 교육적 성취가 최우선의 목표라는 관점을 부모들에게 주지시켜왔다. 정책입안자들이 내놓는 아기들을 위한 '커리큘럼'을 보면 어린 아기들이 손을 뻗어 장난감을 잡는 것을 영국 정부는 손 글씨 기술을 익히기 위한 준비과정이라고 생각한다는 것을 알 수 있다.[16] 생애초기 커리큘럼은 아기들에게 이와 동일한 기술체계를 활용하는데, 여기에는 학교에 가기 직전인 좀 더 자란 아이들에게나 진정한 가치가 있는 '문제해결력, 논리력, 수리력' 등의 항목이 포함되어 있다.[17] 하지만 탁아시설의 이러한 접근이 과연 아기들에게 효과를 보일 것인지에 대한 일관된 증거는 없다. 질 좋은 집단보육이 아주 짧은 기간 동안이라도 아이들의 인지적·언어적 성과를 강화시켜준다는 결과를 보여주는 연구가 몇몇 있는 반면, 계속 바뀌는 보호자들에게 보살핌을 받는 경우 그렇지 않은 아이들보다 언어발달이 떨어진다는 것을 보여주는 다른 증거들도 있다.[18] 대부분의 탁아소(거의 40%에 이르는)가 높은 이직률을 나타낸다는 사실을 감안할 때, 탁아소는 사회정책을 위한 매우 확실한 토대는 되지 못한다.

오늘날 정치집단들은 가난을 탈출하기 위해서뿐만 아니라 그들의 '자존감'을 지킬 수 있도록 극빈가정에 복지혜택과 일자리를 제공하는 데 결연한 의지를 보이며(이는 일면 타당한 관점이다), 그 일환으로 보육을 지원하고 있다. 하지만 세대를 넘나드는 정서적 빈곤의 순환을 끊기 위한 수단이라고 하기에 이것은 뭔가 아쉬움을 남긴다. 미국 국립 아동건강 발달연구소National Institute of Child Health and Development, NICHD에서 시행한 대규모 장기 미국 연구에서 얻은 가장 최신의 증거에 따르면, 아이를 좀 더 어린 나이에 탁아소에 맡겨서 생애초기 몇 년을 엄마가 아닌 다른 사람 손에서 자라게 한 시간이 길어질 경우, 아이들은 학교에 들어갈 무렵이 되면 더 불순종하고 자기자랑을 늘어놓고 논쟁적이고 전반적으로 공격적인 모습을 보일 가능성이 더 높다고 한다.[19] 내가 보기에 이러한 부정적인 사회적·정서적 결과들은 그 어떤 잠재적인 인지적 유익보다 중대한 것 같다.

뿐만 아니라 그러한 인지적 유익조차 확실하지가 않다. 집에서든 양질의 탁아소에서든 보호자들에게 인지적으로 자극을 받는 아기들은 생애초기부터 더 다양한 어휘를 활용할 수 있을지 몰라도 이러한 인생초기 단계에서의 교육적 유익은 금세 날아가버리는 덧없는 것일 가능성도 크다. 그 유익은 아동기 후기의 학습성과에 지속적인 효과를 주지는 않는다.[20] 오히려 이와는 대조적으로, 새로운 연구에서는 아기들이 '성취'하길 바란다면 아기들이 더 세심하고 섬세한 보호자들과 긍정적인 초기관계를 경험할 수 있도록 확실히 도와주는 편이 훨씬 낫다는 것을 보여준다. 펜실베이니아 주립대학Pennsylvania State University의 발달심리학자 클랜시 블레어Clancy Blair와 그의 팀은 학교에 들어가서 처음 몇 년간 학업의 모든 분야에서 고른 성취를 나타나게 하는 토대는 바로 자기절제력이라는 사실을 밝혀냈다.[21] 이는 아기들이 받는 정서적 보살핌의 질이 곧 학령기와 그 이후 시기에 아이들이 학습기회를 활용하는 능력에 가장 큰 영향을 준다는 것을 의미한다.

양육정책

재정적 기대를 만족시켜야 한다거나, 자신의 직업 정체성에 매달려야 한다거나, 이제 그만 복지혜택에서 벗어나기 위해 노력해야 한다는 압박에 더하여 현대의 엄마들은 정부로부터 새로운 압박을 받고 있다. 그것은 부모 역할을 제대로 수행하여 읽고 쓸 줄 알고 수리적 지식이 있고 정서적으로 피해를 입지 않은 '상품'을 사회에 내놓으라는 압박이다. 영국에서는 부모 교실, 심지어 요즘에는 양육 '아카데미'가 생겨나는 지경에 이를 정도로 정부가 점점 더 양육에 많이 간섭하고 있다.

비록 이러한 새로운 양육정책들이 결국 경제적 우려, 특히 비만·비행·좋지 않은 정신건강 등의 결과로 치러야 하는 치솟는 비용에 대한 우려에서 유발되었겠지만, 다음에 제시하는 최신 과학 연구에 다르면 그 정책들은 최소한의 유익을 주기도 한다. 이 정책에는 반사회적 행동이나 우울과 같은 사회적 질환을 예방하기 위해서 생애초기에 아이들에게 섬세하게 잘 반응해주는 양육을 촉진하도록 하는 지침과, 아기들의 신경적 발달을 보호하도록 당국에 촉구하는 명확한 지침들이 들어 있다.[22] 한 예로 최소 6개월 동안만이라도 모유수유를 장려하자는 정책은 건강과 사회적 측면 모두를 봐도 이치에 맞다. 모유를 먹은 아기들은 뇌가 가장 적합하게 자라는 데 필요한 영양분을 더 많이 얻는다. 분유를 먹은 아기들에 비해 모유를 먹은 아기들은 정서적 회복력도 더 크고, 스트레스에 더 잘 대처할 수 있는 것으로 밝혀져왔다.[23] 「아동건강증진 프로그램 2008 Child Health Promotion Programme 2008」과 같은 정부 문서를 읽어보면, 나를 비롯해서 유아의 정신건강을 연구하는 많은 사람들이 주장해온 '유년기가 정신건강의 기초로서 매우 중요하다.'는 생각을 정부가 마침내 진정으로 받아들였다는 것을 알게 될 것이다.

하지만 문제는 아직 남아 있다. 부모들이 오랜 시간 일한다면 과연 어떻게 자녀들의 정서적 필요를 채워줄 수 있을까? 직장에 있는데 모유수유를 어떻게 할 것이며, 아이들을 보는 시간이라곤 온종일 바쁜 하루를 보내고 난 끄트머리 잠깐뿐인데 어떻게 아기에게(이 점에 대해서는 아기 말고 더 자란 아이도) 부모 중 한 사람이라도 관심을 기울이고 아기에게 맞춰주려고 노력할 수 있을까? 정부가 혼란스러워한다면 부모 역시 그럴 것이며 부모들도 금전적인 필요와 자기 아기의 정서적 필요라는 줄다리기 사이에서 갈피를 잡지 못한다. 부모들이(엄마든 아빠든) 자기 아기와 함께 머물 수 있도록 마련된 선명하고 일관된 지원도 없고, 이 일이 가치 있고 중요한 것이라는 메시지를 전달할 만한 중대한 금전적 후원도 없다. 정서적 행복을 열망하고 있고, 그 행복을 얻는 데 유년기가 어떤 역할을 하는지도 점점 깨달아가고는 있지만 우리는 아직 그 과정을 실현시키는 데 필요한 지원을 부모들에게 제공하지 않고 있다.

환영받지 못하는 의존성

부모에 대한 아기의 의존성이든지, 혹은 아기를 돌보면서 다른 사람에게 금전적·정서적 지원을 의존하고 있는 일차적 보호자의 의존성이든지, 우리 문화가 모든 의존을 혐오한다는 것은 문제다. 이러한 태도는 자신을 피해자라고 여기는 사람들을 보면 치를 떨고, 남자아이들이 '강한' 남성이 되는 대신 여성스러운 동성애자가 될까 봐 겁먹던 보수주의자들이나 엄격한 부모들 사이에서 더 흔히 나타난다. 여성들이 변화하여 남성적인 직장환경에 적응하면서, 의존성에 대한 두려움은 우리 문화 속으로 더 널리 퍼져가는 것 같다.

 1980년대 여성들이 노동세계에 완전히 참여하기 시작하는 동안, 집에 머물러 엄마 역할을 하는 사람들은 다른 여성들로부터 점점 더 모욕을 받았다. 페미니스트 학자인 벨러리 워커딘Valerie Walkerdine과 헬렌 루시Helen Lucey는 이런 사람들에게 '꼼짝없이 아이들에게 묶여서 빵을 굽고 아이들의 물음에 답해주며 어린 천사들을 발레 학원까지 데려다주면서 시간을 보내는 소심한 중산층 엄마들'이라는 꼬리표를 달았다. 이 학자들은 집에 있는 여성을 무능하고 아이들에게 거의 권의를 갖지 못하는 얄잡아 보이는 여성으로 그렸다.[24] 그들의 주장에 따르면 그녀들은 아이들이 버릇없이 굴면 그에 대한 반응으로 "그런 말을 하는 건 예쁘지 못하지.", "어리석구나."라는 무력한 말밖에 할 수 없다.

 반면, 일하는 엄마는 인정받는다. '진짜' 고용세계에 맞추어 엄마 역할을 하기 때문이다. 커리어 우먼들은 자기 충족감을 위해 자기가 일에 헌신한다는 것을 정당화할 때가 많았다. 엄마가 행복해야 아이들도 행복하다는 것이 그 당시 흔한 주장이었다. 한 엄마인 케이시 존스Cathy Johns는 「인디펜던트The Independent」와의 인터뷰에서, "정식으로 직장에 다니기 시작하면서 정서적으로 아이들에게 더욱더 많이 줄 수 있다고 느껴요."라고 말했다. 몇몇 일하는 엄마들에게는 여전히 사실일 수도 있겠지만, 이것은 한쪽 측면만 고려한 주장이다. 특히 이 엄마는 자신의 모든 방식이 아이를 위한 것인데도 아이가 이를 깨닫지 못한다는 데 약간 실망했다. "우리 애가 보는 건 그저 엄마가 낮에 없다는 거죠. 내가 일을 즐기고 우리가 함께 멋진 휴가를 보낼 수 있다는 것은 이해 못해요. 그냥 뭔가 부족하다고 느끼죠."[25]

사회학자 피터 버거Peter Berger와 브리지트 버거Brigitte Berger는 현대 개인의 정체성 추구를 가리켜 '타인의 권리에 대항하는 잔인한 자기주장'이라고 했다.[26] 크리스토퍼 라쉬의 견해와 마찬가지로 그들은 이것을 타인의 필요를 고려한다거나 사회가 우리에게 요구하는 것이 아니라 '우리의 필요를 만족시키는 수단'으로 가족을 바라보는 나르시스적인 태도라고 보았다. 그들이 말한 것처럼 나르시스적인 세상 속에서, 각각의 사람들은 자신의 일대기에 집착한다. 다음에 입을 옷, 다음에 살 집, 앞으로 맺을 관계들을 선택한다. 다른 사람들이 나에게 바라는 것이 아닌 내가 필요로 하는 것이 최우선 관심사다. 하지만 이는 현대의 삶을 매우 어둡게 바라보는 관점이다. 개인들 대부분이 여전히 친구와 가족에게 개인적으로 지지적인 태도를 보이고 있으며 기부단체에도 아낌없이 베풀며 타인에 대한 배려를 보이는 경우도 많기 때문이다. 하지만 피터 버거와 브리지트 버거가 묘사한 경향은 개인의 충족을 추구하며 타인에 대한 책임감은 회피하는 현상을 정확히 드러낸다. 아마 뵈르너 일가와 같은 가족들이 선두에 서서 이루어진 경제개발이 우리를 이기심으로 몰아넣고 상호지원을 피하게 하면서, 집단 혹은 사회 전체의 필요에 대해 생각하기를 더 어렵게 만들어온 것으로 보인다. 지금 이 순간 개인주의는 자녀를 돌보는 어머니 역할에도 침투해 들어와, 가족의 본질 전체를 흔들어놓고 있으며 자녀양육에 관한 새로운 질문을 불러일으키고 있다.

세상이 더 나르시스적으로 변모했다는 관점에서 보면, 의존성을 위한 공간을 찾기란 어렵다. 하지만 유년기에 의존성이란 필요할뿐더러 즐거운 것이다. 아기들은 학교에 들어갈 준비를 하면서가 아니라, 그들의 부모와 나누는 매우 신체적이고 친밀한 사랑의 관계를 통해 자신의 신체와 감정에 대해 배운다. 우리 문화 속에 살아가는 많은 이들에게 이는 직관에 반하는 생각처럼 보이겠지만, 아직 준비가 되지 않은 아이들을 자립으로 밀어붙이는 대신 아이들이 정서적으로 자신감과 진정한 자립심을 갖고 자라도록 생애초기에는 의존성을 경험하는 것이 바람직하다. 물론, 모든 이가 자신을 책임질 줄 아는 사람으로 성장해야겠지만, 인간으로 태어난 모든 아기들의 최우선 사항은 자신이 사랑받고 있으며 안전하다는 사실을 아는 것이다. 우리가 공감적인 사회를 원한다면, 모든 아기들을 위해 누군가 예민하게 아이들에게 반응하는 양육을 제공해야만 한다.

그렇다면 여성들이 엄마가 되면 다시 남성들에게 경제적으로 의존하여, 직업세계에 참여하는 사람으로서 자신이 가졌던 복잡한 정체성을 모두 저버려야 한다는 말일까? 페미니스트들이 1950년대 '애플파이 맘Apple Pie Mom'의 이미지에 대항하는 주장을 펼치고 애착이론에서 주장하던 '섬세한' 엄마상을 거부할 때, 그들은 뭔가 중요한 것을 규명하려 했다. 물론 엄마들은 (여자라는) 자신의 생물학적 특성, 그리고 자녀들의 필요에 노예처럼 얽매여서 그 이외에는 아무것도 생각하지 않는 존재라고 여겨지기를 바라지 않는다. 여성들이 엄마 되기—에이드리언 리치가 '모든 시대에 맞는 정체성'이라고 표현했던—를 두려워하는 것은 마땅하며, 자신의 자립심을 잃을까 봐 두려워하는 것도 당연하다. 페미니스트들은 자신을 충족시킬 동등한 기회를 갖는 여성의 권리를 확립하기 위해 무척이나 노력했고, 여성들을 급료도 지원도 사회적 위상도 없이 존경받지 못하는 역할에 떨어뜨리는 관점은 이제 상상하기 어렵게 되었다. 이러한 대우는 여성들이 참고 넘어가서는 안 되는 것이 되었다.

하지만 나는 다른 해결책이 존재한다고 주장하는 바이며, 이에 대해서는 마지막 장에서 언급할 것이다. 우리는 이 해결책을 위해 생애초기 육아의 중요성을 말하는 증거에 주목할 방법을 찾고 엄마의 역할에 가치를 두어야 한다. 그러나 그와 동시에 전통적인 노동분화로 돌아가자는 보수적인 시각의 덫은 피해야 한다.

보수적 관점

보수주의자들은 종종 사람들이 자신의 삶을 직접 만들어가기 위해 누리는 지금의 자유를 인정하지 않으며, 이러한 관점에서 'LAT족living apart together(배우자이지만 다른 집에 사는 사람들—옮긴이), 동성애자들, 맞벌이 주말부부, 패치워크 가정patchwork family(남녀가 자신의 자녀들을 데리고 재혼하여 이룬 가정—옮긴이), 장거리 연애, 국제가정' 등을 인정하지 않는다.[27] 이러한 가정은 자녀양육에 불안하고 부적합하다고 보기 때문이다. 그들은 양친 가정과 결혼 존속을 매우 강조하며, '분열된 사회'는 편부모 증가의 결과라고 주장하기도 한다. 하지만 그들에게는 때때로 역사적 인식이 부족하다. 엄마들은 집에서 아이를 돌보고 남성들은 가장이 된다는 그들의 이상적 가족은 19세기에 등장한 특이한 역사적 현상으로서 거친 자본주의에 대한 중산층의 대처법이었다. 인구 대부분이 이 해결책을 이용할 수 있게 되었을 무렵 자본주의는 높은 소비, 서비스 중심의 경제, 높아진 직업 유동성 등을 특징으로 하는 그 다음 단계로 이미 넘어가고 있었다. 이 단계에서 전통적인 가정은 예전만큼 유용하지 않다. 바로 이때가 중산층의 이상적인 가족이 분열되기 시작한 시기였다.

하지만 보수주의자들은 이러한 이상적 가족의 분열현상을 좀 더 넓은 맥락에서 이해하기보다는 그 모든 책임을 페미니스트들의 잘못으로 돌리며 비난을 떠넘기기 일쑤다. 페미니스트들이 성적 자유를 주장하고 남편에게 금전적으로 의존하기를 거부하며 기존의 가부장적인 틀에 위협을 가해왔다는 것이다. 그들이 이런 태도를 보이는 데에는 뭔가 근거가 있는 것이 분명하다. 여성들이 일할 권리를 주장한 이후로 편부모 가정이 어마어마하게 늘어난 것은 사실이다. 150년 동안 영국과 미국의 모든 가정에서 편부모 가정은 매우 낮은 수치(1845년도에 7%, 1970년도에 8%)로 안정을 유지했던 반면 지금은 전체 가정의 1/4에 육박할 만큼 그 수치가 뛰어올랐다.

그러나 보수주의자들은 가족 변화와 가족 약화를 가져온 다른 요인들, 즉 유연성과 규제완화와 같은 세계화된 경제적 요구 같은 요인은 무시하는 경향이 있다. 점점 종업원들은 지역적으로 유동성을 띠고 다양하고 복잡한 체계 속에서 오랜 시간 일해야 한다는 기대를 받는다. 이로써 많은 사람들은 원하는 만큼 자신의 인간관계를 유지하고 그들과 정서적으로 가깝고 친밀해지기 위한 시간을 마련하기가 매우 어렵게 되었다. 일자리는 더 이상 여기저기 널려 있지도 않고 안정적이지도 않으며, 단기계약이 성행하며 예측하지 못할 상황변수들도 허다하다. 사회과학자 엘리자베트 벡-게른스하임Elizabeth Beck-Gernsheim이 말했듯이 물질적인 조건들은 점점 더 '위태로워'진다. 벡은 이렇게 묻는다. "그렇게 빈약하고 휘청거리는 토대 위에 누가 가정을 이룰 수 있겠는가?"28

'가정을 이룬다.'는 것은 보수주의자들이 신봉하는 것으로 보이는 헌신과 두둑한 통장자금을 요하는 중대한 기획처럼 들린다. 안전하고 흔들림 없는 가족생활을 창조하고 싶은 그들의 욕구는 이해할 만하다. 하지만 불안정한 일자리가 가족생활에 어떤 영향을 끼칠지 인식하는 데 실패한 그들의 경제정책처럼, 결혼한 커플을 위한 특별한 세금혜택 등 정책을 통해 가족 안정성을 이루려는 그들의 시도는 무엇이 진정 사람들을 안정되게 만드는지에 대한 부족한 이해를 보여준다. 이것은 관계 자체의 질을 생각하기보다 전통적인 관계의 외부형태와 금전적 안정성으로 가정을 떠받치려는 것에 불과하다. 런던 공공정책연구소Institute for Public Policy Research, IPPR의 사회정책 수석인 케이트 스탠리Kate Stanley는 '1970년대 결혼한 커플을 위한 세금혜택의 도입과 동시에 영국에서는 이혼율이 급격히 증가하였다.'고 지적했다.29

관계의 구조가 그 내용보다 더 중요하다고 생각하는 경향은, 보수주의자들이 평소에는 가정생활이 지닌 정서적 힘을 직관적으로 보다 잘 이해한다는 사실에 비추어볼 때 뭔가 앞뒤가 맞지 않는다. 그들은 사랑이 필요하다고 주장함에 있어 종종 좌익 쪽에 서는 사람들보다 더 편안함을 느낀다. (보수적인) 경제학자 제니퍼 로백 모스Jennifer Roback Morse조차 사랑이 사회의 근본이며 사람들은 아기를 사랑하기 때문에 돌보는 것이라는 관점을 기꺼이 수호한다. 모스는 "아기들은 자신들이 중요한 존재라는 것을 알게 되며, 다른 사람들이 자신을 중요한 존재로 대하도록 허락한다. 또한 타인과의 접촉은 자신의 생존이 거기에 달려 있을 정도로 무척 좋은 것이라는 사실을 알게 된다."고 기록했다.[30] 비록 모스의 책 『사랑과 경제학Love and Economics』이 풍부한 지혜와 깊은 사고를 보여주며 '엄마들'보다는 '부모들'에 관해서 신중하게 논하기는 하지만, 이 책은 결국 엄마들은 금전적으로 남편들에게 의존하게 될 것이며 아빠의 역할은 가정에 규칙을 부여하는 권위의 인물이 되는 것이라고 가정하면서부터 그 관점이 후퇴한다.

또 다른 흥미로운 보수주의자로서 시러큐스대학Syracuse university의 철학자이자 정치과학자인 로렌스 토머스Laurence Thomas를 들 수 있다. 그 또한 가족의 정서가 지니는 힘을 인식하고 있기는 하지만 이를 '자기희생'이라는 가혹한 언어로 표현한다. 그는 성인들이 자녀의 필요를 위해 자신을 내어놓으며 자녀가 꽃필 수 있도록 헌신하고, 자녀가 원하든 원하지 않든 자신의 삶에 자녀의 삶의 무게를 올려놓는다고 말했다.[31] 부모의 사랑에 대한 그의 칭송은, 오직 부모의 사랑만이 자녀의 자아감과 가치감을 형성하고 확립시킬 수 있는 힘을 지닌다고 주장한다. 부모의 사랑은 '인생은 외모와 성과와는 상관없는 별개의 가치를 지닐 수 있으며, 다른 누군가의 바람을 만족시키지 않고도 그 사람이 보기에 가치 있다고 여겨질 수 있다.'는 것을 보여준다.

　이는 우리가 이상적이라고 인정할 만한 형태의 부모 됨됨이지만, 과연 얼마나 많은 가족들이 이를 실천하며 살 수 있을지는 의문이다. 적어도 내가 그렇게 살지 못한다는 것은 확실하다. 나의 부모님과 우리가 맺는 관계의 태도는 주로 부모님이 우리의 '외모와 성과'를 인정하느냐 그렇지 않느냐에 따라 달라졌기 때문이다. 또한 내가 20대에 부모가 되었을 때, 내 아이들이 너무 예뻐서 어쩔 줄 몰랐지만 동시에 아이들을 위해 나의 '욕구'를 옆으로 제쳐둔다는 건 여간 벅찬 일이 아닐 수 없었다. 정말 일어나기 싫은데 한밤중에 깨야 하고, 끊임없이 울어대는 아이 울음소리에도 짜증내지 말아야 하고, 아이가 벽돌 쌓기 하는 것을 연달아 여섯 번씩이나 도와주면서 지루함이 몰려올 때도 그것을 이겨내야 하고…… 이 모든 것이 내게는 무척이나 힘든 일이었다. 누군가 다른 사람의 필요를 우선시하고 그들을 위해 나의 목표와 소망을 일부 포기하기로 한 것은 나에게 전혀 새로운 사고방식이었고, 이 사고방식은 내가 계속 유지할 수 있을 만한 것이 아니었다. 자기 자신의 이익을 희생하기란 쉬운 일이 아니다. 특히 자기충족을 추구하라는 격려를 받으며 자란 경우에는 더욱 그렇다. 그리고 자기중심적인 문화 속에서, 엄마의 역할에 관해 이야기해야 한다고 현대 여성들을 부추기는 것 역시 이 문화와 전혀 맞지 않는다. 잡지를 한번 펼쳐보라. 그러면 얼마나 일을 쉬어야 할지에 관한 기사, 엄마들이 얼마나 빨리 자기 몸매를 회복하는지에 관한 기사, 생물학적 알람시계가 울린다면 과연 아이를 가질 것인지 아닌지에 관한 기사를 찾아볼 수 있을 것이다. 가정을 이루고 나면 다양한 종류의 자기희생이 요구될 수 있다는 이야기는 현재 인기 있는 매체 속에서는 전혀 찾아볼 수가 없다.

포유동물로서의 본능인 생물학적 유대관계와 개성을 추구하는 현대의 기회 사이에서 줄다리기를 하는 여성들의 갈등은 여전히 해결되지 않고 있다. 하지만 최근 몇 십 년 동안 이 둘 사이의 균형은, 아기들이 유대관계를 맺고 감정을 배울 언어 전 단계에 있어도 여성들이 일터로 돌아가는 쪽으로 점점 더 기울어졌다. 아기들을 위한 사랑의 중요성을 탄탄히 지키고, 남성, 여성 그리고 사회 전체의 힘으로 아기들의 필요를 확실히 채워주기 위해 생애초기의 양육환경을 어떻게 개선할지 생각하는 대신, 감정에 대해서는 '누군가 다른 사람'이 맡아서 생각해줄 것이라는 노동분화에 기초한 현재의 남성적 직업문화에 여성들이 쉽게 적응했다는 것이 염려스럽다. 이러한 직업문화는 자녀들을 대신해 희생해야 한다는 생각에 그리 흥미를 보이지 않으며, 오직 고용주의 이익을 위한 희생에만 관심을 갖는다. 나는 여성들이 이런 문화에 빨려들어서 결국 남성들처럼 자녀들과 그리 오랜 시간을 보내지 못하게 될까 봐 두렵다. 여성들은 점점 더 이른 시기에 직장으로 돌아가기로 결정하는데, 이때 여성들은 어떤 형태의 보살핌이 아기에게 최선일지를 고려하기보다는 어떤 해결책이 가장 간편할지, 혹은 자기 능력이 허락하는 방법은 무엇일지에 기초해서 판단을 내리도록 강요받을 때가 많다.

우리는 뭔가 중요한 것을 얻기도 했고 잃기도 했다. 역경의 산업화 시기를 거치는 동안 사회를 대신하여 여성들이 가장 잘 '지켰던' 사랑과 돌봄의 가치는 이제 포스트페미니스트 시대에 들어와 그 책임을 모두 저버리는 위험에 빠졌다. '집안의 천사'는 더 이상 이상적인 존재가 아니며 페미니스트 혁명은 여성들을 다시 공적 영역에 데려다놓았지만, 정서조절과 도덕성, 그리고 관계의 기초가 형성될 시기에 아기들에게 장기적인 정서적 투자를 하지 않을 사람들에게 아기를 맡기는 것은 매우 위험한 발전이다. 이로써 아기들은 만성 스트레스를 받고 정서적 발달이 미흡해질 위험에 노출된다. 이러한 상황 속에서 성격장애·반사회적 행동·우울증이 점점 더 많이 나타나고 있는 것은 그리 놀랄 만한 일이 아니다. 이러한 독특한 사회 경향은 정서에 관한 대중의 관심이 늘어나고 일부 사람들이 말하는 '치료적 정부 therapeutic state'가 나타난다고 하더라도 잠재적으로 공감과 협력의 확대를 위협할 수 있다.

Notes

1. 내게 이 시를 보내준 분께 감사를 표한다(안타깝게도 그분의 이름은 알지 못한다).
2. 베티 프리단, 『여성의 신비 The Feminine Mystique』(London, Gollantz, 1963)
3. 리 커머, 『결혼한 여성들 Wedlocked Women』(Leeds, Feminist Books, 1974)
4. 버락 오바마, 『담대한 희망 The Audacity to Hope』(Edinburgh, Canongate, 2007)
5. 「지역사회사업과 가족 Community Work and Family」(5:3, 2002)에 실린 티네 로스트가드 Tine Rostgaard의 '아버지를 위한 시간 확보: 스칸디나비아에서의 아버지 휴가 Setting time aside for the father: father's leave in Scandinavia'
6. 수 밀러, 『상원의원의 아내』(London, Bloomsbury, 2009)
7. 에이드리언 리치, 『더 이상 어머니는 없다』(London, Virago, 1977)
8. 영국 고용연금부 Department of Work and Pensions의 2008년 연구 보고서 496권에 실린 이바나 라 벨르 Ivana La Valle와 그 외의 '모성권리와 어머니들의 고용 의사결정 Maternity Rights and Mothers' Employment Decisions'
9. 「가정의학 회보 Annals of Family Medicine」(5, 2007, pp.519-527)에 실린 팻 맥거번 Pat McGovern과 그 외의 '산후 11개월 무렵의 산모의 건강과 노동 관련 요인들 Mothers' health and work-related factors at eleven weeks post-partum'
10. 케이트 피지스, 『여성이라는 성별 때문에』(London, Macmillan,

1994)

11. 에드 트로닉, 『유아와 어린이들의 신경행동적·사회-정서적 발달 The Neurobehavioral and Social-Emotional Development of Infants and Children』(New York, W.W. Norton & Co, 2007)
12. 제인 맥설리Jane McSorley가 제작과 감독을 맡았던, 2008년 3월 BBC의 방송 프로그램《내부고발자》
13. 영국 교육기술부Department for Education & Skills, DFES의 「공공서비스 합의 목표Public Service Agreement targets」(2005-2008)에 실린 '모든 아이들이 중요하다Every Child Matters'
14. 페넬로페 리치, 『오늘날의 육아Child Care Today』(Cambridge, Polity Press, 2009)
15. 데니스 라일리, 『탁아소 안의 전쟁The War in the Nursery』(London, Virago Press, 1983)
16. 영국 교육기술부가 2007년에 제시한 초기형성단계Early Years Foundation Stage(유아부터 5세까지의 아이들을 위해 영국 교육기술부에서 제정한 학습, 발달, 육아의 구조—옮긴이)
17. 영국 아동학교가족부DCSF에서 2004년에 내놓은 케이시 실바Kathy Sylva와 그 외의 '취학 전 교육의 효과적인 공급: 취학 전 Key Stage 1(5-7세)에 대해 얻은 연구결과The Effective Provision of Pre-School(EPPE): Findings from Pre-School to end of Key Stage 1'
18. 「아동심리와 정신의학 저널」(31, 1990)에 실린 에드워드 멜휘시 Edward Melhuish와 그 외의 '18개월 아이들을 위한 보육 유형-2부Type of childcare at 18 months part II', 그리고 미국 국립 아동건강 발달연구소에서 펴낸 『초기 육아와 청소년 발달에 관한 NICHD 연구The NICHD Study of Early Child Care and Youth Development』(Washington, DC, US Department of Health and Human Services, 2006)
19. 「보고서 모음집Occasional Paper」(37권, Berlin, Liberal Institute, 2008)에 실린, 제이 벨스키Jay Belsky의 '육아의 질, 양, 그리고 유형: 미국에서 아동발달에 미치는 효과Quality, quantity and type of child care: effects in child

development in the USA'

20. 위와 동일

21. 「아동발달」(78:2 2007, pp.647-663)에 실린 클랜시 블레어와 그 외의 '서서히 나타나는 수리력과 읽고 쓰는 능력에, 노력을 기울인 통제, 집행능력, 잘못된 신념 이해를 관련짓기Relating effortful control, executive function and false belief understanding to emerging maths and literacy ability'

22. 2007년에 영국 아동학교가족부에서 펴낸 「아동계획The Children's Plan」, 그리고 2008년에 영국 보건부에서 펴낸 「아동건강 증진 프로그램Child Health Promotion Programme」도 참조하라.

23. 「소아질환 기록Archives of Disease in Childhood」(91, 2006, pp.990-994) 에 실린, 스콧 몽고메리Scott Montgomery와 그 외의 '모유수유, 그리고 심리적 스트레스에 대한 회복력Breastfeeding and resilience against psychosocial stress'

24. 벨러리 워커딘과 헬렌 루시의 『부엌에서의 민주주의Democracy in the Kitchen』(London, Virago, 1989)

25. 1996년 4월 22일자 「인디펜던트」에 실린 실리아 도드Celia dodd의 글에서 인용

26. 브리지트 버거와 피터 버거, 『가족을 둘러싼 전쟁The War over the Family』 (London, Anchor Press, 1983)

27. 정치문화 잡지 「사운딩스Soundings」(35권, 2007)에 실린 엘리자베트 벡-게른샤임의 '가족에서 가족들로From the family to families'

28. 위와 동일

29. 존 크루다스Jon Cruddas와 조너선 러더포드Jonathan Rutherford의 『미래는 보수적인가?Is the Future Conservative?』(개정판, London, Lawrence and Wishart, 2008)에 실린 케이트 스탠리의 '신보수주의자들과 가족정책The New Conservatives and Family Policy'

30. 제니퍼 로백 모스, 『사랑과 경제학』(Dallas, Texas, Spence Publishing Company, 2001)

31. 로렌스 토머스, 『가족과 정치적 자아 The Family and the Political Self』 (Cambridge University Press, 2006)

| 3부 |

공적인 영역에서 일어나는 정서발달

THE
SELFISH
SOCIETY

7장

더 이상 영웅은 없다

이제 우리의 재정계의 지도자들이 도덕을 새롭게 정의하여
섹스, 마약, 로큰롤을 넘어 거짓말, 위선,
그리고 도움이 필요한 사람들에게 차갑게 대하는
무관심한 태도까지 다루어야 할 때가 왔다.

아리아나 허핑턴Arianna Huffington(2003)

여성들이 공적인 삶에서 자리를 차지하면서 우리 문화에는 숱한 변화가 나타났다. 이 변화 가운데 가장 긍정적인 면이라면, 산업혁명의 결과로 심화된 남녀 사이의 심리적 분리가 수정되기 시작했다는 것이다. 간단히 말해서, 여성들은 (그들도 야망을 가지고 자기표현을 할 수 있다는 것을 보여주면서) 자신의 '남성적인' 특성을 다시금 이용한 반면, 남성들은 자신들의 정서적이고 가정적인(그래서 전통적으로 '여성적인' 특성이었던) 면을 회복했다.

오래된 경계선에 틈이 생기면서, 한때 여성들이 관리하였고 가정이라는 사적 영역에만 국한되어 있던 정서적인 삶이 공적인 공간으로 다시 흘러나오게 되었다. 가족생활은 한때 그랬던 것처럼 더 이상 사적이고 접근 못할 대상이 아니다. 저 닫힌 문 너머로 무슨 일이 벌어지고 있는지, 많은 가정들이 얼마나 불안정한지, 그리고 이것이 아이들에게 어떤 효과를 일으키는지 우리는 예전보다 더 잘 알고 있다. 이제 어떤 사람들은 TV스튜디오가 마치 자기 집 거실이라도 되는 양 가족끼리의 논쟁을 한낮에 방영되는 TV쇼에까지 가지고 나온다. 인터넷을 통해서, 우리는 타인에 관한 각종 개인적 정보를 은밀히 알아낼 수 있다. 이렇게 늘어난 인식의 결과로 우리는 일면 여러 부모의 역할에 대해 더 많은 집단적 책임을 지기 시작했다. 아이들이 아침을 거르고 학교에 오면, 이제 일부 학교에서는 그 아이들에게 아침을 제공한다. 자기 아이들을 정서적으로 교육하지 못하는 부모들이 많기 때문에, 학교가 이 교육에 발을 들이고 있는 것이다. 우리는 이제 정서라는 것을 '가족'이라는 분리된 상자 속에 단단히 담아둘 수 없다는 사실을 깨닫기 시작하고 있다.

하지만 정서생활을 대하는 현재의 태도는 갖가지 이상한 모습을 하고 있다. 한편으로 우리는 그 어느 때보다도 감정에 대해 자유롭게 논하는 '치료문화'를 누리고 있지만, 다른 한편으로는 정서적 필요를 배제하는 경제적 생산성에 여전히 집요한 관심을 갖는다. 양육 측면에서 우리는 지금 '엄격한' 양육 경향과 '허용적인' 양육 경향 사이를 왔다 갔다 하는 전환기에 놓인 듯하고, 우리의 문화생활은 1960년대~1970년대의 자유로운 태도와 1980년대~1990년대의 '권력으로 치장한' 문화 사이를 비틀거리며 오가는 상태에 있다.

현재 우리 지도자들의 모습은 이러한 불안한 사태를 그대로 반영한다. 그들은 더 이상 가부장적이며 권위주의적인 '민족의 아버지'와 같은 존재가 아니라, 실용적인 강인함과 정서적인 개방성을 결합한 모습을 보여야 한다고 기대된다. 그들이 만족시키기에 이는 참 어려운 균형점이다. 다이애나 Princess Diana 의 죽음 앞에 눈물을 보였던 토니 블레어 Tony Blair 의 모습은 많은 이들이 보기에 감수성을 드러내는 반가운 신호였던 반면, 조지 W. 부시 George W. Bush

의 비위를 맞추려는 그의 유치한 노력을 보면서 어떤 이들은 그에 대한 호감을 거둬들였다.

우리의 늘어난 정서인식이 가져오는 한 가지 긍정적인 유익은, 정치인들과 그 밖의 지도자들이 그들 자신의 정서적 내력에 따라 움직인다는 것을 우리가 더 잘 깨닫게 되었고, 그래서 점점 더 정치인들을 모든 것을 다 아는 아버지상으로 바라보기를 꺼린다는 사실이다. 정치적 리더십은 여전히 유수한 상류층 남성들의 전유물일 때가 많지만, 더 이상 지도자가 반드시 위엄과 권위를 지니고 있을 거라고 여겨지지는 않는다. 정치 스타일 자체도 더욱 형식을 탈피하게 되었다. 사람들은 더 이상 그들의 지도자들에게 종속된 기분을 느끼고 싶어하지 않는다. 특히 최근 미국에서는 좀 더 다가가기 쉽고 심지어 흠이 있는 후보자들에게 유권자들이 더 따뜻한 반응을 보이곤 했다. 조지 W. 부시의 앞뒤가 맞지 않는 발언과 알코올 병력은 그를 더 수용하지 못하게 만든 것이 아니라 오히려 그를 더 받아들일 수 있게 만들었다. 그에 반해 부시보다 훨씬 더 고상하고 지적인 특성을 지녔던 앨 고어^{Al Gore}와 존 케리^{John Kerry}는 사람들의 마음과 정신을 얻느라 고군분투했다.

이것은 합리성과 과학이 세상을 개선하고 다스리는 길잡이라고 믿는 일부 자유주의자들을 분노하게 만들었다. 미국의 자유주의자인 수잔 자코비^{Susan Jacoby}는 다음과 같이 논평했다. "대통령은 완고하다거나 끈기가 없다거나 성적으로 방탕하다거나 심지어 예외적인 경우에는 거짓말쟁이로 그려질 수도 있다. 하지만 '객관적인' 기자들이 지면이나 TV에서 '이 사람이 나라를 책임질 수 있을 만큼 똑똑한가?'라는 노골적인 질문을 던지리라고는 상상도 못했다."[1] 수잔은 여기서 더 나아가, "무능함과 지극한 어리석음 사이의 관계는 거의 논의된 적이 없다."며 조금은 경멸스러운 어조로 외친다. 과거 민주당에서는 위기의 순간에 지적인 엘리트를 후보자로 앞세워왔다. 버락 오바마를 내세운 최근 선거까지 지난 30년 동안 민주당원으로서 대통령 선거에서 승리를 거둔 사람은 지미 카터Jimmy Carter와 빌 클린턴Bill Clinton 두 사람이었는데 두 사람 모두는 그리 유수한 가족 배경을 지니지도 않았고, 그들의 '똑똑함'은 그들의 남부적 매력southern charm(거칠고 강인한 면보다는 부드럽고 이상적인 면을 풍기는 매력—옮긴이)과 타인과 관계 맺는 정서적 능력에 가려졌다. 이것은 바로 오바마에게서도 그대로 나타나는 특징이다.

후보자 선출에서 가장 중요하다고 여겨지는 것은 유권자들이 정서적으로 얼마나 그 후보와 자신을 동일시할 수 있는가 하는 것이다. 심리학자 드루 웨스턴Drew Westen의 연구는 우리가 대체로 이성보다는 정서에 이끌려 투표한다는 증거를 보여준다. '사람들이 후보자와 맺는 긍정적·부정적 연관성은 후보자의 성격이나 유능함에 대한 사람들의 판단보다 유권자들의 투표 선호도를 더 잘 예견해주었다.'[2] 웨스턴은 정치적 판단을 내릴 때 활성화되는 우리 뇌의 부분은 '차가운' 언어적 추론을 담당하는 영역이 아니라 정서적이고 이미지에 기초하여 기능하는 뇌 영역이라는 것을 발견했다. 다시 말해서 정치적 인물들을 선택할 때 우리는 생각뿐 아니라 감정의 안내를 받아 정치적 판단을 내린다는 것이다. 자유주의자들은 높은 교육을 받은 사람들과 자신을 동일시하며 그들을 우러러보는 경향이 있다. 반면 미국 중산층의 대부분은 전쟁영웅,

유명한 영화배우, 부유한 기업 경영인들과 더 강한 동일시를 느낀다. 더불어 한번 특정 정당에 애착을 갖고 나면 거의 자신의 동맹을 바꾸는 일이 없기 때문에, 정당에 대한 충성심도 투표에서 큰 비중을 차지한다. 미국에서, 남부 출신의 백인과 복음주의자들(신교 정통파)은 공화당 후보에게 변함없는 지지를 보이며, 흑인들은 민주당 후보에게 표를 주는 경향이 있다.

이렇게 정서적으로 이끌려서 내리는 선택은 우리가 일상생활에서 사람들을 대할 때 보이는 반응과 같은 종류의 반응을 통해 이루어진다. 전국선거연구National Election Studies의 연구자들은 2004년 미국 선거를 되돌아보고 대규모 유권자 집단에게 그들의 선택을 진정으로 좌우한 것은 무엇이었는지를 물어보았다. 그리고 왜 존 케리가 아닌 조지 부시를 택했는지도 물었다. 그 결과 유권자들은 케리를 우유부단한 사람으로 보았고 부시가 더욱 믿음직스러워 보였다고 답했고 그것이 선택의 주된 이유인 것으로 드러났다.[3] 개인적인 충성도 또한 도덕적으로 의심스러운 정치인들의 행동을 어떻게 판단할지에 영향을 줄 수 있다. 미국의 많은 민주당원들은 빌 클린턴의 성적 기행과 거짓에 이런 식으로 반응했다. '나쁜 행동을 한 것은 분명하지만 그래도 여전히 사람들로부터 존경을 받는 친척이나 친구'를 대할 때처럼 말이다. 공화당원들도 관직에 몸담은 사람으로서 세라 페일린Sarah Palin이 보인 교묘한 행동에 매우 관대하게 반응하였다. 페일린은 자신의 정치적 힘을 사용하여 자신의 전 시대 식구에게 악의에 찬 앙갚음을 하였다. 하키맘hockey mom(자녀교육에 극성인 중산층 주부―옮긴이)이든 '워킹 맘working mom'이든, 페일린을 '우리들 가운데 한 사람'으로 바라보는 이상, 모든 것은 눈감아줄 만한 것이 된다.
 정책 논쟁들은 항상 논리보다는 감정에 호소하는 웅변술, 보디랭귀지, 이미지 메이킹에 더 의존해왔는데, 현재 문화 속에서 시각매체가 갖는 지배력은 우리를 그런 정서적 반응으로 더 밀어 넣는다. 텔레비전으로 정치적 인물들을 볼 때 우리는 그들의 논리만큼이나 그들의 감정상태에도 관심을 기울인다. 9·11 사건이 일어났을 때, 조지 W. 부시는 학교 어린이 도서관에 앉아 있었다. 소식을 들은 부시는 멍하니 얼어붙은 표정을 드러냈는데, 그 모습은 그대로 TV화면을 통해 대중에게 전달되었다. 그 모습은 조지 W. 부시가 차후 이 사건에 대해 꺼낸 말이나 행동 못지않게 대중들이 그의 정서적 반응을 평가하는 데 큰 도움을 주었다. 최근 대선후보 토론에서, 신체적으로 경직된 모습을 보였던 맥케인McCain과 스튜디오 주변을 부드럽게 움직였던 오바마의 모습은 그들이 전하는 메시지만큼이나 사람들에게 전하는 바가 컸던 것으로 보인다.
 우리가 다른 사람에게서 얻는 가치 있는 비언어적 정보들은 우리의 인식 밖에서 처리된다. 그리고 단어와 상징들이 우리의 직관적인 반응을 세밀히 조정하고 그것들을 더욱 객관적으로 생각할 수 있도록 우리에게 의미를 제공한다. 맥케인의 긴장된 자세가 우리에게 말하고 있는 것은 그의 경직된 사고인가 아니면 전쟁의 상흔에 대처하는 그의 위엄 있는 태도일까? 오바마의 침착함이 우리에게 의미하는 바는 또한 무엇일까? 어떤 사람들에게 오바마의 몸가짐은 확신을 심어주고 마음을 달래주는 것이겠지만, 다른 사람들에게 그 모습은 지나치게 부드럽게 느껴질 수도 있다. 정치 지도자들에 대해 우리가 갖는 이러한 직관적인 감정들은 우리가 그들과 어떤 연관성을 맺고 있는지에 따라 결정되고 우리가 가정에서 겪은 과거의 경험에 따라 크게 좌우된다.

가족 정치학

조지 레이코프가 자녀 양육방식 중 '엄격한' 양육과 '애정 어린' 양육을 어떻게 유형별로 설명하였는지는 이미 소개한 바 있지만, 레이코프는 이러한 서로 다른 양육방식이 우리가 정치를 이해하는 각기 다른 무의식적인 '틀frame'을 어떻게 만들어내는지에 대해서도 설명하였다. 레이코프는 양육의 각 유형이 서로 다른 정치학 모델을 양산한다고 말했다. '엄격한' 가족들은 정치란 절대선과 절대악에 관한 것이라고 믿는다. 그들은 열심히 일하고 경쟁하며 가족을 부양하기 위해 재화를 획득하고자 하는 개인의 욕구를 높이 산다. 반면, '애정 어린' 가족들은 인권과 사회적 책임 측면에서 정치를 바라보며 가난한 사람들 혹은 불행한 사람들을 도와주는 데 더 큰 가치를 둔다.[4]

보수적인 경제학자 토머스 소웰Thomas Sowell이 전통주의자들과 자유주의자들을 분석한 결과는 레이코프가 묘사한 바와 조화를 이룬다. 『비전의 충돌A Conflict of Visions』에서 소웰은 문화전쟁에 나타나는 두 진영을 논하는 견해를 펼쳤다.[5] 엄격한 부모들과 같은 특성을 지니는 전통적인 가정에서는 지성이 아니라 습관, 경험, 실용주의에 의존한다. 그들은 인간에 대해 낮은 기대를 갖고, 사람들이 이기적이며 자기이익을 추구하려고 움직인다고 본다. 그들 자신은 생존을 위해 그들의 내집단과 지역이웃에 충성하며, 기후변화나 국제정세에는 거의 관심을 기울이지 않는다. 그들이 보기에 세상은 불공평하고 통제할 수 없는 곳이므로 완벽한 정의와 합리성, 그리고 세상을 개선해보려는 시도는 그저 신기루에 불과할 뿐이다. 그들이 관점에서 시장의 상태는 지금 더 좋아질 수 없을 만큼 훌륭하다.

소웰의 견해에 따르면 애정 어린 부모들과 일부 비슷한 특징을 공유하는 자유주의자들은 지성에 의존한다. 그들은 합리성과 과학지식이 세상을 더 나은 곳으로 만들고 (그들이 부도덕하다고 보는) 가난과 불평등을 해소할 수 있다고 믿는다. 그들은 교육에 매우 치중하는데, 이는 모든 사람들이 더 나은 교육을 받으면 더 나은 선택을 내릴 수 있고 낡은 방식에서 탈피할 것이라고 믿기 때문이다. 그들은 사람들이 완벽히 합리적이라면 타인을 해하지 않을 것이며 인류를 위해 공감을 널리 펼칠 것이라고 기대한다.

사회학자 제임스 데이비슨 헌터James Davison Hunter는 1991년에 이렇게 '상충하는 도덕적 견해들이 오늘날 문화전쟁의 핵심을 이루고 있다.'라고 언급하였는데, 그는 서로 다른 하위그룹 사이의 '전쟁'이라는 개념을 처음으로 소개했다.[6] 하지만 이 개념이 사회 안의 다른 부류들을 규명하는 데 매우 유용하다고 해도, 이는 그 부류들을 반대 극으로 몰아넣는 식의 설명이다. 나는 이 문화전쟁에서 자유주의자 편에 서겠지만, 보수적인 견해가 냉혹한 환경에서 매우 중요한 특성인 적응성, 한계에 직면할 때의 현실성 등의 장점을 가졌다는 것은 인정하지 않을 수 없다. 우리 모두는 연속선 위에 서 있으며, 실제로 많은 사람들이 지식과 이해의 증진이 진보를 가져오리라 낙관하는 동시에 실용적으로 반응한다는 것이 아마 현실의 모습일 것이다.

그럼에도 불구하고 레이코프는 자녀양육의 방식과 정치적 태도가 연결되는 방식에서 중요한 것을 밝혀냈다. 자녀로서 우리가 대우받는 방식은 필연적으로 우리를 둘러싼 세상에 대해 특별한 기대를 형성하게 하고 그 안에서 생존하는 데 최상의 방식을 만들어 내게 한다. 나는 레이코프가 말하는 '틀'은 그것이 일차적으로 가족생활의 특별한 경험과 함께 나타나는 인지적인 무의식 측면, 사고, 신념 등을 묘사하고 있다는 데 한계가 있다고 생각한다. 이를 정치생활에 적용하는 것은 적절하고 유익한 일이지만, 우리는 이것보다 더 이른 시기, 곧 우리가 타인에게 반응하는 방식에 영향을 끼치는 생애초기의 정서적 발달과 뇌 구조까지 되돌아갈 수 있다. 앞의 여러 장에서 나는 초기관계들이 우리의 사고뿐만 아니라 실제로 우리의 정서적 반응과 우리 뇌의 형성도 결정한다고 설명한 바 있다. 초기의 가족 경험은 관계와 정서적 자기규제의 무의식적 패턴을 수립하는 데 결정적인 역할을 한다.

레이코프가 설명한 차이들은 대부분 각 가족유형에 따라 의존성을 어떻게 보는지, 타인의 돌봄을 받을 가능성에 따라 의존성의 초기경험이 어떻게 자신감 혹은 자신감 부족을 만들어내는지에 집중했다. 엄격한 가족의 특징들 가운데 나를 가장 놀라게 했던 것은 그들이 의존성을 혐오한다는 사실이다. 그들은 세상이 적대적이라고 보고, 자신을 보호하고 스스로 멋진 삶을 꾸리기 위해 자립해야 한다고 자녀들에게 열심히 권한다. 중세의 가족처럼, 그들은 자녀가 말을 고분고분 듣도록 만들기 위해서 위협과 처벌을 사용한다. 반면, 애정 어린 가족들은 의존성에 대해 보다 편안하게 생각한다. 그들은 자신들이 비교적 친절한 세상 속에 살고 있다고 가정하고 아이들과 함께 이치를 따지는 것에 큰 신뢰를 두며, 타인에게서 자신들의 필요를 대부분 충족할 수 있다고 믿는다. 하지만 레이코프의 그림은 이원론적인 반면, 사람들 대부분이 애정 어린 모델과 엄격한 모델 양측을 모두 참고할 수 있다는 사실을 분명하게 밝힌다. 한 예로, 힐러리 클린턴Hillary Clinton의 전기를 기록했던 작가에 따르면, 힐러리는 애정 어린 어머니와 권위적인 아버지 아래에서 자라서 때때로 힐러리의 모습 속에는 그 두 가지 측면이 모두 나타났다고 한다.7 여러 면에서 이러한 상반된 경향들은 접근과 회피, 사랑과 증오, 유대형성과 자기방어처럼 인간정신에 필요한 양대 기둥이라고 볼 수 있다. 그것들은 특정 개인과 가족이 가문의 내력뿐만 아니라 더 넓은 환경을 아우르는 상황에 반응할 때 표현되는 가능성들이다.

부적절한 양육 때문이든 명백한 아동학대의 결과이든, 초기발달이 제대로 진행되지 않으면 개인에게서 정신병리가 나타날 수 있다. 최근 몇 년간, 우리는 어떤 면에서 이상성격을 나타내거나 정신건강이 좋지 않다고 언급된 사람들이 초기발달에서 어떤 영향을 받았는지 꼼꼼히 살펴보기 시작했다. '우울한' 사람들, '성격장애'를 가진 사람들, '반사회적인' 사람들, '행동장애'를 가진 사람들 등, 이들에게는 보호나 약물처방의 형태 혹은 법적 처리나 구금의 형태 등등으로 사회적 비용이 드는데 이 모든 것은 납세자들에게 어마어마한 금전적 부담을 안겨준다.

하지만 약간의 정도 차이는 있겠지만 대개 개인들의 빈약한 정서발달은 그 자체로 정치를 포함한 성인생활의 여러 다른 영역 구석구석에서 그 영향을 드러내며, 그 과정에서 훨씬 더 광범위한 영향을 끼칠 수 있다. 정치 지도자들도 다른 모든 사람들처럼 가족 안에서 그들의 정서적인 면을 형성하며, 사회조직에 영향을 행사하기 위해 그들의 심리적 기질을 활용한다. 그들이 아무리 지적으로 기민하다고 해도, 정치에서 가장 중요한 것은 인간관계를 관리하는 능력이다. 나라 전체에 공공연히 드러난 그들의 약점은 많은 사람들의 삶에 해를 입힐 수도 있고 전쟁의 결과로 많은 목숨을 잃게 할 수도 있다.

나르시스적 정치의 출현

1970년대 이후로 다양한 시사 논평가들은 커져가는 유권자들의 나르시시즘을 관찰했다. 이는 소비와 생산의 새로운 패턴과 동시에 등장했다. 이 시기 동안 성에 관한 사회적 관습들이 자유로워졌고, 사람들은 자신의 삶에서 더 큰 자유와 선택을 얻었다. 사람들은 금전적·성적 제약뿐만 아니라 평생 지속되는 혼인관계의 제약을 예전만큼 참지 못하게 되었다. 그리고 즉각적인 만족을 추구하는 문화가 퍼져가면서, 이렇게 변화된 태도들이 정치생활에도 영향을 끼치게 되었다. 정치인들은 장기적인 사회의 안녕을 촉진하는 정책이 사람들을 단기적으로 언짢게 만들 가능성이 있다면 그러한 정책을 감히 내놓지 못했다. 유권자들은 자신이 원하는 것을 원하는 때에 제공해주지 않는 정치인들에게 지지를 철회하겠다고 위협함으로써 원하는 바를 이뤄내는 암묵적인 힘을 행사했다. 이런 면에서 볼 때, 점증적인 대중의 도덕적·정서적 발달은 사회의 질을 변화시키는 것이 분명하다. 그것은 장기적인 숙고와 타인을 위한 배려에 도움이 될 수도 있고 방해가 될 수도 있다.

전후시기에 영국에서 격식을 차리지 않고 평등주의적인 문화가 발달할 수 있었던 것은, 두 차례의 세계전쟁을 통해 냉담하고 권위적으로 영국을 바라보는 인물들이 아니라 유권자들에게 더 가까운 일단의 지도자들을 선택한 덕분이었다. 자유주의적이고 온정적인 가치관을 가진 그 이전의 지도자들은 이튼Eton 혹은 옥스퍼드Oxford에 있었거나 군에서 사람들을 이끌었던 사람들로서 상류층의 권위를 발산했었는데, 그들은 그들보다 낮은 중산층 가정에서 나온 총명하고 야망에 찬 남녀들에게 점점 자리를 내주었다.

새로운 지도자들은 주택건립(맥밀런Macmillan), 감옥(처칠Churchill), 연금조성(로이드 조지Lloyd George), 애스퀴스Asquith), 보건(애틀리Attlee)과 같이 과거 지도자들이 촉구했던 사회개혁의 유형을 추구하는 데에는 관심을 덜 보였고, 자본주의 경제를 확장시키고 유지하는 데에 더 큰 관심을 보였다. 귀족적인 선행자들이 누렸던 것보다 금전적·사회적 특혜가 부족했던 1960년대의 지도자들은 그 시대의 향상지향적 가치와 조화를 이루려고 하였다. 마거릿 대처Margaret Thatcher는 이러한 새 시대의 상징적인 인물이었다. 대처의 비전은, 보다 나은 물질적인 삶을 누림으로써 자신의 다음 세대가 해외로 휴가를 떠나고 비디오 녹화기기, 급속냉동기기, 주식, 주택 등을 소유하게 만들겠다는 중산층의 꿈이었다. 대처는 한 연설에서, "우리의 목표는 이러한 좋은 것들을 널리 퍼지게 하는 것입

니다."라고 말했다.[8]

정치 자체가 상업화되었다. 유권자들은 점점 더 소비자로 변모하였고, 시민 대신 '고객'이 되었다. 정치가 점점 텔레비전이라는 매체에 의해 지배당하면서 텔레비전은 정책보다는 정치인들의 개성을 '팔았다'. 지도자들은 자신의 이미지와 '화면 속의 모습'에 더 신경을 쓰며 이에 반응했다. 특히 신노동당은 부유층과 유명인들과 교제함으로써 사람들의 인기를 끌었다. 점점 더 그들은 심도 깊은 토론보다는 'TV방송용 토막정보 sound bites' 식으로 그들의 정책을 전달하였다. 이러한 모든 발달은 계급이 지배하던 이전 사회에서 보호적인 역할을 했던 정치를, 그 양육의 역할로부터 밀어내 더욱 경쟁적인 '형제 사회'로 향하게 하였다. 이런 상황 속에서, 정치계급이 대중들에게 현실의 한계를 직면하라고 권한다거나 보다 큰 유익을 위해 개인적 소망의 일부는 하찮게 여기라고 말하기는 어려웠다. 정치인들은 도덕적인 리더십의 목표를 추구하는 대신 부의 매력을 이상화시켰고, 최근 몇 십 년 동안 무책임한 금융 행위를 유발한 중심인물들이 되었다.

부시와 블레어

조지 W. 부시와 토니 블레어는 모두 1990년대 후반과 2000년대 초반이라는 동일한 시기에 권력을 잡았다. 비록 그들의 시대가 끝나긴 했지만, 그들은 오늘날에도 두드러진 경향으로 남은 정치에서의 새로운 나르시시즘을 대표한다. 심리적으로 두 사람 모두 인정받고 싶어하는 강한 욕구를 가졌으며, 그들은 이 욕구를 세계 무대에서 펼쳐 보였다. 이 욕구는 생애초기에 관심을 받지 못하거나 혹은 정서적 확립을 미처 이루지 못한 개인들에게서 흔히 나타난다. 권위주의적이거나 정서적으로 기댈 수 없는 부모에게서 자란 아이들은 그에 대한 반응으로 자존감을 회복하기 위해 권력의 위치에 서려고 애쓰곤 한다.

어린 시절 친구의 설명에 따르면 부시는 언어공격과 비판으로 자녀들에게 '공포를 심는' 엄격한 훈육주의자 엄마 손에서 자랐다. 올리버 제임스에 따르면, 부시 어머니의 가장 친한 친구는 그녀를 가리켜 '사람을 위축시키는 눈빛'을 지녔고 '날카로운 눈매'로 상대방에게 응수하는 경향이 있었다고 했다.[9] 그녀의 아들 젭 부시Jeb Bush는 어머니를 '마음속에 뭔가가 있으면 거칠게 행동하는 사람, 감정을 매우 잘 분출하는 거침없는 사람'이라고 묘사했고, 그의 어머니는 그들 형제의 '엄격한 하사관'이었다고 말했다.[10] 그의 삼촌에 따르면, 그녀는 젭이 말한 '거친 행동'으로 '치고 때리고' 할 때도 많았다고 한다.[11]

성인기 초기 대부분의 시간 동안 조지 부시는 그의 부모가 바라는 무리한 기준에 저항하려고 발버둥 쳤다. 파티 광이었고, 술에 의존했으며, 차 사고도 내면서 부모가 바라는 이상대로 살지 못했다. 하지만 비행기 충돌사고라는 중대한 사건을 계기로 그에게 터닝 포인트가 찾아왔다. 이때, 그는 부모에게 저항하기를 그만두고 자신의 개성을 확립하려고 노력하는 듯했다. 부모의 엄격한 태도에 희생자가 되는 대신, 그는 자기 스스로 그 기준을 적용하여 자신도 아버지처럼 엄숙하고 자기절제를 잘하는 정치인이 되겠다고 결심한 듯 보였다. 이는 정신분석학자들이 '공격자와의 동일시'라고 지칭하는 현상이었다.

젊은 남성이던 토니 블레어 또한 그 당시 그를 알던 사람들의 표현을 빌리면 '불확실하고 침착하지 못한 성격'을 지녔던 것으로 묘사된다. 학문적 성취에도 불구하고, 록 밴드에서 활동하고 활발한 사회생활을 즐기던 그였지만 그는 그 어디에서도 '소속감'을 느끼지 못했던 것으로 보인다.[12] 블레어의 아버지 자신도 상류층 가정의 사생아였지만 노동자계급의 양부모에게서 자랐기 때문에, 아마 어디서도 소속감을 느껴보지 못하고 사회적 지위를 얻으려고 안간힘을 썼던 것으로 보인다. 블레어가 열 살 때, 이러한 어려움은 더 심해졌는데 그의 아버지가 이때 뇌졸중을 겪고 자신의 야망을 자녀들에게 옮겨주었다. 어린아이로서 이 짐은 짊어지기에 꽤나 무거운 것이었음에 틀림없다. 블레어는 "그것은 제게 어떤 규율이었습니다. 아버지를 실망시켜드릴 수 없다고 느꼈죠."라고 말했다.[13] 이것은 또한 블레어가 그의 모습 그대로 수용되기보다는 누군가 다른 사람의 기준에 맞추어 살도록 강요당했다는 것을 보여준다. 그의 친구인 국회의원 레오 앱스Leo Abse의 눈에 비친 블레어는 다른 사람의 인정을 받으려고 애쓰던 사람이었다. 그는 블레어가 다른 사람을 달래주고 적대감을 다른 데로 돌리게 하려고 '지나치게 준비된, 쾌활한 어린 소년의 웃음'을 사용했다고 묘사했다.[14] 이는 자신이 충분히 받아들여졌다고 느끼지 못하고 정서적으로도 불안정한 상태로 자란 사람들에게서 흔히 나타나는 방어행동이라는 것을 쉽게 알 수 있다. 블레어의 이후 행동은 그가 현대 사조에 발맞추어 권력과 돈이 사람들에게 인정과 자기가치감을 가져다줄 것이라고 믿었을 수도 있다는 것을 보여준다.

무슨 이유에서든, 권력과 돈은 정서적으로 안정된 어린 시절을 누리지 못한 사람들에게 특히 매력적일 가능성이 있다. 권력과 돈은 어린아이로서 갖지 못했던 주체성을 회복하거나 자신이 겪었던 안 좋은 일을 바로잡는 데 직접적인 통로를 제공해준다. 이 때문에 정치는 성격장애가 있는 사람들에게 매력을 발휘하는 공적 생활의 한 영역이 된다.

분명 권력은 관심을 집중시킨다. 대중의 관심이라는 돋보기 아래서, 권력자는 훨씬 눈에 잘 드러나는 그의 재능이나 결핍 덕에 '그의 삶보다 더 큰' 존재가 되는 것 같은 경험을 할 수 있다. 이는 또한 그가 수많은 사람들을 대신하여 사이코드라마를 연기할 수 있다는 것을 의미하기도 한다. 한 예로 문화연구학자인 헤더 넌 Heather Nunn은 1970년대와 1980년대에 영국 경제가 약화되고 있을 때 마거릿 대처가 영국 사회를 약화시키던 '유행을 따르는 교사들'이나 '얼간이 좌익세력'뿐만 아니라 잔인한 아르헨티나 사람들과 억센 광부들을 물리치고 영국을 다시금 강하게 만들 강력한 지도자로 자신을 투영했다고 지적한 바 있다.[15] 이처럼 내적 정신상태를 연기하는 것은 정치생활에서 상당한 부분을 차지하지만, 그러한 정치인들의 심리적 차원은 인식되지 못한 채로 남아 있는 경우가 대부분이다.

한 가지 위험한 것은 이러한 투영의 판타지 세계와 거울의 전당 속에서 권력을 쥔 사람들은 우리 모두가 타인과 평형상태를 유지하도록 도와주는 평범한 사회적 피드백을 매우 급속히 끊어버릴 수 있다는 것이다. 그들은 권력에 중독되어 자신은 약점과 열등감으로부터 자유롭다는 신념을 내려놓기 어려워할 수도 있다. 그들이 권력을 소유했다는 바로 그 이유 때문에, 그들의 아랫사람들은 모든 최선을 아는 부모님과 같은 인물처럼 그들을 대하고 그로써 그들이 다른 사람들의 현실과 조화를 이루며 살아가도록 하는 데 실패할 수도 있다. 다른 사람의 관점과 경험을 인정하는 데 그들(권력을 쥔 사람들)이 겪었던 어려움이 무엇이었든지 간에 그것은 더 과장될 수 있다. 그런 상황에서 공감과 정신화를 할 수 있는 개인의 능력은 시험대에 오른다.

전 국회의원이자 언론인인 매튜 패리스Matthew Parris는 토니 블레어에게 어떤 인상을 받았는지를 설명하면서, 그의 놀라운 매력과 권력 때문에 그가 이 지구상에서 조지 W. 부시, 프랑스인, 독일인, UN, 반전운동가들과 정말 화해를 이룰 수 있는 사람으로 느껴졌다고 했다. 하지만 블레어는 자신이 그러한 약속을 이루지 못하자 패리스가 묘사한 것처럼 "코를 두드리며 '이곳을 보라.'는 식의 부인단계에 들어갔다. 산술적인 계산과는 담을 쌓은 병적인 쇼핑 습관에 젖은 파산자들을 처리하는 데 익숙한 은행 관리인들은 블레어의 낙관론이 어떤 것인지 그 실체를 알아차릴 것이다."[16] 블레어는 이라크 전쟁에 대한 그의 관점에 도전장을 던지는 사람은 모두 '제정신이 아니며', '머리를 검사받아야' 한다고 독단적으로 주장했다. 그 당시에 도널드 럼스펠드Donald Rumsfeld도 블레어와 비슷한 지나친 자신감을 내비쳤다. 럼스펠드 역시 그가 모든 해답을 가지고 있으며 다른 사람의 도움 같은 건 필요치 않다고 믿었다. 럼스펠드는 이라크에 전쟁을 일으키기 전에 그 나라를 방문해서 군대와 상의해야 할 필요가 없다고 느꼈다.

유아였을 때 자라나는 자신의 자아를 충분히 확증하지 못했던 사람은 다른 사람들의 '자아'가 지니는 가치를 충분히 인식하는 데 무척 어려워하는 경우가 많다. 그들이 외부세계에서 더 강력한 존재가 될수록 그들은 그들의 권력 아래에 있는 사람들을 경시하기가 더 쉽다. 아마 그들보다 힘을 덜 가진 사람들은 불가피하게도 평가절하되고 없는 존재인 듯 여겨질 것이며, 공감과 죄의식이라는 사회적 정서는 우리에게서 더 멀어진다. 「뉴욕 타임스New York Times」에서 부시의 성공적이지 못했던 대통령직 수행을 평가한 프랭크 리치Frank Rich는 "나는 전시의 대통령이었고 전쟁은 정말 지치는 일입니다. 대통령은 결국 그의 영혼에 수많은 사람들의 비탄을 짊어지게 되지요."라고 말했던 부시의 말 속에 그의 '바닥을 모르는 자기연민 능력'이 드러났다고 논했다.[17] 리치가 가장 우려했던 것은, 부시가 군 병원에서 만난 남성들과 여성들을 통해 자신이 '치유 받고 위안을 얻은' 듯한 기분을 느꼈다고 말했지만 정작 그들을 치유하고 위로해야 하는 것이 자신의 역할임은 인식하지 못했다는 것이다.

    나르시스적인 많은 사람들은 생애초기 자신의 한계와 실수에 맞닥뜨렸을 때 부모의 지지적인 도움을 충분히 받지 못했기 때문에 실패를 인정하기를 어려워한다. 대신 그들은 비판적인 혹은 경멸적인 자기 내면의 부모로 인해 위축되거나 경멸당하는 느낌을 피하려고 정신분석 문헌에서 '유아적 과대성infantile grandiosity'이라고 부르는 성향에 매달린다. 앱스가 묘사했듯이 블레어는 자신에 대한 비판에 대하여 마치 어린 소년이 누군가 자신을 의심할 수 있다는 사실에 분개했을 때처럼 눈을 크게 뜬다거나, "엄마, 내가 일부러 그런 건 아니에요."라고 말하기라도 하듯 사랑스럽게 웃는 모습으로 대응할 때가 많았다. 베개 싸움을 하다가 자기 여동생을 다치게 한 아이가 이런 행동을 보였다면 이상하지 않겠지만, 국제 정치의 세계 속에서 그가 보인 이러한 행동은 적절한 반응이라고 할 수 없다. NATO(북대서양 조약 기구) 군이 코소보Kosovo 주거지역에 집속탄(하나의 폭탄 속에 여러 소형폭탄이 들어 있는 폭탄―옮긴이)을 투하하여 무고한 민간인들의 생명을 앗아갔을 때 블레어는 그런 일이 일어나기를 '의도한 것은 아니다.'라고 말하며 무책임하게 대응하였다.[18]

심리치료사 이스라엘 챠니Israel Charny는 다른 사람들과 애착관계를 잘 형성하지 못하는 사람들이 자신의 해로운 행동을 정당화시킬 때 사용하는 흔한 변명들을 추려냈다.[19]

1) 내 잘못이 아니었다.
2) 그냥 장난이었을 뿐이다.
3) 그 피해자는 그런 일을 당해 마땅하다./그 사람이 자초한 일이다.
4) 당신이 그만큼 나쁜 사람이 아니라고 해서 날 판단할 수는 없다.
5) 다수를 위해서/더 높은 선을 위해서 그렇게 한 것이다.
6) 그 피해자는 인간이라고 볼 수 없는 존재다.

이러한 정당화가 유치한 어조를 띠고 있으며 놀이터에서 노는 어린아이들이나 늘어놓을 법한 핑계거리와 닮아 있지만, 전쟁이나 다른 집단을 착취하는 것을 정당화하는 공적 생활에서도 이와 근본적으로 동일한 태도가 나타날 때가 많다. '그 피해자는 인간이라고 볼 수 없는 존재다.', '그 피해자는 그런 일을 당해 마땅하다.'라는 변명은 세계적으로 파시스트나 불한당들이 자주 늘어놓는 것들인 반면, '더 높은 선을 위해서 그렇게 한 것이다.'라는 변명은 나르시스적인 사람들이 즐겨 말하는 것이다.

토니 블레어는 자신이 더 높은 선을 위해서 행동하고 있다고 믿었다. 많은 지도자들처럼, 블레어는 위대한 것들을 약속하면서 '강력한 사회', '위엄', '존중'과 같은 과장된 언어를 사용했고, 다른 추상적인 표현들도 입에 많이 올렸었다. 언론인 존 렌톨 John Rentoul은 이 표현들을 가리켜 블레어의 '껍데기 신전 스타일 vacuo-Olympian style'이라고 일컬었다.[20] 블레어는 이러한 수사법을 활용하여 도덕적인 우위를 점하고 자신과 대립되는 관점을 무효화시키려고 했다. 당연히, 그에게 동의하지 않았던 사람들은 그러한 가치에도 반대하는 것이 틀림없다고 받아들였다.

한 노동당 컨퍼런스에서 블레어는 그 단체의 규약에서 '사회주의자'라는 단어를 빼도록 사람들을 설득하기 위해 연설을 했다. 또 다른 언론인 피터 오본 Peter Oborne의 설명에 따르면, 이 연설은 너무도 인기가 없었기 때문에 블레어는 논리적인 주장을 통해 자신의 의견을 펼치려는 시도를 아예 하지 않았다.[21] 대신 그는 오직 자신만이 당을 위한 최선이 무엇인지 아는 사람이기 때문에 자신의 결정을 믿어달라며 청중에게 호소했다. 이 전략은 이라크 전쟁을 다루는 그의 입장과 너무나도 비슷했다. 이상하게도, 블레어는 이 연설에서 "마음에 품은 것만을 말하며 말할 때에는 진심을 담읍시다."라는 말을 되풀이하면서 자신의 정직성을 유독 강조했는데, 블레어가 바로 이 속성을 행하지 못했다는 것이 이후에 대량살상무기에 대한 그의 주장에서 드러난다. 그가 속임수에 빠진 것인지 자기기만에 빠진 것인지는 모르겠지만, 그는 거의 다른 사람과 진정한 대화를 나눈다거나 서로 다른 의견을 맞닥뜨려 논의할 마음 없어 보였다. 그는 자신만의 정신세계에 살고 있는 듯 했다.

블레어는 다른 사람들이 영국에서 정치가 행해지는 방식을 바꾸어서 그의 생각에 영향을 줄 기회는 거의 없다고 못 박았다. 그는 국회의사당과 내각의 힘을 이전하여 자신과 같은 관점을 가진 비선출 고문내각에게 위임했다. 대화를 피하고 오직 몇몇의 고문관들에게 의존하는 비슷한 경향을 나타낸 사람이 바로 조지 W. 부시인데, 그 결과 그의 정책들은 점점 더 일방적인 것이 되었다. 부시의 정신적 고립은 다음과 같은 그의 진술에 잘 드러난다. "대통령이 된다는 것이 참 재미있는 것은 그 누구에게도 설명할 필요가 없다는 기분이 든다는 것이다."[22] 사실 블레어와 부시 모두 타인들보다는 오히려 신에게 더 책임을 느낀다고 말한 적이 있다.[23]

와해된 정서

위의 사람들처럼 '성격장애'를 안고 있는 사람들은 때때로 다른 사람의 마음을 깨닫고 이를 가치 있는 것으로 여기기를 어려워한다. 어린 시절에 그들 자신의 감정이 인정되지 않았기 때문에, 다른 사람의 감정 또한 그들에게는 그다지 실제처럼 다가오지 않는 것이다. 정신분석학자 피터 포나기가 묘사한 것처럼, 이런 정신병리를 가진 사람들은 걸음마기 아기들이 지닌 '심리적 등가psychic equivalence' 상태에 갇혀 있어서 자신의 개인적인 감정이 '진실'이라고 믿는다.[24] 이것은 초기 발달단계에 대응되는데, 이 시기의 어린아이는 벽장에 괴물이 있지는 않을까 두려워하여 실제로 벽장에 괴물이 있다고 굳게 믿는다. 자신의 사고와 감정이 사물을 보는 한 가지 잠재적인 방식이라고 생각하지 않고, 오직 그 방식만이 존재한다고 믿는 것이다. 이 발달단계에서, 생각은 단지 현실을 대표할 뿐이고 사물을 보는 다른 방식이 존재한다는 것을 이해하기란 어렵다.

이러한 정신상태 속에서 타인과 갈등이 일어나면 이에 대처하기가 매우 어렵다. 사물을 보는 방식이 오직 하나밖에 없다면 오직 한 사람만이 옳기 때문이다. '정신화'를 그리 잘하지 못하는 가정에서는 아이가 '다른 사람들이 자신의 감정을 인정해주지 않으면 어쩌나.' 하는 두려움을 느끼고, 가족들은 그의 심리적 존재를 무시할 것이다. 혹은 그가 다른 가족들과 다르게 생각한다는 이유로 그를 '나쁜' 존재로 여기고 대할지도 모른다. 5장에서 간략히 소개한 것처럼 정신화가 별로 작동하지 않는 상황에서는, 부정적인 감정들이 평화로운 방법으로 풀리기 어렵다. 이럴 때 중요한 것은 당신이 생각하는 현실을 수용해달라고 타인에게 강요하여 당신이 '승자'가 되고 상대방이 '패자'가 되게 만드는 것이다. 당신이 권력을 쥐고 있으면 당신이 생각하는 현실을 받아들이라고 타인에게 강요할 수 있는 가능성이 더 커지기 때문에 쉽게 승리를 쟁취할 수 있다. 그렇기에 정신화를 제대로 못 배운 사람들에게 권력은 특히나 더 매력적이다.

　자신의 감정을 인식하거나 인정해주지 않는 가정에서 자란 아이들은 다른 사람들의 감정을 깨닫고 인정하는 데 어려움을 겪는 성인이 되는 경우가 많다. 하지만 때때로 아이들에게 겁을 주는 부모 아래서 자란다면 문제가 더 심각하다. 그들을 보호하고 달래주어야 할 사람과 그들에게 겁을 주고 언짢게 하는 사람이 일치하기 때문에, 이 아이들은 부정적인 감정을 경험할 때 도대체 뭘 어떻게 해야 할지 알지 못한다. 이들은 어찌 되었든 공격적이고 학대적인 부모이거나 혹은 자신도 겁에 질려 행동하는 부모일 수 있다. 문제는 이들 모두 부모답게 아이를 가라앉히고 달래줄 수 없다는 것이다. 이러한 딜레마를 안고 있는 아이들은 자주 '혼란적' 애착이라고 알려진 애착패턴을 발달시킨다. 이것은 심한 불안정 애착의 형태로서 아이가 애착의 스트레스에 대처할 일관된 기술을 발견하지 못한 경우를 가리킨다. 효과를 발휘할 만한 방법도 없이, 아이는 부정적인 감정에 압도되고 생리적 조절도 잘 못한다(유아들의 경우 혼자 남겨지면 심박 수가 높아지고, 다른 아이들에 비해 각성상태에서 정상으로 돌아오는 데 더 오랜 시간이 걸린다[25]). 이런 아이들이 이야기나 예술작품을 통해 다른 사람에 대한 자신의 애착을 어떻게 표현하는지 탐색한 연구 프로젝트에서는, 그들이 무력감과 혼란을 나타내는 이미지를 그려낼 때가 많다는 사실을 발견하였다.[26]

　아이가 신체적·정서적 학대에 직면했을 때 경험하는 자신의 무력감을 넘어설 수 있는 힘을 기르는 한 가지 방법은 자기보다 약한 사람을 공격하는 것이다. 골려주거나 혹은 어린 시절의 학대를

'가학적으로 재연하려고' 형제나 이웃들을 그 대상으로 삼을 수도 있지만, 가장 손쉽게 찾아볼 수 있는 희생양은 동물일 때가 많다. 「뉴욕 타임스」의 한 보도에 따르면, 조지 W. 부시도 어린 시절에 동물 고문을 즐기던 집단의 일원이었다고 한다. 그의 어릴 적 친구인 스록모턴Throckmorton은 웃으면서 "우리들은 진짜 동물들에게 지독했죠."라며 그 당시를 떠올렸다. 부시의 집 뒤에 있던 우묵하게 파인 땅은 한바탕 비가 퍼붓고 나면 작은 호수가 되었고, 개구리 수천 마리가 나오곤 했다. 스록모턴은 "애들은 전부다 BB탄총을 들고 그 개구리들을 쏘아댔죠. 개구리들 사이에다 폭죽을 놓고, 개구리들을 던지고 날려버리기도 했답니다."[27]

놀림, 얕잡음, 모욕 등과 같은 정신적 학대에 상습적으로 노출되었던 아이들은 자주 편집증적인 가치관을 발달시키며, 다른 사람들을 적대적이고 위험한 존재라고 보는 경향이 많다. 미국정신의학회American Psychiatric Association, APA의 진단매뉴얼에서 성격장애를 정의 내리는 데 주요한 역할을 담당했던 정신과의사인 시어도어 밀런Theodore Millon은, 이런 상황에 처한 어린이들은 자기 자신을 약하고 무가치한 존재로 보고 '소심하고, 불안정하며, 회피적인 성격 스타일'을 발달시키는 반면 다른 사람들을 '공격자와 동일시하는' 경향이 있다고 주장한다.[28] 적대와 거부를 당해야만 하는 아이들이 자주 과민해지고 그들의 생각에 도전을 가하는 사람이면 누구든 공격자로 믿기 일쑤라는 것은 별로 놀랄 만한 사실이 아니다.

루디 줄리아니Rudy Giuliani는 소심과는 아주 대조되는 거칠고 우직한 성격으로 사람들에게 알려져 있는 명망 있는 미국의 공화당 정치인이다. 그는 젊었을 때 무장 강도죄로 감옥신세를 졌던 아버지 아래서 자랐다. 그의 아버지는 선술집을 운영했고 '난폭한 손님들을 잠재우는 데 야구방망이를 사용하기를 두려워하지 않던' 사람이었다. 이런 공격적인 분위기 속에서 루디는 눈에는 틱 증세를 보이고 한 번에 48시간도 깨어 있기 일쑤이던 '침착하지 못한' 아기였다. 수녀님들과 함께 가톨릭 학교에 있을 때나 집에서 엄마와 함께 있을 때나, 그는 체벌을 통해 훈육되었다. 어린 소년이었을 때 그는 아버지에게 모욕을 당했는데, 아버지는 그에게 양키 유니폼을 입히고는 '다저스에 열광하는' 브루클린 거리에서 놀라고 내보냈다. 동네 아이들이 그를 조롱했고, 한번은 그에게 린치를 가할 것처럼 그의 목 주변에 올가미를 던진 적도 있었다. 그를 구해준 것은 바로 그의 할머니였다. 줄리아니는 지난날을 회상하며 이렇게 말했다. "제 아버지에게는 그게 장난이었어요. 하지만 저에게 그것은 마치 순교자가 되는 것 같은 경험이었죠."[29]

적대적인 성인들 아래에서 성장하는 것이 그 사람 인생의 일부 영역에서 반성적이고 공감적인 태도를 아예 없애버리는 것은 아니지만, 다른 사람이 자신을 적대적으로 대하는 동안에는 타인의 감정에 대해 생각하는 데 엄청난 어려움을 겪게 만든다. 루디 줄리아니가 2007년에 라디오의 시청자 전화참여 프로그램에 나왔을 때, 어떤 사람이 뉴욕 시장으로서의 성과를 두고 그를 비판했다. 불만에 찬 그 발신자는 파킨슨병을 가진 사람이었고, 자신의 의료보조와 식량배급이 몇 번이나 끊어졌었다고 불평을 했다. 줄리아니는 그 사람의 비판적인 관점을 신중하고 동정 어린 마음으로 들어줄 수가 없었다. 대신 그는 그 즉시 심술궂게 그 사람을 공격하고 나섰는데, 마치 그가 공격적인 적이라도 되는 것처럼 경멸에 찬 어조로 비아냥거리며 이렇게 말했다. "아니, 어디 구멍에라도 빠져 있습니까? 숨을 괴상하게 쉬는군요……. 잠깐만 기다리세요. 성함과 전화번호를 받아서 정신과 도움을 받으실 수 있도록 연결해드리죠. 그 도움이 꼭 필요해 보이니까 말이죠."[30] 다시 말해 그는 그 자신이 어렸을 때 당했던 그 방식 그대로 그 사람에게 모욕을 준 것이다. 그의 공격은 정말 뜬금없어 보였지만, 마사 너스바움Martha Nussbaum이 말했던 것처럼, '그것은 너무도 오랫동안 차오른 과거가 발현한 것이지 갑자기 아드레날린이 분비되어 일어난 일이 아니다.'[31]

두려움 속에서 살던 아이들은 종종 자신의 세계를 좀 더 안전하게 만들어보려는 방편으로 다른 사람들을 강하게 통제하는 사람이 되려고 안간힘을 쓴다. 그들은 자신이 애착을 형성한 사람들에게서 거부당하거나 처벌 받기를 너무도 두려워한 나머지 분리라고 여겨지는 증거는 그 어떤 것이라도 공격하며 특히 자신의 배우자가 그 자신만의 마음을 갖는 것조차 공격한다. 이 사람들은 거부당하는 것이 너무 두려워서 자기 배우자의 일기장을 없애버리거나, 상대방의 우정과 사회적 접촉을 제한하기도 한다.

독재적인 지도자들만큼 이러한 통제욕구를 잘 보여주는 사람도 없는데, 이 사람들은 마치 부모 위에 올라서서 통제를 하려는 어린아이들처럼 자신과 다른 관점을 받아들이기를 거부하는 수법과 다른 사람을 교묘히 조종하려는 수법을 함께 사용한다. 베나지르 부토Benazir Bhutto가 파키스탄의 수상이었을 때, 그녀는 언론인 크리스티나 램Christina Lamb과 친해지게 되었다. 램은 부토의 온정과 그녀의 여성적인 성격을 좋아했다. 부토는 비비Bibi 혹은 핑키Pinky라는 별명으로 불렀고, 아이스크림을 좋아했으며 밀스앤분^{Mills and Boon} 스타일의 로맨스 소설을 즐겨 읽었다. 부토의 개인적 관점은 세속적이고 자유주의적인 경향이 있었고, 서구적 사고를 분명히 이해하고 있었다. 하지만 램이 혼외정사를 이유로 투옥된 여성들의 문제 혹은 부토의 남편이 정부계약을 대가로 상납을 즐겨 받고 있다는 것과 같은 예민한 이슈들을 부토와 함께 토론하려고 하면, 부토는 무척 화를 내고 램의 관점에 개입하기를 거부했다. 부토를 관찰한 램은, "베나지르의 세계에서 사람들은 같은 편 아니면 적, 오직 그 둘 중 하나였어요."[32]라고 말했다.

근본주의적 사고

최근 몇 년 들어 양극적인 흑백사고가 신보수주의를 타고 새롭게 인정받고 있다. 이 운동은 1970년대에 자유주의적·무비판적·다원적 접근에 대한 반발로 출현하여 이후 대학에서 널리 유행하였다. 신보수주의자들은 '탈근대적^{post-modern}' 상대주의를 매우 실망스럽게 생각했다. 그들은 뚜렷한 가치를 다시금 세워서 '선'과 '악'에 관해 자유롭게 이야기할 수 있기를 원했다. 그러나 전통적인 가치를 부흥시키려는 그들의 시도는 근본주의적인 복음주의자들에서부터 대중연설가들에 이르는 일단의 사람들에게 청신호가 되어 그들이 극단적인 관점을 쏟아내게 만들었고, 원시적인 도덕적 판단이 거침없이 흘러나오도록 묶인 끈을 풀어버렸다. 한 예로 샘 태넌하우스^{Sam Tanenhaus}가 '줄담배를 피우며 독한 술을 즐기는 금발의 인기 있는 우익인물'이라고 묘사했던 미국의 언론인 앤 커틀러Ann Coulter33는 9·11 이후로 모든 무슬림에 대항하여 전쟁을 일으켜야 한다고 대담하게 촉구하며 이렇게 말했다. "우리는 그들의 나라들을 침략하고, 그들의 지도자들을 죽이며, 그들을 기독교로 개종시켜야 한다. 우리는 용의주도하게 히틀러Hitler와 그 요주인물들만 찾아내어 벌하지 않았다. 독일 여러 도시에 융단폭격을 가하고 시민들을 살상했다. 그게 바로 전쟁이다. 그리고 지금 이것은 전쟁이다."34

커틀러는 무슬림들의 실제 관점이나 행동이 어떻든지 간에 모든 무슬림을 위협이라고 생각하는 어린아이 같은 추측에 빠져들었다. 커틀러는 '악'이라는 손쉬운 도덕적 꼬리표를 사용하여 그들을 간단히 처리해버리는 쪽을 택했다. 한번 이렇게 단정 짓고 나니 무슬림 공동체와 실제로 교전을 벌이거나, 그들을 공격하고 뒤에서 그 논리를 따진다거나 혹은, 어떤 무슬림들은 그들을 지지할 수도 있는 반면 다른 무슬림들은 반대할 수도 있다는 것을 깨닫거나 할 필요가 없어졌다. 커틀러는 모든 무슬림들은 '악하고' 자신과 모든 기독인들은 '선하다'고 생각했다.

전에 정치인이었던 아브라함 버그Avraham Burg는 이러한 '우리와 그들'이라는 분리된 사고방식이 이스라엘인들 세계에서는 흔하다고 설명했지만,35 사실 이 사고방식은 이슬람 근본주의자들에게서도 동일하게 나타난다. 사이드 쿠틉Sayyid Qutb은 무슬림 단체의 영향력 있는 지도자로서 현재 이슬람 성전주의자들jihadists 운동의 정신적 지주로 묘사되고 있다. 1960년대에 그는 이집트의 지도자인 나세르Nasser를 죽일 계획을 세웠는데, 이는 나세르가 이집트의 신정정치화를 거부했기 때문이었다. 쿠틉은 서구적 생활방식이 건강하지 못하다는 진지한 관점을 가지고 있었는데, 특히 전통적인 가족생활과 성 역할을 존중하지 않는다는 점과 서구의 역겨운 물질주의를 비난했다. 그는 '높은 이상과 가치'를 따르는 보다 도덕적이며 영적인 생활방식을 주장했다. 하지만 그는 이러한 가치가 세속적인 국가에서 확립될 것이라고는 상상하지 못했다. 그는 사회 전체, 정치와 종교가 모두 한 덩어리에 속한다고 보았고 서구적 생활방식과 타협을 맺을 가능성은 없다고 생각했다. 그는 "이러한 가치를 소유한 체계는 오직 이슬람뿐이다."라고 선언했다. 이슬람 문화의 삶을 살든지 그렇지 않든지 그 둘뿐이라며, "진리는 하나이며 분리될 수 없다. 진리가 아닌 것은 반드시 허위이다."[36]라고 말했다.

양극화된 사고는 모든 면에 존재하며, 전쟁을 동원하는 모든 편에서 사용된다. 하지만 이것은 퇴행적이다. 이것은 경계가 불분명한 다양성을 그대로 인정하거나 사람들과 의사소통을 이루어 갈등을 해결하는 데 어마어마한 어려움을 겪는다는 것을 보여주는 증거이다. 심리학적으로 이는 두려움, 취약성, 내적 '악함badness'을 인정하고 이를 너그럽게 대하기를 난감해한다는 것을 보여준다. 이러한 감정은 내가 안고 있기 힘들기 때문에 다른 사람들에게 투사되어야만 한다. 어렸을 때 제대로 보살핌을 받지 못했다는 사실에 대한 나르시시적인 분노는 거부당한 '타인'을 대변하는 수많은 목표물을 찾을 수 있고 이는 근본주의적인 사고를 통해 이루어진다. 낙태주의자들, 유태인들, 이민자들, 아랍인들, 서구인들, 약물중독자들, 테러리스트들이 모두 이 목표이다.

무력하고 돌봄을 받지 못한다고 느끼며 자라는 경우, 아이들은 성인이 되어 정치나 종교 분파와 같은 권위주의적인 구조를 갖는 집단에 이끌리기 쉽다. 그들의 희망은 자신보다 더 크고 강력한 사람에게 복종하여 안전하게 보살핌을 받는 것이다. 장로교 목사의 아들이기도 한 크리스 헤지스Chris Hedges는 제대로 사랑받지 못했던 아이들은 전체주의적인 지도자의 요구를 친숙하게 느끼고 심지어 편안함을 느끼기까지 한다고 논했다. 그들이 그러한 지도자에게 반응하는 것은, '반갑게도, 새로운 정서적 에너지를 쏟을 필요 없이도 자신이 따를 수 있는 오래된 방식이 반복된다.'고 생각하기 때문이다. 성인이 된 그들은 다른 사람에게 진심을 담아 사랑을 줄 수 있는 충분한 자아감이 부족할 수도 있고, 타인에게 감정적으로 투자하는 것이 너무 상처가 된다고 느낄 수도 있다. 대신 그들의 주요 동인은 부모와 같은 세력에 의해 사랑과 돌봄을 받는 것이다. 헤지스가 논했듯이, 권위주의적인 구조 안에서 사람들은 '자신의 혼란스럽고 파편화된 성격을 묻어버리고 자신이 강하고 온전하며 보호받는다는 환상 속에 살 수 있게 된다.' 그 결과 그들은 '원시적인 상태, 출생 이전의 존재, 자궁 속에서 복종하고 사는 삶'으로 돌아간다.[37]

이와 동시에 근본주의자 집단은 인간의 소통에 진정으로 필요한 것들을 충족시켜줄 수 있다. 진보적 유대교 목사인 마이클 러너Michael Lerner는 그러한 신앙이 어떻게 진정한 공동체 정신을 제공할 수 있는지 지적한 바 있다. 그는 자유주의적 유대교인 그리고 정통 유대교인들과 함께 예배를 드릴 때 자신이 경험했던 서로 다른 사회경험을 묘사했다. 자유주의적 유대교인들이 예배 후에 티

타임을 가지는 동안, 보다 진보적인 그 사람들은 주로 그들의 친구에 대해서 이야기했고 그래서 러너는 조금 외롭고 홀로 남겨졌다는 느낌을 받았다. 하지만 정통 유대교인들의 예배 후에는, 비록 예배 때 들었던 설교내용—팔레스타인 사람들, 아랍인들, 무슬림들, 때때로 극단적인 경우에 유대인이 아닌 모든 사람들에 대한 분노와 심지어 맹목적인 혐오로 가득 찬 메시지—은 싫었지만, 그곳 사람들에게서 따뜻한 환영을 받는다고 느껴졌다. 사람들은 그에게 다가와 그가 누구인지, 그의 가족 가운데 병원에 가야 한다거나 무슨 도움을 필요로 하는 사람은 없는지, 그리고 심지어 그가 '혼자되어서 누군가를 만나고 싶은 것은 아닌지'마저 물어보았다. 러너는 이것이 '애정 어리고 즐거운' 경험이었다고 생각했다.[38]

하지만 어딘가에 소속된다는 것은 대가를 요구한다. 러너는 다른 집단에 대해 적개심을 갖는 것을 불편해했지만 이 불편한 감정은 한쪽으로 제쳐두어야 한다고 기대되었다. 그가 경험한 공동체정신은 사실 포위의 사고방식이었다. 이 사고방식 안에서는 '바깥' 집단에 대한 적대감이 '내부' 집단의 소속감을 견고하게 만들었다. 돌봄과 연민은 오직 내집단 구성원에게만 베풀어야 했고, 완벽한 충성심을 요구했다.

공공의 적을 공격하는 것은 그 집단을 끈끈하게 묶어줄 뿐만 아니라 방치되고 상처받아서 생겨난 분노를 분출할 수 있는 통로도 제공한다. 안전한 목표물에 분노를 쏟는 것은 만족감을 준다. 하지만 이것은 관념의 왜곡을 수반할 때가 많다. 헤지스는 미국의 기독교 우익집단the Christian Right은 계시록에 근거하여 '복음의 좁은 영역 속에서 그 집단의 관념적 정당성을 찾는다.'고 지적했는데, 그들이 의존하는 근거란 '여러 복음서에서 예수가 폭력을 인정한 오직 단 한 번의 시기'라고 한다.[39] 분명, 성경은 마치 통계자료처럼 여러 방식으로 해석될 수 있다. 심리학자이자 철학자인 리처드 라이더Richard Ryder는 '예수가 오늘날 살아 있었다면 국경없는 의사회나 국제 엠네스티 혹은 적십자에서 일하고 있었을 것이다.'라고 주장했고,[40] 기독교 근본주의자들은 그리스도가 말하는 사랑·용서·연민의 메시지에 초점을 맞추지 않고, 신자가 아닌 사람들에게 맞서 폭력과 복수를 표현할 수 있는 선악의 이원론적 세계를 적극적으로 해석한다. 마찬가지로 이슬람 성전주의자들도 '지하드jihad(아랍어로 고군, 분투를 의미한다―옮긴이)'를 가리켜 일차적으로 선하고 의로운 사람이 되기 위한 힘겨운 노력이라고 해석하는 관점을 담고 있는 기존의 해석들을 무시하고 자살 폭탄테러와 극단적인 폭력형태를 정당화하는 방식으로 코란을 해석한다. 전통적인 코란 해석에 따르면 전쟁은 오직 종교적 자유를 보호할 때만 용인될 수 있고 다른 경우에는 피해야 한다고 한다. 극단적인 무슬림들과 기독교인들은 내면의 악마를 보다 넓은 무대에서 표현할 수단으로 종교를 사용한다.

근본주의적인 사고는 기본적으로 폐쇄적이다. 이 사고를 가진 개인들은 스스로 생각하지 못하며, 집단적 사고의 참고 틀 없이는 독자적으로 정보를 평가하지 못한다. 그들은 인과응보적 가치를 추구하는 가정에 사는 아이들은 '내면화된 도덕기준을 발달시키거나 자기 주변에서 벌어지는 일에 대하여 복잡한 방식으로 생각해볼 이유나 기회를 전혀 갖지 못한다.'고 말했던 심리학자 마이클 밀번Michael Milburn과 쉐리 콘라드Sheree Conrad의 설명에 딱 들어맞는 사람들이다. 대신 그들은 아동기 초기에 가졌던 단순하고 경직된 사고방식을 유지하는데, 이 사고방식 안에서는 외적 권위에 의해 부여된 것들이 곧 도덕적 가치이다.[41] 그 집단이 항상 옳기 때문에 다른 관점을 고려한다거나 다른 사람들이 어떻게 느낄지는 생각해볼 필요가 없다. 심리학자 밥 알트마이어Bob Altemeyer가 권위주의적 사고형태를 분석한 바 있는데, 그는 근본주의자들은 합리적인 사람들과 달리 일관적인 태도를 지녀야 할 의무를 느끼지 않는다는 사실을 밝혀냈다. 근본주의자들은 각기 분리된 생각의 구획 속에 여러 생각이 공존하게 만들어서, 그중 하나를 손쉽게 꺼내되 그 생각이 다른 생각과 모순되지는 않을까 걱정하지 않는다. 이는 통합된 방식으로 현실의 불확실함과 복잡함을 다룰 만큼 아직 정신적으로 성숙하지 않은 어린아이들에게서 나타나는 행동이다. 이라크에 대항하여 전쟁을 일으키기로 결정한 것에 대해 알트마이어는, "그들은 그 결론을 좋아했다. 그 결정에 대해 이치를 따지는 일이란 중요하지 않았다."라고 지적했다.[42] 타인들과의 관계에서 갈등이 빚어졌을 때 타인과 함께 사안을 바로잡는 대신, 그들은 단순히 신이 그들을 용서해주기를 구하는데 알트마이어는 이것을 가리켜 '값싼 은혜'의 형태라고 지적했다. 다시 한 번 말하지만 이러한 태도는 그들이 타인과 관계를 맺고 서로 다른 마음을 연결시키기를 얼마나 어려워하는지를 보여주는 한 예이다.

알트마이어는 우익이든 좌익이든 권위주의자들은 자기인식이 부족하고, 이것이 중요한 사실이라고 주장한다. 또한 그는 기독교와 무슬림, 보수주의와 자유주의, 엄격함과 허용적임, 그 어떤 것이든 문화전쟁은 결국 감정 때문에 일어난다고 주장했는데, 이 감정은 그 대부분의 힘을 무의식적이고 인식할 수 없는 상태로부터 끌어온다. 그래서 사람들은 서로 다른 관점을 귀히 여기고 인정하지 못하고 현실을 좌지우지하는 권력을 손에 넣으려고 경쟁하는 원시적이고 유아적인 가족의 사고방식에 계속 갇혀 있게 된다. 이것이 바로 극단적 복음주의인 제임스 돕슨^{James Dobson}이 '가치의 내전^{civil war of values}'이라고 칭한 것이다. 이 내전 속에서, 양편은 상대편을 인정하지 않는다. 임신을 중단시키는(낙태를 행하는) 데에는 그만한 이유가 있을 거라고 믿는 사람들과 낙태는 '살인'이라고 주장하는 사람들 사이에 중간지대란 없다. 여성들은 가정에서 전통적 역할을 하는 데 머물러야 한다고 생각하는 사람과 여성도 자유롭게 일하고, 이혼하고, 아이들을 탁아소에 맡길 수 있어야 한다고 생각하는 사람들 사이에 타협이란 없다. 양편이 믿는 진리는 협상할 수 없는 것들이며 그들의 신념은 그들 각자에게 신성한 것이다. 그들은 각자 상대방을 두려워한다.

새로운 방향

최근 미국의 정치 리더십은 이러한 경향성을 더욱 악화시켰고, 대중들이 '정신화'하고 서로의 생각을 인정하는 것을 돕는 데 선두적인 모습을 보이지 못했다. 하지만 정치균형을 회복하고 퇴행적인 경향에서 돌아서자는 희망적인 움직임도 있다. 지금 우리에게는 정서지능을 전하는 새로운 미국 대통령이 있다. 사랑이 넘치지만 복잡한 가정에서 자란 오바마는 자신의 어린 시절을 설명하면서 '내(오바마)가 아는 사람들 가운데 가장 친절하고 관대한 마음을 가진' 어머니와 함께 있었다고 했는데, 그분은 세상에 대한 즐거움과 호기심으로 가득 차 있었고 다른 문화에 열린 태도를 보였고 사람들 간의 차이점에 흥미를 가진 사람이었다고 한다.[43] 오바마의 어머니가 다른 관점을 기꺼이 수용했다는 것은 그녀가 자신의 전 남편을 어떻게 대했는지를 보면 알 수 있다. 비록 그는 아기와 함께 곤경에 빠진 오바마의 어머니를 떠났지만, 그녀는 그에 대한 애정 넘치고 존경해 마지않는 기억을 가지고 오바마를 길렀다. 그녀는 심각한 스트레스 아래 놓여 있을 때에도 다른 사람들의 감정을 생각할 수 있었다. 불치병에 걸렸을 때, 그녀는 아들이 그 고통스러운 상황에 잘 대처하고 자신의 삶을 살아나갈 수 있도록 도와주었다. 그녀의 아들에게서 우리는 이러한 많은 특징을 쉽게 찾아볼 수 있다.

넬슨 만델라Nelson Mandela, 데스몬드 투투Desmond Tutu(남아프리카공화국의 성직자로 남아프리카공화국의 인종차별정책에 맞선 공로로 1984년에 노벨평화상 수상하였다—옮긴이), 그 밖에 타인을 향한 공감과 배려로 사람들의 관심을 모았던 세계적인 지도자들도 비슷한 이야기를 가지고 있다. 그들 역시 자신이 어머니의 가치를 스펀지처럼 흡수했노라고 말했다. 데스몬드 투투는 어렸을 때 다른 형제들에 비해 어머니의 사랑을 더 많이 받는 아이였다. 그는 건강 문제를 안고 있었는데 그로 인해 엄마의 공감과 친절함을 더 많이 유도할 수 있었다. 그가 속해 있던 소토Sotho 족과 은구니Nguni 족의 문화도 '한 사람은 다른 사람을 통해서 비로소 한 사람이 된다.'와 같은 모토와 함께 상호의존의 가치를 전해주었다.[44] 투투는 진실과 화해위원회Truth and Reconciliation Committee를 창설하는 데까지 이르렀는데, 이 단체는 인종차별정책 이후의 남아프리카에서 분열과 대립을 해소하는 데 결정적인 역할을 담당했다.

　엄마로서 끊임없이 자녀들을 꾸짖고 비난하고, 자기 입으로 말했듯이 자녀들이 자신이 원하는 것을 하지 않을 때면 '한바탕 소리를 지르고 나서야 일상으로 돌아갔던' 바버라 부시Barbara Bush(조지 부시의 어머니)에게서 볼 수 있는 그림과 달리, 넬슨 만델라의 어머니는 '점잖고', '지각이 예민한' 사람으로 묘사되어왔다. 만델라 자신도 "어머니와 제가 이야기를 많이 나눈 적은 한 번도 없었지만, 우리는 그럴 필요가 없었습니다. 어머니의 사랑을 의심한다거나 그분이 제게 해주시는 지원에 의문을 품어본 적이 한 번도 없었거든요."[45]라고 말했다. 하지만 위의 세 사람 모두 그들의 아버지와는 문제가 있었다. 만델라의 아버지는 만델라가 아직 어린 소년이었을 때 명을 달리했다. 오바마의 아버지는 오바마의 어머니를 떠난 후 아프리카로 돌아갔다. 한편 투투의 아버지는 술을 너무 많이 마셨고 술에 취했을 때는 어머니에게 학대를 가했다. 이러한 경험은 자신이 남자라는 것을 입증하고자 하는 욕구를 불러일으켜 그들이 공적인 생활에 가담하도록 불을 지폈을 가능성이 있다.

　감성지능의 특징을 가진 리더십이 세계의 갈등을 치료하는 데 도움이 될지는 아직 두고 보아야 할 일이다. 분명 만델라의 리더십은 그의 공감적 태도, 그리고 같은 사람으로서 그곳의 백인 지도자들과도 함께 맞물려 일할 수 있었던 그의 능력에 힘입어 남아

프리카에서 이례적인 변화를 이끌어냈다. 하지만 이와 동시에 만델라는 그의 대통령 임기가 끝난 후까지 급속히 퍼져나가던 에이즈 전염병에 대한 조치를 취하는 데에는 실패했고, 만델라는 지금 이 일을 깨닫고 깊은 후회를 하고 있다. 그는 HIV/AIDS 예산의 1/5을 순회공연단에 쓰는 것과 같은 비효율적인 정책을 통솔했다.[46] 그는 감성지능의 소유자였지만, 남아프리카의 흑인들은 성문제에 관한 한 보수적이며 자신은 '선거에서 패배하고 싶지 않았다.'는 이유로 HIV/AIDS에 대해 더 많이 목소리를 내지 못했다고 시인하며, 그를 앞선 너무나도 많은 다른 정치인들과 유사하게 행동했다.[47] 그 결과로 1999년에 그의 임기가 끝나갈 무렵, 산모사망률은 상승했고 에이즈로 인해 아동들 가운데 10%가 고아가 되었으며, 에이즈 바이러스는 보다 연령이 높은 남아프리카의 아동들(5세 이상)의 주요 사망원인이 되었다. 또한 이 수치는 지난 10년 동안 계속해서 악화되고 있다.[48] 일관된 지혜를 보장해주는 사람은 없다.

　버락 오바마는 세계적인 갈등에 대해서뿐만 아니라 문화전쟁에도 매우 다른 접근을 취할 것을 약속하면서 자신이 공감을 추구할 의도가 있음을 공개적으로 시사한 바 있다. 그는 그러한 갈등에 유일한 승자란 있을 수 없다는 사실을 이해했다. 대신 그는 진정으로 다른 사람들의 감정에 귀 기울이고 그들에게 가치를 두면서 다른 관점을 이해하는 데 우선순위를 두었다. 그는 '특히 의견이 일치하지 않을 때' 더 경청할 것이라고 약속했다. 대선 승리 후의 연설에서 그는 "너무도 오랫동안 우리의 정치에 해를 끼쳤던 똑같은 당파주의, 좁은 소견, 미성숙한 태도에 다시금 빠지는 유혹에 저항합시다."라고 말했다. 그는 시민 각자에게 서비스와 책임감의 새로운 윤리성을 요구하며, 이러한 사회풍조 속에서는 시민 각자가 '자신뿐 아니라 서로를 돌보겠다는' 마음을 품을 것이라 말했다.[49] 오바마와 그의 고문관들이 이것을 실제 관행 속에서 어떻게 해석하든지 혹은 그의 정책들이 어떻게 판명되든지 간에, 적어도 그의 선행자들이 가졌던 퇴행적인 양극적 사고방식으로부터 돌아섰다는 생각은 든다.

    비범한 지도자가 나타나 우리를 위해 모든 일을 '고쳐주기를' 바라는 마음은 우리를 부추긴다. 하지만 완벽한 아버지나 어머니가 없듯이 아무리 뛰어난 개인이라도 전능한 존재는 아니다. 진정 성숙한 정치체계 속에서, 유권자들은 보다 확실히 자신들의 관점을 알리려고 적극적으로 참여하는 모습을 보일 것이다. 보다 정의롭고 배려 깊은 세상을 원한다면, 타인을 그러한 세상을 이루어줄 주체로 볼 것이 아니라 우리 자신을 그렇게 바라보아야 할지도 모른다.

Notes

1. 수잔 자코비, 『미국의 비이성 시대The Age of American Unreason』(New York, Pantheon Books, 2008)
2. 드루 웨스턴, 『정치적 두뇌The Political Brain』(New York, Peresus Books/Public Affairs, 2007)
3. 마이클 루이스-벡Michael Lewis-Beck과 그 외, 『다시 찾아본 미국의 유권자The American Voter Revisited』(개정판, Ann Arbor, MI University of Michigan Press, 2008)
4. 조지 레이코프, 『도덕의 정치』(Chicago, IL, University of Chicago Press, 1996)
5. 토머스 소웰, 『비전의 충돌』(New York, Basic Books, 2002)
6. 제임스 데이비슨 헌터, 『문화전쟁Culture Wars』(New York, Basic Books, 1991)
7. 칼 번스타인Carl Bernstein, 『힐러리의 삶A Woman in Charge: the Life of Hillary Rodham Clinton』(New York, Vintage Books, 2008)
8. 1986년에 '보수당 여성들의 컨퍼런스Conservative Women's Conference'에서 있었던 마거릿 대처의 연설
9. 2003년 9월 2일자 「가디언」에 실린 올리버 제임스의 '그러니까 조지, 당신 엄마 아빠에 대해서는 어떻게 느끼십니까?So George, how do you feel about your Mom and Dad?', 올리버 제임스의 『그들이 당신을 미치게 한다They F*** You Up』(London, Bloomsbury, 2007)도 함께 참고하라.
10. 2003년 9월 2일자 「가디언」에 실린 올리버 제임스의 '그러니까 조지, 당신 엄마 아빠에 대해서는 어떻게 느끼십니까?'
11. 위와 동일

12. 레오 앱스, 『토니 블레어: 웃음을 잃은 남자Tony Blair: the man who lost his smile』(London, Robson Books, 2003)
13. 존 렌톨, 『토니 블레어Tony Blair』(London, Little Brown, 2001)
14. 레오 앱스, 『토니 블레어: 웃음을 잃은 남자』(London, Robson Books, 2003)
15. 헤더 넌, 『대처, 정치와 판타지Thatcher, Politics and Fantasy』(London, Lawrence and Wishart, 2003)
16. 2003년 3월 29일자 「더 타임스The Times」에 실린 매튜 패리스의 '우리는 토니 블레어의 광기를 목격하고 있는가?Are we witnessing the madness of Tony Blair?'
17. 2009년 1월 4일자 「뉴욕 타임스」에 실린 프랭크 리치의 글 가운데 발췌
18. 데이비드 런시먼David Runciman, 『선의의 정치학The Politics of Good Intentions』(Princeton, NJ, Princeton University Press, 2006)
19. 이스라엘 챠니, 『인간 마음속의 파시즘과 민주주의Fascism and Democracy in the Human Mind)』(Lincoln, NE, University of Nebraska Press, 2006)
20. 존 렌톨, 『토니 블레어』(London, Little Brown, 2001)
21. 피터 오본, 『정치적 거짓의 발생The Rise of Political Lying』(London, Free Press, 2005)
22. 밥 우드워드Bob Woodward, 『부시는 전쟁중Bush At War』(London, Pocket Books/Simon and Schuster, 2003)
23. 데이비드 오웬David Owen, 『휴브리스 신드롬The Hubris Syndrome』(London, Politico's Publishing, 2007)
24. 피터 포나기, 죄르지 게르겔리, 메리 타깃, 『감정규제, 정신화, 자아의 발달』(New York, The Other Press, 2002)
25. 「아동발달」(64, 1993, pp.1439-1450)에 실린 고트프리드 스팽글러Gottfried Spangler와 캐린 그로스먼Karin Grossman의 '안정적으로 애착된 아이와 그렇지 않은 아이에게서 나타나는 생물행동학적 조직

Biobehavioural organisation in securely and insecurely attached children'

26. 「애착과 인간발달」(6:3, 2004, pp.223-39)에 실린 셰리 매디건Sheri Madigan과 그 외의 '혼란적 애착력을 가진 7세 어린이들의 가족 그림에 대한 초보 관찰자의 인식Naïve observes' perceptions of family drawings by 7 year olds with disorganised attachment histories'

27. 2000년 5월 21일자 「뉴욕 타임스」에 실린 니콜라스 크리스토프Nicholas Kristof의 기사

28. 「뉴욕 옵저버New York Observer」에 실린 오브리 이멀먼Aubrey Immelman의 '정치 안에서의 성격연구를 위한 구성단위Unit for the Study of Personality in Politics'에 인용된, 시어도어 밀런의 『성격장애: 정신질환편람 IV와 그 이상Disorders of Personality: DSM-IV and beyond』(New York, Wiley, 1996) www.csbsju.edu/USPP/articles/Giuliani-NYObserver.html(1999)

29. 「뉴욕 옵저버」에 실린 오브리 이멀먼의 '정치 안에서의 성격연구를 위한 구성단위'

30. 루디 줄리아니가 파킨슨병 환자를 조롱하는 장면, 2007년 2월 22일 유튜브

31. 마사 너스바움, 『사고의 격변Upheavals of Thought』(New York, Cambridge University Press, 2001)

32. 2007년 12월 30일자 「선데이 타임스」에 실린 크리스티나 램의 '베나지르와 함께 한 나의 삶My life with Benazir'

33. 「슬레이트Slate」에 2003년 7월 24일 샘 태넌하우스가 게재한 글

34. 2001년 9월 13일 「내셔널 리뷰 온라인National Review Online」에 실린 앤 커틀러의 '이것은 전쟁이다This is war'

35. 아브라함 버그, 『홀로코스트는 끝났다The Holocaust is Over』 (Basingstoke, Palgrave Macmillan, 2008).

36. 사이드 쿠틉, 『이정표Milestones』(Ma'alim fi'l-Tariq, 1964, Islamic Book Service, 2006)

37. 크리스 헤지스, 『아메리칸 파시스트American Fascists』(London, Vintage Books, 2007)

38. 마이클 러너, 『신의 왼손The Left Hand of God』(New York, Harper Collins, 2006)
39. 크리스 헤지스, 『어메리칸 파시스트』(London, Vintage Books, 2007)
40. 리처드 라이더, 『정치에 도덕 되돌려놓기Putting Morality Back Into Politics』 (Exeter, Societas, 2006)
41. 마이클 밀번과 쉐리 콘라드, 『부인의 정치The Politics of Denial』 (Cambridge, MA, MIT Press, 1996)
42. 로버트 알트마이어Robert Altemeyer, 『권위주의자들The Authoritarians』 (Winnipeg, MB, University of Manitoba Press, 2007)
43. 버락 오바마, 『담대한 희망』(Edinburgh, Canongate, 2007)
44. 존 앨런John Allen, 『평화를 위한 민중선동가: 데스몬드 투투의 공인된 일대기Rabble Rouser for Peace: the authorised biography of Desmond Tutu』 (London, Rider and Co./Ebury Press, 2006)
45. 넬슨 만델라, 『만델라 자서전: 자유를 향한 머나먼 길Long Walk to Freedom』(London, Abacus/Little, Brown, 1994)
46. 「더 란셋The Lancet(세계 3대 의학잡지 중 하나—옮긴이)」(370: 9581, 2007, pp.19-20)에 실린 폴 자이츠Paul Zeitz의 '남아프리카의 HIV/AIDS로부터 얻은 교훈Lessons from South Africa's experience of HIV/AIDS'
47. 2003년 www.iol.co.za에 게시된 존 베터스비John Battersby의 '만델라: 나는 남아프리카의 에이즈 문제에 실패했다Mandela: I failed SA's Aids challenge'
48. 「유니세프UNICEF 보고서」(2009) '남아프리카의 대통령직과 아동상황 분석The Presidency, Situational Analysis of Children in South Africa'
49. 2008년 11월 4일 www.barackobama.com에 게시된 버락 오바마의 '대통령 당선자 버락 오바마의 후기: 선거날 밤Remarks of President-Elect Barack Obama: Election Night'

THE SELFISH SOCIETY

8장

우리는 이미
자본주의를 겪었다

그들은 부유하고 강할 뿐만 아니라, 자신들이 그럴 만한 가치가 있다고 느낀다.
자유시장이 최고의 선이며 그들은 자유시장에서 열심히 일해왔고
그 유익을 얻었으며 그들이 아는 모든 사람들 또한 그래왔기 때문이다.
그들에 관해서는 이 두 가지를 기억해야 한다.
하나는 사실 마음속으로 그들은 죄책감과 무가치감을 느낀다는 것이며,
또 하나는 그들이 매우 제한된(주변이 경계선으로 둘러쳐진) 삶을 산다는 것이다.
사무실 안에서, 집 안에서, 헬스클럽 안에서, 회사 제트기 안에서.
이라크는 크기 면에서 캘리포니아와 비등하다. 그렇지 않은가?
하지만 현존하는 사람들이 기억하는 한, 이 사람들 가운데 L.A에서
레딩Redding(미국 캘리포니아 주 북부에 위치한 도시—옮긴이)까지
운전해서 가본 사람은 한 사람도 없다.

제인 스마일리Jane Smiley(2007)

정치인들도 정서적·도덕적 발달에 제한을 받는다는 사실을 이해한다면, 그들에게 우리를 대신해서 나라를 '양육하는' 일을 맡기기가 더욱 어려워진다. 어쨌든 도덕적 길잡이는 정치인들에게 부여된 새로운 역할이다. 이전 시대에 이 역할은 최고 권위인 신을 대변하는 성직자 계급에 맡겨졌었다. 오늘날 미국에서는 상당수의 소수자들이 종교적 리더십의 영향을 받긴 하지만, 서구에서 종교적 리더십은 단지 소수 사람들에게만 작용하기 때문에 성직자들의 권위 주장은 더 빈약해졌다. 대신 사회가 점점 더 세속화되면서, 우리들은 길잡이와 방향을 찾기 위해 더 멀리 살펴보기 시작했는데, 때때로 가장 가망 없는 곳으로 눈을 돌리기도 한다. 심지어 우리는 음악인들이나 배우들, 신문이나 잡지의 고민상담가, 토크쇼 진행자에게 가서 세상 이치를 얻으려 한다. 왜 정치인들은 안 되는 걸까? 사실 도덕, 가정과 같은 매우 개인적인 이슈들에 대해 정부가 주도적인 역할을 해주기를 우리가 바라는 것인지, 또한 그들이 정말 그래줄 수 있는지에 대해서는 심각한 의구심이 든다. 조지 W. 부시의 고문관인 칼 로브Karl Rove는 2001년에 대중은 진정 그러한 리더십을 원한다고 주장했다. 그는 "30년 전과 비교했을 때, 미국인들은 도덕적 가치, 가족의 분열, 시민적인 삶의 감소 등에 대해 더 많이 염려한다. (……) 대중은 정부, 그리고 선출된 개별 공무원들이 쇠퇴되어가는 가치들을 다루는 데 있어서 보다 적극적인 지도자의 역할을 담당해주기를 원한다."고 말했다.[1]

나는 칼 로브가 보다 적극적인 '도덕 가치'의 추구를 주장하면서 마음속으로 특정 유형의 가족과 연관된 일련의 도덕 가치들을 생각했을 것이라고 생각한다. 하지만 대체로 사회적 규준을 전달하지 못하고 아이에게 무관심하거나 혹은 아이가 너무 제멋대로 하도록 허용하는 부모들이나, 여성의 자유와 낙태·이혼의 권리를 촉구하는 자유주의적인 가족들도 그들만의 '가치'를 가지고 있다. 비록 그 가치가 공화당이 말하는 성공적인 시민정신에 부합하는 독립심, 물질주의, 악행 처벌 등은 아닐지라도 말이다. 모든 가족은 그만의 암묵적인 가치를 가지고 있다. 모든 사람들의 의견이 일치되지 않는데, 과연 어떤 경우에 어떻게 정부가 '가족 가치'를 결정하는 주체가 될 수 있을까? 정부가 그러한 역할을 하는 것을 우리가 정말 바라기는 하는 걸까?

정부의 역할

정부의 기능은 항상 진화하고 있으며, 우리들은 어떤 시기에든지 정부가 가족이 조직되는 방식과 매우 밀접하게 연관되기를 기대한다. 정부의 초기형태에서, 정부는 군주와 귀족들을 대신해 그들의 재산과 권력을 유지하는 역할을 했다. 마치 엄격하고 권위주의적인 아버지와 같이, 정부는 흐트러짐 없이 유지하려고 나라를 매질하고 처벌했다. 이와 동시에 이 가정으로 들어오는 침입자들을 맹렬히 내쫓았다. 정부의 이러한 인과응보적인 면모는 요즘 시대에는 그리 확연히 눈에 띄지 않지만, 외부인으로부터 나라의 영역을 수호하는 등의 질서유지는 여전히 정부의 주요기능이다.

전 주민들이 더 잘 먹고 더 나은 교육을 받게 되면서, 권력이 보다 넓게 분배되었다. 그리고 보다 대리적인 정부형태가 용인되었다. 정부는 그 보호의 영역을 좀 더 광범위한 사람들에게까지 확대했다. 잔인한 힘을 사용하는 대신, 법과 행정절차를 이용한 새로운 형태의 통제가 발달하였다. 피해자들이 돈을 지불하여 행해지는 사적인 고소(교수형과 같은 극단적인 처벌의 결과를 가져오는 때도 많았다)로부터 체계를 갖춘 경찰력과 공적 기소 체계로 점진적으로 이동하는 변화가 일어났다. 18세기 무렵, 정부는 그 어느 때보다도 개인의 '권리'에 관여했는데, 이 권리는 사람들의 자율성이 좀 더 확립되고 봉건적 의무보다는 계약을 토대로 관계를 맺게 되면서 수립되었다. 특히, 추상적인 법적 권리를 더욱더 많이 요구했던 사람들은 바로 중산층들이었다. 자신과 자신의 투자액·재산을 보호하기 위해서였다. 사람들은 점점 더 법에 의존해 사적 갈등을 해결했고 가족 내 폭행은 줄어들었다.

그때까지도 정부는 여전히 아버지와 같은 세력으로 여겨졌지만, 봉건적인 가부장이라기보다는 보다 합리적이고 공평한 유형의 아버지였다. 하지만 아직 정부가 일반대중을 돌보고 지지하는 주체로 여겨지지는 않았다. 보다 전원적이며 소도시적인 생활양식이 유지해온 오래된 가정들—사람들이 어려운 시기를 맞거나 아프거나 수지를 맞추고 살아가지 못할 때 그들이 자기 주변 사람들에게 의존할 것이라는 가정—은 여전히 남아 있었다. 좀 더 상류층에 있는 사람들에게, 가족이나 친구에게 손을 벌려 돈을 빌리거나 의료비를 지불하려고 도움을 얻는다거나 임시거처를 구하는 것은 아무렇지도 않은 일이었다. 사회척도를 따라 더 깊이 내려가 보면, 대지주들은 자기 지역에서 일이 필요한 사람에게 일거리를 찾아주려고 노력하곤 했다. 사람들은 극단적인 경우에만 정부에 눈을 돌렸는데, 그러한 상황에서 빈민들은 지역 교구의 구원자금에서 나오는 가장 빈약한 기부금에 의존하거나 혹은 결국 구빈원에서 살아야 했다. 어떤 면에서 보면, 많은 보수주의자들이 여전히 갈망하는 생활방식은 바로 이와 같은 방식이다.

 산업적인 생활방식은 이렇게 다듬어지지 않고 즉각적인 상호원조의 전통에 마침표를 찍었다. 도시는 깨끗한 물과 공기, 위생이 갖추어지지 않은 현대 제3세계의 판자촌 같은 곳에 빽빽이 모여 살면서 충분하지 못한 임금을 가지고 생존하려고 발버둥치는 사람들로 점차 팽창했다. 도시의 교구들은 어마어마한 수의 빈민들에 대처할 수 없었다. 동시에 자유무역과 경쟁에 대한 신념과 함께 '자유방임주의' 경제사고의 지배가 커지면서, 정부의 개입에 대항해야 한다는 여론의 기후가 형성되었다. 심지어 여러 도시에서 수천 명의 사상자를 낳은 콜레라 전염병이 창궐했을 때에도, 공중보건을 촉구하는 운동가들은 '계몽된 자기이익'이라는 측면에서 기부를 해줄 것을 호소했다. 그들은 좋은 건강 혹은 건강

보호에의 권리 측면에서 공중보건을 주장한 것이 아니라, 공중보건을 이룩하면 고용주들이 건강한 노동자들을 보유할 수 있다는 유익이 생긴다고 주장했다. 그런가 하면 또 다른 사람들은 공중보건 조치가 그들의 자유를 방해할 것이라며 이에 저항했다. 1854년 8월에, 「타임스Times」의 한 통신원은 '건강에 협박을 당하느니'² 차라리 콜레라에 걸리는 경우를 택하겠노라고 주장했는데, 이 주장은 '건강 파시즘'에 불평하는 사람들에게 여전히 애용되고 있다.

배려하는 사회에 대한 저항

1829년과 1830년에 당시 영국의 주요 인물이었던 두 사람—분별력 있고 책을 좋아하던 계관시인인 로버트 사우디Robert Southey와 부드럽고 명민하며 진취적인 자유주의적 정치인이자 미래역사학자였던 토머스 매콜리Thomas Macaulay—사이에 일어났던 문학논쟁을 보면 정부의 범위를 보다 더 간섭주의적인 상태로 확대하는 것에 대한 저항을 알 수 있다. 50대 후반의 남성이었던 사우디는 사람들의 건강과 정신적 행복에 영향을 미치는 새로운 '제조 시스템manufacturing system'의 효과를 알고 나서 충격에 휩싸였다. 비록 그가 예전에 가졌던 급진적인 사고를 버리고 「쿼터리Quarterly」라는 보수적인 잡지에 기고를 하고 있기는 했지만, 그는 근대의 노동여건이 '노예상태'보다 나을 게 없다고 보았으며, 정부가 국민들의 고통을 완화시켜주어야 한다고 주장했다. 반면, 토머스 매콜리는 그 당시 20대 후반이었고 사우디와는 달리 산업자본주의와 함께 자란 사람이었다. 그는 사태가 그렇게 나쁜 정도는 아니라며 낙천적으로 주장하면서, 보다 급진적인 잡지인 「에든버러 리뷰Edinburgh Review」에서 사우디의 관점을 맹렬히 공격했다. 그는 사우디가 논한 통계수치에 따르면 어쨌든 사람들은 16세기보다 더 나은 의식주를 누리고 더 오래 산다고 말했다. 한 유명한 글에서 매콜리는 진보에 대한 자신의 믿음을 다음과 같이 표현했다. '1930년에 지금의 영국인들보다 더 나은 의식주를 누리는 5천만 명의 인구가 이 땅을 덮을 것이라고 예견한다면 …… 원칙에 따라 만들어졌지만 아직 발견되지 않은 기계들이 각 가정에 있을 것이라고 생각한다면, 고속도로가 아닌 철도가 있을 것이라고 생각한다면, 증기선으로 여행한다고 예상한다면, 그리고 지금도 그렇듯이 어마어마한 빚이 우리의 증손자들에게는 그저 하찮은 방해거리가 되어 1~2년 사이에도 금세 갚을 수 있는 것이 될 것이라고 예견한다면, 많은 사람들은 우리가 미쳤다고 생각할 것이다.'[3] 장기적으로 봤을 때 매콜리의 예측은 이상하리만치 정확했다. 하지만 매콜리와 사우디 모두가 옳았다고 볼 수도 있다. 매콜리의 낙관주의도 기초가 탄탄하다고 볼 수 있지만, 사우디의 회의주 역시 마찬가지이다.

제조 시스템이 모든 사람이 즐길 만한 상품들을 생산해낸 것은 사실이나, 그 상품을 만든 노동자들의 정신적·신체적 건강을 그 대가로 치렀다는 것에는 의심의 여지가 거의 없다. 어린이들도 큰 고통을 겪었고, 유아들과 어린아이들이 목숨을 잃었다. 시골에 사는 전문직 남성이 평균 52세를 향유할 것으로 기대된 데 반해 맨체스터Manchester의 공장노동자들의 평균수명은 17년이었다.[4] 하지만 대체로 사회의 보다 낮은 계층에 영향을 끼쳤던 콜레라가 반복해서 일어났음에도 불구하고 하수배출 장치와 같은 보건조치에 공적 자금을 투자하려는 적극적인 의지는 없었다. 템스 강이 인간이 버린 오염물로 심한 악취를 풍겨 강이 내려다보이는 방에서 의회 구성원들이 구역질을 하는 지경에 이른 1858년 여름에 이르러서야 비로소 조치가 취해졌다. 다시 말해서, 문제가 통치계층 자신들에게 영향을 끼치게 되자 비로소 태도를 달리한 것이다.

매콜리 같은 특권계층의 사람들은 가난한 사람들의 고통에 공감하지 않았기에 고통스러울 이유가 없었다. 매콜리 연령대의 대다수 하원의원들처럼, 매콜리도 다른 사람들을 대신해서 공공소비를 담당하는 것을 혐오했다. 그는 '철도와 운하 건설을 위해 개인들이 출자하는 50만 파운드는 동일한 목적으로 의회에서 제안한 500만 파운드보다 대중들에게 더 큰 유익을 제공할 것'이라고 믿었다.[5] 다시 말해 그는 공공업무는 대중들이 직접 사용세나 출자금을 지불함으로써 그 서비스를 받고자 하는 의사를 보여줄 때에만 행해져야 한다고 생각했다. 이러한 태도는 현재 보수주의적 사고에 여전히 남아 있고, 이는 다른 사람들에게 공익을 위한 준비를 하라고 조장하면서 막상 그러한 일을 위해 정부가 자금을 지불하거나 혹은 그 자금을 마련하기 위해 돈을 빌리는 것을 원치 않는 태도이다. 또한 시장경제 촉진과 자유무역 보호를 정부의 가장 중요한 기능이라고 보는 관점이다. 그러한 사고에서 나올 필연적인 결론은, 그 결과가 무엇이든지 간에 모든 것은 반드시 시장을 통해서 나오거나 아니면 전혀 나오지 않아야 한다는 것이다. 이것은 너무나도 단호한 관점이라서 이렇게까지 대담하게 생각할 사람은 거의 없고, 실제로는 보수주의자들 대부분도 정부가 치안·보건·교육을 위해 여러 기본적인 필요를 공급해야 한다는 것을 받아들인다.

필요 vs. 욕구

정부는 기본적 필요와 선택적인 '욕구'를 구별하는 데 어려움을 겪는다. 금융 분야는 이익을 얻기 위해 소비자들의 소비를 자극하는 데 온 에너지를 쏟는다. 금융 분야를 제멋대로 하도록 그냥 둔다면, 이는 정치인 셸던 월린Sheldon Wolin이 한때 지적한 것처럼 하수배출 장치와 '아직 태어나지도 않은 양의 혀를 소금에 절여서 호화스러운 갑판 위에서 즐기는' 욕구의 차이를 분별하지 않을 것이다.[6] 시장에서는 필요는 없고 오직 욕구만 있을 뿐이다. 모든 것은 선택으로 여겨진다. 온갖 것이 인간관계의 모둠이라기보다는 금융거래로 축소되기 때문이다. 시장의 사고방식으로, 사람들에게 무엇이 필요이며 무엇이 욕구인지 판단하기란 불가능한 노릇이다.

하지만 사람들의 필요는 그렇게 유별나지도 신비롭지도 않다. 그것들은 충분히 규명될 수 있고 또한 충족되어야 한다. 월린이 주장한 바 있듯 제대로 기능하는 가정이라면 모두 변덕스러운 마음과 욕구에 앞서 기본적인 필요가 반드시 충족되어야 한다는 것을 본능적으로 안다. 법과 윤리 분야의 교수이자 철학자인 마사 너스바움은 다음의 것들을 포함하는 기본적인 필요의 긴 목록을 스스로 만들어보았다. 이 목록에는 양호한 건강, 충분히 긴 수명, 움직일 자유, 성관계를 맺고 2세를 낳을 자유, 자유롭게 사고와 상상을 펼칠 수 있는 자유, 두려움이나 학대나 방치를 당하지 않고 사랑할 자유, 폭행과 침입으로부터 안전할 자유, 우정과 사회적 소통을 나눌 자유, 동물과 자연에 대한 배려 등이 들어 있다.[7] 미국의 심리학자인 팀 케이서는 이보다 더 간결한 목록을 제시한다. 그는 '생존, 성장, 최적의 기능'에 필요한 것은 그것이 무엇이든지 기본적 필요라고 요약한다.[8] 충분한 음식과 거주지, 해악으로부터의 보호 등과 같은 신체적 돌봄에 대한 기본적 필요를 넘어, 그는 보다 심리적인 필요를 앞세웠는데 여기에는 주체성과 유능한 감각·타인과의 소통을 느낄 필요, 우리 자신을 자유롭게 표현할 필요 등이 포함된다. 다른 사람들도 그들만의 목록을 만들어볼 수 있을 것이다. 하지만 따뜻함과 주거지, 영양가 있는 음식, 그리고 타인과의 긍정적인 관계를 누릴 기회 등은 어디에서나 찾을 수 있는 기본목록이다.

 그런 일치된 의견은 없다며 매콜리는 이 의견에 의심할 여지 없이 반대했을 것이다. 특히 그는 정부가 기본적 필요를 정의 내리기를 원치 않았을 것이다. 그는 통치계급들에 대해 낡은 관점을 가지고 있었는데, 그는 그들이 다른 그 누구보다 더 현명하지 않다고 보았다. 그는 정부가 선심 쓰는 듯한 '관대한 여인 Lady Bountiful(주위에 자비를 베푸는 부유한 여인—옮긴이)'이나 주제넘게 참견하는 '엿보기쟁이 폴 Paul Pry(꼬치꼬치 캐물으며 여기저기 참견하기 좋아하는 사람—옮긴이)'이 될 수 있다는 가능성을 강렬히 혐오했다. 그는 이 참견쟁이를 가리켜 '정탐하고, 도청하고, 안심시키고, 나무라고, 우리를 위해 돈을 쓰고, 우리의 의견을 선택하는' 특성을 가졌다고 했다.[9] 그 이전 시대의 존 로크와 같이, 그는 자신이 존경하지 않는 사람들에게서 '읽을 것, 말할 것, 먹을 것, 마실 것, 입을 것'에 대한 이야기를 듣기 원하지 않았다. 그는 '정부가 애정 어린 아버지의 따스함이나 혹은 명철한 아버지의 우수함 가운데 어느 하나라도 갖출 것이라고 믿을 이유가 없다.'고 느꼈다. 근대에 그의 지적 후계자로서 영국 학자인 프랭크 퓨레디도 이와 비슷한 노선을 취했다. 매콜리에게 그랬듯이, 그에게도 정부는 현명하거나 인자한 부모가 아니라 아무 효험도 없이 당신의 자유를 제한하는 지배적이고 간섭하기 좋아하며 어리석은 부모다. 그는 우리 삶의 사소한 점을 일일이 통솔하면서 우리를 '생물적으로 성숙한 어린이' 취급하는 '사상경찰Thought Police'에 대해 분개한다. 결론적으로 그는 사람들의 삶에, 특히 개인적 영역에 정부의 간섭을 차단하는 것이 상책이라고 생각한다. 그는 이렇게 말했다. '정부정책은 부모와 자녀 사이의 친밀한 정서적 관계를 조절하는 일을 담당하기에는 너무도 미숙한 도구이다. 부모의 염려, 그리고 성인과 어린이들 사이의 복잡한 관계는 공적인 정책에 영향을 받는 그런 문제들이 아니다. 왜 그런가? 인간관계의 문제는 너무도 구체적이며 개인적이어서 정책으로 해결될 수 없다. 정책은 그 정의에 의하면 (특수한 것이 아니라) 일반적인 특성을 가졌기 때문이다.'[10]

반면 오늘날 자유주의적 사고와 사회주의적 사고에 계속 이어지고 있는 사우디의 입장은, 민생복지는 운이나 혹은 신뢰할 수 없는 박애주의자들의 선행이나 개별 부모들에게 맡겨둘 수 없다는 것이다. 우리의 행복에 필요한 많은 것들은 집단적으로 성취될 가능성이 더 높다. 우리는 하수배출 장치나 도서관을 개인적으로 건립할 수 없다. 공원, 도로, 수영장, 병원 등은 모두 개인적으로 구입할 것이 아니라 우리가 함께 나누어야 하는 것들이다. 우리는 아동학대의 방지를 지역사회에 호소할 수 없다. 정부정책과 정부지원의 전문가들이 나서서 이러한 문제들을 중재해주어야만 한다. 사실 완벽한 사회주의자의 입장에서는, 사회적 선이 너무도 중요하기 때문에 경제적 권력은 반드시 이에 종속되어야 한다고 본다.

퓨레디는 공공당국은 오직 예외적인 상황에 처한 가정들, 이를테면 '아동이 진정한 위해에 직면한 경우'와 같은 경우에만 간섭해야 한다고 주장했다. 그러나 그는 그 예외적인 상황을 정확히 정의 내리려는 시도는 하지 않았다. 그는 정부가 부모 교실을 제공한다거나 학교에 사회학습이나 정서학습 프로그램을 마련하는 등 양육에 간섭하는 것은 생색을 내는 것이며 권위주의적이라고 보는데, 정부의 이러한 태도가 부모들의 자신감을 저해하고 그들의 판단을 방해하기 때문이다. 그는 정부가 교육과 건강관리 분야를 개선하기를 바란다고 주장하면서도, 심지어 모유수유 촉진에도 반대의 반응을 보이는데 모유수유가 '엄마들을 위협한다.'고 믿기 때문이다. 그에 따르면 정부는 수십 년간의 의학적·심리학적 연구를 통해 좋은 양육이라고 정평이 난 면모는 장려하되, 부모들이 자기 자식을 위해서 나름의 '최선을 다하도록' 내버려두어야 한다.[11]

기본적 필요를 충족시키고 인간 창의력의 열매를 공유하도록 보장하기 위해서 우리가 서로 협력하고 우리 자신을 조직해야 한다는 생각은 단 한 번도 광범위한 사람들의 지지를 얻지 못했다. 이 생각은 의식적이고 정교한 사회조직의 형태 안에서 움직이는 것이 아니라, 시장의 자기조절능력을 무한히 신뢰하는 자유방임주의―매콜리가 표현했듯이 '자본이 가장 수익성 좋은 진로를 택하고, 상품들이 스스로 제값을 찾으며, 산업과 지성이 그 자연적인 보상을 얻도록 놔두'는―의 조류를 거슬러 헤엄치는 것이기 때문이다.

비행 경제

하나의 길잡이로서 자유방임주의 경제를 신봉하는 것은 공익의 도구로서 사회민주적인 정부를 신봉하는 것만큼이나 문제가 있다. 정부가 그리 강한 인상을 주지 못하는 부모라면, 경제는 분명 비행적 행태를 띨 것이 분명하다. 사실 경제는 사고능력이 거의 없이 본능에 의해 움직인다. 고등한 두뇌기능이 거의 없는 동물처럼, 경제는 마음속에 있는 즉각적인 이익만으로 반응한다. 이는 지속성을 우려하지 않고 물고기 양식을 하거나, 혹은 앞으로 비용이 많이 드는 건강 문제를 일으킬지도 모른다는 우려도 없이 어린이들을 겨냥해 지방과 당분이 많은 음식을 생산한다든지 하는 근시안적인 의사결정을 내리게 만든다. 금융시장은 특정 사업의 사회적 가치를 평가하는 데 관심이 없다. 이 시장은 단순히 그 사업의 현재 이미지, 그리고 현재 분위기에서 이익을 얻을 가능성에만 반응할 뿐이다. 기업들은 계속 부정이득을 취하기 위해 사업에 종사하며, 사람들 개인과 전체 사회에 얼마나 유해할지에 상관없이 사람들에게 새로운 필요가 있다고 자극할 것이다. 기업은 이익을 추구하면서 납세를 회피하고 비고용을 통해 전체 공동체에 피해를 입히며, 충분한 심사숙고 없이 환경을 오염시킬 것이다. 로버트 스키델스키Robert Skidelsky는 다음과 같이 언급한 바 있다. '그러한 체계가 충성심을 장악하려면 믿기지 않을 정도로 성공적이어야 한다. 극적인 실패는 반드시 불신을 불러일으킨다.'[12] 그러나 그 전체 체계는 주기적으로 비참하게 무너져왔다. 바로 지금까지도. 그 보기 좋은 실패의 불명예스러운 순간이 도래한 것일까?

돌봄의 정부

위기의 순간 태도는 일순간 변화한다. 아주 잠깐 동안 정부와 경제시스템이 욕구뿐만 아니라 사람들의 필요에도 반응하는 것처럼 보이기 시작한다. 하지만 이는 '돌봄'에 헌신하겠다는 결심에서가 아니라 대개는 사회 불안과 불안정의 가능성이 보일 때에만 잠깐 촉발되는 일시적인 관심인 경우가 대부분이다. 정치적 태도에 변화를 일으킨 첫 번째 주요 위기는 19세기 후반에 발생했다. 당시 식품 가격이 폭락했을 때, '미국을 제외한 모든 산업국가들이 삶의 위협으로부터 시민들을 보호하기 위한 사회보장계획을 시작했다.'[13] 그 후 1930년대 경제침체기에는 드디어 미국 정부도 반응을 보였다. 정부는 규제확대와 경제통제뿐만 아니라 자국민의 절박한 상태에 반응하고 기본적인 복지형태를 제공함으로써 사람들에게 희망을 심어주어야만 했다. 유럽에서는, 파시스트당이 대규모 인플레이션의 경제적 어려움을 타개할 다양한 해결책을 제시하여 사람들을 끌어당겼다. 히틀러는 친절한 엄마로서 국민들을 지원하기보다는 사람들의 삶을 완전히 책임진다는 권위주의적인 아버지상으로서 안전을 약속했다.

제2차 세계대전으로 야기된 고통을 겪은 후에, 군복무를 마치고 전쟁으로 만신창이가 된 영국으로 돌아온 이들을 위해 보다 나은 삶을 제공하라는 사회적 압박이 증가했다. 제1차 세계대전 후에 외쳤던 '영웅들을 위한 집Homes for heroes'이라는 슬로건이 다시 부활했고, 사람들 사이에는 모든 사람을 위한 국가보건서비스에 대한 새롭고 고무적인 꿈이 퍼져나갔다. 특히 전후시기에는 충격을 입은 사람들에게 정말로 따뜻한 부모가 되려는 적극적 의지가 정부에 있는 것처럼 보이기 시작했다. 사상 처음으로, 정부가 시장보다 더 나은 역할을 할 수 있을 것이라는 진정한 의견일치가 나타났다. 정부의 역할은 교육과 주택의 확대뿐만 아니라 복지서비스와 안전망을 제공하는 데까지 급속히 커졌다. 정부는 바야흐로 공익에 대해 일부 책임을 떠맡으면서 어머니의 방식으로 자국민을 '돌보기' 시작했다. 이와 나란히 소비사회가 활개를 치기 시작했다. 부분적으로 이는 복지국가가 보건, 교육, 주택공사 분야에 새로운 일자리를 창출한 결과이기도 했다. 경제적 '붐'의 만족을 만끽하던 정부는 더 큰 성적 자유와 표현의 자유를 허락하는 법안을 통과시키면서 더욱더 관대하고 진보적인 '부모'가 되었다.

5장에서 설명한 것처럼 가정들도 더욱 관대하고 평등지향적인 태도를 가졌다. 하지만 좋은 시절은 그리 오래가지 않았다.

경제성장은 1970년대에 들어와 비틀거리기 시작했다. 영국에서 이 과정은 전후시기 왕조가 무너지면서 1960년대 말까지 계속 심화되었다. 식민주의가 종식되면서 재화와 서비스, 자본이 더 큰 유동성을 갖게 되면서 경제는 새로운 방식으로 세계로 뻗어나가기 시작했다. 조선업, 광산업, 철강업과 같은 핵심산업의 생산은 노동력이 더 싸고 노조가 형성되지 않은 개발도상국으로 점점 옮겨갔다. 영국의 실업률이 더욱 높아지면서 이는 복지체계에 더 큰 부담을 얹어주었다. 친절한 복지국가는 갑자기 도무지 감당할 수 없는 사치처럼 느껴졌다.

대처와 레이건Reagan과 같은 지도자들은 실패와 쇠퇴의 무서운 가능성을 직면하는 동시에 재계로부터 규제 없이 원하는 대로 활동할 수 있도록 자유를 달라는 압박을 받았다. 그리고 그 외 여러 가지 이유들로 인해 지도자들은 신고전경제 사고라는 따뜻한 이불 속으로 다시 파고들었다. 신보수주의의 꿈은 이상적인 자유시장을 다시 불러오는 것이었는데, 이 자유시장은 만족을 모르는 복지정부로부터, 또한 값싼 노동력을 제공하는 나라들과 경쟁하기 위한 시도를 방해하는 무역노조의 탐욕스러운 요구로부터, 자유로운 시장이었다. 그들은 경제시스템을 난항에 빠뜨리고 수익을 내지 못하게 하는 정부의 간섭과 규제, 그리고 활동을 제한하는 무역노조의 관행을 제거하면 경제성장은 반드시 돌아온다고 믿었다.

이러한 '방향전환'을 성취하기 위해 그들은 대학, 지방정부, 학교와 같이 잠재적으로 비판적이며 독립적인 모든 분야의 사회조직들을 그들의 통제 아래 두어야만 했다. 전문가들은 재교육을 받아야 했다. 모든 활동은 부의 창출로 직접 연결되어야 한다는 사실을 그들이 이해하도록 만들어야 했다. 영국에서 대학들과 학교들은 더 넓은 의미에서의 '교육'으로부터 멀어져 재조직되었고, 정밀하게 측정 가능한 결과물을 내는 숙련된 노동자를 생산하는 데 몰두하도록 지시받았다. 지방정부는 중앙정부가 명령한 서비스만을 제공하도록 허락되었다. 여러 전문직종에서 중심적인 통제역할을 하며 급격히 늘어났던 서류작업과 규제는 축소되었다. 오직 금융시장만이 정부의 손아귀로부터 자유롭게 풀려나도록 허락되었다. 규제가 느슨해지고 보너스와 배당 같은 금융 '인센티브'가 급격히 증가하면서 그들에게는 그야말로 축제의 때가 도래하였다.

이러한 이데올로기적 쿠데타는 충격적이었지만, 그 매복 공격은 너무도 갑작스러워서 마땅한 저항도 거의 없이 가치를 뒤엎는 데 성공했다. 갑자기 돈을 제외한 모든 것이 의미를 잃었다. 이 충격은 코미디와 드라마의 도움을 얻어 흡수되었다. 《월 스트리트 Wall Street》라는 영화에는 "탐욕은 선하다."라고 주장하는 한 무역가가 등장한다. 개인적으로는 영국의 코미디언이자 풍자가인 해리 엔필드 Harry Enfield가 이러한 점을 참 잘 표현했다고 생각하는데, '로자머니 Loadsamoney'라는 런던 토박이 캐릭터는 너무도 유명하다. 로자머니는 기쁨에 차서 돈다발을 흔들어대는데, 이는 우리 주변 곳곳에서 발달하고 있던 문화를 거울처럼 보여주었다. 하지만 사람들은 결국 이 변화에 적응하였고, '나 먼저'라는 똑같은 사고방식을 학습했다.

물질주의적인 아기

이 이데올로기는 가정 안으로도 침투했다. 1960년대와 1970년대의 더욱 관대한 사회적 태도는 멈출 줄을 몰랐다. 이혼율은 계속 오르고 모든 사회집단에 걸쳐 편부모 가정이 급격히 증가했다. 동시에 신보수주의적인 경제정책이 사회 밑바닥에까지 영향을 끼치기 시작하여, 최하위층 사람들의 실질임금이 감소했고 더욱더 많은 사람들이 정부 보조를 요구하며 도움을 호소했다. (복지)체계의 남용을 엄히 다스리려는 이러한 시도에도 불구하고 1980년대에는 정부혜택에의 의존이 어마어마하게 확대되었다. 많은 사람들이 정부혜택에 갇혀 자기 인생에 대한 통제력을 잃은 듯이 느꼈고, 우울감을 느끼는 경우도 많았으며, 몇몇 경우에는 자신이 안은 자존감 부족을 자기 자녀에게 그대로 전달하기도 했다. 두뇌집단인 데모스Demos의 연구자인 젠 렉스몬드Jen Lexmond와 리처드 리브스Richard Reeves의 최근 보고에 따르면, 자신감과 통제감 부족은 부모들이 '성품(근면, 자기절제, 공감능력 측면에서의 개념)'의 기본적인 요소을 자녀들에게 전수하기 어렵게 만든다고 한다. 그들의 연구는 최저소득의 부모들은 자녀들과의 '관계가 끊어질' 가능성이 가장 크고, 그들의 양육은 온정과 견고한 훈육의 신비로운 조화를 이룰 가능성이 가장 적다는 것을 보여준다.[14]

사회척도의 반대쪽 끝에서 부자들은 더욱 부유해졌다. 고소득자들은 돈을 더 많이 벌어들였다. 한편 중간계층에 있는 사람들은 사회의 높은 물질적 열망에 자신을 맞추려고 아등바등했다. 여성들도 경제 무대에 끌려갔고, 많은 가정들은 재정적으로 불안한 생활방식에 갇히게 되었다. 이러한 생활방식은 생활수준을 유지하기 위해 양친 모두가 장시간 일할 것을 요구했다.

늘어난 이기심

1980년대가 진행되면서, 노동세계는 수치심도 느끼지 않고 콧대를 높였고 공감의 태도는 아예 저버렸다. 캘리포니아에 위치한 노동과 정신건강 협회Institute for Labor and Mental Health에서 30년이 넘도록 사람들에게 직장경험에 관해 물어보았던 심리학자 마이클 러너에 따르면, 이 시기 동안 사람들은 이기적이고 물질주의적인 사람들이 되도록 긍정적인 자극을 받았던 것으로 나타났다. 그의 연구는 어떻게 사람들이 다른 사람을 이용하고 직장을 잃지 않으려고 관리자의 비위를 맞추는 법을 배웠는지를 보여준다.[15] 그 후 20여 년에 걸쳐, 이 문화는 하나의 규준으로 자립했다. 신문잡지 기자로서 기업세계를 관찰한 바버라 에런라이크Barbara Ehrenreich는 그녀의 책 『유인 상술Bait and Switch』에서 그에 대한 인상을 확실히 밝혔다. 그녀는 구직자로 위장해 6개월을 보내면서 미국 기업계에서 동일한 현상을 발견했다. 사람들은 거짓된 헌신과 활기찬 모습, 그리고 심지어 여지없이 상대방에게 아첨하는 능력을 보이는 대가로 일자리를 얻고 있었다.[16] 생존을 위해 자기 부모의 행동방식에 맞춰야만 하는 고분고분한 아기들처럼, 이러한 성인들은 경제적으로 목숨이라도 부지하려면 자기 자신을 굽혀야만 한다고 믿었다.

엔론Enron과 같은 기업의 일 문화는 극단적이었지만 그다지 평균을 벗어난 것은 아니었다. 1990년대에 엔론에서는 최고한도가 없는 보너스 체계를 도입하여 무역업자들이 '자기가 죽인 것을 취할 수 있도록' 허락했다.[17] 이 체계는 '등수 매기고 솎아내기 rank and yank'라고 불리는 성과평가 시스템을 사용하여 직원들이 팽팽한 긴장 속에 있도록 했고 직원들 사이의 경쟁에 불을 지폈는데, 이 시스템 아래에서 직원들은 어마어마한 보너스를 받는 사람들 틈에 낄 수도, 아니면 일자리를 잃어버릴 수도 있었다. 이러한 시스템은 '예스맨yes-man' 문화를 일으켰고, 그 누구도 먹이사슬 안에서 자기 위에 있는 존재에게 감히 도전하지 않았다. 한편, 이 서열의 가장 밑바닥에 존재하는 직업을 가진 사람들은 더 공공연한 방식으로 통제를 당했다. 한 예로 월마트Wal-mart는 '과학적 경영' 기술을 적용함으로써 성공을 이루었는데, 이 기술은 소매업과 유통업을 비롯해서 제조산업에서는 매우 성공적이라고 입증되었었다. 이 기술에는 노동자들의 움직임을 매우 세밀히 통제하여 비용을 예측하고 최소화하는 일이 포함되었다.[18] 노동자들은 그저 위에서 시킨 것을 그대로 하도록 요구되었고, 부품처럼 행동하기를 요구받았다. 어떠한 방식에서든, 맹종은 전체 기업세계의 표준이 되었다. 이러한 상황은 기꺼이 스스로 질문을 던지고 생각하고자 하는 사람을 거의 남기지 않았기 때문에, 강자들은 자신이 그 누구도 반박할 수 없는 막강한 존재라고 믿게 되었다. 1990년대에 부풀어가던 거품 속에서, 엔론의 중역 임원들은 더 큰 보상을 얻기 위해서는 규칙을 무시해도 된다고 확신하기에 이르렀다. 그들은 그들 스스로 하나의 법이 되었고, 그들의 호의를 얻어 보너스를 타는 데 절박했던 모든 부하들은 이 법에 감히 도전장을 던지지 않았다.

바버라 에런라이크는 기업세계가 이익을 추구함에 있어서 예리하고 논리적이며 효율적이기를 기대했었다. 하지만 그 대신에 기업문화는 불안, 감정, 반지성주의에 이끌린다는 사실을 발견하고 그녀는 놀라움을 금치 못했다. 그녀는 기업문화가 '검증되지 않은 습관에 중독되고, 모든 사람이 특정 사조에 동조하는 마비에 걸리고, 마술적 사고에 가득 차 있다.'고 보았다.[19] 내가 보기에 현실에 대한 이와 동일한 태도가 엔론에도 널리 퍼져 있었고, 그곳에서 경영자들은 마술봉을 흔들듯이 자신들이 이익을 외치면 '짠!' 하고 그것이 눈앞에 나타날 것이라고 믿는 듯했다. 그들은 자신의 계좌를 위조하고, '가상의 미래가치'를 거래하여 투자자들을 속이는 데 익숙해졌다. 하지만 그들만 그런 것은 아니었다. 이제 우리 모두가 알듯이, 위조계좌와 사기는 금융 분야에서도 허다했다. 경제언론인이자 작가인 앤 페티포Ann Pettifor는 이 사기가 어떻게 작동하는지 설명하였다. 우선 등급평정기관에 대가를 지불하고 자산평가를 부정확하게 해달라고 의뢰한다. 그러면 이 눈가림 평가를 통해 자산이 보증되고, '이러한 보증은 그들의 금융자산에 연기금과 같은 투자를 끌어들일 수 있게 해준다. 시장의 경기자들, 열의에 찬 중앙 은행가들과 논평가들은 이러한 행위는 위험을 잘못 계산한 것으로써 사람들을 현혹시키고 속여서 부정이득을 취하려는 활동이라고 부른다. 사실 이는 순전히 비윤리적인 행위이다.'[20]

이것이 비윤리적인 이유는 남을 속여서 결국 해를 입혔기 때문이다. 이는 또한 심리치료사라면 누구에게든 그리 낯설지 않은 행동이다. 심리치료사들은 타인과의 애착관계에서 심각한 문제를 안고 있는 사람들이 다른 사람들의 감정과 필요를 느끼는 데 많은 어려움을 겪는다는 것을 많이 봐왔을 것이기 때문이다. 대형 금융 거래를 운용하던 은행가들은 거품세계 속에 살았다. 즉 그들은 다른 사람들의 경험과 염려를 무시한 채로 지낼 수 있었다. 마찬가지로 엔론의 고위 간부들과 제프 스킬링Jeffrey Skilling(전 엔론 CEO—옮긴이), 켄 레이Ken Lay(엔론 설립자—옮긴이), 그리고 앤드루 패스토Andrew Fastow(전 엔론 담당 월드콤Worldcom의 재무담당최고책임자—옮긴이) 등은 모두 평범한 삶과 단절된 채, 외부인의 출입을 금하는 통제된 공동체 속에 살면서 노동자뿐만 아니라 대중에 대한 공감이나 연민은 거의 찾아볼 수 없는 기업문화를 조장하는 도구 역할을 했다. 엔론 직원들이 캘리포니아의 '그랜드마 밀리Grandma Millies(캘리포니아 시민들을 비유적으로 가리킴—옮긴이)'를 조롱하는 음성 녹음이 대중들에게 공개된 적 있는데, 캘리포니아 시민들은 캘리포니아의 에너지 시장을 엔론 사가 교묘히 조작하는 바람에 높은 세금을 내야만 했었다.[21]

이 시기에 각계 정부부처들은 화폐시장의 '성장신화'[22]를 마치 진짜인 듯 받아들이면서, 그 당시 벌어지던 매우 복잡한 금융의 기묘한 행각들을 이해하지 못했을 수도 있다. 영국에서 이러한 현상은 정당을 가리지 않았다. 1997년에 신노동당이 보수당의 자리를 대신했을 때, 그들은 사업의 가치를 숭배하는 편에 올라탔다. 당시 신노동당의 사업경영 비서였던 존 허튼John Hutton은 우리가 경영인들과 도시 무역업자들의 '포부와 야망'에 무조건적인 찬사를 보내야 한다고 주장하면서 제 아이가 제멋대로 하도록 풀어주는 관대한 부모의 역할을 취했다. "엄청난 봉급이 윤리적으로 정당화되는가를 묻기보다는, 사람들이 이 나라에서 어마어마한 성공을 거둘 수 있다는 사실을 축하해야 한다."고 본 것이다.[23] 에런 라이크에 따르면, 미국에서도 이와 마찬가지로 월급봉투보다 윤리를 우선시하기를 점점 더 어려워하고 있었다. 그녀의 인터뷰 대상 가운데 한 사람이었던 제프 클레멘트[Jeff Clement]는, "그들은 당신이 종일 악마 같다가도 집에 돌아가서는 아메리칸 드림의 삶을 살 수 있다고 생각하죠."[24]라고 말했다.

점점 새나가는 윤리

권력을 가진 사람들에 의해서 '네가 원하는 것을 하라.'는 가치가 한번 형성되고 나면, 그 가치는 전체 인구에게 보다 손쉽게 받아들여질 수 있다. 여러 가지 위험이 사실 그렇게 위험한 것이 아니라면서 재계와 정계의 지도자들이 너무도 자신만만하다면, 우리 모두도 그 파티에 참여해야 하지 않겠는가? 1990년대에 허다한 보통사람들이 신중함과 책임감을 저버리고 무한한 신용의 유혹에 무릎을 꿇었으며, 성장이 지속될 것이므로 자신들도 감당할 여력이 있을 것이라 맹신하면서 각종 대출과 융자를 끌어다 썼다. 은행가들이 자신에게 없는 돈을 빌려주는 것처럼, 우리 대부분은 우리가 벌지 않은 돈을 쓸 수 있다고 믿었고, 우리가 진 빚에 대한 책임을 무한정 연기했다.

경제학자 로버트 힉스[Robert Higgs]는 이렇게 다소 유아스러운 방식으로 행동한 것에 대해 미국인들을 비판한다. 그는 미국인들이 한 무리의 버릇없는 아이들과 같다고 묘사했는데, 그들은 '불가능한 것, 즉 집을 살 수 없는 사람들이 주택을, 지불능력이 없는 사람들이 신용대출을, 그동안 돈을 모으지 않았던 사람들이 노후연금을, 스스로 건강을 지키려고 노력하지 않는 사람들이 의료보호를, 고등학교를 졸업할 정도의 이해력도 부족한 이들이 대학교육을 바랐기 때문에 오직 스스로를 비난해야 한다. 또한 그들은 지금 당장 그것을 바라면서 누군가 다른 사람이 그 값을 치러주길 원한다.'[25] 금융업자들이나 '최고 도박가들의 카지노'라고 부를 만한 것들보다 그가 '불가능한 약속의 호텔Hotel of Impossible Promises'이라고 묘사했던 보통사람들과 정부에게만 그의 분노를 나타냈다는 사실은 흥미를 자아낸다.

한편 물질적인 만족이 노력 없이 즉각적으로 주어지면서 사람들 대부분은 시류에 편승했다. 우리는 우리가 속한 사회집단에 적응한다. 우리는 다수를 따른다. 유명한 심리학자인 필립 짐바르도Philip Zimbardo는 이라크의 아부그라이브Abu Ghraib 감옥의 교도관들을 대상으로 한 그의 날카로운 분석을 통해, 우리가 우리의 사회집단에 소속되기를 원하기 때문에 조직이 힘을 얻는다는 사실을 보여주었다.[26] 지배권을 쥔 사람들이 수감자들을 모욕할 때(예를 들어, 당사자들 모르게 여군 포로의 사진을 찍는 행위), 이는 보통의 행동규칙과 경계가 더 이상 적용되지 않는다는 메시지를 암묵적으로 전달한다. 지지받지 못하고 지친 군인들에게 그들의 감옥을 '부드럽게' 바꾸어보라고 요구하자 그들은 자신들이 생각할 수 있는 더 극단적이고 모욕적인 사진을 찍는 것을 자연스럽게 여겼는데, 그들이 왜 이렇게 행동했는지를 이해하기란 그리 어렵지 않다. 생존하려면 자기 집단에 맞춰야 하며, 타인을 향한 공감보다는 우월성을 갖춰야 하기 때문이다.

또한 짐바르도는 보다 광범위한 측면에서 보면, 우리의 행동과 사적인 정체성은 항상 우리 주변 사람들에 의해 조성된다고 지적하면서 다음과 같이 논했다. '어떤 사람들은 우리를 소심하고 수줍게 만든다. 다른 사람들은 우리가 성적 매력과 우월함을 표출하게 한다. 어떤 집단 내에서는 우리가 지도자가 되지만, 다른 집단에서는 추종자로 전락한다. 우리는 다른 사람들이 우리에게 기대하는 바에 맞추어 살거나 혹은 그 기대에 미치지 못하고 살게 된다.'27 지역의 문화와 이데올로기는 그 기대에서 강력한 위치를 차지한다. 21세의 군인이 교통 검문소에서 멈춰 서기를 거부한 이라크 민간인을 사살했을 때, 그는 다음과 같이 설명했다. "그건 아무것도 아니었어요. 여기서는요, 사람 죽이는 게 개미 하나 으스러뜨리는 거랑 똑같아요. 그러니까 제 말은, 당신이 누굴 죽이고 나서 '자, 이제 피자나 좀 먹으러 가자.'라고 말하듯이 별일 아니라는 거죠." 초기 자본주의 시절에 뵈르너 가족이 탐욕, 타인을 향한 공감부족을 보이면서 재정적 성공을 이루었을 때, 얼마 지나지 않아 사업을 윤리적으로 운영하는 사람들이 오히려 불리해져버렸다. 다른 사람들과 똑같이 행동하지 않는다면, 큰 손해를 보게 되는 것이다. 다른 사람들이 더 큰 집과 새 부엌, 보다 나은 차를 사고 있는데 당신 혼자 저축을 하고 있다면, 당신은 박탈감을 느끼게 될 것이다. 당신 주변의 모든 젊은 가정들이 자신들의 야망을 좇으면서 장시간 일하고 자신이 충분히 감당할 여유가 없는 비싼 집을 사기로 선택할 때(그래서 아이를 낳자마자 금세 다시 일로 복귀해야겠다는 압박을 느낄 때), 아이를 돌보며 더 행복한 집을 꾸미겠다는 생각은 시대에 뒤처진 것처럼 보일 것이다. 보다 넓은 문화의 지지를 받지 못할 때, 무언가 다른 가치를 지키기란 쉽지 않은 일이다. 훌륭한 생애초기 발달은 그 자체만으로 충분하지 않다. 사회구조들도 우리가 널리 퍼뜨리고 싶은 가치를 향한 지원을 계속해서 공급해주어야만 한다.

정서적 고결함을 지닌 개인들이 다수의 인력에 저항할 만큼 충분히 강력한 힘을 지닐 수는 없다. 젊은 학자 필립 짐바르도는 한 팀의 연구원들을 이끌고 스탠포드 감옥 실험을 수행했는데, 이 실험은 학생들이 죄수 혹은 교도관의 역할을 할 때 나타나는 효과를 알아보기 위한 것이었다. 실험실이라는 폐쇄된 공간 속에서, 죄수/교도관의 정체성은 곧 분리되어 나타났고, '죄수'로 지명된 학생들은 머리에 종이봉투를 쓰고 돌아다니라는 강요를 받았으며, '교도관'으로 지명된 학생들의 다리에 걸려 넘어지기도 하고 공격적인 대우를 받기도 했다. 당시 짐바르도의 여자 친구였던 크리스티나 매슬랙Christina Maslach(강인한 인상과 시원시원한 미소를 가졌다)은 그를 만나러 왔다가 그 실험실에서 벌어지고 있는 현상을 한번 흘끗 보게 되었다. 짐바르도의 동료 심리학자로서, 그녀는 그 실험에 참여한 사람들을 인터뷰할 목적으로 방문한 것이었다. 그때까지 그녀는 맨손으로 화장실을 청소하라는 강요와 같은 노골적인 모욕행위를 그리 많이 보지 못했지만, 그 학생들의 인간성을 빼앗는 것은 옳지 않다는 것을 직관적으로 느꼈다. 하지만 그녀를 제외한 사람들 중 그녀와 같은 반응을 보이는 사람은 없는 것 같았다. 그 학생들의 부모들과 그곳의 다른 심리학자들도 그 실험 상황을 그대로 받아들이고 있는 듯했다. 그 '감옥'을 나온 후에 짐바르도는 그녀에게 그녀의 생각을 물었다. 후에 그녀는 다음과 같이 밝혔다. "거기서 벌어지고 있는 일에 대해 그는 뭔가 대단한 지적 토론을 기대했던 것 같아요. 하지만 그 대신, 저는 감정을 엄청나게 쏟아내기 시작했죠. 소리도 지르고 고함도 쳤어요. '저 애들을 데리고 이런 일을 벌이다니, 정말 끔찍해!'라고 소리 지르고는 울어버렸어요. 믿으실 수 없겠지만 우리는 이 일로 크게 다퉜답니다. 그리고 저는 생각하기 시작했어요. 가만, 나 이 사람을 모르겠어. 정말 모르겠어. 그런데 내가 이 사람과 어떻게 사귀고 있는 것일까?"[28] 아마 매슬랙은 그 실험의 구성에 참여하지 않았고, 짐바르도와 개인적인 관계를 맺고 있었기 때문에 그 프로젝트에 더 많이 관여되어 있던 다른 동료들보다 자신의 감정에 더 열린 태도를 유지할 수 있었을 것이다. 짐바르도는 비록 그녀가 보인 뜻밖의 반응에 충격을 받았지만, 그녀의 감정에 관심을 가지고 거기에 주의를 기울였다. 실제로 그는 매우 충격을 받은 나머지 즉시 그 실험을 종료하기로 결심했고, 본래 14일로 계획했던 실험을 단 6일 만에 끝냈다. 매슬랙은 그의 반응에 깊은 인상을 받았고 후에 두 사람은 결혼하게 되었다.

성인인 우리들은 선택권을 가지고 있다. 우리는 우리의 내적 나침반에 주의를 기울이는 쪽을 선택할 수도 있고, 우리 주변 사람들에게 귀를 기울이는 쪽을 선택할 수도 있다. 아부그라이브 감옥에는 죄수들의 치욕스러운 사진에 의문을 제기하는 사람도 있었고, 엔론에도 내부고발자가 있었으니 말이다. 문화적 조류를 거슬러 헤엄치면서 자기 아이들을 돌보는 부모들도 많다. 이 사람들은 자신들에게 '옳다고 느껴지는' 것이 무엇인지 아는 사람들이다. 당신이 자신의 감정을 더 잘 알고 그 감정에 대해 자신감을 느끼며 자랐다면 그 느낌을 알기가 훨씬 더 쉬워진다. 남들을 교묘히 조종하고 자신이 속한 사회집단에 잘 어울리는 데 더욱 관심을 기울이는 사람들은 바로 자신의 감정을 잘 알지 못하는 사람들이다. 자신의 자아감이 그 깊은 뿌리를 어디에 두고 있는지 모르기 때문에, 그들은 경제적 생존뿐만이 아니라 자신의 정체감을 얻기 위해 다른 사람들에게 눈을 돌린다. 내가 일을 하면서 만났던 한 예는 바로 나의 클라이언트 피터[Peter]였다. 피터는 어린 시절에 술 취한 아버지로부터 위협을 받았었고, 그의 어머니는 만성질병을 앓고 있던 터라 그가 자신의 감정을 다루거나 자신을 알 수 있도록 도움을 줄 처지가 아니었다. 성인이 되어 나를 만난 피터는 '겉으로는' 완고하고 거친 면모를 보였고 자신이 누구인지 잘 아는 사람처럼 보였다. 하지만 그런 모습 저 밑에서 그는 불안하고 자신감도 없었으며 다른 사람들로 인해 쉽게 '위축되는' 기분을 느꼈고, 직장 동료들 사이에 끼려고 안간힘을 썼다. 원치 않는 일을 요구받을 때, 그는 싫다고 말할 수 없었다. 이런 이야기는 너무도 흔하지만, 자신의 감정을 잘 알지 못하는 사람들이 많으면 많을수록, 넋을 잃고 사회조류를 따라가려는 사람들은 더 많아진다. 그 방향이 어디가 됐든지 간에 말이다.

현대의 시대정신

우리의 정치·문화·재계의 지도자들은 이 시대의 기풍을 형성하는 데 주도적인 역할을 담당한다. 영국에서 좌우 양편의 정치인들은 하나같이 '책임부재의 시대'는 끝났다고, 또는 자신들은 '책임 우호적' 정당이라고 표명한다. 경기몰락의 한가운데를 지나오는 동안, 고든 브라운Gordon Brown은 이기적이며 무모한 '자유시장 근본주의'를 돌이켜서 보다 침착하고 분별 있는 사업방식을 원한다고 표명했는데, 그는 결국 '시장에 윤리가 필요하다.'고 논했다. 프랜시스 후쿠야마Francis Fukuyama가 말한 것처럼 자본주의가 '승리했기' 때문에 자본주의 자체에 대한 반대는 아직 거의 없지만, 그럼에도 불구하고 우리가 과연 어떤 종류의 자본주의를 원하는가에 대해서는 현재 많은 의문이 제기되고 있다. 보수당 의원인 제스 노먼Jesse Norman이 주장한 것처럼,[29] '새로운 정치경제', '가치기반의 자본주의'라는 멋들어진 이름으로 불리는 '보다 멋진' 자본주의를 향유하는 것은 과연 가능할까? 경제를 '녹색화greening(부드러움과 평화를 복권시키는 일―옮긴이)'하는 등 좀 더 윤리적으로 받아들일 만한 소득창출의 방법이 확실히 있다고 주장하는 사람들도 있고, 심지어 일부 기업들은 사회적 선을 밝혀내는 데에서 부를 만들어낼 수 있다고도 믿는다. 사람들의 진정한 필요에 반응해서 새로운 상품을 발견하고 개발하면 된다는 것이다.

하지만 경기침체를 통해서 정부가 여전히 자신의 일차적인 역할을 경제의 시녀로 인식하며, 사람들을 기본적으로 '경제적 주체'로 보는 개념에서 벗어나지 못했다는 사실이 여실히 드러났다.

마치 '가장'의 짐을 진 아버지처럼 현재 정부는 자신에게 주어진 일차적인 역할과 기능을 경제의 유지라고 보는데, 이는 우리 모두가 기대어 살아가는 무언의 가치와 사회적 무의식이 '물질적 행복이 삶의 목표'라고 가정하며 우리를 조장하기 때문이다. 부모들이 자신의 추측과 일상의 행동을 통해 부지불식간에 자녀들에게 가치를 전수하는 것처럼, 우리의 정치 지도자들도 그들의 행동을 통해서 우리의 집단가치를 유지하고 있다. 현재의 위기 속에서, 그들의 일차적인 목표는 은행체계가 예전 방식들을 회복하도록 돕는 것이었다. 그들은 사회 전체의 유익을 위해 은행이 지금과는 다른 방식으로 운영될 수 있다는 가능성은 전혀 고려하지 않았다. 다른 수많은 사람들처럼 바로 나의 연금도 이 위기 동안 자취를 감추고 사라져버렸다. 직장과 집을 잃은 사람들도 있다. 그런데도 이 극단적인 상황에서조차 공익을 위해서 우리 자신을 뭔가 다른 방식으로 조직해보려고 상상하는 것은 여전히 불가능해 보인다.

여러 가지 새로운 사고방식이 출현하고 있지만, 아직 완벽하게 날개를 펼치지는 못하고 있다. 1990년대 이래로, '행복' 혹은 복지well-being가 국내총생산이나 소득만큼이나 중요하다고 제안하는 운동이 성장해왔다. 미국에서 일찍이 이런 분야에서 영향력 있는 목소리를 낸 사람은 헝가리 출신으로 젊은 시절 미국에 정착한 심리학자인 미하이 칙센트미하이Mihaly Csikszentmihalyi였다. 그는 그가 '몰입flow'—의미 있는 활동과 관계에 흠뻑 젖어 있는 상태—이라고 일컬은 상태에서 진정한 행복이 비롯된다고 주장했다.[30] 미국의 심리학자인 마틴 셀리그먼Martin Seligman은 여기에 그가 명명한

8장 | 우리는 이미 자본주의를 겪었다   383

'긍정 심리학 positive psychology'이라는 개념을 더하였는데, 이는 완전히 비물질주의적인 행복의 한 형태로 그가 '진정한 행복 authentic happiness'이라 이름 붙인 행복을 증진시키기 위해 고안되었다. 긍정 심리학은 사람들의 장점에 희망을 두고 사람들에게 자신이 가지지 못한 것 때문에 초조해하기보다는 자기 삶에 존재하는 좋은 것들을 발견하라고 격려한다.[31] 전에 언급했듯이, 2006년에 대니얼 카너먼은 이것을 경제용어로 분명히 설명했다.[32] 그는 일정 소득을 넘어서면 행복의 증가가 멈춘다는 것을 보여주었다. 그의 연구를 리처드 레이어드가 이어받았고 뒤이어 팀 케이서를 통해 반향을 일으켰는데, 물질주의에 대한 심리를 조사한 팀 케이서의 연구에서는 부나 소유와 같은 가치는 심리적으로 보면 정크푸드와 같아서 진정한 필요를 만족시켜줄 수 없다고 논하면서 부와 소유가 행복을 불러올 것이라는 우세한 신념체계에 끊임없이 의문을 제기했다.

   이 사상가들이 정의 내린 행복이란 대체로 생물학적이며 관계중심적인 것으로 보인다. 즉 이 행복은 신체적 안녕, 웃음의 공유, 성적 즐거움의 공유, 목적 공유, 그리고 대화의 공유와 연관된다. 하지만 이러한 '상품'은 아직 정치 지도상에는 존재하지 않는다. 케이서는 현재 우리 문화는 '따뜻한 대인관계, 이웃에게 다가가는 여유, 구성원을 아우르고 포괄하는 멤버십, 견실한 가정생활 등의 기근'이 나타나는 디스토피아라고 본다.[33] 1장에서 언급했던 것처럼, 케이서는 물질주의적인 십대들은 투쟁적인 관계를 더 많이 경험하는 경향이 있다는 것을 발견했는데 이는 반대의 방식으로도 작용한다. 즉 우리들의 관계가 부실해질수록, 우리가 더 물질주의적으로 변한다는 말이다. 케이서의 연구는 사회과학자인 패트리샤 코헨Patricia Cohen과 제이콥 코헨Jacob Cohen의 이전 연구를 확실히 다져주었는데, 그들의 연구는 부모와 곤란하고 가혹하고 일관적이지 않은 관계를 맺은 십대들은 다른 동년배들보다 더 물질주의적이라는 것을 보여주었다.34 케이서는 '사람들이 물질주의적인 가치를 따르면서 부와 소유를 획득하기 위해 자신들의 삶을 조직할 때, 행복의 관점에서 보면 그들은 본질적으로 그저 시간을 낭비하고 있을 뿐이다.'35라고 지적했는데, 참으로 안타까운 일이다.

케이서는 물질주의가 심지어는 우리가 소중하게 여기는 자유와 자립의 가치마저도 저해한다고 주장한다. 케이서는 "어떻게 이것이 가능한가? 자유와 자본주의는 나란히 함께 가는 것이라고 듣지 않았는가?"라고 되묻는다.36 그 해답은 물질주의적인 사람들, 심지어 자신을 '주도적인 사람self-starter'이라고 묘사하는 사람들이 케이서가 '외부적 목표'라고 일컬은 것에 의해 훨씬 더 많이 좌지우지된다는 사실에 있다. 자신의 지위, 그리고 다른 사람들에게 자신이 어떻게 보일까에 초점을 맞추고, 비난이나 비판 받기를 피하려고 신경을 쓰면서, 그들은 사실 자신의 지도보다는 다른 사람들의 조종에 따라 움직인다. 권위주의적인 성격의 사람들이 흔히 그렇듯, 그들은 자신의 감정이나 흥미보다는 불안을 통해 동기를 부여받는다. 뭔가가 즐겁고 자신의 관심을 흠뻑 빨아들이기 때문에 그 일을 할 가능성은 더 낮다. 다시 말해서 그들은 '몰입'을 덜 경험한다. 하지만 많은 사람들에게 있어서 소아과의사이자 정신분석학자인 도널드 위니캇이 표현한 것처럼,37 자기 자신의 감정이 그들의 '무게중심'이라고 평가하기란 쉽지 않다. 유아기에 받은 돌봄의 질은 사람들이 타인에게 적응하고 외부에서 의미를 찾으려고 애쓰며 끊임없이 불안하고 근심에 쌓인 발달을 이루느냐, 아니면 자신의 진정한 자아 위에 깊이 뿌리를 두고 발달하느냐를 결정하는 데 큰 역할을 차지한다.

간섭하는 정부

사람들이 어떻게든 주도적인 문화에 반응해서만이 아니라 본능적으로, 그 시대의 불가피한 경제적 요구에 맞는 방식으로 아이들을 기른다는 사실은 무척 흥미롭다. 오늘날 우리가 어디에 있는 것인지, 비교적 약한 정부와 강력한 세계경제의 발달이 우리 개인적인 삶과 가정에 어떤 영향을 끼칠 것인지를 머릿속에 그려보기란 그리 쉽지 않다. 하지만 거꾸로 보면 이를 분명히 보기가 더 쉬워진다.

경제적 목표가 인간관계에 어떤 영향을 줄 것인지와 관계없이 그 목표를 성취하라고 부추기는 일 문화 속에 우리가 아직도 꽉 잡혀 있는 것 같지만, 이는 변할 수도 있다. 좋은 삶이란 일차적으로 물질적으로 안락한 삶이라는 가정은 그 토대를 잃어가고 있다. 하지만 일단 하나의 트렌드가 주도권을 쥐면, 그것이 바뀌기 전에는 이데올로기적 전투가 일어날 때가 많다. 1960년대부터 1970년대로 들어서는 동안, 여성들의 노동참여에는 막강한 반대가 있었다. 그 태도를 바꾸는 데 수십 년이 넘는 기간 동안 어마어마한 투쟁이 벌어졌다. 하지만 지금은 여성이 일하는 것에 대해 문화적으로 어느 정도 받아들여지고 있다. 그리고 그와 똑같은 일이 지금 어린아이들의 필요를 어떻게 대할지 하는 문제를 두고 벌어지고 있다. 사람들은 예전에 여성에게 그랬던 것처럼 방어적으로 마지못한 태도를 보이고 있다. 어린아이들의 문제뿐 아니라 진정한 사회변화를 수반하는 것이라면 더 강력한 전투가 일어날지도 모른다. 변화는 절대로 환영받지 못한다. 사람들은 자신에게 익숙한 행동과 사고방식 속에 머무르기를 선호한다. 어린이들, 그리고 보육에 관한 공적인 논쟁이 벌어질 때마다 여성도 '선택권'을 가져야 하며 타인이 이래라저래라 할 수는 없다고 말하는 사람들이 가장 강렬한 감정을 드러낸다. 그럴 때마다 나타나는 것은 여성들이 압박받았고 성 역할이 엄격하게 정해져 있었고 성적인 자유가 제한되던 시절로 돌아가면 어쩌나 하는 두려움이다. 많은 사람들의 눈 속에 정부는 사회통제를 이룰 잠재적인 도구로 보여서, 정부가 여성들에게 불행한 결혼생활을 유지하면서 아이를 돌보며 집에 갇혀 있도록 강요할 수 있다고 여겨진다. 사람들 모두가 그리 달가워하지 않는 특정한 가치를 정부가 강요할 수도 있다는 것을 두려워하는 것이다.

이에 대한 반응으로 사람들은 자신들이 옳다고 생각하는 대로 아이들을 기를 권리를 강력하게 지키려 하고, 정부나 전문가들의 간섭을 원망한다. 심지어 그들은 과학적 증거까지도 부인할 텐데, 여기에는 앞의 여러 장에서 제시했던 유아와 아동의 발달욕구에 관한 몇몇 과학적 증거들도 포함된다. 프랭크 퓨레디와 제스 노먼의 입장과 같이 사람들은 정부가 사람들의 삶을 세세히 관리할 때 발생할 위험을 두고 불평할 것이다. 노먼은, "우리가 보다 나은 공공서비스와 더 나은 사회를 누리려면, 정부의 형태와 목표 자체를 재고할 필요가 있다."라고 말하면서, 사람들을 돌보는 중앙집권적이며 관료적인 복지국가 대신, 정부는 한 발 물러서서 자선단체들에게 그 일을 맡겨야 하고 시민들이 그들 자신의 '형제애와 사회적 책임감'을 보여주게끔 해야 한다고 주장한다.[38] 자선단체를 공동설립하고 그곳에서 일을 해온 사람으로서, 나는 이 해결책이 그리 미덥지 않다. 다른 여러 자선단체들처럼, 내가 속한 자선단체 옥스퍼드 부모 유아 프로젝트에서도, 우리가 돕고자 하는 사람들을 돌보는 데보다 자금을 조성하고 재정적 자구책을 마련하는 데에 엄청나게 더 많은 에너지가 들었다. 숙련된 전문가들은 높은 보수를 포기하고 시세보다 낮은 보수를 받으면서 일하고, 오히려 자기 주머니를 털어서 자선사업에 보조금을 낸다. 또한 자발적인 신탁위원회인 경영진은 대체로 금전적인 보수 없이도 시간을 투자할 수 있을 만큼 여유 있는 사람들로 제한된다. 헌신적인 자원봉사자들로 가득한 데이비드 캐머런의 '큰 사회Big Society'는 실제로는 그 단체에 관심을 가지고 신경을 쏟는 사람들은 금전적으로 이용당하는 반면, 별로 마음을 쏟지 않는 사람들은 계속해서 돈을 벌어들이는 곳일 가능성이 더 크다.

　개인의 삶에 대한 정부의 간섭을 반대하는 관점의 밑바탕에는 정부를 강압적이고 간섭적이며 무감각한 부모로 보는 시각이 깔려 있는 경우도 있다. 그들은 유권자들의 진정한 근심거리나 욕구를 듣거나 반응하지 않는다. 많은 사람들이 정부를 두고 친절하고 지지적인 권위주체라고 생각하지 않는다. 기본적인 욕구를 집단적으로 충족시키기 위해 정부 쪽으로 눈을 돌리기보다 사람들은 자신의 재원―즉 자기 돈에 의존하여 자신의 필요를 충족시킬 수 있는 최상의 방식을 더 선호한다. 영국의 전 노동부장관이었던 프랭크 필드Frank Field는 사람들이 각자 자신의 개인적인 정부 복지예산을 가지고 자율적인 선택에 따라 이를 사용할 수 있게 해야 한다고까지 주장한 바 있다. 결국, 그 주장에 따르면 사람들은 열심히 일해서 자신이 바라는 재화와 서비스를 구매할지, 그렇지 않으면 소비를 줄이고 사람들과의 관계에 초점을 기울일지를 선택할 수도 있다. 그러한 선택에 정부가 왜 관련되어야 하는가? 왜 정부가 도덕적 가치를 지시하며 그들만의 유토피아를 사람들에게 부여하려고 시도하는가? 이것이 사람들을 어린아이처럼 만들고 있지 않은가?

육아방식만큼 정부 간섭이 심하게 저항을 받는 영역도 없다. 많은 사람들이 정부의 간섭을 공인되지 않은 양육의 정치공론화, 우리의 가장 깊은 감정이 놓인 삶의 영역에 대한 침범이라고 본다. 심지어 앤드루 사무엘스Andrew Samuels와 같은 심리치료사는 부모들이 각자 자기 방식을 따르도록 놔둬야 한다고 믿었는데, 사무엘스는 사람들이 이기적이지 않을 것이라고 믿는다고 주장했다. 아이들이 양육의 과정에서 어려움을 겪을 수도 있지만 그는 그 어려움이 아이의 창의력과 성장에 유익하다고 믿었기 때문에, 어려움을 겪을 가능성에 대해 낙관적인 태도를 보였다.[39] 이 주장은 1950년대 제임스 스펜스 경Sir James Spence의 주장과도 유사한데, 소아과 의사였던 스펜스 경은 "워즈워스Wordsworth(영국의 낭만주의 시인―옮긴이)는 정서적 혼란으로 고통을 겪었다. 하지만 그가 낳은 시들을 한번 보라."고 주장했다.[40]

하지만 우리의 사회화 습관은 개인이 선택할 수 있는 중립적인 문제가 아니다. 그것이 문화를 창조하는 데 중추적인 역할을 하기 때문이다. 그리고 안타깝지만 부모 개개인이 자신의 양육습관을 놓고 정보에 근거한 선택을 내리는 경우는 거의 없다. 우리들 대부분은 약간의 사소한 변화를 첨가하여 우리 자신이 양육 받은 방식 그대로를 답습할 뿐이다. 분명 나의 부모님도 자신들이 받은 양육보다 나를 훨씬 더 관대하고 느슨하게 길렀다고 느꼈을 것이다. 그분들의 부모님은 정돈, 질서 등에 대해 극성이었고 매우 까다로운 분들이었던 반면, 그분들은 우리 형제들이 식탁을 엎어놓고 그것을 보트라며 가지고 놀거나 부엌에서 찾을 수 있는 재료들을 섞어서 말도 안 되는 음식을 만들어놓아도 이를 허용해주었다. 내가 부모가 될 차례가 되었을 때, 나는 내 아이들에게 세상을 탐색해볼 동일한 자유와 함께 더 큰 정서적 안정감을 주려고 노력했는데, 이는 내게 부족했다고 느끼던 감정이었다. 하지만 우리는 변화가 필요하다고 의식하는 것들에 대해서만 개선을 시도할 수 있다. 우리가 우리 아이들과 함께 나누는 기본적인 것들은 매우 무의식적이다. 당신이 섬세하고 공감적인 태도를 부모님과의 관계 속에서 경험해보지 않았다면 아이들에게 그런 태도를 보이기는 더 어렵다.

부모들이 자기 아이들의 필요를 적절히 채워주기 위해 적절한 도움을 받아야 하는 이유가 바로 여기에 있다. 어린 시절에 조금이라도 방치되거나 학대를 받았던 사람들은 종종 양육에 대한 그들의 의식적인 관점과 본능적인 반응 사이에 어떤 틈이 있다는 것을 발견하곤 한다. 최상의 의도를 가지고 있다고 해도, 당신이 받았던 대우를 아이에게 그대로 행하고 있는 자신을 발견하게 되기가 쉽다. 과거에 세대에 세대를 거듭하며 사람들은 자기 조상이 저질렀던 실수를 반복해왔는데, 그와 함께 항상 그 시대의 진화하는 문화 속에 적응하려고 애쓰기도 했다. 이것이 '자기 방식을 따르도록' 혹은 '최선을 다하도록' 부모들을 믿고 놔두었을 때 당신이 얻을 수 있는 결과이다.

하지만 감정을 회피하는 몇 백 년을 보내고 난 과학은 이제 마침내 인간발달과 정서적 삶의 영역을 꿰뚫고 들어갔다. 인간이 어떻게 발달하는지에 대한 증거는 넘쳐난다. 이제 우리는 무엇이 개인주의·독립심·물질주의를 조장할지도 알고 있으며, 무엇이 사회적 단결·공감·협동을 조장할 것인지도 안다. 우리는 아이들이 정서적으로 안전한 느낌과 자신감을 가지려면 무엇이 필요한지, 무엇이 아이들에게 방어적인 행동을 유도하는지도 안다. 우리는 훌륭한 자기절제가 얼마나 중요한지, 타인을 향한 공감이 얼마나 이러한 특성에 의존하는지도 안다. 우리는 지금 뇌 자체가 생애초기에 발달하는 방식과 사회적 경험이 이에 어떻게 영향을 주고 있는지 서서히 이해하고 있다. 이 모든 비교적 새로운 정보들은 사회에서 고급교육을 받은 계층의 사람들에게는 점점 익숙한 것이 되어가고 있으며, 이제 넓은 대중인식 속으로 퍼져나갈 필요가 있다.

장 베이커 밀러Jean Baker Mille가 언급했듯이 '우리의 주요 사회조직들이 타인의 발달을 돕겠다는 원칙 위에서 설립되는' 것은 아니지만, 우리가 가진 이 새로운 지식은 지금이 바로 그 원칙을 재고할 순간임을 말하고 있다. 우리의 (사회)조직들은 이제 진정한 인간의 필요와 인간발달에 대한 인식을 통합할 가능성이 있다. 정부는 아버지와 같은 세력일 뿐만 아니라 어머니와 같은 세력이 될 수도 있다는 가능성은 한 번도 충분히 받아들여진 적이 없다. 국립의료서비스National Health Service, NHS(영국의 국가의료제도—옮긴이)의 창설과 같은 몇몇 순간들이 있었지만 그 돌봄의 기능이란 거의 항상 경제의 종노릇을 하는 정부 역할에 종속되었다. 하지만 이제 우리는 경제적으로, 과학적으로, 그리고 우리의 심리적 지식 측면에서도 새로운 국면에 접어들어, 역사상 최초로 우리가 바라는 종류의 사회를 가능하게 만들 수 있으며 그러한 사회를 촉진할 수 있다.

집단적인(다수의) 필요에 대한 주장이 점점 더 새롭게 자라나면서 기존의 개인주의적인 가치와 부딪치고 있다. 하지만 집단적인 필요—노인과 국제빈민과 같은 취약집단뿐 아니라 아이들을 위한 보다 나은 돌봄을 지원하는 새로운 문화—에 더 큰 비중을 두고자 한다 해도, 과연 그 변화가 어떻게 이루어질 수 있을까? 정부의 강요가 유일한 방책일까, 아니면 또 다른 방법이 있을까? 정부가 우리의 집단적인 의지를 수행할 수 있을 만큼 충분한 사회적 동의를 얻을 수 있을까? 가치의 변화는 어떻게 실제로 실현될까? 논리적인 주장, 민주적 토론, 과학적 지식의 유포, '아래로부터의' 대중적 사회운동의 압박 등을 통해서 실현할 수 있을까, 아니면 미디어와 사회공학을 통한 정서적 유도를 통해서 이룰 수 있을까?

Notes

1. 칼 로브, '칼 로브 발의the Karl Rove initiative'(2001)
2. G. 로버츠G. Roberts, 『현대적인 헤리퍼드 조성Shaping Modern Hereford』(Almeley, Logaston, 2001)
3. 레이디 트레벌리언Lady Trevelyan, 『비평적·역사적 에세이: 매콜리 경의 문집 2부Critical and Historical Essay: the complete writings of Lord Macaulay, Part 2』(개정판, Whitefish, MT, Kessinger Publishing LCC, 2004)에 실린 로버트 사우디의 '토머스 모어 경; 또는 사회의 진보와 전망에 관한 담화들Sir Thomas More; or Colloquies on the Progress and Prospects of Society'에 대한 토머스 매콜리의 1830년 리뷰 글인 '사우디의 담화들Southey's Colloquies'
4. 토머스 조던Thomas Jordan, 『빅토리아 여왕 시대의 유년시절Victorian Childhood』(Albany, NY, State University of New York Press, 1987)
5. 3과 동일
6. 셸던 월린, 『정치와 비전Politics and Vision』(Princeton, NJ, Princeton University Press, 2006)
7. 마사 너스바움, 『여성과 인간발달Women and Human Development』(New York, Cambridge University Press, 2001)
8. 팀 케이서, 『물질주의의 값비싼 대가』(Cambridge, MA, MIT Press, 2002)
9. 3과 동일
10. 프랭크 퓨레디, 『편집증적인 양육Paranoid Parenting』(London, Allen Lane/Penguin, 2001)
11. 위와 동일

12. 2009년 1월 「전망Prospect」에 실린 로버트 스키델스키의 '우리는 여기서 어디로 가는가?Where do we go from here?'
13. 위와 동일
14. 젠 렉스몬드와 리처드 리브스, 『성품 형성Building Character』(London, Demos, 2009)
15. 마이클 러너, 『과도한 무력함Surplus Powerlessness』(New York, Humanity Books/Prometheus, 1991)
16. 바버라 에런라이크, 『유인 상술』(London, Granta Books, 2006)
17. 「회계학저널Journal of Accountancy」 2002년 4월호에 실린 윌리엄 토머스William Thomas의 '엔론의 성공과 몰락The Rise and Fall of Enron'
18. 2004년 12월 16일자 「뉴욕 서평New York Review of Books」에 실린 사이먼 헤드Simon Head의 '괴물의 실체Inside the Leviathan'
19. 바버라 에런라이크, 『유인 상술』(London, Granta Books, 2006)
20. 정치문화 잡지 「사운딩스」 2008년 41호에 실린 앤 페티포의 '신용위기와 녹색 뉴딜The credit crunch and the Green New Deal'
21. 2004년 6월 13일자 「뉴욕 타임스」에 실린 리처드 오펠Richard Oppel의 '문자 그대로: 그랜드마 밀리에 대한 엔론 무역업자들의 부정 이득 탈취Word for Word: Enron Traders on Grandma Millies and Making out like Bandits'
22. 존 랠스턴 소울John Ralston Saul, 『무의식 문명The Unconscious Civilisation』(London, Penguin, 1997)
23. 2008년 3월 12일 「인디펜던트」에 실린 앤드루 그라이스Andrew Grice의 '백만장자들을 축하하자던 허튼의 요청이 초대 영국노동조합협회로부터 냉대를 받다Hutton's call to celebrate millionaires receives an icy reception from the TUC'
24. 바버라 에런라이크, 『유인 상술』(London, Granta Books, 2006)
25. 2008년 9월 10일에 인디펜던트 인스티튜트The Independent Institute(미국의 비영리·비정당 학술연구·교육단체—옮긴이) 홈페이지의 비컨 블로그The Beacon Blog에 실린 로버트 힉스의 '째깍거리던 시한폭탄 폭발과 함께 충격에 싸인 대중Ticking time bomb explodes, public is shocked'

26. 필립 짐바르도, 『루시퍼 효과The Lucifer Effect』(London, Rider/Random House, 2007)
27. 위와 동일
28. 「스탠포드대학 뉴스 서비스Stanford University News Service」(415, 1 August 1997, pp.723-2558)에 실린, 캐슬리 오툴Kathleen O'Toole의 '스탠포드 감옥 실험: 오랜 시간이 지난 후에도 여전히 남아 있는 강력한 영향The Stanford Prison Experiment: Still powerful after all these years'
29. 제스 노먼, 『온정적 보수주의Compassionate Conservatism』(London, Policy Exchange, 2006)
30. 미하이 칙센트미하이, 『몰입-미치도록 행복한 나를 만난다Flow: the psychology of optimal experience』(New York, Harper Collins, 1991)
31. 마틴 셀리그만, 『낙관적인 사람이 인생에서 성공하는 이유Learned Optimism』(New York, Pocket Books/Simon and Schuster, 1998), 더불어 www.authentichappiness.sas.upenn.edu도 참고하라.
32. 「사이언스」(312: 5782, 2006, pp. 1908-1910)에 실린 대니얼 카너먼과 그 외의 '당신이 더 부유하다면 더 행복할 것인가? 초점 맞추기의 착각Would you be happier if you were richer? A focusing illusion'
33. 팀 케이서, 『물질주의의 값비싼 대가』(Cambridge, MA, MIT Press, 2002)에 인용된 로버트 E. 레인Robert E. Lane의 '시장민주주의에서의 행복의 상실The Loss of Happiness in Market Democracies'
34. 패트리샤 코헨과 제이콥 코헨, 『삶의 가치와 청소년 정신건강Life Values and Adolescent Mental Health』(Mahwah, NJ, Lawrence Erlbaum Associates Inc., 1996)
35. 팀 케이서, 『물질주의의 값비싼 대가』(Cambridge, MA, MIT Press, 2002)
36. 위와 동일
37. 『소아과를 거쳐 정신분석까지: 연구 모음Through Paediatrics to Psychoanalysis: Collected Papers』(초판 출간 1975, London, Karnac Books, 1987)에 실린 도널드 위니캇의 '불안과 연결된 분노Anxiety associated

with insecurity'(1952)
38. 제스 노먼, 『온정적 보수주의』(London, Policy Exchange, 2006)
39. 2009년 2월 4일, BBC 라디오 방송에서 '도덕의 미로^{The Moral Maze}'를 주제로 한 앤드루 사무엘스의 연설
40. 로버트 캐런의 『애착형성』(Oxford University Press, 1998)에 인용된 제임스 스펜스 경의 글

9장

변화의 과정

민주주의는 힘든 길이다.
그 길은 가장 많은 수의 인간들에게 가장 무거운 책임감을 지우는 길이다.

존 듀이John Dewey(1939)

우리가 서로를 대하는 방식에서의 개선이 곧 진보이다.

월터 와그너Walter Wagner(2006)

뭔가 변해야 된다는 분위기는 점차 커지고 있다. 하지만 과연 어떻게 해야 할까? 비록 많은 서구 국가들이 '민주주의'를 누리고 있음에 큰 자부심을 느낌에도 불구하고, 자신들에게 영향을 끼칠 수 있는 사건에 그들이 직접 영향력을 행사할 수 있고 의사결정과정에도 참여할 수 있다고 진정으로 느끼는 사람은 거의 없다. 2006년에 영국 사람들의 부족한 정치참여에 대해 독자적인 보고서를 펴낸 '파워 인콰이어리Power Inquiry(어떻게 하면 영국 내에서 정치참여와 연계가 확대되고 심화될 수 있을지를 탐구하기 위해 2004년에 수립된 조직—옮긴이)'에 따르면,[1] 자신들에게 거의 영향력이 없다고 느끼는 사람들이 대부분이라고 한다. '선택의 시대에 선택권이 없다.'는 말이다. 고어 비달Gore Vidal은 한때 이를 가리켜, "민주주의는 당신에게 진통제 X, 진통제 Y와 같은 선택권을 주는 것 같지만, 실상 그것들은 모두 그저 아스피린일 뿐이다."[2]라고 표현했다.

달리 말해 우리는 아이가 한창 놀면서 옷을 차려입기 싫다고 말할 때 아이에게 "오늘은 빨간 점퍼를 입을까, 파란 점퍼를 입을까?" 하는 식으로 아이를 다루는 현대적이고 깨인 부모들과 비슷한 정치인들에게 '다루어지고' 있다. 정치적으로 우리 모두는 우리보다 강한 부모와의 관계 속에 놓인 아이의 입장에 선 우리 자신을 볼 때가 많은데, 그 부모들은 때때로 우리에게 선택의 환상을 안겨주고 우리의 의견을 들으려고 노력하는 것 같지만 조만간 엄격한 부모 형태로 자신들의 기조를 바꾸어버린다.

우리 모두가 권력을 공유하고 우리 삶에 대해서 스스로 선택을 내릴 수 있다는 신념뿐만 아니라 다양한 종류의 '자유'와도 연상되는 체계로서 민주주의를 우러러보지만, 이 개념은 현실과 사뭇 다르다. 현재 민주주의의 관행은 선거절차 자체를 활용하는데, 이는 동등한 지위를 가진 사람들이 최상의 자원배분을 두고 벌이는 합리적인 토론의 기회가 아니다. 사람들에게 감정을 일으키는 일종의 이론적 근거를 마련하기 위한 것이다. 특히 시각매체와 인터넷은 감정적인 의미가 담긴 이미지를 활용하여 사람들이 자신이 선택한 영웅이나 히로인과 자신을 동일시하도록 유도함으로써 사람들의 무의식적 우뇌에 존재하는 가족 '틀'을 자극한다. 현실적으로 우리의 정치적 선택 대부분이 너무 복잡해서 대중선거로 직접 결정할 수 없는 현 상황에서, 우리들이 그런 지름길에 의지하는 것은 어쩌면 불가피한 일일지 모른다. 하지만 이제 우리의 뇌가 정치적 의사결정을 어떻게 처리하는지에 대한 지식에 근거하여, 민주주의의 절차가 어떻게 작용하는지 재고할 필요가 있다. 우리는 정말 생각보다 쇼핑을 더 많이 하는 정치를 원하는가? 아니면 정치가 생각을 하게 만드는 동시에 정치를 정서적 영역으로 끌어들일 방법을 찾을 수 있을까?

우리가 민주주의의 본래 교의를 소중히 여기기 때문에 현재의 민주주의에 대해서 지나치게 관대한지도 모른다. 미국의 정치과학자인 제임스 Q. 윌슨James Q. Wilson은 자본주의적 민주주의는 인간이 고안한 '최소 악least worst' 체제라며 느슨하게 자본주의적 민주주의를 변호한다. 그는 '자본주의 사회인 경우 그렇지 않은 사회보다 특권을 위한 도전을 더 많이 지지할 것'이라고 주장하면서 자본주의의 결점을 편안하게 받아들인다. 이 도전은 경제적 라이벌, 사적 자본으로 자발적으로 형성된 협회들, 민주적으로 선출된 집권자들에게서 발생된다. 그들은 시장경제, 정부규제, 법적 조치, 도의적 권고 등을 통해 움직인다. 하지만 그들이 이 모든 것을 썩 숙련되고 완벽하게 운용하지는 않기 때문에, 윤리의 일상적인 측면에서 그들은 충분히 잘 기능하지 못할 수도 있다.'3 윌슨은 노인들 특유의 냉소적인 태도로, 모든 체제는 탐욕에 의거하며 모든 종류의 사회는 조만간 '방탕하며 자기 잇속만 차리는 엘리트'를 토해낼 것이라고 주장한다.

체제의 불완전함에 만족하는 윌슨의 태도는 자본주의는 민주주의와 동의어라는 가정에 근거한 것인데, 중국 사회에서는 권위주의적인 자본주의가 발달되었기 때문에 오늘날 이 관점은 사실도 아닐뿐더러 역사적으로 딱히 정확한 관점도 아니다. 영국에서―적어도 처음에는―민주주의가 자본주의를 목표로 하여 세워진 것은 아니다. 사실 19세기 후반까지는 민주주의가 '군중의 지배'를 불러올 것이라는 공포가 존재했다. 그러나 유권자의 권리는 자유주의적인 정부가 확실히 수립된 이후에야 뒤늦게 허락되었을 뿐이다. 정치철학자 C. B. 맥퍼슨에 따르면, '민주주의는 맨 마지막에 장식되는 겉치레로 출현했다.'⁴ 맥퍼슨은 민주주의는 하층 계급의 사람들이 시장사회를 전복시키는 것이 아니라 시장사회에 참여하기를 원하는 것이 분명해진 이후에야 권력자들에 의해 용인되었다고 주장한다.

개인주의적인 민주주의

제어하기 어려운 유권자들을 하나로 통합시키는 것과는 사뭇 다르게, 실제로 '1인 1표'라는 아이디어는 인간사회의 협동을 고립된 절차로 축소시키는 경향이 있다. 이 절차는 각 개인을 '호모 이코노미쿠스'와 매우 밀접히 관련된 자기충족적이며 자립적인 개인으로 보는 개념에 토대를 둔다. 정치적으로 우리의 권력은 4~5년에 한 번 꼴로 이루어지는 투표라는 다수의 영향력에만 국한된다. 물론 이 민주절차는 정치인들의 행동에 제동을 거는 브레이크로서 작용하지만—투표자들의 집단적 판단에 따라 정치인들이 자리를 잃게 될 수도 있기 때문에—, 여전히 정치인들은 그 어떤 직접적인 면에서 자신들의 책임을 우리에게 해명할 의무가 없다. 투표는 투표자가 자기 정부에 영향을 끼칠 수 있는 진정한 능력이나 참여권이라고 보기 어렵다. 여러 면에서 볼 때 투표는 사회불안을 피하기 위한 안전밸브로서 방비적인 기능을 한다.

우리가 숭고하고 이상적이라고 여기는 민주주의의 유형은 필수적으로 인권과 연관된다. 이 권리란 정치적으로 정부를 구성하고 또한 정부를 비판하며, 재화를 소유하고 법 아래에서 다른 사람들과 동등한 대우를 받을 권리 등을 일컫는다. 현실적으로 보편적 권리나 투표는 기본 권력구조를 바꿀 만큼 충분히 강력하지 않으며, 이 구조 속에서는 보다 많은 부와 영향력을 소유한 사람들이 각종 계약의 성격을 좌우한다. 그들은 뉴스가 보급되는 방식 혹은 정치적 정책이 조성되는 방식까지도 결정한다. 마사 너스바움이 지적했던 것처럼 추상적인 '권리'는 사람들이 그 권리를 행사할 수 있을 만한 물질적·제도적 자원을 갖지 못할 때에는 아무 소용이 없다. 적절한 음식 혹은 직업, 거처가 없다면 자유발언의 권리가 그리 사람들의 흥미를 돋우지 못할 수도 있다. 변호사를 선임할 여력이 없다면, 법 아래 평등할 권리가 그리 큰 영향력을 갖지 못할 수도 있다. 너스바움은 찰스 디킨스의 소설 『어려운 시절Hard Times』에 등장하는 씨씨 주프Sissy Jupe라는 인물을 인용하였다. 씨씨의 선생님은 '5천만 달러의 돈'이 존재하는 가상의 국가를 추앙하라고 요구하면서 "20번 학생, 이 나라는 부유하고, 학생은 번성하는 국가 속에 있는 것이 아닌가요?"라고 말한다. 그러자 씨씨는 눈물을 글썽이면서 '누가 그 돈을 가졌고 과연 그 가운데 내 것이 있는지' 알기 전까지는 그 질문에 대답할 수 없겠노라고 답한다.[5]

씨씨는 자신에게 권력이 부재하며 자원에 접근할 수도 없다는 것을 정확히 파악했다. 비록 국가는 번성하고 있을지 몰라도 씨씨는 그렇지 않을 수 있다. 투표권을 포함한 각종 권리를 갖는다고 해서 씨씨의 필요가 충족된다는 보장은 없다. 돈벌이에 집중하는 불평등사회 위에 첨가된 '민주주의' 유형은 스스로 통일감을 그려낼 수 없다. 사람들 마음속에 "이 사람에게서 내가 뭘 얻어낼 수 있을까?", "어떻게 하면 나의 물질적인 행복을 향상시킬 수 있을까?"와 같은 질문이 있다면, 공익을 위해 타인과 협동하는 사회적 기쁨은 사라질 것이다. 상대방이 협력자가 아니라 적이 되고, 사회는 불안과 원한으로 넘쳐날 것이다. 불평등이 늘어나면 늘어날수록 사람들 사이에 신뢰도 줄어든다. 신뢰가 줄어든다는 것은 곧 착취에 저항하기 위한 방어로서의 '권리'를 더 많이 요구하게 될 것임을 의미한다. 하지만 비록 '권리들'이 현재 사람들의 소유물이나 온전한 신체를 보호하는 데 사용될 수 있다고 해도, 이는 거의 늘 타인의 침범으로부터의 자유일 뿐, 다른 사람을 위한 돌봄이나 책임을 보증하는 데에는 훨씬 덜 사용된다.

페미니스트학자 캐롤 길리건Carol Gilligan의 도덕에 관한 1980년대 선구자적인 업적은 앞장서서 권리에 관한 새로운 사고방식을 제시하였다. 여성의 도덕발달은 남성의 도덕발달과 다르다는 것이 길리건의 초기 관점이었다. 길리건의 연구는 여성들은 규칙이나 공정성보다는 타인을 위한 공감과 돌봄에 의해 더 유도된다고 시사했다.[6] 이러한 관점은 후에 조앤 트론토, 셀마 세븐휴이즌Selma Sevenhuisjen, 마사 너스바움과 같은 학자들에 의해 정교하게 다듬어지고 비평받았다. 이 학자들은 길리건의 통찰 위에서, 정치적인 도덕을 위한 부적절한 근거로서의 '권리'를 우회적으로 요구하는 것을 반대하고, '돌봄의 윤리'가 정치 속에 통합되어야 한다고 주장하기 시작했다. 또한 정부 자체도 계몽주의 시절 이래로 주도권을 놓지 않았던 권리와 규칙에의 초점에서 벗어나 더 관계중심적인 사고로 이동하면서 새로운 원칙에 따라 재구성되어야 한다고 주장했다. 이 사상가들은 권리 혹은 정의라는 보편적인 원칙에 기초한 도덕은 너무 추상적이어서 돌봄이라는 가치와 통합될 수 없다고 주장했는데, 돌봄은 실용적인 방식으로 타인의 필요에 반응하는 것과 관계가 있기 때문이다.

그들은 '돌봄'의 본질은, 가능하다면 타인들이 필요로 하는 것을 보장하는 책임을 감수하는 것뿐만 아니라 타인을 향한 민감함, 타인에게 주의를 기울일 수 있는 능력, 타인을 잘 받아들이고 그들에게 반응할 수 있는 능력이라고 기술하였다. 다시 말해서, 이는 가정 안에서 안전한 애착형성에 기초가 되는 가치와 동일하다. 돌봄의 윤리는 단지 서류상으로 사람들에게 '권리'를 주는 것이 아니라, 모든 사람과 그들의 필요에 대해 동일한 가치를 부여하고 이에 동일한 반응을 보이는 것이다.

강자

경제 스펙트럼의 양극에 사는 사람들 사이에 존재하는 어마어마한 심리적 장벽을 생각하면, 위에서 언급한 것과 같은 윤리가 더 절박해진다. 더 많은 자원과 권력을 지닌 사람들은 그들보다 적은 자원을 가진 사람들을 존중하거나 그들의 경험 속으로 들어가기를 무척 어려워한다. 한 예로,「파이낸셜 타임스Financial Times」의 어시스턴트 에디터assistant editor인 질리언 테트Gillian Tett는 금융재앙이 다가온다는 것을 알 수 있을 만큼 예견력이 있는 보기 드문 언론인 중 한 사람으로서, 어떻게 은행가들이 보통사람들과 끊어진 채 '자신만의 작은 마을' 속에 살게 되었는지를 설명하였다. 테트의 관점에 따르면, 그들은 플라톤의 동굴Plato's cave 안에 있는 사람들처럼 '벽 위에 깜박거리는 이미지 혹은 컴퓨터 모니터상의 이미지들'을 통해 현실을 오직 간접적으로만 본다. 테트는 은행가들이 스스로를 '종이 아닌 주인'으로 보고, 다른 사람들과의 연결이 끊어진 채 그녀가 '저장고silo'라고 일컫는 사고방식 속에 살면서 금융가들 각자 자기가 바라는 것은 무엇이든 할 수 있고 다른 금융가들이 하고 있는 것을 무시할 수도 있으며, 그들이 하는 것들이 전체 사회에 어떤 영향을 줄지 고려하지 않아도 된다고 가정한다고 보았다.[7] 부와 기회가 불평등하게 분배될수록, 부유하고 강한 사람들이 그들의 '저장고' 사고방식에서 빠져나와 상대적으로 힘이 없는 사람들과 협력할 가능성은 더 적어진다. 그에 대한 인센티브가 적기 때문이다.

너무 많은 힘을 지니고 있으면, 자신은 다른 사람들과 같지 않으며 타인을 생각할 필요 없이 원하는 것은 무엇이든 가질 수 있고 하고픈 것은 무엇이든 할 수 있다는 착각에 빠지기 쉽다. 먹이사슬의 저 밑에 있는 다른 사람들에게 미치는 취약함과 불안에 대해 무감각한 태도를 보이면서, 강자들은 자신들의 자유에 취하고 더 많은 힘을 손에 넣는 데 중독된다. 그들이 더 이상 남들에게 반응하거나 다른 사람들의 필요에 구속받을 필요가 없게 될 경우, 타인을 향한 그들의 민감성은 무뎌질 수밖에 없을 것이다.

2009년 영국의 국회의원 비용 스캔들은 정치계에서 '저장고' 효과가 작용한 한 예이다. 「데일리 텔레그래프Daily Telegraph」에 정치인들의 비용청구에 관한 진실이 드러났을 때, 가장 먼저 밝혀진 것은 영국의 내무장관인 재키 스미스Jacqui Smith에 관한 것이었다. 후에 밝혀진 바에 따르면 다른 여러 정치인들도 그랬듯이, 스미스는 자신의 '2차 주택(영국에는 국회의원이 자신의 지역구를 떠나 런던의 국회의사당에 등원할 때 주 거주용 주택 외에 2차 주택에 대한 임대비용과 업무상 필요한 가구집기, TV시청료 등 공과금을 지원하는 추가비용허가제Additional Costs Allowance, ACA가 있다. 스미스의 경우도 이 제도를 악용한 사례—옮긴이)'을 마련하려고 납세자들에게 어마어마한 돈을 요구했었다. 그런데 사실 알고 보니 그 집은 2차 주택이 아니라 그녀의 1차 주택이었고 가족과 함께 사는 집이었다. 이는 더 많은 돈을 청구하기 위한 교묘한 수법이었다. 하지만 시간이 흐르자 이러한 수법은 영국하원에서 흔히 일어나는 관행이라는 것이 명백히 드러났다. 실제로 모발 관리기, 실크 쿠션, 디지털 카메라, 심지어 '친밀한 관계' 수업에 참여하기 위한 자금을 대중에게 요구하고, 뿐만 아니라 자신의 대저택을 둘러싼 호수를 청소하고, 수영장 물을 데우는 데 공공자금을 청구하는 등 더 심한 국회의원도 있었다. 그 가운데 가장 심각한 경우는 그들이 소위 '뒤집기flipping'라고 알려진 사적 재산투기를 위해 납세자들의 돈을 사용했다는 것이다.

그러나 재키 스미스는 자신이 '규칙을 준수했다.'고 주장하며 자기방어를 펼쳤다. 3장에서 묘사한 어린아이들과 같이, 스미스는 법을 어기지만 않으면 그걸로 충분하다고 생각했다. 하지만 비용을 청구하기 전에 처벌 없이 빠져나갈 수 있도록 확실히 해두려고 믿을 만한 사람들에게 상의를 한 것으로 보아 뭔가 마음속에 찜찜한 것이 있었던 것임은 분명하다. 여기서 그녀는 우리 역사 대부분에서 인간을 특징 지어온 일종의 제한적이고 부족적인 사고방식을 드러냈다. 이는 생존을 위해서는 자신의 직접적인 사회집단과 협력해야 한다는 사고방식이다.

실용적이고 정직한 여성으로 보이는 스미스는 분명히 평소에는 자신의 유권자들에 대해서 염려했지만, 그녀는 많은 사람들이 경제침체기에 자기 집을 지키고 융자금을 마련하기 위해서 필사적인 노력을 한다는 것과 자기 주머니에 돈을 대기 위해서 공적 자금을 사용했던 자신의 행동 사이에 그 어떤 정신적 연결도 하지 못했다. 여기서 그녀는 심리학자인 아르세니오와 러버가 설명했던 '행복한 가해자'의 모습을 거울처럼 보여준다. 이러한 수준에서 움직이는 사람은 타인을 향해 공감을 가질 능력을 충분히 가지고 있지만 자신이 원하는 바를 얻고자 하는 충동에 사로잡히면 그 배려를 그대로 간직하지 못한다. 스미스와 그 밖의 너무도 많은 정치인들은 그들이 대표하는 사람들과의 관계에 충분한 감정을 싣지 못했고, 그랬기에 행동하기 전에 잠시 멈추어 그 행동이 타인에게 어떤 영향을 끼칠 것인지 생각하지 못했다는 인상을 남겼다. 또한 이는 다음과 같은 의문을 던졌다. 이러한 권한을 가지고 있는 인물들이 우리들 나머지와 전혀 연결되지 않았는데 어떻게 그들 손에 우리의 행복을 맡길 수 있을까?

민주주의에서 떠나기

노블레스 오블리제 noblesse oblige (신분이 높고 재산이 많은 사람이 그렇지 못한 사람을 도와야 한다는 생각—옮긴이)나 다른 귀족적 가치들이 (비록 그 의미가 희석되기는 했지만) 20세기까지 살아남는 동안, 강자들은 본래 우월하게 태어났고 먼 친척뻘 되는 사람들의 자세로 하층계급을 돌볼 의무를 행한다는 착각이 유지될 수 있었다. 하지만 21세기에 이러한 태도는 점차 먼 기억이 되어가고 있다. 파워 리포트^{Power report}에 따르면, 일반대중은 대체로 '더 많이 교육받았고, 더 부유하며, 삶의 다양한 측면에서 더 큰 통제력과 선택을 기대하며, 권위의 자리에 있는 사람들을 존경하지 않으며, 산업시대에 발달한 장소·계급·체제와의 전통적인 결속에 얽매이지 않는다.'고 한다. 한편 사회계급의 밑바닥에 있는 사람들은 너무 가난하고, 자격이 없으며, 주변으로 밀려나 있기 때문에 다른 것을 신경 쓸 여유가 없다. 또한 그들은 '권력을 쥔 사람들과 오직 제한적이고 단편적인 대화를 나눌 뿐'이라고 이 보고서는 말한다.[8] 사실 대중들이 더 많이 교육받고 인식의 폭이 넓어질수록, 정부를 신뢰한다거나 지도자들에 대한 존경심을 유지하기가 더욱 어려워지는데, 이 지도자들이라는 사람들은 변함없이 자기잇속을 차리거나 최소한 우리보다 더 나을 것이 없는 사람들이기 때문이다. 그래서 결국 어떻게 되는가? 사람들은 투표절차에서 손을 떼고 만다.

현재, 대중이 정부의 소유권을 가지고 있다거나 혹은 사회가 좋은 것을 함께 나누고 사람들의 필요를 공급해주기 위하여 정교하게 구성되었을지도 모른다는 믿음은 거의 없다. 실제로 영국 정부는 대중 참여로부터 더 멀어져가고 있으며, '조작'의 기술을 완벽히 구사하면서 여론을 교묘히 조장하고 있다. 독자적인 캠페인 언론가 조지 몬비오^{George Monbiot}는 영국 정부가 원자력 발전에 대해 전문가의 자문을 구하면서 어떻게 내용을 조작했는지에 관한 이야기를 들려준다. 영국 정부의 에너지연구부 Energy Review는 그들이 자문을 구할 사람들에게 '오해를 불러일으키는', '부적절한' 정보를 제시했다. 환경운동 단체인 그린피스 Greenpeace에서 이를 법정까지 가지고 갔을 때, 대법원에서는 이것이 위법이며 잘못된 것이라고 판결했다. 그리고 정부에 여론조사를 실시할 것을 명령했다. 정부는 판결에 따랐다. 하지만 이후 그 여론조사를 시장조사표준위원회 Market Research Standards Board에서 검토한 결과, '부정확하고 혼란스러운 혹은 균형이 맞지 않는 정보가 제시되어 응답자로 하여금 특정 응답을 하게끔 유도할 만한 물리적 소지가 있었다.'는 것이 밝혀졌다.[9] 진실한 답이 아닌 '마땅한' 답을 얻겠다는 정부의 강박 때문에 정부가 벌인 자문 전체는 비웃음거리가 되고 말았다.

'관리자본주의 managerial capitalism'의 권위주의적인 형태들은 점점 더 표준으로 굳어져왔다. 영국에서는 수상과 그의 비선출 동료들에 의한 '소파 정부 sofa government (극소수 측근 참모들만으로 구성돼 붙은 별칭이다—옮긴이)'가 내각에 의한 집단정부의 자리를 대신했다. 1975년에 내각은 56회 소집되어 146개 안을 받은 반면, 2002년에는 38회 소집되어 단지 네 개의 안을 받았을 뿐이다.[10] 동일한 현상이 미국에서도 일어났는데, 조지 W. 부시는 자신과 그의 측근들만이 관여하도록 민주화 절차의 범위를 좁혔다. 2008년 무렵 그는 자신을 '결정자 the decider'라고 일컬었으며, 자신이 내린 의사결정을 다른 사람들에게 정당화할 필요가 없다고 믿는 지경에 이르렀다. 맨 꼭대기에 있는 사람들은 자신의 동료들에게 자문을 구하는 일조차 견디지 못하게 된 것 같다. 그 동료들의 독자적인 생각이 유권자들을 조종하려는 그들의 전략을 방해할지도 모르기 때문이다. 권력은 점점 더 소수의 사람들 손에 집중되었다.

그러한 상황에서, 많은 사람들은 정부의 손길이 우리 삶에 더 많이 닿기는커녕 그 관심이 더 줄었다고 훨씬 더 자주 느끼게 되었다. 사람들은 늘어나는 정부의 자유침해와 함께 정부권력에 분개하며 정부의 과세에도 분노한다. 사람들은 정부가 진심으로 국민에게 가장 큰 관심을 두고 있다고 느끼지 않으며 국민들이 원하는 결과를 가져다줄 만한 능력이 없을지도 모른다고 느낀다. 워터게이트Watergate 사건에서부터, 엔론 사태, 의회의 비용 스캔들에 이르기까지 쓰디쓴 경험을 하며 당국이나 권위자들이 부패에 물들었다는 사실을 통감하면서, 어떤 이들은 도대체 당국이나 권위자들에게 왜 경의를 표해야 하느냐고 묻는다. 어떤 이들은 자신의 일을 관리하는 데 있어 최상의 의사결정 주체는 바로 자기 자신이며 정부가 간섭하지 않았으면 좋겠다고 생각한다. 특히 고소득층에 속하여 높은 세금을 부담하는 사람들은 더 큰 분노를 표출하는데, 때로 그렇지 않은 사람들도 정부의 간섭을 원치 않는다. 또한 기댈 데 없는 무력감과 자신들의 의견을 (정부가) 들어주지 않는데에 큰 고충을 느끼고 큰 정부에 분개하는 사람들도 많다. 이들은 '그냥 내가 내 돈 가지고 나 스스로를 돌보게 놔두라.'는 태도로 '회피적인' 전략에 의지한다. 이는 자신의 감정에 귀 기울여주지 않는 부모와 함께 사는 아이들이 사용하는 전략과 동일하다.

긴밀한 사회의 종말

미국의 민주주의는 사회가 비교적 작은 규모일 때 수립되었다. 당시 인구 대부분은 여전히 시골의 탄탄한 공동체 속에서 종교적 가치를 지침으로 삼고 살았다. 그때는 사람들이 그들의 대표들에게 자기 감정을 알리기가 상대적으로 쉬웠기 때문에 사람들의 삶에 정부가 간섭할 필요가 거의 없었고, 정부란 그야말로 거의 그들의 영역 밖에 존재했다. 그러한 공동체 속에서 공유된 가치는 당연하게 여겨졌다. 1798년에 존 애덤스^{John Adams}는 '우리의 헌법은 오직 도덕적이며 종교적인 사람들만을 위해 제정되었다.'[11]고 말했다. 이러한 종교적 이상은 19세기에 들어서기까지 지속적으로 사회를 이끌어왔다. 그러나 알렉시스 드 토크빌^{Alexis de Tocqueville}이 그의 책 『미국의 민주주의^{Democracy in America}』를 저술할 즈음인 1830년대 무렵, 산업사회가 출현하면서 이 모든 것을 바꾸어놓았다. 사람들의 개인 자산이 늘어나면서, 그들은 '보다 큰 사회는 사회 자체를 스스로 돌보도록' 내버려두고 자신은 자기충족적인 존재가 될 수 있다고 믿었다. 그렇게 믿지 않았더라도, 적어도 정치 계급들이 전체 사회의 가치를 결정하고 실행하는 데 점점 더 많은 책임을 맡도록 하고, 그들이 사회를 돌보도록 방치하는 태도를 보이기 시작했다. 한때 사람들은 정치적·사회적 문제에 참여하고 자신들의 의견이 큰 의미를 지닌 것처럼 이런저런 주장들을 했었는데, 토크빌에 따르면 이제 '더 이상 생각은 없고 이해관계만이 남아 그것이 사람들 사이의 통로를 형성하며, 사람들의 의견이란 사방에 바람만 일으킬 정신적 먼지로밖에 여겨지지 않게 된 것 같았다.'12 사람들 사이에 '탄탄하고 끊임없는 연결고리'가 남아 있고 실질적인 측면에서 협동해야 할 분명한 이유가 존재하던 가난한 시골사회에서는 벌써 옛 삶의 방식에 대한 향수가 나타났다.

현재 블레어에서 캐머런에 이르기까지 각계 정치영역에서 공유되고 있는 공산주의적 사고가 이러한 옛 공동체들의 자취를 더듬고 있다. 이러한 공동체에서는 이웃들이 서로 방문하며 다른 사람들의 아이에 대해 책임을 나누고 어려운 시절에는 도움의 손길을 내밀기도 하면서 다양한 협력의 모습을 보였다. 현재 우리가 살아가는 방식 속에서, 사람들 대부분은 자기 이웃이 누구인지도 모른다. 저녁을 준비할 음식 재료가 떨어지면 옆집에 가서 필요한 것을 좀 빌리는 대신 배달음식을 시키려고 다이얼을 돌릴 가능성이 더 크다. 환경론자 빌 맥키벤Bill Mckibben이 논한 것처럼, 우리의 이웃에 대해 감사히 여기고 그들과 소통할 기회는 사라졌다. 맥키벤은 '우리 미국인들은 그 어떤 중요한 일에도 이웃들이 필요 없게 되었고, 따라서 선린관계 즉 지역연대는 사라졌다.'고 말했다.13

선린관계 대신, 더 큰 규모의 사회가 우리에게 자유로운 기분을 선사했다. 이것은 그 나름의 장점을 가지고 있다. '혁신'을 위한 경영자문가인 찰스 리드비터Charles Leadbeater가 논한 바 있듯이 외부인에 대한 편협한 태도, 창의력과 차이를 억제하는 것은 긴밀한 공동체의 그리 매력적이지 않은 특성이다. 리드비터는 '공동체'라는 전통적인 생각의 망상을 추구하는 대신 지식과 교육을 집중적으로 추구하는 데 우리의 믿음을 실어야 한다고 제안하면서 이것 자체로 민주주의의 가능성을 높일 수 있다고 보았다.14 매우 다양하고 기술적으로 진보하였으며, 대규모를 자랑하는 세계문화를 향유하는 오늘날까지도 이성과 토론이 자치능력을 발달시키는 방법이기를 희망했던 초기 민주주의 이론가들의 낙관론을 공유하는 사람들이 아직도 많은 것 같다. 하지만 많은 정보를 가진 정통한 사람들에 대한 리드비터의 비전이 바람직해 보이긴 하지만, 이 생각은 여전히 인간의 가장 강력한 작동방식인 '좌뇌'의 처리방식인 합리성의 인식에 그 바탕을 두고 있다. 이 방식은 진정한 민주주의에 꼭 필요한 책임감 있는 참여와 타인을 향한 배려 같은 바람직한 능력이 요구나 주장을 통해서 발달되는 것이 아니라 실제로 그러한 경험을 통해, 특히 생애초기에 발달된다는 사실을 무시한다.

이성 혹은 감정

철학자 피터 싱어Peter Singer는 우리 인간은 더 큰 그림을 볼 수 있기 때문에 독특한 존재라고 논한 바 있다. 우리의 고등한 능력은 단순히 우리 자신의 직계가족이나 집단뿐만 아니라 사회 전체의 필요를 볼 수 있게 해준다. 다른 사회적 동물들과는 달리 인간은 진화를 통해 뭔가 새로운 것을 얻었는데, 이는 탐욕과 같은 정서적 반응을 극복하는 데 합리성을 사용하는 능력이다.[15] 우리는 보다 정교한 평가를 내리고 다른 이들도 '우리와 비슷한 이해(흥미)를 가지고 있다는 사실'을 이해하기 위해 탐욕을 억누른다. 하지만 과학적 증거들은 점점 우리의 도덕행동을 결정하는 데 중요한 것은 도덕적 이성이 아닌 정서의 힘이라고 가리킨다. 그 증거는 이렇게 말한다. 돌봄의 사회와 이타주의를 깨닫기 위한 우리의 잠재력은 근본적인 도덕발달에 달려 있고, 또한 타인과의 소통감에도 달려 있는데 다시 한 번 말하지만 이것은 생애초기에 형성된다.

도덕적 잠재력의 뿌리를 탐색하려는 최근의 한 시도에서는 도덕적으로 모범적인 개인들의 성격을 살펴보았다. 그들이 유독 사고와 논리에 능한 사람들일까? 그들을 그렇게 용감하고 선하게 이끈 요인은 무엇이었을까? 그 연구에서 정밀히 알아본 결과, 사실 그러한 사람들은 생각보다는 감정 측면에 더 주목할 만한 면이 있는 것으로 드러났다. 한 예로, 엘리자베스 미들라스키Elizabeth Midlarsky와 스테파니 페이긴 존스Stephanie Fagin Jones는 2005년도에 홀로코스트의 구조자에 대한 연구를 실행했다.[16] 그들은 유대인들을 도와주었던 사람들—그리고 큰 위기의 순간에 한 사람 이상의 유대인 목숨을 구해주었고 구조자들 자신의 목숨을 내놓았던 이들—인 '구조자들'과, 같은 지역 혹은 심지어 옆집에 살면서도 도움이 필요한 순간 도움을 베풀지 않았던 (구조자들과) 비슷한 유럽인 집단인 '방관자들'을 비교하였다. 그리고 마지막으로 그들은 제2차 세계대전 직전 몇 년 안에 그 지역으로 이주를 한 비슷한 이웃 사람들로 이루어진 한 무리의 집단을 통제집단(실험집단과의 비교를 위해 설정하는 독립변인과 무관한 참조집단—옮긴이)으로 설정하였다. 연구결과, 이주자들이 방관자들보다 위험감수 측면에서 약간 더 높은 정도를 보인 것을 제외하고는 방관자들과 이주자들이 놀라울 정도로 유사한 성격유형을 보였다. 하지만 (그 전에 인터뷰를 받아본 적도 없고 존경을 받아본 적도 없는) 구조자 집단의 사람들은 나머지 두 집단과 달랐다. 그들은 연구자들이 공감, 이타적 도덕추론, 사회적 책임, 위험감수, 자립심, 관용, 주체성 등을 알아보기 위해 실시한 테스트의 이 모든 영역에서 나머지 집단보다 훨씬 더 높은 점수를 기록했다. 이들과 다른 두 집단의 가장 놀라운 차이점은, 구조자 집단의 사람들은 공감과 사회적 책임감 측면에서 매우 높은 수준을 나타냈다는 것이었다.

이와 유사한 연구결과가 로렌스 워커Lawrence Walker와 제레미 프리머Jeremy Frimer가 수행한 또 다른 최근 연구에서도 나타났다.[17] 그들은 비범한 용기와 친절함을 보인 공로로 상을 받은 50명의 캐나다인을 대상으로 일련의 성격 테스트를 실행했다. 그 결과 이들 개인은 생애초기에 안정된 애착관계를 형성하고 자신을 도와준 사람이 있었다고 느끼는 경우가 많았다. 그들은 자신을 매우 잘 인식하고 있었으며 강한 주체성과 책임감을 가지고 있었고, 이를 사용해서 다른 사람을 돕고 돌보는 데 초점을 기울였다. 다시 말해, 그들의 정서적 발달은 남달랐다.

친절한 유권자

교육을 받은 합리적인 대중만으로는 친절한(돌봄의) 사회를 창조할 수 없음이 확실하다. 지적인 부분만큼이나 중요한 것이 바로 시민들의 정서적 성숙이다. 민주적 절차에 참여하려면 실제로 긍정적인 관계의 경험으로부터 형성되는 심리적 능력을 발달시켜야 한다. 특히 방어적인 태도를 풀고 다른 사람의 말을 경청하고,

유연한 태도를 가지며, 애매한 사건이나 상황을 관대히 수용할 수 있어야 한다. 하지만 이러한 특징들은 각 개인이 유아기에 형성되는 깊은 내적 안정감을 누렸을 때 나타날 가능성이 가장 크다. 그러한 심리적 능력 없이 민주적 절차에 참여한다면 불안과 두려움, 통제욕구, '옳음'에 대한 욕구 때문에 감정을 부인하고 타인의 고통에서 등을 돌리는 경향이 나타난다. 타인과의 정서적 소통, 그리고 타인에 대한 우리 자신의 감정을 깨닫는 능력이 각별히 탄탄하지 않다면, 도덕이 휘청거릴 수도 있다. '보너스 문화' 혹은 정치적 비용 스캔들을 어린아이의 경우에 빗대어 해석해보자. 한 아이가 자기보다 어린 형제를 골리고 이용하며, 그들의 용돈을 빼앗고, 자신이 만든 불공평한 규칙을 따르라고 고집하는 시나리오를 한번 그려보자. 이와 같은 경우, 심리학자라면 당연히 그 아이가 타인과 관계를 맺고 타인과의 관계에서 애착을 느끼는 능력이 있는지 의문을 품을 것이다. 결국 타인의 감정을 느끼지 못하고 그들이 어려울 때 그 곁에 함께 서지 못하는 우리의 불찰이 이기심을 낳는다.

그렇다면 공인들이 대중과 계속 소통하며 대중과의 관계에 정서적으로 관심을 기울이도록 만들기 위해 유권자인 우리가 할 수 있는 일은 무엇일까? 우리는 지금 공인들 개인의 도덕발달이 아니라 그들의 논리 정연함 혹은 야망과 같은 잘못된 기준으로 지도자를 선택하고 있는 걸까? 분명 이것이 문제의 한 측면이기는 하다. 우리는 이상적인 지도자를 바라면서, 보통사람들이 감히 감당할 수 없는 특성을 그들에게 투영하지 않도록 주의해야 한다. 강자들이 우리 나머지 모든 사람들이 경험하는 구속으로부터 스스로를 분리해낼 수 있도록 체제가 허락한다면, 발 벗고 나서서 그 역할을 점유하려는 사람들이 있을 것이다.

고도로 발달된 공감능력을 지니지 않았을지도 모르는 보통의 투표자가 미래의 지도자가 될 사람의 도덕적 특성을 파악하여 결국 우리에게 합당한 지도자를 선출할 수 있는 방법을 찾기란 어려운 일이다. 사회적 책임, 공감, 이타성과 같은 가치가 전체 문화 속에 더욱 널리 나타날 때까지, 이러한 것들이 우리의 정치 지도자들의 기준이 될 것이라고 여기는 것 또한 어려운 노릇이다.

재키 스미스의 행동은 어느 면에서 보아도 유별난 것은 아니었다. 처음부터 피해를 일으키겠다고 작정한 사람도 아니었고, 그녀는 그저 단순히 타인의 현실을 자기 인식 밖에 두고 자신의 욕구만을 생각했던 것이다. 우리 모두는 늘 이런 행동을 한다. 지구 곳곳에 존재하는 굶주림과 고통을 무시하고, 그 대신 위시리스트에 가장 최근에 담아놓은 물품을 사는 쪽을 선택한다. 기업의 중역 간부들과 기업 리더들은 자동적으로 이와 동일한 방식으로 행동한다. 그들은 오직 자신들의 손익계정에만 신경을 쓰면서 대중의 건강, 그리고 저임금으로 노동력을 착취하는 고된 작업장에서 일하는 노동자의 삶의 질 같은 다른 염려들은 얼마든지 제쳐두는 경우가 허다하다. 하지만 우리가 타인과 자신을 분리시키고 그들과의 소통이나 책임감을 부인하여 발생되는 지속적인 불평등과 고통은 정확히 우리가 그것을 허용하는 만큼만 가능하다.

로이 바우마이스터Roy Baumeister가 지적했듯이, 나쁜 일을 저지르는 사람이 자신을 나쁜 사람이라고 보는 경우는 드물다. 그는 '규모의 차이magnitude gap'라는 개념을 설명했는데, 여기서 가해자는 자신이 상대방에게 '1포인트 수준의 피해'를 입혔다고 생각하는 반면, 피해자는 10포인트 수준의 피해를 받았다고 느낀다.[18] 노암 촘스키Noam Chomsky는 이것을 다음과 같이 설명하였다. "사람들이 '나는 내 이익을 극대화하려고 이렇게 하고 있으며, 다른 사람에게 무슨 일이 벌어질지는 상관하지 않는다.'라고 말하면서 자신의 행동을 정당화시키는 경우는 거의 없다. 만약 그렇다면 그것은 병리적이라고 할 수 있을 것이다."[19] 그러는 대신 우리는 '나를 방어하려고 그런 거야.', '일자리를 줬으니 고맙게들 생각해야지.', '다들 그렇게 하는데 뭐.', '난 그저 규칙을 따르고 있을 뿐이야.'라며 방어적인 합리화를 내놓곤 한다.

차분하고 부드러운 말투를 지닌 런던의 한 교장선생님인 필립 로렌스Philip Lawrence가 열세 살짜리 소년이 학교 문밖에서 나이 많은 형들 무리에게 심하게 머리를 맞고 있는 것을 보고 그 아이를 도와주려고 나갔을 때, 그는 규칙을 따른 것이 아니었다. 그는 "오직 학교 정문까지가 제 책임의 영역입니다."라고 말하지 않았다. 그는 즉시 그들을 중재하기 위해 뛰어나갔고 그 과정에서 칼에 찔려 숨을 거두었다. 그는 자기 학생의 상황을 느끼고 반응하였고, 그렇게 반응한 결과 그는 자신의 목숨을 잃게 되었다.

돌봄의 윤리를 공적인 영역에서 어떻게 적용할 수 있을지 생각하는 또 다른 주도적인 페미니스트인 정치과학자 피오나 로빈슨은, 적절히 행동하는 능력은 '타인과의 개인적·사회적 애착 속에서' 나타난다고 지적한다.[20] '돌봄의 윤리'가 실제로 어떻게 효과를 나타낼 수 있는지에 대한 페미니스트 사상가들의 이해의 토대에는 바로 이 애착의 그물망이 있다. 여기서 모델이 되는 것은 역시 부모이다. 아이들이 '권리'를 가졌기 때문이 아니라 아이들이 고유한 가치를 지녔기 때문에 아이들에게 반응을 해주는 부모는, 이와 같은 방식으로 사람들을 대하는 문화를 원한다. 학자들은 '우리가 지금과 같은 인간 삶의 주변에서 인간 삶의 한가운데로 우리의 관심을 옮겨놓는다면 아마 세상이 달라 보일 것이다.'라고 지적한다.[21]

'돌봄'의 실천이 종종 여성들과 연관되고 어머니의 행동과 특히 더 관련되는 경우가 많지만, 위의 사상가들은 '돌봄'을 여성들에게만 속한 것으로 만들거나 또는 '좋은 엄마 되기'와 같은 개념과 연결 짓기를 원치 않는다. 세븐휴이즌은 모든 사람에게 타인을 돌볼 능력이 있으며, 남성들을 포함한 우리 모두는 때때로 상호 의존적이며 취약한 존재이기 때문에 모든 사람들이 돌봄을 필요로 한다고 주장한다. 세븐휴이즌의 관점에서 돌봄이란 '모든 사람의 관점에서 생각하는' 능력인 공감과, 누구에게 무엇이 필요한가 그리고 우리의 선택이 다른 사람들에게 어떤 영향을 끼칠 것인가를 토대로 사안을 결정하는 능력과 매우 깊이 관련된다.[22] 그렇다고 모든 필요가 다 충족되거나 혹은 서로 다른 사람들의 필요 사이에 갈등이 전혀 없다는 말은 아니다. 중요한 것은 다른 사람의 감정, 사고, 필요가 무엇인지를 생각할 수 있는 사려 깊은 태도이다. 심리학적 용어로 말하자면, 이것은 '정신화' 관점에 가깝다. 돌봄의 자세로 행한다는 것은 다른 사람을 마음에 두고 자신의 행동이 그 사람에게 끼칠 결과를 인식하며 행하는 것으로, '나의 권리'를 의사결정의 토대로 삼지 않는다는 것을 의미한다.

정부 바꾸기

그렇다면 과연 어떻게 해야 공인의 삶 속에 돌봄의 윤리를 심을 수 있을까? 타인을 향한 더 넓은 책임감과 타인의 필요를 더 깊이 인식하는 공공정책을 보고 싶다는 목소리들이 점점 높아지고 있다. 피오나 로빈슨에 따르면, 새롭고 더욱 관계 중심적인 정치는 그 정책으로 인해 누가 상처를 입을지, 누가 권력을 소유할지, 그리고 어떤 관계가 분열될지 등을 토대로 하여 정책을 결정할 것이라고 하였다. 정부가 책임을 지고 타인을 향한 돌봄을 지원해주는 제도적 구조를 발달시켜나가야 하고, 그와 동시에 정부가 요술방망이와 같은 존재는 아니므로 활용할 수 있는 자원에 한계가 있다는 사실을 함께 인식해야 한다. 물론 정부가 직접적으로 사람들이 건강하도록 혹은 정서적으로 잘 균형 잡힌 상태를 유지하도록 만들 수는 없지만, 적어도 가족에 대한 정부정책, 가난을 퇴치하고자 하는 정부의 의지, 강간피해자보호법에 관한 정책, 심리적 측면에서의 건강관리, 광고 등등에 관한 정책을 통해 그러한 능력들을 위한 사회적 기초는 마련해줄 수 있다고 너스바움은 말한다.[23]

다시 말해서, 보다 덜 이기적인 사회를 위한 새로운 도덕적 합의에 비추어 정부의 역할을 재구성할 수도 있다는 말이다. 우리는 현재 크고 거대하고 복잡한 사회를 이루고 있고, 이 사회는 공통된 비전을 중심으로 우리 모두를 한데 엮어줄 '큰' 정부를 필요로 한다. 『권력에 관하여On Power』의 서문에서 베르트랑 드 주브넬Bertrand de Jouvenel은 우리가 집단의 단위로 어마어마하게 파괴적인 힘을 일으킬 수도 있다는 사실을 지적한다. 이 서문에는 다음과 같은 이야기도 들어 있다. '원자폭탄'을 만든 것이 '과학자들' 의 자연스러운 행동이 아니었다는 것이다. '폭탄을 만든 것은 미국의 한 종업원 집단이었고, 그들 가운데 가장 중요한 사람들이 과학자들이었다. 하지만 원자폭탄을 만들기로 결정한 것은 루즈벨트Roosevelt 대통령이었고, 그것을 사용하기로 결정한 것은 트루먼Truman 대통령이었다. 이들 정치인들의 사악함을 탓하려고 이러한 사실을 논하는 것은 아니다. 다만, 이 정도 규모의 피해를 일으킬 만큼 충분히 강력한 것은 오직 정부뿐이라는 사실에 주의를 모으려는 것이다.'[24] 정부는 막대한 파괴적 잠재력을 지녔고, 현재는 거의 늘 방어적으로 행동한다. 정부에게 부여한 우리 집단 에너지의 대부분은 현재 자본주의를 계속 돌아가게끔 만들고 우리의 금융적 이해관계를 보호하거나 혹은 어떻게 해서든지 국민국가 자체를 수호하는 데 쓰이고 있다. 하지만 그 어마어마한 집단의 힘이 보다 도덕적인 사회를 이끌어내는 데 건설적으로 쓰일 수는 없는 걸까?

우리에게 아직 공유된 도덕적 비전이 없다는 것이 문제이다. 현재 종교도 사회에서 약한 영향력을 발휘하며, 물질주의의 종교가 그 자리를 대신했다. 어떤 사람들은 심리학 혹은 '치료적인' 정부가 이 자리를 대신 차지하려고 위협하고 있다고 주장하기도 한다. 하지만 새로운 가치 경향을 나타내는 몇몇 발전의 조짐이 그 첫 신호를 보이고 있는데, 이는 경제위기의 한가운데서 '강요되어 온' 것들이다. 사람들은 무엇이 그들을 행복하게 만드는지에 대해 생각하기 시작했다. 영국과 미국에서는 생애초기의 발달, 그리고 아이들에게 멋진 인생의 첫 출발을 선사하는 일이 사회적으로 얼마나 중요한지를 인식하는 정책들이 실현되려는 찰나에 있다. 하지만 과연 무엇이 우리들의 우선순위가 되어야 하는가에 대한 합의는 없는 상태이다.

어떠한 경우에서든지, 설령 그것이 공익을 위한 비전이더라도 우리는 여전히 정부가 이를 인식하는 데 의존해야 할 것이다. 오직 정부만이 세대를 거쳐 계속되어온 불안전한 관계방식의 고리를 끊을 만한 충분한 자원을 모을 수 있고, 오직 정부만이 육식에 쏟는 농업정책을 거두어 콩류에도 관심을 기울일 수 있으며, 오직 정부만이 보편적인 건강서비스나 새로운 은행체계를 조직할 수 있고, 기후변화 문제를 해결하기 위해 협력할 수 있다.

하지만 변화를 위한 의견일치를 찾는 데에는 난점이 있다. 많은 사람들은 정치인들이 기후변화에 제동을 걸 만한 탄탄한 정책을 가지고 리더십을 보여주고 그 정책이 필요한 이유를 전체 대중이 이해하도록 도와줄 것이라고 희망했었다. 그러나 그러한 리더십은 아직까지 나타나지 않았다. 때때로 정부는 단기적 혹은 중기적 경제이익을 일으키는 개혁을 통해 전진하고자 하지만, 전체 인구에 새로운 재정적 부담을 지우는 방식으로 진보적 변화를 유도하는 경우는 거의 없다. 그들은 풀뿌리 시민들의 압력이 충분히 강해져서 그들이 유지해오던 권위가 위기에 봉착할 만큼 충분히 강해질 때라야 비로소 행동을 취할 것이다. 다시 말해서 정부 그리고 입법은 여전히 방어적인 자세를 기본으로 하여, 좋은 것을 창조하기보다는 해를 줄이는 데 대부분의 노력을 기울인다. 정부가 좀 더 적극적으로 돌봄과 안녕(행복)의 정책을 추구하려고 시도할 때면 '보모 국가'라는 비난을 받기 일쑤이다. 현재 우리에게 필요한 변화의 청신호를 찾기 위해 정부는 결국 우리, 인구 다수에게 의존한다.

비대한 민주주의

그러므로 우리의 지도자들이 유권자들의 소망과 필요에 주의를 기울이길 원한다면, 우리 스스로 우리 자신을 더 활발하게 드러내야 한다. 현재, 정치인들이 (유권자에게) 귀를 기울이도록 하기 위한 시도들은 종종 반대에 부딪친다. 개인과 집단은 불만과 무력감을 토로하기도 하고, 때로 분노에 찬 대중시위에 의존하기도 하지만, 그에 대한 결과는 대개 방어적이다. 정치인들은 진정으로 그들의 목소리에 귀 기울이기보다는 난처한 당시 상황을 잘 대처하고 자기 자리를 지키기에 급급하다.

의회가 사람들을 대표하는 방식에 구조적인 변화를 가하지 않는 이상 이 상황이 변화되기란 어렵다. 정치인들이 유권자들을 더욱 신뢰하고 우리의 바람을 정확하게 대표하는 데 더욱 초점을 기울이게 해야 한다. 정치인들은 부자와 힘 있는 엘리트들(바로 정치인들 자신의 부모 격 되는 권위자들)의 비위를 맞추는 데서 관심을 좀 덜고, 대중을 이해하고 섬기는 데 더 마음을 써야 한다. 이 일은 우리의 목소리를 들어달라고 주장함으로써 정치인들의 힘을 줄이고 대중의 힘을 증대시키지 않으면 일어나기 어렵다. 정치인들의 책무와 유권자들과의 상호작용을 늘이기 위한 더욱 직접적인 참여 민주적 구조가 필요할 것이다. 이를테면 파워 리포트에서 제안한 것처럼 각 국회의원이 지역연례총회를 통해 그의 활동에 대해 연례보고를 할 수도 있다. 유권자들의 참여를 자극하는 다른 역동적인 방법에는 국민투표, 그리고 블로그 활동, 사람들 간의 또는 대중과 그들의 대표자들을 이어주는 소셜 네트워크 같은 온라인 상호작용이 있는데 이것들은 지속적인 논의와 사고활동을 촉발할 수 있다. 이것은 보수주의 정당에서 말하는 사회참여 증가의 형태와는 다소 다른 제안이다. 그들이 바라는 사회참여의 형태는 학교, 신 주택 건설, 사회 프로그램 등과 같은 지역 서비스와 관련된 의사결정의 세부사항에 지역 사람들의 영향력을 위한 여지를 좀 더 마련함으로써 지역 주민들이 의사결정에 참여하도록 격려하는 것이다.[25] 이 비전은 사람들에게 '선한' 행동을 하라고 압박하는 공산주의자들의 공동체 교화의 메아리를 가지고, 사람들이 자기 자신의 이익을 증대시키기 위해 서로 아옹다옹하기 이전의 이상적인 촌락생활로 다시 돌아가자고 하는 것처럼 보인다. 물론, 지역문제에 지역 사람들의 참여는 가치를 지닌다. 그 가치를 부인하고 싶지는 않다. 하지만 그러한 지역참여를 늘리는 것이 아무리 유용하다 해도, 그것이 국가적인 차원의 진정한 권력과 책무의 문제를 다루지는 않는다. 그것은 사람들에게 가장 중요한 질문들을 놓고 토론을 벌이게 만들지 않으며, 에너지 정책이나 국가계획 전략, 아동보호 정책이나 우리의 시민적 자유 보호와 같은 보다 큰 문제들에 대해 사람들이 영향력을 발휘할 수 있도록 만들어주지 않는다. 우리가 진정으로 정치적 수동성에서 탈피하여 공동체 활동에 참여하기를 원한다면, 가장 절실하게 필요한 것은 국가정책에 영향을 끼칠 수 있는 기회이다.

대중과 대중의 '대표자들' 사이에 보다 직접적인 관계를 증진시켜서 대중의 다양한 목소리가 선출된 정치인들의 귓속에 울리게 하는 조치를 행한다면, 우리들의 관점을 무시하지 못할 것이다. 우리는 더 이상 엄격하고 다가가기 어려운 부모와 같은 정치계급을 필요로 하지 않는다. 간섭하기 좋아하며 과잉보호 하는 부모와 같은 정치인들도 반기지 않는다. 우리가 바라는 정치인들은 '권위 있는' 부모로서 경청과 반응을 할 줄 알며 모든 사람들의 필요를 마음에 두고 사람들이 자신의 의견을 활발하게 꽃피울 수 있는 구조를 제공할 사람들이라고 믿는다. 정치 철학자 진 베스크 엘시테인Jean Bethke Elshtain은 '치료적 정부'가 '시민은 움츠러들고 치료적 자기(즉, 정부)만 기를 펴는' 관계로 나아갈 것이라며 우려를 표명한 바 있다. 그러나 대중들이 제 목소리를 낼 수 있는 구조는 동등한 지위를 가진 사람들 사이의 공통된 도덕적 공동체, 새로운 시민적 형제애와 자매애가 나아갈 비전의 방향을 안내할 것이다.[26]

인간발달의 과정에서 정서적 성숙이 보장되지 않듯이, 민주적 절차에서 시민들의 적극적인 참여는 한 번도 보장된 적이 없었다. 성숙한 시민의식과 정서적 성숙은 우리가 얻으려고 열심히 노력하지만 성취하기 어려운 목표들이다. 이 두 가지 목표는 서로 연결되어 있기도 한데, 완전히 꽃피운 민주주의에서는 자신이 바라는 바를 위해 주장을 펼 수 있는 동시에 다른 사람들의 소망도 깨달을 수 있는 사람들이 필요하기 때문이다. 이들은 협동력뿐만 아니라 자립심도 잘 발달된 사람들이다. 앞의 여러 장에서 설명했던 것처럼 이러한 능력은 안전한 가정에서 활발히 나타나는데, 이러한 가정에서 사람들은 자신의 욕구가 충족될 것이며 자신의 의견을 다른 사람들이 들어줄 것이라는 사실을 확신한다.

다시 말해서 텔레비전 화면보다 더 스펙터클한 참여적인 민주주의는 '권위 있는' 가정에 존재하는 원칙과 동일한 원칙을 바탕으로 한다. 그러한 가정은 자유롭고 에너지 넘치는 태도로 자기 의사를 말할 수 있을 만큼 충분히 안전하고, 다른 사람에게 귀 기울이고 그들의 관점과 감정을 진지하게 여길 만큼 섬세하다. 갈등이 벌어지면, 엄격한 부모들이 하듯이 강요와 위협을 사용하는 것이 아니라, 기꺼이 함께 그 긴장을 해결하고 서로 다른 관점을 논하며 여러 경험에 대해 서로 의견을 나누는 동시에 다른 사람들의 가치와 그들의 감정을 존중하는 태도를 유지한다. 이제 그만 심리적 자기인식이 '나^{me}' 세대나 '치료적인 정부'에 기여해왔는지 아닌지를 염려하기를 멈추고, 나르시스적인 사회에서 벗어나 우리의 개인적 관계형태와 우리가 만들어낸 정치적 프로세스의 종류 사이에 존재하는 연결고리를 이해할 수 있도록 우리를 도와줄 새로운 심리적·과학적 지식 자원들이 많다는 사실을 깨달을 때가 되지 않았을까?

Notes

1. 요셉 라운트리 자선재단Joseph Rowntree charitable Foundation에서 발간한 파워 인콰이어리의 「국민에게 권력을Power to the People」(2006)
2. 1982년 2월 7일자 「옵저버」에 실린 고어 비달의 마틴 에이미스Martin Amis 인터뷰
3. J. Q. 윌슨, 『도덕감각The Moral Sense』(London, Free Press/ Simon and Schuster, 1993)
4. C. B. 맥퍼슨 『소유 중심의 개인주의의 정치적 이론: 홉스에서 로크까지』(Oxford University Press, 1962)
5. 마사 너스바움, 『여성과 인간발달』(New York, Cambridge University Press, 2000)
6. 캐롤 길리건, 『다른 목소리로In a Different Voice』(Cambridge, MA, Harvard University Press, 1982)
7. 「CAM」(2009)에서 질리언 테드가 인터뷰한 내용, '세 가지를 가져라 Take Three'
8. 요셉 라운트리 자선재단에서 발간한 파워 인콰이어리의 「국민에게 권력을」(2006)
9. 2009년 2월 10일자 「가디언」에 실린 조지 몬비오의 글
10. 2005년 7월 27일에 www.guardian.co.uk에 게시된 앤드루 턴벌 경 Sir Andrew Turnbull의 '내각장관 고별연설: 연설문 전문Cabinet Secretary's Valedictory Lecture: Full Speech'
11. 1798년 10월 11일에 존 애덤스가 했던 군대 연설
12. 알렉시스 드 토크빌, 『미국의 민주주의』(1835/1840, 번역 조지 로렌스George Lawrence, London, Fontana Press, 1994)

13. 2009년 7월 4일 빌 맥키벤의 개인 서신
14. 찰스 리드비터, 『시민정신Civic Spirit』 (London, Demos, 1998)
15. 피터 싱어 『사회생물학과 윤리The Expanding Circle: Ethics and Sociobiology』 (Oxford University Press, 1981)
16. 「성격저널」(73:4, 2005)에 실린 엘리자베스 미들라스티, 스테파니 페이긴 존스, P. 콜리P. Corley의 '홀로코스트 기간에 나타난 영웅적 구조 행위와 성격의 상관관계Personality correlates of heroic rescue during the holocaust'
17. 「성격과 사회심리학 저널」(93:5, 2007)에 실린 로렌스 워커와 제레미 프리머의 '용감하고 친절한 행동을 보인 모범인들의 도덕적 성격Moral personality of brave and caring exemplars'
18. 로이 바우마이스터, 『악: 인간 폭력과 잔인함의 실체Evil: inside human violence and cruelty』 (New York, Henry Holt & Co Inc., 1999)
19. 1998년 8월에 「레드 페퍼Red Pepper」에 실린 케이트 소퍼Kate Soper의 노암 촘스키 인터뷰
20. 피오나 로빈슨, 『세계화하는 돌봄』 (Boulder, CO, Westview Press, 1999)
21. 조앤 트론토, 『도덕적 경계』 (New York, Routledge, 1993)
22. 셀마 세븐휴이즌의 『시민권과 돌봄의 윤리』 (London, Taylor and Francis, 1998)
23. 마사 너스바움, 『여성과 인간발달』 (New York, Cambridge University Press, 2000)
24. 베르트랑 드 주브넬, 『권력에 관하여』 (Boston, MA, Beacon Press, 1962)
25. 2009년 11월 10일에 있었던 데이비드 캐머런의 휴고 영 연설Hugo Young speech '큰 사회The Big Society', www.conservatives.com.
26. 진 베스크 엘시타인, 『재판대에 오른 민주주의Democracy on Trial』 (New York, Basic Books, 1995)

10장

이기심 없는 사회를 위한
도덕적 탈바꿈

사회의 상당 부분이 권위주의적이거나 냉담한 부모들에 의해
길러진 이때에 애정 어린 사회를 창조해내는 것은
현대 미국이 해결해야 할 난제이다.

조지 레이코프(2002)

현실적인 것은 곧 실제로 벌어지는 일이다.
우리가 그것을 실제로 벌어지게 하는 순간,
그것은 현실적인 것이 된다.

조지 몬비오(2003)

내가 이 책에서 드러내고자 애쓴 것 중 하나는, 우리의 내적 생활과 외적 생활이 서로 연결되어 있다는 것이다. 정서적 삶은 우리 가정의 앞문(혹은 침실 문이라고 생각하는 사람들도 있을 것이다)을 들어서는 순간부터 시작되지 않는다. 그것은 모든 일의 일부이다. 우리는 정서적인 피조물로서 개인적인 인간관계뿐만 아니라 정치적·경제적 관계에도 정서적 반응을 일으킨다. 그것은 우리에게 동기를 부여하며 삶에 '활력'을 불어넣는다. 직장, 정치, 미디어, 모든 전문분야에서 드러나는 우리의 공적 행동은 우리 개인적인 삶뿐만 아니라 심리적 영향에 의해서도 좌지우지된다. 심리치료사 줄리언 로서더Julian Lousada와 사회사업 전문가 앤드루 쿠퍼Andrew Cooper는 이것을 좀 더 학술적인 용어로 이렇게 표현했다. '비판적인 사회분석은 언제나 개인의 정신이 사회적 영향과 절차에 의해 조성되고 만들어지며 결정된다고 밝히기 위해 애써왔다. 이 분석은 그와 정반대 방향으로 흐르는 분석방법을 그리 편안하게 여기지 않는데, 이 반대 방법에서는 개인의 정신 안에서 가장 쉽게 관찰되는 작용의 증폭을 통해 사회적 프로세스가 어떻게 이

루어지는지를 조사한다.[1]

한 사회가 다루어야 할 도덕적·정서적 이슈는, 타인과 그들의 감정에 주의를 기울이는 태도를 배우는 방법, 사람들 사이의 갈등을 처리하는 방법, 타인의 필요와 우리 자신의 필요 사이에서 균형을 찾는 방법 등 우리가 요람에서 파악하기 시작하던 이슈들과 동일하다. 도덕은 자신과 사회 사이의 접점을 다루는 방식에 관한 것이다. 우리는 그 접점을 유년기에 만나고, 생애초기에 실제적인 관계를 연습하면서 그 접점에 대해 배워나간다. 그렇기에 문화적인 삶에서 초기 자녀양육은 큰 중요성을 지닌다. 사회적 가치를 형성하고 우리가 어느 정도로 이기적이고 또 어느 정도로 타인을 인식하게 되는지, 그 경향성을 만드는 것이 바로 이 생애초기에 우리 주변에 존재하는 성인들과 나눈 생생한 경험이기 때문이다. 이는 대부분 도덕교육이라는 합리적 절차를 통해 일어나지 않는다. 자기 아이에게 "누가 화난 것처럼 보이면, 아마 네가 그 사람을 언짢게 했다는 의미일 거야."라든가 "저 사람들이 웃는 걸 보니 네가 뭔가 제대로 한 모양이구나."라고 말할 부모가 누가 있겠는가?

사실, 우리의 생각이란 우리가 자신의 정서적 상태를 해석하고 설명하는 방식의 결과물이기 때문에, 자기 감정을 이해하기 전까지는 완벽히 이성적인 존재가 될 수 없다. 영향력 있는 작가이자 신경과학자인 안토니오 다마지오 Antonio Damasio 가 이를 설명한 방식에 따르면, 데카르트의 주장은 틀렸다고 해야 할 것이다. 우리는 태어날 때부터 생각하지 않는다. 존재가 우선이며, 시간이 지난 이후에야 비로소 다른 사람들과 여러 사건을 경험하고 관계를 맺으면서 우리의 신체적 기분이 어떻게 변하는지를 알아채는 것이다.[2] 이 과정은 시간이 지날수록 복잡해진다. 우선은 신체적 감정을 갖는다. 그러고 나서 이러한 신체적 경험의 이미지를 형성하고, 그 이미지들을 서로 연결 짓는 방법을 배우게 된다. 이 이미지들은 감정을 대표하는 기초가 되고, 우리는 감정을 떠올릴 때 그 대표적인 이미지를 활용할 수 있다. 하지만 여기서 시간이 더 지나야만 비로소 우리는 우리의 생각에 관하여 생각하는 훨씬 더 복잡한 과정을 배우게 된다. 인간 문화가 감정에 대해 자세히 인식하게 되기까지는 오랜 투쟁이 있었다. 20세기 전반에 걸쳐, 심지어 심리학에서조차 정서보다는 인지 분야에 초점을 맞추기를 선호했다.

아이들의 정서를 지도 위에 올려놓기까지는 이보다 더 오랜 시간이 걸렸다. 한 예로 1940년대와 1950년대에 부모들은 아파서 병원에 누워 있는 자기 자녀를 문병하는 것이 허락되지 않았다. 아이들이 병을 앓는 것뿐만 아니라 홀로 있는 괴로움을 겪는 것은 평범하고 불가피한 것이라고 여겨졌다. 그들은 아이의 상태를 전혀 고려하지 않고 이렇게 생각했다. '어린아이니까 당연히 울 것이고, 우는 게 아이들이 하는 일 아니던가. 그리고 사실 버릇없고 응석받이인 아이들이 어디 한둘인가.' 존 보울비는 부모와 분리되었을 때 어린아이들이 받을 영향을 조사했는데, 연구에 도움을 받기 위해 사회사업가 커플인 제임스 로버트슨과 조이스 로버트슨을 고용하였다. 그들은 아이들이 괴로워하는 모습을 생생하게 보여주는 비디오를 찍었고 이후에 병원 직원들을 초대하여 그 영상을 보게 했다. 그 영상은 거울과 같은 역할을 하여, 병원 직원들로 하여금 자신의 행동과 그 영상 속의 아이들을 좀 더 객관적인 빛 아래에서 바라볼 수 있게 했다. 물론 불쾌한 기분을 좋아할 사람도 없고, 자신의 업무관행이 도전받는 것을 달가워할 사람도 없다. 로버트슨 커플은 제임스 스펜스 경이라는 의사가 보인 반응에 특별히 더 큰 상처를 받았는데, 사실 두 사람은 그 의사가 자신들과 같은 생각을 가진 동맹이라고 믿었었다. 소아과의사들의 회의가 열린 자리에서 그는 "아니, 감정적으로 언짢은 것이 뭐가 잘못되었다는 말입니까?"라고 말하며 그가 보았던 영상을 공격했다.[3] 이 이야기가 충격적으로 느껴지겠지만, 사실 이와 똑같은 주장이 바로 오늘날에도 여전히 일어나고 있다. 『파리대왕 Lord of the Flies』 유형의 실험을 위해 어린아이들을 의도적으로 부모들로부터 떨어뜨려 놓고 나중에 그 엄마들에게 아이들이 괴로워서 우는 장면을 보여주었던 텔레비전 프로그램 《홀로 남은 소년소녀들 Boys and Girls Alone》을 두고 벌어진 최근의 공개토론에서, 프로그램 제작자인 데이비드 드헤니 David Dehaney는 "애들은 원래 울지 않습니까."라고 말하며 제임스 스펜스 경이 보았던 것과 정확하게 동일한 부정적인 반응을 보였다.[4]

결국 부모들과 떨어져 병원에 있음으로 생겨나는 아이들의 괴로움은 용인할 수 없는 일이며, 일부 경우에 그 아이의 정서적 안정에 지속적인 영향을 미칠 수 있다는 것을 충분히 많은 수의 영향력 있는 사람들이 확신하게 되기까지는 거의 10년이라는 시간이 걸렸다. 그리고 마침내 병원의 여건이 변화되어 부모들이 자녀를 문병할 수 있게 되었고 결국에는 밤새 아이 곁에 머물도록 장려되기에 이르렀다. 이 변화의 과정에는 다른 무엇보다도 아이들이 내적 자아와 중요한 감정을 가지고 있다는 것을 깨닫게 하려는 투쟁이 있었다. 아동기 역사가인 해리 헨드릭은 이 내적 자아를 가리켜 '정서적 내면emotional interiority'이라고 묘사했다.5 오늘날에도 여러 면에서 이와 동일한 과정이 아기들과의 관계 속에서 발생하고 있다. 하지만 아이들의 감정을 존중하는 문화를 세우는 일이 여전히 끝나지 않은 전투라면, 아기들의 감정—특히나 아기들이 그 감정이 무엇인지조차 말할 수 없는 경우에—이 지니는 중요성을 사람들에게 증명해 보이기란 훨씬 더 어려울 수밖에 없다.

정서발달의 과정과 두뇌발달의 과정에 대해서 더 많이 알게 되면서, 아기들을 대하는 우리의 태도에도 유사한 개혁이 필요하다는 것이 더욱 분명해졌다. 아기들도 감정을 가지고 있다. 아기들의 경험은 각 개인들을 고려해서만이 아니라 사회를 고려해서도 중요하다. 아기들이 그들 주변의 성인들로부터 대우받는 방식은 영속적인 문화적 태도와 습관에 중대한 역할을 한다. 그리고 전통적인 핵가족이든, 공동체 집단이든, 탁아소 직원의 집단이든, 우리 삶에 매우 강력한 영향을 끼치는 것은 바로 그 사회집단에서의 생애 첫 경험이다. 바로 그들이 이 특별한 사회 속에서 '무엇이 어떻게 돌아가는지'를 전달해주기 때문이다. 아기는 자신이 하고 있는 행동에 대한 그 어떤 의식적인 인식 없이 정보를 빨아들이고 (그 상황에) 자신을 끼워 맞춘다. 심지어 아기의 뇌도 적응을 하여, 그 어떤 특정방식으로 행동할 준비를 갖추게 된다. 대부분 그것은 성인들을 모방하는 것과 관계된다. 성인들이 친절하고 사려 깊으며 공감의 특성을 보이면, 아기는 그 모습을 본받는 경향을 나타낼 것이다. 반면, 성인들이 다른 사람을 수상쩍게 여기고 공격성을 드러내기 일쑤라면 아기는 그 모습을 그대로 따라 하거나 혹은 겁에 질린 태도를 갖게 될 것이다. 자기 자신의 감정에도 관대하지 않은 사람들 손에서 자란 아기는 자기 자신에 대해 충분히 배우지 못할 것이다. 최초의 학습에는 타인에게 반응하는 방법뿐만 아니라 감정을 규명하고 이를 다루는 법을 배우는 것도 포함된다.

정서적 빈곤

적절한 반응을 받지 못한 채 자란 경우, 아기들은 불만족스러운 관계에 적응하는 뇌를 갖게 된다. 그 아이들에게도 이는 참 불운한 일이지만, 이것은 단지 개인적인 일에 그치지 않는다. 수많은 사람들이 무시당하는 기분을 정상적인 것으로 가정한다면, 그들은 어떤 일을 선택할 때 또다시 이런 태도를 취할 가능성이 있고, 아기들을 울도록 내버려둔다거나 일곱 살배기 아이를 기숙학교에 두고 오는 것에 아무런 문제가 없다고 생각할 수도 있다. 자신의 감정이 까다롭고 다루기 힘든 것이라고 경험하면서 자란 경우, 사람들은 모든 사람이 삶을 투쟁으로 여길 것이라고 가정할 수 있고, 보다 나은 기분을 느끼기 위해 모두가 돈, 약물, 섹스, 혹은 음식에 의존하는 것을 당연시할 수도 있다. 어린 시절 자신의 필요에 거의 반응을 얻지 못한 채 자라난 성인들은 그들 역시 타인을 위해 자신을 내어주는 일을 그리 좋아하지 않을 수 있다. 이런 사고방식을 가진 사람들이 충분히 많은 경우, 전체 문화가 뒤바뀔 수도 있다.

생애초기에 정서적으로 안전하지 못하다고 느꼈던 사람들은 '상처 난 정신bruised psyches'을 지니고 있다. 그리고 이는 인간관계 속에서 그들의 행동에 영향을 끼친다. 그런 사람들은 타인에게 방어적으로 반응할 태세를 갖춘다. 예를 들어, 부모나 사회제도가 자기에게 지나치게 요구하는 바가 많고 완벽주의적이라고 경험했다면, 그들은 자기 자신의 실패 앞에 쉽사리 수치심을 느낄 수도 있다. 또한 생애초기에 다른 사람 때문에 상처를 받았다면, 쉽게 원한과 분노의 감정을 느낄 수 있다. 이 연속선의 더 먼 쪽에 위치한 사람들의 경우, 즉 생애초기에 정서적 박탈이나 학대를 경험했던 사람들은 무의식적으로 다른 사람과의 관계 속에서 자신의 필요가 온전히 충족될 수 없으리라 확신한다. 연약했던 자신의 어린 시절이 너무도 고통스러웠기 때문에, 그들은 좀처럼 남에게 의지하지 않으려고 하고 때로 자신의 인간관계를 스스로 통제하여 다시는 버려지거나 상처받는 일 없게 하려고 애쓰기도 한다. 이들은 다른 사람들과의 갈등을 사회적 유대 혹은 평화로운 방식으로 다룰 수 있다는 사실을 어떻게 믿어야 할지 알지 못할 것이다. 또한 다수가 함께 내리는 민주적 의사결정절차를 신뢰하기 어려워할 가능성도 있다.

이러한 경험이 특별히 저소득층 집단에서만 나타나는 것은 아니다. 그것은 경제적 빈곤과 나란히 진행되어 함께 얽히고설키지만 '정서적 빈곤'의 형태는 사회 전체를 아울러 일어난다. 가난은 점점 더 사람들에게 많은 스트레스를 부과하고 있고 이로 인해 빈곤의 가장 치명적인 효과가 나타난다는 것을 연구자들은 보여주고 있다. 돈 걱정, 안전치 못한 환경, 편의시설 부족 등은 모두 사람들의 불안감을 높이는 데 한몫한다. '예측할 수 없는 식량 찾아 나서기'가 원숭이들에게 미치는 영향을 보여준 동물 연구에서처럼, 그러한 스트레스는 그 자손들의 두뇌발달에 해로운 영향을 끼칠 수 있다. 하지만 인간의 경우 안전한 정서적 애착이 이 해악으로부터 사람들을 보호하는 효과를 낼 수 있다는 사실을 우리는 잘 알고 있다. 가난하게 살지만 스트레스 넘치는 삶의 영향을 잘 이겨낼 수 있는 부모들이 있는데, 이는 그들에게 충분한 정서적 탄력성이 있고 다른 사람들이 도움을 베풀 것이라는 확신이 있기 때문이다. 그들은 자녀들에게 안정된 애착감을 전수할 것이고, 자녀들을 보호할 능력이 있을 것이다. 그 한 예로 명망 있는 흑인 변호사이자 정부각료인 바로네스 패트리샤 스코트랜드Baroness Patricia Scotland는 이스트 런던의 가난한 지역에서 대가족 속에서 자랐다. 하지만 그녀는 자신의 부모님들을 '영감을 주는(영향력 있는)' 분들이라고 보았고, 자신의 어머니가 '자신의 열두 자녀들 모두에게 강한 자기 가치감을 불어넣었다.'고 말했다. 그런가 하면, 환경적 빈곤뿐만 아니라 정서적 빈곤이라는 이중 불행 속에서 자란 사람들은 자기 자녀들을 보호하기가 훨씬 더 어렵다고 느끼고, 종종 그들의 불안한 관계패턴을 전수할 수도 있다.[6] 세계보건기구WHO의 최근 보고에는 다음과 같은 구절이 들어가 있다. '애정 어린 관계가 건강한 초기 아동기 발달을 만들어낼 수 있기 때문에, 사회·경제적 환경은 그 중요성에도 불구하고 반드시 한 인간의 운명을 결정짓지는 않는다.'[7]

우리는 아이들이 '위험에 처할' 가능성이 가장 높다는 사실을 다양한 연구자료들을 통해 알고 있다.[8] 비록 이 문구 자체가 사회의 하층계급과 연관되는 경향이 있기는 하지만, '위험에 처한' 상황이라는 것이 실제로 심리적인 경우일 때가 얼마나 많은지를 보면 놀랄 정도이다. '저소득', '형편이 좋지 않은 거주환경'은 여러 가정에 스트레스를 높이기 때문에 이것이 위험목록에 올라 있는 것은 당연하지만, 사실 위험요소의 대다수는 관계적인 문제이다. '자신이 부모라는 데 상반된 감정을 가진 부모'도 위험요인에 속한다. 모든 부모가 때때로 모순감정을 갖긴 하지만, 나는 부모로서의 역할을 받아들이는 자신의 능력에 정말로 확신을 갖지 못하는 사람들은 아이들의 요구에 대처하는 데 필요한 내적 안정과 자부심이 없는 사람들이라고 생각한다. '부모의 정신건강 문제' 역시 무시 못할 위험요인이다. 정서적 어려움은 유전적으로 전달될 수도 있지만, 여러 증거들은 지원을 받지 못하고 학대받았던 아동기로부터 그러한 어려움이 유발된다는 사실을 보여준다. 그들의 부모는 누군가의 필요를 충족시키기 위해 그들과 관계 맺는 방법에 대해 잘 알지 못하고, 자기 자녀의 필요를 어떻게 충족시켜줘야 하는지도 분명히 알지 못한다. '빈약한 애착'도 초기 인간관계에서의 온정 혹은 일관성 부족에 그 뿌리를 둔다. '반사회적 행동의 역사'라는 것이 있는데, 나는 이를 덜 발달된 자기규제, 그리고 실망스러운 애착인물에 대한 분노표출 경향이라고 해석한다. 마지막으로 '빈약한 교육' 또한 위험요소인데, 이것은 심리적으로 한 사람을 보호해주는 성격을 띠는 반성과 인식의 발달을 저해한다. 빈약한 교육 또한 아이들의 잠재력을 제한하는 경향이 있고, 이는 그 자체로 매우 안타까운 일이다.

'위험요소' 목록은 다소 혐오스러워 보이는데, 이는 빈약한 사회여건은 불가피하게 특정결과를 낼 수밖에 없다는 의미를 내포하는 것 같다. 사람들은 부와 사회적 권력을 덜 가질수록 '위험에 처할' 가능성이 더 커진다고 상상한다. 분명, 힘이 부족하면 더욱 취약해지는 것은 분명하다. 하지만 기다란 막대사탕 속에 빨간 줄로 새겨진 설탕 줄기처럼, 심리적 피해는 사회 전체를 거쳐 돌아다닌다. 그것은 계급에 기초를 두는 것이 아니라, 한 세대에서 다음 세대로 전수되는 정서적 습관에 기초를 둔다. 때때로 악한 행동을 하는 사람들이 많은데 그들은 자기 삶을 제대로 조직할 수 없고, 신체적·심리적으로 다른 사람들에게 상처를 입힌다. 이들 가운데 상당수는 부유한 교외 동네나 멋들어진 중역 회의실, 의회 회관이나 교실 속에 숨겨져 있다.

아이들의 심리적 필요를 충족시켜줄 수 없는 생애초기의 환경 속에서, 아이들의 뇌는 스트레스에 더 민감하고 위협이 없는 곳에서도 위협을 보며, 사고와 감정을 통합하는 능력이 부족한 경향이 있다. 하지만 오직 부모만이 아이들이 받는 충격의 원인은 아니다. 미국 정신의학자 브루스 페리Bruce Perry는 팔레스타인, 다르푸르, 르완다 등에서 일어났던 것과 같은 국가적인 갈등이 유발하는 위험에 대해 경고한 바 있는데, 이 갈등은 풀리지 않은 채로 남아 아이들이 장기적인 충격을 경험하게 만들었다.[9] 두려움과 공포를 일으키는 환경 속에 사는 아이들은 장차 타인의 말을 경청하고 다른 사람에게 공감하고, 갈등을 해결하기가 매우 어려워진다. 그 다음 세대가 보호를 받지 않는다면 악순환은 계속 반복될 것이다. 이를 해결하려면 외교술과 심리적 통찰이 필요하다.

성공적인 가정과 마찬가지로 성공적인 사회는 사람들 사이에 분열과 불화가 일어나면, 깨어진 관계를 회복할 수 있는 구성원들의 능력에 의지한다. 이것이 실패할 경우 전쟁과 갈등이 일어나고 사람들 사이의 연결은 깨지고 만다. 결혼, 가정, 사회제도, 국가 간의 갈등, 그 어디에서든지 끈질긴 문제를 푸는 열쇠는 상대방 혹은 상대 집단의 동기와 감정을 이해하기 위해서 공감과 정신화를 사용하는 데 있다. 예를 들어, 회복의 정의restorative justice라는 작업은 해를 입었던 사람들과 해를 끼쳤던 사람들을 한자리에 불러 모아서, 처벌보다는 대화를 유도하는 목적을 지닌다. 이것은 양쪽 사람들 모두 가치 있는 존재들이며 그들의 행동에 의미가 있다는 사실을 인정함으로써 이전의 관계로 다시 돌아가도록 시도한다. 이러한 접근에서 주장하는 바는 공격자를 단순히 악한 행동을 해 온 주체로만 볼 것이 아니라 하나의 역사를 품은 한 사람으로 대우하자는 것이다. 이와 동일하게, 피해자에게도 공격자의 행동으로 인해 인간됨을 잃었던 자리에서 일어나 자신의 개인적 특성을 재수립할 기회를 부여한다. 이를 통해 그의 정체성이 입었던 피해도 아물 수 있게 하려는 것이다. 이는 관련 당사자 모두가 충동적으로 반응하는 대신 자기 자신과 상대방의 감정을 고려하기를 요구하는 매우 정교한 협상의 과정이다. 스트레스 아래에 놓여 있으면, 이러한 능력들이 쉽게 무너진다.

이기적이지 않은 세대 만들기

덜 이기적인 사회를 만들고자 한다면, 우리 이기심의 근원을 다루어야만 할 것이다. 많은 사람들, 특히 종교적 신념을 가진 사람들은 이기심의 한 가지 중요한 근원으로 전통적인 가정의 축소를 든다. 특히, 편부모 가정의 등장은 아이들에게서 더 많은 문제를 발생시키는 원인이라고 여겨질 때가 무척 많은데, 아이들은 그렇게 축소되고 약화된 가정에서 충분한 재정적 안정, 관심, 혹은 도덕적 지침을 받지 못할 수도 있다. 전통주의자들은 결혼생활을 저버리는 성인들의 처사는 자녀들의 필요보다 자신의 필요를 앞세우는 이기적인 행동이라고 믿는다. 그들은 다시금 시간을 되돌려, 두 사람이 결코 깨뜨릴 수 없는 영원한 연합으로서의 결혼을 다시 수립하기를 원한다. 그러한 안정적 구조가 아이들에게 유익하다는 것을 시사하는 증거들도 있으며, 이와 함께 부모의 이혼이 아이들에게 고통과 스트레스를 준다는 증거들도 있다.

이기적인 이혼녀로서 나는 시간을 되돌리고 싶지 않다. 하지만 자신의 개인적 자유가 신성하다는 근거 위에서 자신이 자녀를 사랑하기만 하면 충분할 것이라 희망하면서 전통주의자들의 그러한 주장을 거부하는 사람들의 의견에는 동의하지 않는다. 최악의 경우 그런 부모들은 자신의 직업적 기회나 자신의 행복 등 그 어떤 희생도 감수하기를 거부하고, 부모가 되는 데 필요한 그 어떤 양보도 하지 않으려 한다.

이러한 양극단의 입장 사이에 진정한 대화는 거의 없지만, 두 집단의 관점은 모두 생각해볼 만한 타당한 요점을 가지고 있다.

나는 부모들의 정서적 어려움이 그들 자녀가 겪는 경험의 일부가 되며, 그들이 자녀와 함께 지내든 그렇지 않든 간에 아이들에게 영향을 끼칠 것이라고 믿는다. 특히 어떤 연구는 비교적 스트레스가 적은 편부모 가정에서도 일부 아이들은 활기차게 자랄 수 있지만 부모 사이의 갈등은 아이들에게 매우 해롭다는 것을 보여준다. 그와 동시에 나는 가족의 깨어짐이 가져올 수도 있는 불행을 부인하고 싶지 않다. 그리고 아이들은 안정과 예측 가능한 상황 속에서 유익을 얻으며, 대개 양친 모두와 탄탄한 유대관계를 형성하면서 엄마 아빠와 함께 살기를 바란다는 사실에 의문을 제기하고 싶지도 않다.

부모이자 심리치료사로서 내가 직접 겪은 경험 속에서, 한 아이의 정서건강을 위해 중요한 것은 특별한 유형의 가정생활을 영위하는 것이 아니라, 아이가 진정으로 자신에게 귀를 기울여주고 관심을 보여줄 수 있는 애정 어린 그리고 아이 곁에 함께 있어주는 성인과 영속적인 관계를 적어도 하나는 경험해보는 것이 무엇보다도 중요하다고 생각하게 되었다. 나의 부모님은 젊을 때 결혼하여 세 자녀를 얻고 우리가 장성할 때까지(그 후에야 비로소 이혼을 하셨다) 함께 살았다. 두 분은 서로 심하게 논쟁하지는 않았지만 정서적으로 친밀한 사이는 아니었다. 대신 외출을 상당히 많이 했고 생기 있는 사회생활을 함께 즐겼다. 바깥에서 보기에 나의 성장은 매우 안정적으로 보였음에 틀림없겠지만, 정서적인 측면에서 말하자면 그렇지 않았다. 나의 아버지는 우리와 비교적 많은 시간을 보내지는 않았지만, 정서적으로는 따뜻한 분이셨고 이따금씩 주말에는 우리들과 게임을 하며 즐거운 시간을 보내기도 했다. 하지만 아버지는 체벌과 함께 당신의 권위에 의존해서 문제를 해결하려고 했기 때문에 아버지가 계실 때면 갈등이 일어나곤 했다. 나의 어머니는 재능과 관심분야가 많았고, 심지어 우리가 갓난아기들이었을 때도 자기 일을 놓지 않았다. 집 밖에서 일을 하지 않을 때면 우리와 함께 시간을 보내곤 했지만, 우리의 사회적·학업적 성과를 자주 비판하면서 늘 뭔가를 가르치려고만 했다. 나의 할머니는 평일이면 좀 더 우리 집에 오래 머물러 계셨다. 할머니는 요리, 청소, 집안일 등을 하면서 우리와 매일 어느 정도 시간을 함께 보냈고, 나의 어머니 혹은 우리들에게 쉴 새 없이 불평을 늘어놓으며 하루를 보내고는 밤이 돼서야 댁으로 가셨다. 표면적으로 보았을 때, 안정된 가정에 결혼한 부모가 있었으니 전통주의자들이 보기에는 용인할 만한 결과였다.

하지만 이 성인들 가운데 그 누구도 아이들의 정서적 상태에 지대한 관심을 기울이지는 않았다. 우리 집에서는 '마음 집중'이라는 것도 없었고 감정에 대해 이야기하는 일도, 감정에 대한 이해도 거의 없었다. 내가 생각해봤을 때, 이 세 명의 부주의한 부모들보다 진정으로 주의 깊고 아이에게 초점을 맞추는 한 사람이 나를 위해 훨씬 더 좋은 부모 역할을 했을 것이다. 그리고 바로 이것이 내가 아동발달에 대해 연구하며 발견한 사실이며, 이 사실은 내 아이들과의 관계 속에서 무언가를 선택하는 데 무척 큰 도움이 되었다. 내가 부모가 될 차례가 되었을 때, 나는 나의 부모님처럼 전통적인 결혼에 그리 높은 가치를 두지는 않았지만 나의 부모 세대보다는 아버지와 자녀 사이의 관계를 조금 더 진지하게 여겼고 내 아버지가 나와 나누었던 것보다 훨씬 더 깊은 수준의 정서적 참여를 격려하고 이에 가치를 두었다. 그렇지만 나의 우선순위는, 가능한 많은 시간을 아이들 곁에서 보낼 수 있도록 나의 직장생활을 조절하고 제한하는 것이었다. 내 아이들이 뭔가 새로운 방식으로, 자신들이 경험했던 양육에 반응하게 될 것이라는 데에는 의심의 여지가 없다.

이것저것 끼워 맞춰보려던 나의 절충안들은 다른 사람들의 절충안과는 다를 것이다. 사람들 대부분은 자신들이 생각하기에 그들 각각의 상황에 최선인 것을 시도한다. 다른 모든 사람들처럼 엄마들도 자신의 소망과 필요를 가지고 있다. 양육은 성인의 관심사와 아이들의 관심사 사이에 충돌을 일으킬 때가 무척 많다. 항상 갈등과 모순가치가 존재하며, 투명하고 순수한 의사결정을 내리는 경우는 드물다. 그래서 토머스 무어Thomas Moore는, "신은 그 아름다움 속에 존재하는 만큼 혼란 속에 존재한다."고 말했다.[10] 모든 필요가 전부 충족될 수는 없다.

그러나 가장 중요한 것은 아이들의 필요를 충분히 심사숙고하고 고려해야 한다는 것이며, 이것은 희망사항이 아닌 사실에 토대를 두어야 한다. 관계적인 관점에서 보았을 때 우리에게 필요한 질문은 '나의 권리는 무엇인가?'가 아니라 '어떻게 하면 피해를 피할 수 있을까?'이다. 발달적 관점에서 우리에게 필요한 질문은 '어떻게 하면 내 아이가 자라는 데 내가 최선의 도움을 줄 수 있을까?' 하는 것이다. 안타깝게도 이 질문은 지금 우리가 필수적으로 가지고 있는 것은 아니다. 정치적·재정적으로 쓸모 있는 것들을 챙기느라 정작 우리가 챙겨야 할 중요한 것들은 자주 무시된다.

탁아소 논쟁

오늘날 초기육아에 관한 사회정책보다 더 골머리를 썩이는 사회정책의 영역은 거의 없다. 그리고 비판가들은 이러한 정책의 위태로움을 꼬집는다. 아기들이 받는 관심의 질은 무척 중요하기 때문에, 사회의 이기심에 의문을 제기함에 있어 육아정책은 그 핵심에 위치해 있다. 생애 첫 시기부터 임의의 낯선 사람들과 함께 보내도록 (탁아기관 등에) 아기를 맡겨두면서 현재 우리의 자녀양육 습관을 그대로 끝까지 가져간다면, 그 아이들의 개인적인 정서적 안정성뿐만 아니라 사회의 안녕 또한 위험에 빠진다. 빈약한 초기 돌봄의 길 끝에서는 방어적 자기충족성의 특징을 가진 개인들이 양산될 것이며, 이들은 음식, 약물, 도박, 그리고 수동적인 오락거리가 주는 보다 안전한 즐거움 속에서 위안을 찾고 그것을 최상이라 여기면서 인간적 접촉으로부터 등을 돌릴 것이다.

오늘날 우리가 직면하고 있는 더 심각한 질문은 아마, '우리가 과연 실제로 애정 어린 사회 혹은 반성적인 사회를 원하는가?'일 것이다. 초기의 돌봄을 증진하지 말자는 무의식적인 요구가 있을지도 모른다. 정서적으로 보다 나은 돌봄을 받으면 과연 그들이 기꺼이 자본주의를 유지하려고 할 것인가? 그 어딘가에 우리가 집단적으로 우리 자신의 감정으로부터 분리될 것을 요구하고, 계속 물질적인 세상에 초점을 맞추게 하는 사회적 추진력이 있을지도 모른다. 잘 양육된 사람들은 유행을 따라간다거나 최신 자동차나 텔레비전을 구입한다거나 유명인의 생활방식을 모방하는 데 관심을 덜 기울일지도 모른다. 그들은 사업확장이나 이익증진에 덜 집착할지도 모른다. 그렇다면 음식, 도박, 오락, 약물 관련 산업들은 그 산업을 뒷받침하고 추진해주는 인간의 비참함이 없다면 과연 어디에 존재할 것인가?

현재 자녀양육에 있어서는 아이 중심이 아니라 일 중심, 그리고 돈 중심의 트렌드가 유행하고 있는 것이 분명하다. 점점 더 많은 수의 부모들이 아직 그들의 아기들이 '품 안에' 안겨 있을 만큼 어린데도 정규직 업무로의 복귀가 용인된다고 생각하고, 심지어 그렇게 하는 것이 바람직하다고 믿는다. 이러한 믿음은 유아기 동안 공급되는 금전적 지원의 가능성 여부에 크게 영향을 받는다. 현재 영국에서 대부분의 사람들은 유급 출산휴가가 끝나면 바로 일로 복귀한다. 엄마들의 고용률이 높게 나타나는 나라들에서 유아기 동안 그 부모들에게 가장 적게 재정적 지원을 하는 것은 우연이 아니다. 스칸디나비아 나라들은 예외다. 그 나라들에서도 엄마들의 고용률이 높게 나타나지만, 그 나라에는 부모 두 사람이 육아와 일을 조합하여 각자의 생활계획을 잘 세울 수 있도록 넉넉한 급여를 지원하는 유연한 시스템이 있기 때문이다.

자신이 일을 할 수 있도록 도와줄 양육방법을 찾을 때, 부모들이 가장 많이 선택하는 것은 탁아소의 주간 보육센터이다. 부모들은 이것이 정부가 지지하는 선택이라는 인상을 가질 때가 많고 심지어 아기들을 위해서도 좋다고 생각한다. 미국에서는 생후 3개월 된 아기들 가운데 12%가 이미 주간 보육센터에 있으며, 15개월 무렵의 걸음마기 아기들의 경우 그 수치는 21%까지 올라간다. 영국에서도 탁아소 이용이 늘어나고 개인적으로 보모를 고용하는 경우가 점점 줄어드는 것을 볼 때, 영국에서도 미국과 동일한 경향이 나타날 수 있다. 아기들을 위한 개인적이고 세심한 돌봄은 이제 점차 그 설 자리를 잃고 있다.

하지만 아동정신과의사인 스탠리 그린스펀과 스튜어트 셰인커는 개인화된 돌봄이 건강한 사회를 이루는 데 꼭 필요한 토대라고 경고하면서, '무수한 어린이들에게 이렇게 똑같이 감정적 상호작용을 빼앗고 규제할 경우, 사회가 축소되고 후퇴한다. 앞으로 다가올 아이들의 인생 일부를 차지할 일관되고 애정 어린 돌봄을 아이들이 받지 못한다면 이러한 위험이 현실로 나타날 가능성은 더욱 높아진다.'고 말했다.[12]

그들은 중요한 것은 바로 돌봄의 질이라고 말하면서, 돌보는 이들이 불안정한 방식으로 왔다 갔다 하거나 그들이 스트레스 아래 놓이거나, 공식적으로 한 사람이 돌보아야 할 아이의 수가 한정돼 있음에도 여러 주간 보호센터에서 그렇듯 하루에 너무 많은 아이들을 대하고 있어 편안하게 아이들을 다루지 못하거나, 혹은 부모 역할을 할 인물로 적절히 준비가 되지 않은 경우, 이는 아이들에게 중대한 위험이 된다고 주장한다.

물론 자녀들을 돌보는 데 있어 부모들을 지원해주지 못한 결과로 어떤 현상이 벌어지는지를 보여주는 최근의 증거들도 있다. 뉴질랜드, 호주, 미국, 포르투갈, 영국은 아기들과 그들의 부모들을 위한 재정적 뒷받침이 가장 적은 나라들이다. 또한 아이들의 정신건강이 최악의 상태를 드러내는 나라들이기도 하다. 이 나라들은 비만아동, 십대 임신, (아이들끼리의) 괴롭힘, 건강·사회 문제, 전반적으로 빈약한 아동행복 등의 이유로 고통 받고 있다. 한편 스웨덴, 프랑스, 스페인, 덴마크, 일본과 같은 나라는 융통성을 발휘하여 초기 자녀양육을 위해 넉넉하게 재정적 지원을 공급해왔으며 최상의 아동 정신건강을 나타낸다.[13]

유아정신건강협회Association for Infant Mental Health에 속한 나의 동료이자 유명한 심리학자인 페넬로페 리치는 초기 자녀양육이 사회의 안녕에 필수적이라는 의견에는 열렬히 동의하지만, 아이들이 매우 어렸을 때 부모가 노동에 참여하는 것에 대해서는 보다 부드러운 관점을 취한다. 리치는 생애 첫 몇 년 동안 불가피하게 부모가 아닌 사람에게서 돌봄을 받는 것에 대해 낙관적이며, 1950년대의 환상적인 황금시대를 돌아보면서 '그 시절은 끝났다.'고 말한다. 아마 우리 아이들은 '그 시절은 완전히 끝났다.'고 말하지 않을까? 리치는 아이들이 매우 어렸을 때 일을 해야 하는 여성들의 필요에 대해서 실용적인 관점을 취하면서, 외로움을 느끼거나 자신의 직업에 대해 염려하거나 혹은 돈이 없어 울컥하거나 하는 여성들에게 아기들과 함께 있어야 한다는 생각 때문에 너무 염려하지 말고 다시 일로 돌아가라고 격려한다. 그들이 집에 갇혔다고 느낀다면 (집에서도) 아이를 잘 돌볼 리 만무하기 때문이다. 자아감 상실에 괴로워하거나 빈약한 환경이나 돈 때문에 스트레스를 받는 우울한 성인들은 자신의 아이에게 세심하지 못할 위험이 있다는 것을 확증하는 연구는 상당히 많다. 부모들이 자신의 아이와 함께 있기를 즐기지 않는다면, 아이들에게 세심하게 반응해주기 어려울 것이라는 점은 너무나도 명백하다.

하지만 이에 대한 해결책이 부모들에게 든든히 지원을 해주는 것이 아니라 오히려 아이들을 낯선 사람 손에 맡겨야 하는 것인지는 아직도 의문이다. 엄마(혹은 아빠)의 일을 확실히 지켜줌으로써 그들이 잠깐 일을 놓았다가도 다시금 일할 수 있도록 만들어주면 되지 않을까? 독일에서는 엄마든 아빠든 3년간 무급 육아휴직을 충분히 가질 수 있으며 그 기간 동안에는 퇴출당하거나 해고당하지 않는다. 오락, 교육, 기타 공동체 이벤트를 열어서 초기양육을 좀 더 사회적이고 정신적으로 자극이 되는 활동으로 만들어주는 지역 부모카페와 같은 활동을 마련해줄 수는 없을까? 모든 증거들(그리고 내가 임상장면에서 경험했던 것들)은 우울한 어머니들에게 치료적 지원을 제공하면 그들의 우울증을 걷어내는 데 효과적이라는 것을 시사하는데, 이러한 지원을 제공해줄 수는 없을까? 아이들을 현재와 같은 상태에 내버려두도록 여성들이 압박을 받아서는 안 된다는 것이 나의 견해이다.

   리치에게 공평하게 말하자면, 아기들이 부모가 아닌 타인에게 돌봄을 받는 것이 대단히 우려스러운 일이라는 데 리치가 동의한 것은 분명하다. 리치는 돌봄의 종류가 아이들에게 때로 중요하지 않다고 말한다. 더군다나 '적절히 돌봐준다.'는 의미가 곧 말도 안 되게 비싼 비용을 의미한다면 말이다.[14] 양질의 돌봄이란 돌보는 사람이 몇 명의 아이를 돌보느냐에 좌우되고, 또한 기본적으로 가족에게 받을 수 있는 돌봄을 얼마나 재현하는가에 달려 있다. 탁아소에서는 대개 아기들에게 형편없는 보살핌을 제공하는데, 아기들이 필요로 하는 지속적인 돌봄을 제공할 만큼 충분한 직원이 없고, 그들이 보유하고 있는 직원들은 현재 형편없는 급여를 받을 뿐만 아니라 훈련도 잘 안 된 상태다. 주간 탁아소 직원의 이직률은 거의 40%에 이를 정도로 어마어마한데,[15] 이는 주요노무자 시스템을 운영하는 소위 깨어 있다는 탁아소들에서조차 지속적인 돌봄이 이루어지지 않고 있다는 것을 의미한다. 아기들이 온종일 일대일 돌봄이 아닌 한 무리의 사람들과 상호작용을 해야 할 때, 이는 아이들에게 무척이나 스트레스가 된다. 그런데 리치의 보고에 따르면 미국에서는 그러한 장소에서 벌어지는 참담한 돌봄의 질('긍정적인 돌봄'을 제공한다고 평가된 곳은 단지 9%뿐이었다)에 대해 전문가들 사이에는 '침묵과 패배주의의 문화'가 있다고 한다.[16] 고용된 돌봄이들과 아기들이 친밀하고 안정된 (2차적) 애착관계를 형성할 수 있을 만큼, 더 많은 직원들 혹은 보다 훌륭하게 훈련된 직원들을 공급할 기반을 마련할 자금을 조성할 수 있다는 희망이 보이지 않기 때문에 지금의 상황을 있는 그대로 소리 높여 말하기를 두려워하는 것이다.

세상의 모든 돈을 쏟아붓는다 해도 아이들을 위한 긍정적인 결과는 기대하기 어렵다. 나는 그저 그런 결과를 얻겠다고 온 에너지를 투자하는 것보다 뭔가 우리가 추구할 만한 보다 나은 해결책이 있다고 믿는다. 탄력근무에 대한 권리(고용주가 피고용자에게 그것을 요구할 권리에 반대되는 개념으로)를 제공하여 엄마 아빠들이 그들의 아기와 어린아이들을 돌보는 일을 공유하는 동시에 그들의 직업적 정체성을 유지할 수 있도록 만들어주는 것은 어떨까? 대부분의 여성들은 아기의 생후 첫 몇 년 동안은 자신이나 자기 배우자 중에 누구라도 아기를 돌봐야 하지만 가능하면 파트타임 일이라도 가져야 한다고 생각한다고 한 연구는 밝히고 있다.[17, 18] 그리고 아빠들도 점점 더 그들 아기의 생애초기에 좀 더 적극적인 역할을 맡기를 원하고 있다. 이 방법이 아기와 부모 모두의 필요

대부분을 충족시켜주기 때문에, 나 역시 이것이 우리가 가야 할 방향이라고 생각한다. 대량생산된 탁아소의 서비스를 업그레이드 하려는 시도가 아기들이 필요로 하는 애정 어린 애착을 공급해줄 수 있으리라고는 생각지 않는다. 그렇다고 탁아소가 전혀 아무런 역할도 하지 못한다는 의미는 아니다. 탁아소는 일차적으로 두 살이 넘은 아이들에게 초점을 맞춰야 한다. 한 연구에 따르면 이는 대부분의 아이들에게도 유익하다고 한다. 공동양육shared parenting 노선에서 부모들이 자기 아이들의 일차적 보호자가 될 수 있도록 해줄 완벽한 해결책은 이를테면 주 열 시간의 정부보조 무료 탁아 서비스, 혹은 다른 대안적 서비스를 아기의 생애초기 몇 개월부터 제공하는 것이다. 이로써 부모 두 사람은 아기와 오랫동안 떨어져 있음으로써 그 아기의 안녕에 부정적인 영향을 주지 않고서도 유연하게 노동생활을 조절할 수 있다. 또한 일을 하지 않고 종일 아이를 돌보는 부모에게도 이와 같은 서비스는 주어져야 한다. 풀타임으로 아이를 돌보는 부담으로부터 휴식을 취할 수 있도록 말이다.

이러한 해결책 역시 정부, 고용주 혹은 이 둘 모두에게 '터무니없이 비싼' 방법이라고 여겨질 가능성이 있다. 하지만 그들은 아빠 엄마 양쪽 모두에게 진정한 선택권을 줌으로써, 부모들에게서 불가능한 성취를 얻어내려고 시도하는 짐을 벗을 수 있다. 현재 우리의 상황은 상당히 비효율적이다. 한 사회로서 여성을 노동인구로 완전히 통합시키는 데 아직 적응하지 못했거나, 아니면 여성들의 사회생활 진출이 자녀양육에 진정한 딜레마를 일으켰다는 사실을 아직 인식하지 못하고 있다. 역사적으로, 고용주들은 그들이 제공하는 업무환경이 가정에 영향을 끼쳤으며 그들이 가정에 끼친 영향에 대해서 전혀 책임지지 않았다는 사실을 단 한 번도 인정하지 않았다. 보다 최근에 고용주들은 여성들이 노동시장에서 중심적인 역할을 하도록 끌어들였으면서도, 자녀양육은 '외부적인 일'로 여겨왔다. 즉, 자녀양육은 마치 환경오염처럼 그들의 책임을 넘어서는 비용으로 여기는 것이다. 하지만 '오염을 일으킨 사람들에게 대가를 묻자.'는 요구가 늘어나는 것처럼, 아마 우리는 이제 고용주들도 그들이 얻는 이익의 일부를 사용하여 어린아이들의 부모들을 고용하는 사회적 대가를 지불하도록 요구할 수 있을 것이다.

물론 자녀의 아동기 전반에 걸쳐 부모가 자신의 일과 자녀양육의 책임을 모두 충족시키는 데는 어려움이 따르겠지만, 나는 특히나 생후 첫 몇 년간에 초점을 기울인다. 이 시기가 아이의 남은 삶의 토대를 다져줄 정서적·도덕적 발달을 형성하는 데 너무나도 중요하기 때문이다. 유아기는 매우 여러 면에서 다른 시기와 다르다. 아기들이 배우는 것은 대체로 정서를 조절하는 방법과 세상을 해석하는 방법이다. 그들에게는 개인적인 지침과 피드백이 필요하다. 따라서 유아기에 형성되는 최적의 발달은 무엇보다도, 서서히 형성되는 아기 스스로의 자아를 계속 확인할 수 있도록 충분히 옆에 있어주는 관계뿐만 아니라, 아기가 자아를 조성하고 하나의 존재로 설 수 있도록 이끌어주는 인간관계의 질에도 크게 의존한다. 삶의 이 단계에 필요한 돌봄은 비개인적인 돌봄이 아니라 사적이고 개인적인 돌봄이다.

페넬로페 리치는 유급 양육휴가를 최소 12개월까지 받을 수 있도록 정부 보조를 늘려야 한다는 올바른 제안을 하면서, 이것이 모든 면에서 '돈의 가치'를 세워줄 것이라고 주장한다. 어떤 면이 그러한지 일일이 밝히지는 않았지만, 안정된 초기 애착관계가 그 개인뿐만 아니라 사회에도 다양하고 장기적인 유익을 준다는 사실에 대해서는 의심하는 사람이 거의 없다. 발달심리학자 앨런 스루프Alan Sroufe는 미네소타대학University of Minnesota에서 수많은 가정을 대상으로 인상적인 장기연구를 수행하였는데, 임신부터 시작해서 이후 몇 십 년 동안 추후연구를 진행했다.[19] 이 연구는 유아기에 한 부모와 안정된 애착을 형성한 아이들은 이후 삶에서 이따금씩 어려운 경험을 할 때 잠시 제 길을 벗어나는 것을 빼고는 모든 면에서 더 나은 수행을 보인다는 것을 보여준다.

리치는 아기가 삶을 시작하는 시점에 아기와 유대감을 형성할 수 있도록 부모 가운데 한 사람이 집에 머물러 있는 것의 가치에 대해서 옹호한다. 그렇게 함으로써 치러야 하는 금전적인 불이익에도 불구하고 리치는 엄마들에게 9개월의 출산휴가권리(영국의 경우)를 충분히 다 활용하라고 격려하면서, 이 권리가 양친 모두에게 주어져야 한다고 주장한다(비록 남성들은 크게 활용하지 않을지라도, 리치는 이것이 현명한 움직임이라고 논했다. 왜냐하면 이로써 임신가능성이 있는 여직원들을 고용주가 차별할 가능성이 줄어들기 때문이다). 만약 부모들이 첫 1년 동안 그들의 아기와 세심하고 주의 깊은 관계를 형성한다면, 그들은 그들 관계의 탄탄한 기초를 마련한 것이며 이로써 아이들에게 정서적으로 잘 맞춰줄 수 있고 이후에 그 아이가 다른 보호자와 관계를 맺을 때에도 그 아이를 위해 어떤 일이 진행되고 있는지 더 잘 인식할 수 있게 된다. 이는 분명 매우 가치 있는 발달 퍼즐의 조각이지만, 9개월 동안으로 어느 정도 온전한 부모의 돌봄이 충족될 수 있으리라 믿는 것도 낙관적인 생각일 수 있다.

우리의 정책이 단지 생애초기 양육만을 지원한다면, 앞의 여러 장에서 설명한 것처럼 도덕발달로 이어지는 자기인식과 자기수용성을 수립하는 시기인 생후 2년 동안에 필요한 상호적 경험의 깊이와 범위를 아직 완전히 이해하고 있지 않은 것이다. 생후 첫 1년 동안에 생물학적 유대관계에 기초하여 가장 집중된 형태의 돌봄을 제공해줘야 하는 것은 맞지만, 생후 2년째에 아기는 자신의 도덕발달을 인도해줄 만큼 정서적 깊이가 충분히 담긴 관계를 경험할 필요가 있다. 보모나 유모와의 관계 속에서도 이것이 가능하긴 하다. 사실 잘만 계획하면 그러한 보호자들은 아기의 정서적 레퍼토리를 더 풍부하게 해주면서 대가족의 일부가 될 수도 있다. 나의 가족은 놀랍도록 애정이 넘치고 유쾌한 보모를 고용하는 행운을 누렸고, 그분은 내 아이들과 지속적인 관계를 형성했고 아이들이 장성한 지금도 연락을 하며 지낸다. 부모가 아닌 다른 보호자들이 기본적인 부모의 양육에 보충역할로 활용되고 아이가 자라면서 그 시간이 점차 늘어난다면, 모두를 위해 유익한 결과를 낳을 수 있다.

하지만 많은 부모들은 그들이 고용한 보호자들과 그렇게 안정된 경험을 갖지 못한다고 한다. 최근에 연구자 캐롤 빈센트^{Carol Vincent}는 그녀가 연구했던 영국 엄마들이 자기 자녀를 돌봐주는 사람들과 자유롭게 이야기 나눌 수 있다고 느끼지 않는다는 사실을 알아냈다. 사랑이나 심지어 '돌봄'이라는 단어는 대화주제로 떠오르지도 않는다고 한다.[20] 그들은 심지어 보모나 탁아소와 의견이 다를 때도 그쪽의 관행에 맞춰야 한다는 의무감을 느낀다고 했다. 이는 장사꾼의 시장이다. 선택이란 곧 현실성 없는 미신이라는 것이 부모들 대부분이 겪고 있는 현실이다. 제대로 된 육아서비스를 찾기란 어려운 노릇이다. 그렇기 때문에 자신이 얻을 수 있는 것을 최대한 활용해야 한다. 양질의 돌봄이란 드물거나 혹은 너무 비싼 경우가 많다. 특히 노동자계급의 엄마들에게는 선택의 여지가 거의 없기 때문에, 정부에서 보조하는 탁아소를 이용할 수밖에 없다. 그나마도 세 살 이하의 어린아이에 대해서는 정부에서 지원하는 보모가 없다.

영국 정부는 특히 정부의 아동센터Children's Centres를 통해 기본적인 형태의 초기보육 서비스를 제공함으로써 탁아소 공급을 승낙한다는 메시지를 암묵적으로 전하고 있다. 이는 부모들로 하여금 생애 첫 1~2년 동안 탁아소에서 아이를 돌봐주는 것도 그리 나쁘지 않다는 근거 없는 결정을 내리게 한다. 생애초기에 탁아소에서 보살핌을 받는 것이 어떤 폐단을 가지고 있는지 그 어떤 증거도 그들 앞에 제시되지 않으며, 혹시라도 매체를 통해 그 증거들이 수면 위로 올라오면 논평가들—자신들이 믿고 싶어하는 것만 믿을 때가 많은 사람들—이 나와서 이를 무마할 때가 많다. 아기들이 필요로 하는 것과 취학 아동들이 필요로 하는 것 사이의 차이점에 대해서 분명한 조언을 해주는 경우도 드물며, 아기들이 형편없는 주간 보호기관에서 오랜 시간을 보냈을 때 나타날 최악의 시나리오를 분명히 보여주는 일도 거의 없다. 정치적 편의주의가 이 그림을 흐려놓고, 전적으로 탁아소 서비스 편의 손을 들어주는 것으로 보인다. 하지만 대량생산의 저급한 '돌봄'의 기간 동안에 양호한 '유대'를 몇 개월 경험한다고 해도, 그 아기의 생애에 가장 양호한 첫 출발을 안겨줄 가능성은 적다. 사실 두 살 이하의 아이들이 탁아소에서 장시간을 보냈을 때, 그들은 조숙의 부담 때문에 스트레스를 받으며 공격적이고 자기조절을 잘하지 못하는 어린이로 성장할 가능성이 더 크다는 사실을 보여주는 증거도 있다.

사랑과 민감성

실제로는 일하는 엄마들 가운데에도 자신의 어린아이를 낯선 사람에게 맡기기 불안하다고 느끼고, 아기들과 친밀함을 잃어버리지는 않을까 염려하는 사람들이 많다. 나의 클라이언트들 가운데 많은 사람들이 누군가 다른 사람이 자신의 아이를 돌봐주는 것에 대해서 불안과 막연함을 느꼈다고 했다. 페넬로페 리치는 일하는 부모들이 다른 사람을 고용하여 평일에 아이들을 돌보게 하더라도, 여전히 아이들을 가장 사랑한다는 사실을 아이들에게 확실히 심어줄 필요가 있다고 말한다. 맞는 말이다. 오직 부모만이 자신의 아이들을 정말로 사랑하며 아이들과 영속적인 애착을 형성하고 그들의 행복을 위해 헌신할 수 있다. 또한 아이들은 지속적인 관계 속에서 자신이 매우 소중하게 여겨진다는 것과 친절하긴 하지만 일시적으로 돌봄을 받는 것 사이의 차이를 느낄 수 있다. 하지만 부모들의 불안을 잠재운다 하더라도, 아기들이 자기 부모의 애정 어린 돌봄을 제한적으로 받는 것이 최선이라는 말은 아니다. 물론 낮 동안 충분히 훌륭한 보육(의미 있고 지속적인 애착을 형성할 기회를 주는 보육)을 받고 집에 돌아와 세심하고 애정 넘치며 주의 깊은 부모와 함께한다면, 그들은 집에 있는 아이들만큼이나 안정된 애착관계를 형성할 능력을 발달시킬 수 있다. 리치가 지적하듯이, 가장 중요한 것은 아이의 정서적 필요에 세심하게 반응하는 것이다.[21]

하지만 부모들이 그들의 자녀와 제한된 시간만 보낸다면 아이들에게 세심하게 주의를 기울이기가 더욱 어려울 수밖에 없다. 일하느라 피곤했던 기나긴 날을 보낸 끝에 아이들과 만나야 한다면, (아이들에 대한) 민감성을 유지하기가 어려울 수 있다. 린 엘리웨이Lynn Alleway의 다큐멘터리 《양질의 시간Quality Time》을 보면, 한 여류사업가가 다소 퉁명스럽게 "아침에는 정신없죠, 저녁에는 피곤하죠, 주말에는 녹초가 돼요. 삶이 정신없이 흘러간다구요. 애들은 항상 엉뚱한 시간에 제가 하는 일을 방해하면서 난장판을 만들어 놔요."[22]라고 말하는 장면이 나오는데 이는 과거에 많은 아빠들이 보여주곤 했던 정서다. 엄마든 아빠든 자기 일에 이 정도로 묶여 있는 사람도 틀림없이 다른 모든 사람들만큼이나 자기 자녀들을 사랑하지만, 그렇다고 모두 반드시 아이들에게 세심하게 주의를 기울이는 건 아니다. 사랑이 곧 세심함을 의미하지는 않는다.

누군가에게 주의를 기울이는 것은 당연시하고 넘어갈 만한 것이 아니다. 심지어 성인들의 관계 속에서도, 서로 충분히 시간을 함께 보내지 않는 사람들은 그들의 유대관계를 유지하기 어렵다고 느낄 수도 있다. 수십 년간 쌓인 애착 연구들에서 나온 증거들에 의하면, 안정된 애착관계는 '양질의 시간'이라고 정해진 순간

뿐만 아니라 상대방이 당신을 원할 때 정서적으로 여유도 있고 또 상대방에게 세심하게 반응할 수 있는 태도 위에서 형성된다고 한다. 성인들은 때때로 서로 전화를 걸어서 대화를 나누는 것으로도 그럭저럭 관계를 유지할 수 있지만, 이것은 어린아이들이 필요로 하는 것이 아니다. 리치가 말했듯, 익숙하고 안정된 '이차적 애착'은 아이가 자신의 일차적 애착대상과 다시 만날 때까지 '정서적인 구명보트' 위에서 생명을 유지할 수 있게 해주지만, 아이가 그 '보트' 위에서 과연 얼마나 오랫동안 버틸 수 있느냐는 그렇게 분명하지 않다. 30분? 몇 시간? 온종일? 어떤 아이들은 다른 아이들보다 조금 더 오래 버틸 수 있을지 모르며, 더 어린 아이들은 그렇지 않은 아이들보다 그 시간을 더 힘들다고 느낄 것이다. 그리고 물론 어떤 양육경험은 그러한 보트조차 전혀 제공해주지 않는다.

부모 두 사람 모두가 큰 에너지를 쏟아야 하는 정규직에 종사해서 하루가 다 끝날 무렵에야 아기 곁으로 돌아올 수 있는 경우, 집에만 머물며 아기를 돌봐야 하는 부모와 그들은 동일한 스트레스에 눌릴 수 있다. 두 경우 모두 양질의 양육을 좀먹고, 결국 이것이 양육형태에 영향을 끼칠 수 있다. 사람들은 스트레스를 받으면, 걸음마기 아기에게 확고하고 권위 있는 양육형태를 유지하기보다 아이의 요구를 그저 다 받아주는 것이 더 쉽다고 느낄 때가 많다. 아니면, 실망스럽고 지칠 때마다 상황을 편안하게 만들려고 강압적인 형태의 훈육에 의지할 가능성이 크다. 과거에는 노동계급의 가정들이 이러한 압력을 더 흔히 경험했었는데, 훌륭한 양육을 저해하는 이 스트레스는 현재 전문가계급으로까지 퍼져나가고 있다.

사회적 이슈

자제력과 공감을 학습하는 데 중요한 시기가 바로 이 생후 2년째이므로, 이 단계에서 받는 양질의 양육은 사회에도 매우 큰 중요성을 지닌다. 그린스펀과 셰인커가 주장하듯이, 사람들이 민주적 제도에 참여하는 사회를 원한다면 '사려 깊은 개인들', 즉 '현실적 태도를 지니고 현실에 대해 확고한 평가를 내릴 수 있는 능력과 함께 잘 발달된 공감형태'를 지닌 사람들을 양산할 필요가 있다.[23] 마사 너스바움은 '인정 많은 사람들 없이는 훌륭한 제도를 결코 가질 수 없을 것이므로, 연민을 교육하는 것은 여전히 중요하다.'[24]라는 데 동의한다. 하지만 자신과 타인을 위한 연민의 학습은 학문적인 연습으로 이루어지는 것이 아니라, 타인이 어떻게 행동하고 어떻게 존재하는지를 무의식적으로 경험함으로써 이루어진다. 여기서 가장 중요한 것은 아이의 감정이 존중되고 경청되고 있는지, 그 아이의 실패와 약점이 너그러이 수용되는지 등 감정에 대한 태도이다. 그것은 본질적으로 가정에서 처음 학습되는 능력인 '주의력, 반응성, 책임감'과 관련된다.[25] 뚜렷하게 드러나지는 않지만, 주의 깊고 세심한 태도를 기울일 수 있는 능력 또한 우리의 생애초기 관계의 경험에서 조성되는 자기조절, 스트레스 대처, 공감 등의 능력을 담당하는 생물적 체계의 발달에 의존한다.

개인적인 행복뿐만 아니라 사회적 생활에도 필수적인 이러한 기술을 모든 아이들이 배울 수 있도록 동일한 기회를 주려면 어떻게 해야 할까? 감정조절 체계가 활발히 기능하지 않는 부모들은 자기 아이들에게 그러한 기술을 가르치려고 고군분투하는 경우가 많다. 스스로의 결점을 수치스러워하는 부모는 자기 아이들이 갈등과 실패에 잘 대처하도록 돕지 못한다. 끊임없이 반복되면서 세대를 거쳐 순환되는 이 불안한 애착과 부적절한 정서발달의 사이클을 과연 어떻게 끊을 수 있을까?

보모 국가

많은 사람들이 개인생활을 침범하는 국가의 간섭에 대해 거세게 저항하며, 생애초기 양육에 장부가 간섭한다는 아이디어 자체를 매우 싫어한다. 프랭크 퓨레디는 양육에 관한 그의 저서에서, 그러한 개인생활 영역에 참견하는 전문가들은 '매우 큰 해악'을 끼칠 가능성이 있으며 감정주의emotionalism를 조장할 것이라고 우려를 표했다.[26] 퓨레디는 자녀들에게 무엇이 최선인지 알아내는 부모의 능력을 신뢰하기 때문에, 미취학 기간부터 쭉 이어지는 '양육의 기술'과 연관되어 급부상한 산업을 인정하지 않는다.

도움과 간섭 사이에 분명한 선을 긋기란 분명 어려운 일이다. 이미 앞서 시인한 바 있지만, 정부관료들 심지어 의회까지도 실망스러운 행동을 하는데 어떻게 그러한 역할을 정부에 맡길 수 있겠는가. 그런데 모든 부모들의 능력을 믿는 퓨레디의 신뢰 또한 대상을 잘못 선택한 것이다. 훌륭한 양육은 저절로 생기는 것이 아니다. 최근에 작고한 심리치료사 로이 뮤어Roy Muir는 언젠가 꽤 인상적인 말을 한 바 있는데, 저절로 되는 것은 바로 '당신에게 (양육이) 행해진 방식'이라는 것이다. 초기양육은 쉽지 않으며, 복잡한 정서적 문제와 딜레마를 일으킨다는 것을 보여주는 증거도 있다. 그렇기 때문에 과거 부모 자신이 누렸던 것보다 자녀들이 더 큰 정서적 건강을 누릴 수 있게 도와주려면, 그 부모들을 도와주려는 개입이 필요한 것이다. 부모들이 스스로 찾지 못하는 상호작용의 방식을 알려준다면, 이는 부모와 그들의 자녀 모두의 인생을 바꿀 만큼 놀라운 일이 될 수도 있다.

우리에게 필요한 것은 임신기와 유아기, 즉 아기들이 급격히 성장하고 자신의 인생에 영향을 미칠 능력을 개발하는 시기에 보편적인 심리적 지원 서비스를 공급하는 것이라고 생각한다. 이러한 서비스를 제공할 때는 사용함에 있어서 그 어떠한 흠도 없도록, 그 서비스가 보편적으로 사용이 가능하도록 확실히 해주는 일이 중요하다.

이러한 지원에는 기본적인 정서적 지원과 함께 보다 정교한 '치료적 개입'도 포함시켜야 한다고 본다. 이 두 가지는 모두 필요하지만, 서로 다르다. 더 이상 우리들 대부분을 지켜보는 지역공동체가 없고 때로 부모들이 가까운 곳에 없는 세상에서, 이제 막 부모가 된 이들을 지원해주는 것은 큰 변화를 일으킬 수 있다. 따뜻한 인간의 접촉은 아이를 기르는 엄마의 우울증을 걷어내고, 그 엄마가 아기에게 좀 더 세심하게 주의를 기울이도록 도와줄 수 있다. 이는 양육의 어려움에 있어서 큰 요인이 되는 양육의 분리 문제를 해소할 수 있다. 인류의 어머니들은 결코 아기를 혼자 힘으로 기른 적이 없으며, 그들을 도와주는 다른 성인들을 늘 필요로 해왔다.

이러한 지원은 복잡할 필요가 없으며, 다양한 형태를 취할 수 있다. 하지만 대부분의 사람들이 직장에 고용되어 일을 하는 고도로 유동적인 사회에서, 대개의 경우 이 지원은 정부가 공급할 가능성이 크다. 경제체계가 우리들을 개별 종업원들로 바꾸어놓았기 때문에, 우리는 모두 함께 이 지원의 대가를 지불해야 한다. 사회의 기초는 더 이상 일하는 가족, 대가족, 지역공동체가 아니다. 영국 정부는 영국만이 지닌 건강방문전문가profession of health visitors의 역할을 더 확대하여 그들에게 추가 훈련을 시켜서 사람들에게 심리건강을 위한 보다 큰 지원을 공급할 수 있을 것이다. 지역 보건소의 의사들은 이제 막 부모가 된 사람들이 다른 정기검진을 받는 동안에 그들이 실질적인 면에서뿐만 아니라 정서적인 면에서도 어떻게 해나가고 있는지 논의하도록 이끌어주면서, 새롭게 부모가 된 이들과 그들의 자녀 사이에 일어나는 모든 관계 문제에 더 바짝 주의를 기울일 수 있을 것이다. 또한 모든 지역 지구마다 가족센터(현재의 아동센터를 적용시킨 형태)의 기능을 새롭게 지정하고 확대하여, 책이나 장난감 도서관, 중고 어린이 옷 혹은 신선하게 재배한 식료품을 팔거나 물물교환 할 수 있도록 하는 노점 등 실질적인 혜택과 더불어 초기양육을 더 즐겁게 할 수 있도록 도와주는 사회적 경험을 제공할 수 있을 것이다. 과거에는 이런 형태의 지원이 저렴한 비용에 제공되었는데, 이후 점점 줄어들었다. 오늘날 이러한 지원을 널리 사용할 수 있고, 보다 질을 높인다면 모든 부모들이 이를 잘 활용하고 만족해할 가능성이 크다. 이 지원들은 경미한 우울증이나 혹은 다른 작은 문제를 안고 있는 부모들이 자신의 아기와 관계를 정립할 때 긍정적인 방향을 설정하고 적절한 균형점을 찾도록 도와줄 잠재력을 지녔다.

그러나 유감스럽게도 이 값비싼 지원마저 그것만으로는 불안정한 관계패턴을 충분히 변화시킬 수 없다. 그렇기에 너무도 많은 부모들이 무심코 불안정한 관계패턴을 자녀들에게 전수하게 된다. 특히 부모들이 자기 아이들과 유대관계를 맺거나 아이들을 이해하는 데 있어서 보다 심각한 어려움을 가진 경우에는 전문적인 도움이 필요하다. 10년이 넘도록 내가 해왔던 부모-유아 심리치료가 바로 그러한 종류의 도움이다. 이것은 두 가지 면에서 효과를 보인다. 이것은 부모들이 자기 아이와 좋은 관계를 맺는 데 걸림돌이 되는 자신의 관계패턴을 더 잘 인식하도록 도와주며, 때때로 여러 테크닉을 활용해 아기들에게 좀 더 잘 맞춰줄 수 있도록 도와준다. 그 테크닉에는 비디오 피드백, 아기의 활동들을 마음속의 '궁금해하기' 틀에서 관찰하라고 제안하는 '(부모-영아 심리치료의 효과성을) 보기, 기다리기, 그리고 궁금해하기 Watch, Wait, and Wonder' 방식 등이 있다. 이러한 접근의 치료상담에서는 전문가의 격려 어린 지침과 더불어 부모가 한 걸음 물러서서 지금 벌어지고 있는 일을 관찰할 수 있는 공간을 제공하고, (아기에 대한) 자신의 습관적인 반응을 수정할 수 있도록 돕는다. 자신이 아기와 함께 있는 장면을 찍은 비디오를 몇 분간 지켜보면서, 부모는 자신을 따라오는 아기의 시선 혹은 긴장된 방식으로 아기를 안았을 때 아기에게 나타나는 영향 등과 같은 작은 세부사항을 발견할 기회를 얻는다. 이는 부모들로 하여금 아기가 표현하는 것이 무엇을 의미하는지 생각할 수 있도록 도울 뿐 아니라, 그들이 자신의 아기를 이해할 수 있을 것이라는 더 큰 자신감을 갖게 해준다.

프랭크 퓨레디는 나와 같은 전문인들이 아이들의 감정을 훈련시킬 것이며, 정치적으로 올바른 감정의 방법을 주입시키고, 전문가들의 관심사가 아닌 부모들의 사적 관심사에 맞는 방식으로 아이의 자아감을 조성할 것이라며 염려한다. 퓨레디의 우려는 충분히 이해할 수 있으나, 이는 너무 사안을 두루뭉술하게 본 것이다. 실제로 전문인들은 그 누구에게도 충분한 영향을 끼칠 만큼 시간이나 재정적 여유가 없다. 대부분의 공급이란 '화재진압'과 같은 긴급한 문제해결의 역할로 제한되며, 제한된 시간의 틀 안에서 무관심하고 학대적인 양육관행을 막기 위해 최선의 시도를 할 뿐이다. 전문가들이 좀 더 제한 없는 방식으로 일할 수 있다면, 치료적 접근(더불어 일부 부모 교실)은 대체로 부모와 아기 모두의 감정을 알아채고 이해하며, 그 감정을 너그럽게 수용하고 이에 반응하는 방법을 학습하는 데 치중할 것이다.

물론 자신의 감정을 보다 잘 인식하고 이를 더 너그럽게 받아들이게 된 사람들은 불안정한 애착, 특히 어려운 문제를 거칠게 해결하고 감정을 최소화하려는 회피적 애착형태의 길로 들어설 가능성이 낮으므로 퓨레디의 반대에도 어느 정도 진실은 있다. 또한 치료적 개입을 증대하면 정서적으로 동질적인 결과를 낳을 수 있다는 퓨레디의 우려도 일리가 있다고 할 수 있다. 사람들이 보다 정서적으로 잘 인식하게 될수록, 그들은 엄격한 혹은 허용적인 부모보다는 권위 있는 부모가 될 가능성이 더 높다. 이러한 면에서 볼 때, 부모-유아 심리치료와 같은 심리적 지원과 개입을 보다 많이 사용하면 전체 인구가 보다 정서적으로 세심한 문화를 갖도록 변화시킬 수 있는데, 이를 모든 사람이 달가워하지 않을 수도 있다. 예를 들어 퓨레디는 비참하게 살고 흡연을 즐기며 몸에 좋지 않은 것을 먹고 양육에 관해 생각지 않는 등, 당신 자신만의 방법으로 지옥 같은 생활을 한다 해도 이 역시 기본적인 자유에 속한다고 생각하고 옹호하려는 것 같다. 퓨레디의 이러한 뻔뻔스러움에 경의를 표하는 바이다. 그러나 자신 혹은 타인을 돌보지 않을 권리가 있다고 보는 그의 신념은, 자기 자녀를 제대로 돌보지 않을 권리를 가져야 한다는 생각과는 그 층위가 완전히 다르다. 그러려면 이 모든 결과로 나타날 반사회적 행동을 치료하기 위한 공공지원 서비스를 자발적으로 사용하지 않을 권리까지 포함해야 할 것이다.

또한 퓨레디는 그러한 치료가 효과를 보인다는 증거가 없다고 주장한다. 이는 완전히 틀린 말이다. 초기관계의 서로 다른 면을 주제로 한 연구 가운데는 양육에서의 개입이 엄마의 우울증을 완화하고 엄마의 정신건강을 증진시키며 가족의 기능과 부모 자녀 간의 애착관계 자체를 개선한다는 증거를 보여주는 결과가 많다.[27] 이 연구들 대부분은 치료적 개입이 도움이 된다고 결론짓는다. 비록 특정 치료적 개입들이 다른 방식의 개입보다 더 효과적이라는 점을 시인하기는 하지만 말이다. 보다 결정적인 증거를 제시하려면 아직 대규모의 통제실험이 필요하긴 하지만, 미국에서 '간호사-부모 파트너십' 모델을 제안한 데이비드 올즈^{David Olds}의 연구는 그간 철저하게 연구되어온 접근으로서, 매우 탄탄한 진행 기록을 가지고 있으며 이 연구는 15년도 넘는 기간 동안 진행되었다.[28] 이 모델은 임신기간과 아기 출생 후 2년 동안 전문가 두 사람이 짝을 이루어 가정을 방문하여 실제적·심리적 지원을 결합하여 제공함으로써 효과를 발휘한다. 현재 이 모델은 몇몇 '위기'의 가정들(이 위기의 가정들에는 '반사회적 행동명령 전쟁!'이라는 두려움을 유발하는 타블로이드의 헤드라인이 따라붙는다)에 대하여 영국 정부가 시도하고 있는 방법이기도 하다. 개입의 방식에는 여러 가지가 있다. 다시 한 번 말하지만, 이 모든 방식에는 어마어마한 액수의 돈이 든다. 하지만 자본을 이렇게 사회적으로 투자한다면 장기적으로 봤을 때 그것은 사회에 제값을 다할 것이다. 2007년에 세계보건기구는 '이제 경제학자들은 확실한 증거를 바탕으로 하여, 초기 아동기에 대한 투자가 바로 국가가 할 수 있는 가장 강력한 투자이며 그 아이들의 생애 동안 그 초기투자의 몇 배에 달하는 유익을 얻을 것이라고 주장한다.'고 한 보고서에서 밝혔다.[29] 리처드 레이어드가 지적했듯이, 영국은 국내총생산의 2%를 우울증에 소모하고 있는데[30](이는 복지 및 정신건강 서비스의 부적절함뿐만 아니라 생산력의 상실을 의미하기도 한다), 우울증은 유아기에 그 뿌리를 두는 경우가 많다.[31] 미국의 로버트 캘드웰Robert Caldwell의 계산에 따르면, 초기 유아기의 예방을 위해 쓰이는 비용 1달러는 이후 공공비용으로 쓰일 비용 19달러를 감축시켰다고 한다.[32] 보다 최근에 영국의 신경제재단New Economic Foundation에서는 (20여 년이 넘게 이루어진) 초기개입과 양육에 대한 막대한 투자는 이후 사회문제 감소 측면에서 경제에 상당한 이득을 가져다주었다고 추산한다.[33]

관계 중심의 사회

이 모든 해결책에는 실용적인 요소가 담겨 있지만, 기본적으로

이는 어린이들의 심리발달을 도와주기 위해 심리적 지원을 제공하는 데 일차적인 초점을 맞춘다. 이는 두 가지 이유에서 필요한데 하나는, 풍요와 함께 양육여건이 바뀌어왔다는 것이다. 특히 초기양육 방식은 1960년대 이래로 지속적으로 고립되고 훼손되어왔다. 둘째로, 서구에서 우리가 성취한 풍요는 곧 이제 우리가 타인에게 물질적인 만족을 요구하는 데서 벗어나 보다 심리적인 행복의 근원을 요구할 수 있게 되었다는 것을 의미한다.

삶의 질을 개선하려면, 다시금 관계를 중심점에 가져다놓아야 한다. 우리는 자본주의 문화에 너무 젖어든 나머지, 자본주의가 인류역사의 특정단계임을 분명히 보지 못한다. 하지만 지금과는 다른 토대 위에서 사회가 돌아가던 시절도 있었거니와 현재 상태가 또다시 바뀌기를 요구하는 상황이 분명 다가올 것이다. 이 책에서 윤곽을 그린 것처럼, 물질적인 측면을 개선하려던 우리 조상들의 강렬한 욕구는 인간관계를 경시하고 이기심을 조장하며 사람들을 경쟁적인 상황에 옭아매어 불평등을 지속시키고 서로를 반목하도록 만드는 부작용을 낳았다. 그것이 보다 안락한 삶에 대한 대가였다는 사실을 완전히 인식한 사람은 당시에 거의 없었다. 부유한 서구에서, 물질적 증진이 더 이상 행복에 중대한 영향을 주지 않는다는 사실은 점점 더 분명해지기 시작했다. 우리에게는 이제 분명히 물질적인 부를 채워가는 과정에서 다른 것들을 잃어버렸다는 사실을 알아챌 만큼의 여유가 생겼다. 점점 더 사람들은 한때 그들이 비교적 안락한 삶을 이루어냈지만, 지금 하고 있는 방식이 최선은 아닐 수 있다는 사실을 인식하기 시작했다. 타인과 소통하는 느낌, 그리고 타인과 즐거운 일을 함께하는 것 등 좋은 기분을 느낄 다른 방법도 얼마든지 있다는 걸 깨달은 것이다. 결국 이러한 경험은 사회적 두뇌를 형성하는 데 도움이 되고, 일 중심의 자본주의 생활방식이 발달시켜주지 못하는 대부분의 인간능력이 발달되도록 도와준다. 사실 이기심이 없는 태도는 즐거운 것이기도 하다. 다른 사람들의 유익을 위해 작은 일을 할 때, 사람들은 종종 그것이 바로 자기 자신을 위한 것임을 발견하게 되고 그 위에 또 다른 선한 일을 보탤 수 있다.

산업자본주의는 심각한 기후변화라는 또 다른 부작용을 남겼다. 이는 지구의 재생 불가능한 자원에 압력을 가하는 심각한 물질소비로부터 벗어나 우리의 우선순위를 바꿔야 하는 또 다른 이유가 된다. 하지만 개인적·국가적 경제성장을 위한 거침없는 충동을 멈출 방법을 알아내기란 매우 어렵다. 우리 대부분은 물질세계, 미적 대상, 그리고 우리를 편안하게 해주고 우리 삶을 보다 편리하게 해주는 것들에 어마어마한 즐거움을 느끼기 때문이다. 오늘날 개발도상국 대부분은 우리가 지금 당연시하고 있는 편리함을 추구하려고 애쓰고 있는데, 그것들이 중요하지 않다고 주장하거나 혹은 그것이 우리의 삶의 질을 개선해주지 않았다고 논한다면 그건 아마 위선일 것이다.

우리의 뇌 또한 쾌락의 주요소가 되는 신선한 자극과 새로운 것을 추구하도록 프로그램화되어 있다. 그렇다면 과소비를 제한하는 동시에 새로운 즐거움을 계속 찾아내려면 과연 어떻게 해야 할까? 녹색 해결책들은 종종 (최소한 매체에서는) 일종의 고행처럼 비춰지곤 한다. 사람들은 소비를 줄이고 에너지 절약형 전구를 사고, 자동차 운전을 줄이고, 항공여행을 피하라는 등등의 권고를 들는다. 이는 다이어트 클럽에 가입하는 것과 같은 작용을 할 수 있다. 가입에 의무감을 느끼기는 하지만 그 행동은 자기부인의 태도 속에서 이루어질 때가 많다. 그러나 사고방식을 바꾸면 이는 가능할 수도 있다. 단순히 과거의 무절제에 대해 우리 자신을 부인하는 대신에, 물건을 수리하고 재활용하는 기쁨을 누릴 수 있는 새로운 형태의 소비를 창조하는 방안을 고려해볼 수 있다. 그러면 아마 속도를 좀 줄이고, 보다 지속적인 일상의 즐거움 즉 관계, 공동체, 창의력, 자연과 같은 것들을 좀 더 음미할 수 있지 않을까? 철학자 케이트 소퍼가 제안했듯이,[34] 아마 이것들은 틀림없이 현재 우리에게 주어진 많은 것들, 즉 화학적이고 시끄럽고 소멸기간이 가까우며 기분 나쁜 냄새를 풍기며 아름다움을 잃어버린 많은 물질들과 다르게 진정한 만족감을 줄 것이다. 시간과 관계의 풍성함을 '부'로 여기는 그러한 새로운 세계관을 과연 우리가 기꺼이 품을 수 있을까?

다시 한 번 말하지만, 물질 축적에서 벗어나 자연과 관계의 진가를 인정할 수 있도록 우선순위를 바꿀 필요가 있다고 결정하는 일은 중독자에게 그 중독행위를 그냥 끊어버리라고 말하는 것과 다르지 않다. 그러한 변화는 우리 행동의 감정적 충동요인을 고려하지 않는 이상 일어날 수 없다. 감정적 충동은 사회집단의 유명하고 강력한 구성원들과 함께 '안으로' 끌려들어가는 자기적 인력 같은 것이다. 사람들은 논리의 세례를 받는 대신 설득, 주의환기, 그리고 대중적인 문화운동 등을 통해 변화될 가능성이 더 크다. 낮은 소비 수준이 멋스럽고 유행에 잘 맞는 일이 되어야만 한다. 이타주의가 멋진 태도라고 인식되어야 한다. 환경운동가 조지 마셜George Marshall이 제안했듯이, 여기에는 돈이 아닌 건강과 행복 측면에서 우리의 욕구의 틀을 다시 설정하는 일, 사람들이 적은 소유(더 형편없는 생활이 아니라)로 보다 나은 삶을 영위할 수 있음을 깨달을 수 있도록 격려하는 일이 포함된다. 우리는 더욱더 소유해야 한다는 부담을 벗어버리고 우리 자신을 자유롭게 하는 '보다 가벼운 생활방식'을 추구하고, 혹은 일하는 시간을 조금 더 줄여서 우리 자신과 타인의 감정에 주의를 기울이는 데 더 많은 시간을 할애해야 한다.[35]

사회집단의 힘

변화를 위한 사회운동은 강력한 영향력을 가질 수 있다. 한 예로 1970년대의 여성운동은 사회를 변화시키는 데 성공을 거두었는데, 이는 평등과 여성을 위한 정의와 같은 논리적인 주장을 통해서만 이루어진 것이 아니다. 여성들이 다 같이 생각을 재조정하고 그들의 삶의 틀을 다시 세우면서 자기변화를 이끌어냈기에 이루어진 것이다. 우리가 이기적인 사회에서 벗어나서 보다 관계적이고 협력적인 사회로 나아가려면 바로 이와 같은 심리적 변화가 필요하다. 우리는 정책변화를 위한 논리적인 주장을 촉진할 뿐만 아니라 풀뿌리(시민들) 사고와 감정을 변화시키려고 시도하는 새로운 정치운동을 해야 한다. 다른 방식으로 살아가기 시작하는 사람들의 큰 파도를 만들어냄으로써, 환경적 가치뿐 아니라 관계적 가치에도 큰 우선순위를 둔다면, 경제력에 근간을 두는 오래된 가치는 아마 그 방식에 적응해야 할지도 모른다. 대중의 의지를 적극적으로 표현하지 않으면, 그 같은 어마어마한 가치관의 변화는 일어나기 어려울 것이다.

하지만 아직 권력의 문제가 남아 있다. 권력을 쥔 사람들은 그것을 자발적으로 내려놓지 않을 것이다. 신학자 레인홀트 니버 Reinhold Niebuhr는 오래 전에, '개인들로서, 사람들은 그들이 서로 사랑하고 섬겨야 하며 서로 간에 정의를 세워야 한다는 것을 믿는다. 인종·경제·민족 단위의 집단으로서, 사람들은…… 그들의 권력이 할 수 있는 한 무엇이든지 그들의 것으로 만들려고 한다.'라고 지적했다.[36] 18세기에 급부상하던 상업계급은 그들 자신의 이해관계를 충족시키기 위해 민주주의라는 아이디어를 발달시켰다. 그들은 지주와 귀족에게서 중산계층으로 권력을 옮겨오길 원했다. 이제 우리가 만난 난제를 해결하고 세계적 수준과 지역적 수준에서 동시에 변화를 이루기 위해 새로운 형태의 민주주의를 발달시켜야 할 때가 되었는지도 모른다. 이로써 권력이 단순한 경제적 가치를 넘어서는 새로운 가치를 추구하도록 만들 수 있을 것이다. 지역집단에서 더 자주 얼굴을 맞대며 논의를 하든 혹은 온라인상에서 토론과 의사결정을 내리는 새로운 방식을 사용하든, 민주주의를 확장시키는 것은 그 자체만으로도 관계형성의 가치를 촉진하고 우리 자신뿐 아니라 다른 사람들의 필요도 고려하도록 도와줄 수 있을 것이다.

보다 관계적인 사회를 위한 사회운동이든, 혹은 돌봄의 윤리에 기초한 정치를 위한 사회운동이든, 반드시 사회가 요구하는 공감·연민·감수성의 능력을 발달시키는 초기 자녀양육의 중요성을 인식해야 한다. 현재의 토론단계에서는 초기양육의 사회적 결과들이 아직 인식되지 않고 있다. 우리는 아직, 엄마들을 서로 다른 방향으로 잡아당기는 각기 다른 사회적 흐름 사이의 갈등인 소위 '엄마들의 전쟁Mommy Wars(전업주부와 자녀를 둔 직장여성 사이의 논쟁—옮긴이)' 문화의 한가운데 놓여 있다. 한쪽에서는 여성이 남성과 동등한 위치에서 일해야 한다는 '새로운 표준'에 대해 만족스러워하지만, 다른 한쪽에서는 애정 어린 엄마와 아기 양쪽 모두 지원을 받아야 하며 현대 과학적 지식은 이것이 사회적 행복의 기초라는 것을 확실히 해야 한다고 느낀다. 현재 이러한 두 집단 사이의 적대감은 이기심에서 벗어나 보다 연민 넘치는 사회를 만들려는 새로운 운동을 조성하는 데 걸림돌이 되고 있다.

정부를 정신화하기

지금까지 이 책에서 주장해온 것은, 사회의 작동방식에 대한 우리의 기본적인 이해를 발달심리학에 비추어서 조목조목 점검해봐야 한다는 것이었다. 인간 지식의 이 차원을 무시한다면 인간행동에 관해 많은 것을 설명해줄 수 있는 보다 심오한 관점을 놓치고 말 것이다. 인류역사상 최초로 우리는 과학을 사용하여 비물질적인 질문을 다룰 수 있게 되었다. 이는 기술과 물질적 행복에서 진보를 이루어낼 방법뿐만 아니라 심리적·도덕적 능력의 발전을 이룰 수 있는 방법을 배우기 위해서이다.

발달심리학은 사회적인 힘, 특히 초기 삶에 영향력을 갖는 성인들의 문화에 의해 개인들이 어떻게 그 모습을 갖춰가는지 이해할 수 있도록 도와준다. 하지만 이 학문은 공적인 영역에 대한 이해에도 빛을 비추어줄 수 있다. 공적 생활의 거시적인 수준에서 일어나는 과정의 일부가 한 개인의 미시적인 삶의 영역에서도 동일하게 나타나기 때문이다. 미시적인 수준에서 개인들은 신체의 모든 부분을 통해 정보를 모으며 보다 큰 인식을 형성하고 발달을 이루는데, 이는 고등한 두뇌의 발달과 함께 절정에 달하게 된다. 개인들은 바로 이 단계에서 감정을 규명하는 방법을 배우며 자신과 타인에 대해 더욱 깊이 인식하면서 서로 감정을 소통하는 법을 배운다. 개인들은 유능하고 주의 깊은 성인들의 보호 속에서 편안함을 느낄 때 최상의 발달을 이루는데, 그런 이들은 성인들이 그들의 필요에 반응하고 장기적으로 그들의 유익을 돌봐주는 어른의 역할을 유지할 것이라고 신뢰한다. 그러면 발달 중인 아이는 세상을 탐색하고 타인과 효과적으로 관계 맺는 법을 배우는 데 안전함을 느끼게 된다. 나아가 그 관계를 가치 있게 여기고 갈등이 일어날 때 관계를 회복하려고 한다.

사회 전체의 거시적인 수준에서, 정부는 고등적인 뇌가 지니는 여러 기능을 가지고 있다. 정부 역시 정보를 수집하며, 어떠한 일을 일으키기 위해서 집행력뿐만 아니라 사회집단이 필요로 하는 것이 무엇인지에 대해서도 전체적인 그림을 제공한다. 정부는 장래에 대한 전망과 장기적 계획을 세우는 능력을 가지고 있다. 이러한 모든 것들은 한 개인의 전전두 피질이 하는 역할과 동등하다. 하지만 불안전한 애착을 형성한 아이가 자신의 고등한 두뇌를 발달시키는 데 어려움을 겪듯이, 경쟁적이고 불안전한 사회 또한 보다 성숙한 형태의 사회구성 발달을 촉진하지 못할 수 있다. 한 예로 고도로 불평등한 사회에서는 정치적 통일체body politic의 모든 영역으로부터 정보를 모으는 과정이 방해를 받는다. 강하고 자기 목소리를 낼 수 있는 사회계층들에게만 주의를 기울이고 낮은 사회적·경제적 집단의 경험은 무시하는 경향이 있기 때문이다. 신체의 증상을 내버려두면 질병을 얻을 수 있듯이, 이것은 빈약한 의사결정을 낳을 수 있다. 또한 장기적인 유익보다 단기적인 만족에 이끌려 움직이는 개인이 계속 미성숙한 채로 남아 있는 것처럼, 이런 상태로는 사회도 성숙한 형태로 발달하지 못한다.

어떤 이들은 자신의 자존감을 회복하기 위해 권력에의 충동에 이끌린다고 앞에서 설명한 바 있다. 하지만 권력을 획득한 다음에는 그것을 유지하기 위한 어려움에 직면할 수도 있다. 정부가 그 권력을 잃어버릴까 봐 두려워하여 정부 스스로 불안정하다고 느낄 때, 그들은 자주 불안정한 부모와 같은 방식으로 행동한다. 다른 사람들의 염려에 귀 막고, 그들 자신의 필요에 집착하며, 유권자들에게 세심한 주의를 기울이는 대신 강압적이고 간섭적인 태도를 보일 수 있다. 정부가 살아남기 위한 당장의 필요에만 집중하기보다 보다 안정감을 느끼고 우리들의 장기적인 필요에 대해 생각하게 하기 위해서, 우리가 무엇을 할 수 있을지 생각해야 할 것이다.

그럼에도 불구하고 가족모델을 글로벌사회에 적용하기란 쉽지가 않다. 우리가 정말 하나의 커다란 가족이 될 수 있을까? 아마 그럴 수도 있겠지만 아직은 아니다. 하지만 발달에 관한 지식과 가족연구의 원칙을 적용할 수는 있을 것이다. 돌봄의 사회(친절한 사회)라는 개념은 가정 안에서의 바람직한 행동도 포함한다. 사람들의 필요와 감정을 알아차리고, 그것에 주의를 기울이며, 썩 마음에 들지 않을 때에도 그 감정에 반응해주는 행동들이 그 예이다. 이는 또한 상대방에게 귀를 기울임으로써 갈등에 대처하고, 서로 다른 의견들을 조율해나가며, 또한 가장 중요하게는 관계 속에서 나타나는 분열을 적절하게 메우는 방법을 배우는 일 또한 포함한다. 이를 국가적인 수준에서 적용하기도 힘든데, 전 세계적인 수준에서 이를 적용하고 우리 모두가 행하는 일이 세계 곳곳에서 살아가는 다른 사람들에게 끼치는 결과를 고려하기란 정말이지 어려운 일일 것이다.

현재, 보다 공감적이고 덜 이기적인 사회를 창조해야 한다는 긴급성이 점점 더 커져가고 있다. 우리는 급격히 달아오르는 기후 속에서 사람들이 땅과 물을 놓고 싸우는, 예전에 보지 못했던 매우 심각한 갈등이 나타날 수도 있는 미래를 앞두고 있다. 우리는 지구의 필요를 인식할 수 있는 우리의 전망과 공감을 활용하여 더 높은 수준의 인간발달을 한시 바삐 이루어야 한다. 개인들 사이에서뿐만 아니라 가능한 방법을 모두 동원하여 대륙을 넘나들며 사람들 사이에 연결고리를 만들어서 나라 간의 애착관계를 촉진해야 할 필요가 있다. 우리는 서로 전혀 간섭하지 않는 자기충족적인 정부 혹은 자기충족적인 사람들의 오래된 모델을 이제 폐기처분해야 한다.

하지만 우리가 보다 협력적인 세계문화를 형성할 기회를 조금이라도 가지려면, 자녀양육의 여건이 반드시 논의되어야 한다. 이제 가혹하고 엄격한 양육은 뒤로 하고 좀 더 친절하고 애정 어린 가치를 옹호할 때가 되었다. 다른 사람의 경험에 대해서 공감할 수 있는 성인들만이 그들이 개인적으로 알지 못하는 사람들, 혹은 그들의 가장 가까운 공동체의 일부가 아닌 사람들에게까지도 더 멀리 멀리 그 공감을 넓혀갈 수 있는 능력을 획득할 수 있을 것이다. 가정 안에서 갈등을 해결할 수 있는 개인만이 세계장면까지 그러한 태도를 확장하는 민주절차에 참여할 수 있을 것이다. 현재 이것은 매우 긴급한 과제이다. 우리는 단지 우리 자신의 가정과 국가만이 아니라 세계 규모에서 관심을 기울이는 법을 배워야 하기 때문이다. 국제법뿐만 아니라 국제윤리도 필요하다. 우리가 세계를 가로질러 동일한 영화·음악·음식을 공유할 수 있다면, 비폭력·가난퇴치·책임 있는 소비와 같은 도덕적 가치를 공유할 방법 또한 찾을 수 있을 것이며, 세계적인 수준에서 도덕적 합의를 이루어갈 수도 있을 것이다.

이기적인 개인주의는 시대착오적인 태도이다. 우리에게는 사회의 물질적 토대를 형성하기 위한 이기적인 개인주의가 필요치 않다. 사실, 우리가 지금 그러한 태도에서 벗어나지 않는다면 그것이 우리를 파괴시킬 것이다. 이기주의는 본질적으로 불안에 기초하여 좁고 두려운 태도로 삶에 접근하는 방식이다. 물론 우리가 따뜻한 반응을 기대하지 않는다면 타인이나 정부에 의존하기를 두려워할 것이다. 그렇지만 이기주의에 대한 해답은, 집단을 보살피는 일에 훨씬 더 높은 우선순위를 두는 문화와 사회를 확립하는 것뿐이다. 이 문화는 개인적인 필요뿐만 아니라 사회적인 필요도 있다는 것을 인정하는 보다 균형 잡힌 문화이다. 이 필요들은 우리 각자가 개인적으로 충족시킬 수 없다. 단순히 타인과 함께 지내는 즐거움뿐 아니라, 시설공유도 필요하고, 안전한 지역사회 속에서의 양질의 주거지도 필요하며, 직원들이 그들의 자녀를 키울 수 있는 시간을 허락하는 고용체계도 필요하기 때문이다. 사람들의 진정한 사회적·정서적 필요를 더 잘 충족시켜줌으로써, 나르시스적이고 물질적인 충동은 사라질 것이다.

여기에는 우리가 바라는 것을 대신 말해줄 '보모' 정부가 필요치 않다. 우리에게 좀 더 발달된 민주적 구조가 있다면, 우리 자신의 관점을 표현하고 다른 사람과 타협할 수 있는 더 큰 힘과 주도성을 지닐 수 있다. 그러면 정부는 개인의 능력을 벗어나는 일들을 담당하여 그러한 구조를 공급하고 유지하는 책임을 감수하면서 여러 정책을 확립하고 그 정책의 실현을 위해 조직적으로 실행을 할 것이다. 비록 이러한 정부는 부모의 기능을 갖겠지만, 엄격하고 권위주의적인 부모라든지 무조건 관대하고 허용적인 부모의 모습은 아닐 것이다. 모든 사람의 필요를 아울러 생각할 수 있는 시각을 지니고, 단지 물질적 행복만이 아니라 모든 이들의 심리적·정서적 행복에 그들이 과연 어떤 영향을 끼칠지 고려할 줄 아는 권위 있는 부모의 모습을 나타낼 것이다.

더 많은 어린이들이 타인에 대한 초기 의존성의 경험을 긍정적인 것으로 느낀다면, 더 넓은 공동체에까지 배려와 관심을 확장시킬 수 있을 것이다. 정서지식emotional literacy(자신의 정서를 조절하고 적절하게 표현할 수 있는 능력—옮긴이)이 퍼져나갈 때 이것은 더 넓은 문화, 그리고 우리가 선택하는 지도자들에게도 영향을 끼칠 수 있다. 개인의 안전한 가정문화는 세계문화가 될 수 있으며, 이러한 문화 속에서 사람들은 필요할 때 서로 도움을 베풀고, 폭력 없이 갈등을 헤쳐 나갈 것이다. 개인의 발달과 정치적 진보는 서로 연결되어 있다. 성숙하고, 이기적이지 않은 사회는 안전한 가정과 동일한 토대에 기초를 둔다. 바로 서로의 기본적인 필요를 충족시켜주고 서로의 존재를 인정해주며 갈등을 헤쳐 나가는 일이다. 결국, 우리의 생존은 세계적인 수준에서 우리가 서로를 어떻게 대하느냐에 달려 있다.

Notes

1. 줄리언 로서더와 앤드루 쿠퍼, 『경계선 복지Borderline Welfare』(London, Karnac Books, 2005)
2. 안토니오 다마지오, 『데카르트의 오류Descartes' Error』(New York, Penguin Putnam/HarperCollins, 1995)
3. 로버트 캐런의 『애착형성』(Oxford University Press, 1998)에서 인용
4. 2009년 3월 7일 영국 채널4에서 방영된 《텔레비전 쇼The Television Show》
5. 「교육의 역사History of Education」 (36:6, 2007, pp.747-768)에 실린 해리 헨드릭의 '낙관주의와 희망 vs. 불안과 나르시시즘: 어제와 오늘의 아동복지에 관한 단상Optimism and hope vs anxiety and narcissism: some thoughts on children's welfare yesterday and today', 그리고 2007년 6월에 WHO 건강의 사회적 결정요인 위원회에서 펴낸 WHO 보고서인 로리 어윈Lori Irwin, 아르주만드 시디키Arjumand Siddiqi, 클라이드 허츠먼Clyde Hertzman의 「생애초기 아동기 발달: 강력한 이퀄라이저Early Childhood Development: a Powerful Equalizer」도 참고하라.
6. 2007년에 요셉 라운트리 자선재단에서 펴낸 일란 카츠Ilan Katz와 그 외의 「양육과 빈곤 사이의 관계The Relationship between Parenting and Poverty」
7. 2007년 6월에 WHO의 건강의 사회적 결정요인 위원회에서 펴낸 WHO 보고서인 로리 어윈, 아르주만드 시디키, 클라이드 허츠먼의 「생애초기 아동기 발달: 강력한 이퀄라이저」
8. 2008년 영국 보건부에서 펴낸 「아동 건강증진 프로그램: 임신, 그리고 생애 첫 5년Child Health Promotion Programme: Pregnancy and the First Five Years of Life」
9. 2007년 2월 10일자 「뉴 사이언티스트New Scientist」에 실린 브루스 페리

의 인터뷰
10. 토머스 무어, 『영혼의 돌봄Care of the Soul』(London, Piatkus Books, 1992)
11. 페넬로페 리치, 『오늘날의 육아』(Cambridge, Polity Press, 2009)
12. 스탠리 그린스펀과 스튜어트 셰인커, 『첫 번째 생각』(Cambridge, MA, Da Capo Press, 2004)
13. 리처드 윌킨슨과 케이트 피켓, 『정신 수준: 보다 평등한 사회가 거의 늘 더 나은 모습을 보이는 이유』(London, Allen Lane, Penguin, 2009)
14. 페넬로페 리치, 『오늘날의 육아』(Cambridge, Polity Press, 2009)
15. 위와 동일
16. 위와 동일
17. 「이코노믹 저널Economic Journal」(118:526, 2008)에 실린 앨리슨 부스Alison Booth와 잔 판 아우루스Jan van Ours의 '직업 만족과 가족의 행복Job satisfaction and family happiness'
18. 캐서린 하킴Catherine Hakim 외, 『작은 영국인들: 양육 선택 보조Little Britons: Financing Childcare Choice』(London, Policy Exchange, 2008)
19. 앨런 스루프 외, 『개인의 발달: 출산부터 성인기까지의 위기와 적응에 관한 미네소타 연구The Development of the Person: The Minnesota Study of Risk and Adaptation from Birth to Adulthood』(New York, Guilford Publications, 2005)
20. 「비판적 사회 정책Critical Social Policy」(28:1, 2008, pp.5-26), 캐롤 빈센트와 그 외의 '양육, 선택, 그리고 사회계급Childcare, choice, and social class'
21. 페넬로페 리치, 『오늘날의 육아』(Cambridge, Polity Press, 2009)
22. 196년 3월에 BBC2에서 방영된 린 엘리웨이의 《양질의 시간》
23. 스탠리 그린스펀과 스튜어트 셰인커, 『첫 번째 생각』(Cambridge, MA, Da Capo Press, 2004)
24. '고등교육의 연대기The Chronicle of Higher Education' 담화 생방송 www.chronicle.com/colloquylive/2001/10/nussbaum (2001)

25. 피오나 로빈슨,『세계화하는 돌봄』(Boulder, CO, Westview Press, 1999)
26. 프랭크 퓨레디,『치료 문화Therapy Culture』(London, Routledge, 2003)
27.「소아질환 기록」(93, 2008, pp. 102–4)에 실린, 사라 스튜어트-브라운의 '양육 개선 : 이유와 방식Improving parenting: the why and the how',「소아과 아동건강 저널Journal Paediatric Child Health」(36:6, 2000, pp.555–62)에 실린, K. 암스트롱K. Armstrong과 그 외의 '취약한 대중 속에서 안정된 애착, 어머니의 기분, 아동건강 증진하기: 무선적 통제시험Promoting secure attachment, maternal mood and child health in a vulnerable population: a randomised controlled trial'.「유아 정신건강 저널」(20:4, 2000, pp.349–374)에 실린 C. 하이니크C.Heinicke와 그 외의 '위기의 어머니들에 대한 개입을 기초로 한 관계Relationship based intervention with at risk mothers',「미국 정신지체 저널American Journal of Mental Retardation」(102:4, 1998, pp.319–345)에 실린, 마이클 구럴니크Michael Guralnick의 '취약 아동에 대한 초기개입의 효과: 발달적 관점Effectiveness of early intervention for vulnerable children: a developmental perspective'
28. 연방준비 보고서에 실린, 데이비드 올즈의 '간호사-가족 파트너십: 시험에서 실행까지The Nurse Family Partnership: From Trials to Practice' www.earlychildhoodrc.org/events/presentations/olds.pdf(2007)
29. 2007년 6월에 WHO의 건강의 사회적 결정요인 위원회에서 펴낸 WHO 보고서인, 로리 어윈, 아르주만드 시디키, 클라이드 허츠먼의「생애초기 아동기 발달: 강력한 이퀄라이저」
30. 리처드 레이어드,『행복의 함정』(Harmondsworth, Penguin, 2005)
31. 수 거하트Sue Gerhardt,『사랑이 중요한 이유』(London, Brunner Routledge, 2004), 그리고「영국 정신의학 저널British Journal of Psychiatry」(191, 2007, pp.378–386)에 실린 A. 푸벌랜A. Poobalan과 그 외의 '산후 우울증이 어머니-유아의 상호작용과 아동발달에 미치는 영향Effects of treating postnatal depression on mother-infant interaction and child development'

32. 로버트 캘드웰, 『아동학대의 비용 vs. 아동학대 예방의 비용 The Costs of Child Abuse vs Child Abuse Prevention』(Michigan Children's Trust Fund, 1992)
33. 스티븐 스프랫Stephen Spratt 외의 『미래로의 회귀Backing the Future』(London, New Economic Foundation, 2009)
34. 2007년 7월 30일에 「사운딩스」가 기획한 이벤트인 '왼쪽의 미래Left Futures'에 나온 케이트 소퍼의 말
35. 2007년 10월 15일자 「가디언」에 실린, 조지 마셜의 '지구를 구하기 위해 메시지를 바꾸라Change the message to save the planet'
36. 레인홀드 니버, 『도덕적인 사람과 비도덕적인 사회Moral Man and Immoral Society』(New York, Charles Scribner's Sons, 1932)

찾아보기

ㄱ

가내 편의 49
가족계획 267-269
가족분열 444
가족생활 192-193, 201-203, 256, 265-
 267, 444-445, 양육 참고
 공적인 공간 311
 보수적 관점 295-300
 애정 어린 양육 모델 317
 엄격한 양육 모델 317, 319
 정부 355-356, 364-365, 422
가족의 해체 25
간호사-부모 파트너십 468
갈등 249-250, 252-254
감옥 322
강간피해자보호법 421
갱단 61
거울신경 101, 240-241, 244
거짓 자아 118
거친 사랑 221
건강관리 421
건강방문전문가 465
걸음마기 아기 138-139
걸음마기 121-123
 공감의 발달 239-244
 공격 243
 공격성 180-181
 스트레스 반응 116, 118
 중세 뇌 발달 171-173
겉치레 249

결혼 25, 295, 321, 444, 446
 세금제도 297
결혼에 대한 기대 227
결혼연령 192
경계선적 성격장애 115, 253
경제 358
계몽 21
계몽주의 30, 174, 404
고든 브라운 382
고문 140
고아 86, 109
고어 비달 399
고용정책 33-34
 육아휴직 452, 출산휴가 참고
 출산휴가273, 449, 456
고통 240
공감 53, 69, 110, 138, 140-144, 204, 257
 도덕적 행동 247-248
 발달 239-244
 자녀양육 186, 204, 208-209, 219,
  222, 237
공감의 발달 239-244
공격 83, 114, 180, 243
공공장소에서 보이는 행동 61-62
공산주의적 사고 413-414
공장 190-194, 202
공중보건 358-359
공포증 58
과소비 56
과잉행동 83

과학적 경영기술 373
광고 48, 53
교육 204-206, 267-269, 318, 357, 413, 441
    정부 362, 365, 368
교회 138, 157, 182
국가보건서비스 368
국립의료서비스 392
국제금융 67
국회의원 비용 406-407
군사예산 45
굶주림 229
권력으로 치장 312
권리 69, 80, 403-406, 420, 357
권위 있는 양육 461
규제완화 67, 296, 369-370
그래지나 코찬스카 243, 254
그린스펀 462
그린피스 410
근검절약 229
근본주의 337-344
긍정 심리학 57, 384
기부단체 293
기숙학교 210
기억 112, 123, 141, 243-244
기업가정신 60
기후변화 28, 32, 423, 471, 478

ㄴ

나르시스 문화 293-294
나르시시즘 63-69
나세르 338
나이지리아 158
남성

자녀양육 100, 280, 452, 453-455
여성적인 279
남아프리카 346-347
낭만주의 운동 186
내적 작동모델 105
내측 전두 피질 244
내측 전전두 피질 119, 197
넬슨 만델라 345
노동문화 371-376
노동계급 224
노동계층 201-204
노동당 330
노동분화 257, 266-267, 271-272, 295, 300
노동조합 43
노르에피네프린 172
노베르트 엘리아스 168
노암 촘스키 419
노키아 67
노팅엄 232
노후 58
뇌 41-42
    감정의 진화 89-91
    뇌섬엽 96
    뇌의 초기 프로그래밍 84
    도파민 경로 55-56, 108
    도파민 보상체계 52-53
    두정엽 96
    분리 253
    사회 107
    사회적 뇌 55, 115, 118-119, 168-172, 199
    사회적 자아 102
    진화 41-42, 89-90, 107

투사 253
뇌 발달 48, 391
뇌 스캔 57, 196
뇌 지도 90
뇌량 119
뇌르틀링엔 176-180
뇌의 발달 107-108
뉴사우스웨일스 233
뉴질랜드 450
니키 패드필드 284

ㄷ

다니엘 스턴 96
다르푸르 442
다이애나 바움린드 227
다이애나의 죽음 312
다이앤 레빈 80
닭싸움 203
대니얼 시겔 114
대니얼 카너먼 50, 384
대중문화 63, 472
대폿집 203, 205
대학 369-370
더글라스 와트 90
더스틴 앨버트 150
데니스 라일리 287
데릭 서머필드 50
데스몬드 투투 345
데이비드 드헤니 436
데이비드 로이드 조지 322
데이비드 올즈 468
데이비드 워커 65
데이비드 캐머런 25, 27, 388, 413
데카르트 174, 434

덴마크 279, 451
도널드 럼스펠드 327
도널드 위니캇 131, 118, 385
도덕발달 121-123
도덕적 가치 22, 27, 45, 16-17, 79, 141-142, 343, 356, 389, 479
도덕적 딜레마와 판단 195-200
도파민 시스템 119
도파민 29, 55-56, 91, 108, 112, 121, 172
독심 244
독일 176, 452
돌봄의 윤리 29-30, 404-405, 419-420, 474
동물학대 334
동성애 291
동성애자 295
두뇌발달 17, 28-29, 437
드루 웨스턴 314

ㄹ

랜더넘 192
랭커셔 224
러시아 15
런던기자협회 205-206
레오 앱스 325
레오나드 로젠블룸 155
레인홀트 니버 474
로널드 레이건 369
로렌스 워커 416
로버트 블라이 62, 64
로버트 사우디 359-360, 364
로버트 서먼스 181
로버트 오웬 206
로버트 켈드웰 469

로버트 힉스 346
로빈 브릭스 144, 173
로스 톰슨 250
로알드 달 234
로이 뮤어 463
로이 바우마이스터 418
로이드 드 모스 137, 183
루디 줄리아니 334-335
루마니아 109
루이스 맥니스 43
르네 스피츠 86, 109
르네상스 173
르완다 442
리 커머 270
리얼리티 텔레비전 프로그램 63
리처드 라이더 342
리처드 레이어드 50, 56, 384, 469
리처드 리브스 371
리처드 퍼버 228

ㅁ
마거릿 대처 322, 369
마그다 트로크미 255
마그리트 그로엔 106
마녀 어린이 158
마르코 야코보니 240
마사 너스바움 362, 336, 403, 421, 462
마음 집중 245, 276, 446
마이클 러너 340, 372
마이클 러터 경 19
마이클 밀번 342-343
마키아벨리 173
마틴 셀리그만 383
마틴 자크 24-28, 62

만족의 지연 64
매춘업소 203
매튜 패리스 326
맥케인 316
맨체스터 360
메레디스 스몰 48, 149
메리 에인스워스 237
메리 울스턴크래프트 187
모성 278-282
모성애 186
모유수유 91, 106, 148-149, 186, 234,
    280, 281, 290, 365
모토로라 67
몰입 383-384
무슬림 338-342
무역노조 204, 369
무역장벽 축소 67
무표정 실험 98
문명화 과정 168-172
문병 435-436
문화 145-152
문화전쟁 318, 344, 347
미국
    경제적 취약성 67
    기대와 포부 376-377
    자녀 돌보기 450, 452
    자녀양육 219-220, 228, 273, 282
    정치인 313, 355-356, 410
미국 국립 아동건강 발달 연구소 288
미국 기독교 우익집단 341
미네소타 282
미셸 오바마 273
미셸 드 한 106
미취학아동 288-289

찾아보기 489

미하이 칙센트미하이 383
민영화 67
민주주의 399-405, 412-414, 416-417, 424-427, 462, 474, 480

ㅂ

바바라 로고프 149, 230
바바라 에런라이크 372-374
바버라 부시 346
바차 메스퀴타 150
박판이론 223-224
반사회적 320
반사회적 인격장애자 253
반사회적 행동 19, 99, 114, 290, 301, 468
반성 150
밥 알트마이어 343
배외측 영역 204
배외측 전전두 피질 112, 172, 197, 243-244
버락 오바마 273, 314, 316, 345
범죄 25, 51, 79
베나지르 부토 336
베르트랑 드 주브넬 421
베벌리 휴스 21
베티 페파촐리 242
베티 프리단 270
벤 오크리 131
벤저민 스폭 207, 219
변연계 116
변화의 보스턴 프로세스 84
보건 322, 359, 362, 365, 368
보닛 원숭이 155
보살핌 300
보수당 375

보수주의 정당 425
보편선거권 205
보험 60
복내측 108-109
복내측 영역 199
복내측 전전두 피질 244, 247
복내측 피질 111
복지 정부 367-369
봄베이 191
뵈르너 가족 176-182, 293, 378
부모 교실 290, 365, 467
부모의 귀인 135
부모의 물러서는 태도 98
부모지원 468-469
부의 불평등 371
부의 창출 44, 372-373
부의 평등 406
분노 199
분열 157
불평등 318
브랜드 55
브레드 피트 133
브로콜리 242
브루스 페리 442
비디오게임 61, 80
비만 25, 83, 290, 450
비언어적 신호 85-88, 얼굴표정 참고
비언어적 이미지 104
빈곤 25, 51, 33, 288, 318, 439
  상대적 빈곤 51
  아동빈곤 33, 152, 287
  정서적 빈곤 438-440
빈부격차 65
빌 맥키벤 413

빌 클린턴 314
빚 64, 230

ㅅ

사고능력 174
사라 스튜어트-브라운 8, 155
사이드 쿠틉 338
사형 357
사회공학 287-289
사회발달 475-476
사회적 뇌 242, 471
사회적 무의식 22-23
사회적 자아 98, 102
사회주의 364
사회주의자 43
사회학자 293
산업혁명 200-201
상측두구 197
샘 태넌하우스 337
샬롯 브론테 208
서민주택 40
성격장애 19, 68, 114, 137, 250-254, 301, 320, 331-337
성경 174, 342
성교육 21
세계보건기구 51, 440, 469
세계화 296, 386, 479-480
세라 페일린 315
세로토닌 29, 91
세스 폴락 93
셀마 세븐휘이즌 404, 420
셰익스피어 171
셰인커 462
셸던 월린 362-363

소뇌충부 119
소비에트 연방 15
소설 185
소셜 네트워크 65
소토족 문화 345
소파 정부 410
속임수 244
손 글씨 기술 288
쇼핑을 통한 기분전환 55
수 밀러 280
수잔 자코비 313
수재 64
술 54, 59, 140
쉐리 콘라드 343
슈퍼우먼 272
스록모턴 334-335
스웨덴 279, 451
스타 트랙 199
스탠리 그린스펀 99, 450
스탠포드 감옥 실험 379-380
스튜어트 셰인커 99, 450
스트레스 반응 91-93, 우울증, 성격장애 참고
슬픔 199
시상하부 90
시어도어 드와이트 130
시어도어 밀런 334
식민주의 191, 369
신 143-144, 170, 179, 203, 331, 355, 447
신경전달물질 29, 91
신노동당 323, 375
신보수주의 40, 337-338, 369-370
신보수주의적 경제정책 371-372
신체적 아동학대 116-117, 120, 137

실업 25, 51, 369
실책 244
십대 53, 61, 99, 384
십대 임신 21-22, 79, 450
싸움 혹은 도주 90

ㅇ
아그네스 헬러 171
아기 85-89, 437-438
　사회적 자아 98
　스트레스 반응 118-119, 걸음마기의
　스트레스 반응 참고
　자기조절 111, 113
　자아감 95, 102, 112, 112
　타인에 대한 인식 112
아기 마사지 106
아돌프 히틀러 338, 368
아동건강 증신 프로그램 290
아동빈곤 152
아동센터 458, 465
아동의 노동 206
아동의 복지 61
아동학대 251
아드레날린 91
아리아나 허핑턴 310
아브라함 버그 338
아이 기르기 219, 222, 228
아이디어연구소 50
아이러니 244
아인 랜드 15, 21
아프리카 문화 145-146, 149
아프리카 사람들 149
안락사 197
안와전두 영역 108, 204

안와전두 피질 122-123
안와전두 피질 발달 115
안와전두 피질 영역 171
안젤리나 졸리 133
안토니오 다마지오 433
알렉시스 드 토크빌 412
애덤 스미스 24
애정 어린 부모 237-239
애착이론 47, 221, 271, 294
앤 커틀러 338
앤 페티포 374
앤드루 사무엘스 389
앤드루 쿠퍼 433
앤드루 패스토 375
앤드리어 웨일런 155
앤서니 러버 141, 408
앨 고어 313
앨런 맥팔레인 133
앨런 쇼어 122
앨런 스루프 456
앨리슨 고프닉 242
야유 140
약물중독 25
양심 253
양육 79-83, 183-187, 220-239, 256-257
　권위 있는 양육 227, 238, 426, 467, 480
　물질적인 관대함과 정서적 무관심이 결합된 유형 236
　애정 어린 부모 254, 318
　엄격한 양육 220-231, 249, 317
　정부 386-392
　지원 서비스 464-469
　허용적인 양육 231-236

양육의 기술 463
양육정책 289-291
언어발달 288
언어학습 148-149
얼굴표정 85, 89, 93, 97, 101, 103, 105, 172, 240, 251
  비언어적 정보 316
엄격한 양육 312, 253-254, 256
엄마 되기 294-295, 299-300
엄마들의 전쟁 475
엄마의 우울증 464, 468
에드 트로닉 98
에리카 호프 227
에이드리언 레인 106
에이드리언 리치 38, 44, 69, 281, 294
에지워스 186
에티오피아인 147
엔론 373, 380, 411
엘런 메익신즈 우드 175
엘리자베스 뉴슨 232
엘리자베스 로버츠 224
엘리자베스 메인스 245
엘리자베스 미들라스키 415
엘리자베트 벡-게른스하임 297
엠마뉘엘 토드 67
여성
  공장노동 202
  남성적인 311
  노동 256, 265-278, 291-295, 300, 452, 455, 475
  도덕발달 404-405
  서비스 산업 59
  선택 386-387
  슈퍼우먼 272

중세 159
모성 참고
여성운동 269, 473
여성적인 311
연금조성 322, 383
열대우림 32
영장류 181, 440
오른쪽 두뇌 반구 87
옥스퍼드 부모-유아 프로젝트 388
옥스퍼드대학 322
옥시토신 91, 93, 119, 281
올리버 제임스 228, 234, 279
완와전두 영역 242-244
외부적인 일 455
외적 결과 193
요크셔 179
우뇌 104
우반구 121
우울 79, 83, 320
우울증 19, 51-52, 301, 469
우울한 어머니 98, 181, 452
우측 전두 섬엽 241
우측 하두정엽 244
울음조절 95, 229
워싱턴 처칠 322
워터게이트 411
원자력 발전 409-410
원자폭탄 422
원죄 17, 137, 184
월 스트리트 370
월마트 373
월터 와그너 398
월트 휘트먼 264-265
윌리엄 아르세니오 141

찾아보기 **493**

윌리엄 아르세니오 408
윌리엄 워즈워스 389
유네스코 45
유대인 255, 340, 415
유명 인사 40, 64, 448
유모 186
유아정신건강협회 451
유전자 19, 41
은구니족 문화 345
은행체계 66-67, 383, 423
의도적인 의사소통 96
의사결정 197-199
의존성 319
이기심 27
이라크 전쟁 67-68, 328, 330, 343
이스라엘 338
이스라엘 챠니 329
이타성 155, 168
이튼 컬리지 322
이혼 25, 253, 297, 371, 444
인간의 권리 45
인간책임선언 45
인권 317, 402
인쇄 174
인지치료 57
인터넷 52, 63, 80, 311, 400
인플루엔자 26
일 문화 386
일기 180, 185, 209
일본 문화 150-151
읽고 쓰는 능력 174
임금노동자 190-191, 194
입양 116

ㅈ

자녀 돌보기 100, 133, 280-288, 447-448
　탁아소 지원 452
자녀양육 145-160, 201-211, 273
　19세기 발달 207-208
　감리교파 203-204
　남성 100, 280, 452, 453-455
　보수적 관점 295-300
　빈곤 152-154
　사회계층 201-202, 227
　엄격한 양육 220-231
　일하는 여성 265-278
　자기희생 298-300
　중세 144
　물질적인 관대함과 정서적 무관심이
　　결합된 유형 236
　허용적인 양육 231
자녀양육 안내서 183, 186-187
자발적 단순화 53
자살 79
자선단체 388
자아 172
자아감 87-88, 95, 102, 187
자연분만 279
자유방임주의 358
자유방임주의 경제 366
자율신경계 91
자크 판크세프 78
자해 79
장 베이커 밀러 391
장 자크 루소 186
재키 스미스 406-407, 418
적응 112-113
전두 피질 114

전문직 여성 275
전시 42-43
전전두 뇌 157, 211
전전두 영역 171-173
전전두 피질 107, 119, 123, 242, 478
전전두 피질 영역 119
전측대상회 영역 241
전측대상회 108, 171-172
점령당한 프랑스 255
정부의 역할 248-249, 355-366, 382, 421-422, 463
정서학습 102-110
정신건강 50-51, 56-57, 290, 320, 441, 451, 468, 우울증, 성격장애 참고
정신화 31, 245-250, 420
정책 316
정치경제 193
정치와 정치인 312-331, 344-348, 355-356, 362-383, 408-414, 420-427
 공산주의적 사고 413-414
 국회의원 비용 스캔들 406-407
 민주주의 399-405, 412-414, 416-417, 424-427, 462, 474, 480
정치인 344-345
정치적 무관심 116-120
제2차 세계대전 42-43, 255, 268, 368, 415
제니퍼 로백 모스 298
제레미 프리머 416
제스 노먼 382, 387
제왕절개 279
제이콥 코헨 385
제인 구달 155
제인 스마일리 354

제임스 Q. 윌슨 401
제임스 데이비슨 헌터 318
제임스 돕슨 344
제임스 로버트슨 54, 435
제임스 스펜서 경 389, 436
제프 스킬링 375
제프 클레멘트 376
젠 렉스몬드 371
젭 부시 324
조 바이든 56
조너선 하이트 140
조르게 몰 196
조산 85
조셉 라이더 178, 182, 185
조앤 트론토 30, 404
조이스 로버트슨 435
조지 W. 부시 312-325, 327-328, 331, 410
조지 마셜 473
조지 몬비오 409, 432
조지 오웰 210
존 뉴슨 232
존 듀이 398
존 렌톨 330
존 로크 184, 188, 248, 364
존 보울비 46, 54, 105, 271, 435
존 브라운 188
존 애덤스 412
존 웨슬리 184
존 케리 313-314
종교 44, 355, 422, 444
죄르지 게르겔리 102
주거 480
주도적인 사람 385

찾아보기 495

주디스 스메타나 234
주택 322, 368, 425
줄리언 로서더 433
중국 401
중독 55
중동 146
중산계급 185, 193
중산층 183, 201-202, 208-211, 227-228, 238, 257, 273
　가족구조 295-296
　법적 권리 357
중세 159
중세 전전두 뇌 173
중세문화 138-139, 142, 157, 159, 319
지나 포드 228
지미 카터 314
지방정부 369-370
지하드 342
직물상인 176
직업윤리 182-183
진 리들로프 219
진 베스크 엘시테인 426
진 트웬지 64
진보적인 평등주의자 191
진-잭 왕 55
질리언 테트 405
질환 60

양육 183-184
　자녀양육 208-209, 227, 249-250, 320
촉각 90
최고경영자들의 급료 56
치료문화 312
치아 357
치안 362
침팬지 155-156

ㅋ

칸트 196-198
칼 로브 355-356
칼 마르크스 192
캐롤 길리건 404
캐롤 빈센트 457
캐롤 스턴스 180
캐리 피셔 64
캔디스 퍼트 91
캔터베리 대주교 44
캘리포니아 372, 375
컴퓨터 266
케빈 옥스너 111
케이시 존스 292
케이트 소퍼 471
케이트 스탠리 297
케이트 피지스 284
켄 레이 375
켄 쉘든 53
코란 342
코르티솔 91, 116, 119
코소보 329
콜레라 358, 361
콜버그 196
크리스 헤지스 340

ㅊ

찰스 디킨스 208, 403
찰스 리드비터 413
처벌 140, 147, 357-358
　사형　357
　사형제도 197

크리스턴 에버링험 233-234
크리스토퍼 라쉬 63-64, 293
크리스토퍼 프리드리히 176-177, 182
크리스티나 램 336
크리스티나 매슬랙 379-380
크리스티나 자로프스키 147
클랜시 블레어 289
클레레트 애틀리 322
클레어 베리티 228
키스 캠벨 64

ㅌ

타비스톡 클리닉 18
타인 인식 104-106
탁아소 직원 283-289
탄력근무 453
테니스 135
텔레비전 52-53, 56, 62, 80, 236, 246, 266, 448
   정치 316, 323
템스 강 361
토니 블레어 312, 323-331, 413
토마스 칼라일 200
토머스 매콜리 359-360, 363
토머스 무어 447
토머스 소웰 317, 319
투사 156
투표 행동 314-315
트루비 킹 219, 228
팀 케이서 53-54, 225, 363, 384-385

ㅍ

파시스트 368
파워 리포트 409, 424

팔레스타인 442
패트리샤 스코트랜드 440
팻 파커 43
페넬로페 리치 8, 94, 287, 451-452, 455, 459-460, 459
페로몬 89
페트리샤 코헨 385
편도체 90-91, 105, 107, 119, 185, 197
편부모 230, 295-296, 371, 444-445
편집증 334
포대기에 아기 싸두기 144
포르노 산업 63
폴 가버 181
폴 바움 222
폴리 토인비 65
프랑스 혁명 205
프랜시스 웨일런드 209-210, 222
프랜시스 플레이스 204-205
프랜시스 후쿠야마 382
프랭크 리치 328
프랭크 퓨레디 50, 364-365, 387, 463, 466
프랭클린 루즈벨트 422
프레드 프레빅 28
프로락틴 281
프로이트 172, 187
프로테스탄트 179, 182-183
프로테스탄티즘 208
프리드리히 엥겔스 166
피아제 196
피오나 로빈슨 419-420
피임 267-269
피터 버거 293
피터 싱어 414

피터 오본 330
피터 와이브로 55
피터 포나기 31, 246, 332
필리핀 191
필립 로렌스 419
필립 쇼 106
필립 짐바르도 377

ㅎ

하두정 영역 196
학교 273, 312, 365, 369-370, 425
  기숙학교 438
학대적 양육 116
한낮에 방영되는 TV쇼 311
합리성 15-16, 21-22
합리적인 온화함 187
해럴드 맥밀런 322
해리 엔필드 370
해리 트루먼 422
해리 헨드릭 437
핵심적 자아 96
행동경제학 50
행복과 안녕 50-51, 56-57, 384-385
행복한 가해자 140, 408
허약한 건강상태 25
허용적 양육 312
헤더 넌 326

헤더 몽고메리 150
헬렌 루시 292
혜택 26, 371
호레이스 부시넬 207
호모 이코노미쿠스 24, 195, 402
호주 450
혼란적 애착 333
혼란적 애착패턴 113
혼인관계에서의 기대 225
홀로 남은 소년소녀들 436
환경 32, 474
환영받지 못하는 의존성 291-295
회복의 정 443
후각 89-90
후각망울 89
후대상 피질 197
히피문화 232
힐러리 클린턴 320

기타

18세기 142-143, 157, 185-187, 232, 474
18세기 발달 184
24시간 탁아소 271-272
C. B. 맥퍼슨 190, 401
H. H. 애스퀴스 322
W. H. 오든 218

참고문헌 허가 승인

- 에이드리언 리치의 『문턱 너머 저편The Fact of a Doorframe: Selected Poems』 (1950 – 2001)에 실린 시 '그때에' 인용. 작가의 허가와 W.W. 노턴 & 컴퍼니W.W. Norton & Company 출판사의 승인으로 재구성됨.
- 자크 판크세프의 『정서 신경과학』(1998) 내용에서 발췌. 작가의 허가와 옥스퍼드대학교 출판부Oxford University Press의 승인을 얻음.
- 아리아나 허핑턴의 『여물통의 돼지들Pigs at the Trough』(2003) 내용에서 발췌. 작가의 허가와 랜덤하우스 Random House 출판사의 승인을 얻음.
- 제인 스마일리의 『언덕의 날들The Days in the Hills』(2007)내용에서 발췌. 작가의 허가와 랜덤하우스Random House 출판사의 승인을 얻음.
- W. H. 오든의 『시집Collected Poems』 가운데 '1939년 9월 1일'에서 발췌. 파버앤바버Faber and Faber 출판사의 친절한 승인을 통해 재구성됨.
- 조지 몬비오의 『승낙 연령The Age of Consent』(2003)에서 발췌. 하퍼콜린스HarperCollins 출판사의 승인을 얻음.
- 조지 레이코프의 『도덕의 정치』(1996, 2002)에서 발췌. 시카고대학 출판부University of Chicago Press의 승인을 얻음.

이기적인 사회

초판 1쇄 인쇄 2011년 8월 26일
초판 1쇄 발행 2011년 8월 31일

지은이 수 거하트
옮긴이 김미정
펴낸이 김선식

2nd Creative Story Dept. 김현정 정성원 최선혜 한보라 유희성 백상웅
Creative Design Dept. 최부돈 황정민 김태수 손은숙 박효영 이명애
Creative Marketing Dept. 모계영 이주화 정태준 김하늘 신문수
    Communication Team 서선행 박혜원 김선준 전아름
    Contents Rights Team 이정순 김미영
Creative Management Team 김성자 윤이경 김민아 류형경 권송이 김태옥

펴낸곳 (주)다산북스
주소 서울시 마포구 서교동 395-27
전화 02-702-1724(기획편집) 02-703-1725(마케팅) 02-704-1724(경영지원)
팩스 02-703-2219
이메일 dasanbooks@hanmail.net
홈페이지 www.dasanbooks.com
출판등록 2005년 12월 23일 제313-2005-00277호

필름 출력 스크린그래픽센타
종이 월드페이퍼(주)
인쇄·제본 (주)현문

한국어 판 © (주)다산북스, 2011, Printed in Seoul, Korea

ISBN 978-89-6370-633-7 (03330)

• 책값은 뒤표지에 있습니다.
• 파본은 본사와 구입하신 서점에서 교환해드립니다.
• 이 책은 저작권법에 의하여 보호를 받는 저작물이므로 무단 전재와 복제를 금합니다.